中山大学医科史鉴录

陈小卡 王斌 编著

中山大学出版社
·广州·

版权所有　翻印必究

图书在版编目（CIP）数据

中山大学医科史鉴录/陈小卡，王斌编著. —广州：中山大学出版社，2016.11
ISBN 978 – 7 – 306 – 05870 – 6

Ⅰ. ①中… Ⅱ. ①陈… ②王… Ⅲ. ①中山大学—医学教育—教育史—近现代
Ⅳ. ①G649.286.51 ②R – 092

中国版本图书馆 CIP 数据核字（2016）第 247985 号

出 版 人：徐　劲
策划编辑：黄浩佳
责任编辑：黄浩佳
封面设计：林绵华
责任校对：谢贞静
责任技编：何雅涛
出版发行：中山大学出版社
电　　话：编辑部 020 – 84111996，84113349，84111997，84110779
　　　　　发行部 020 – 84111998，84111981，84111160
地　　址：广州市新港西路 135 号
邮　　编：510275　传　真：020 – 84036565
网　　址：http://www.zsup.com.cn　E-mail: zdcbs@mail.sysu.edu.cn
印 刷 者：佛山市浩文彩色印刷有限公司
规　　格：787mm×1092mm　1/16　25.5 印张　590 千字
版次印次：2016 年 11 月第 1 版　2016 年 11 月第 1 次印刷
定　　价：110.00 元

如发现本书因印装质量影响阅读，请与出版社发行部联系调换

序

　　中山大学医科的源流发轫近代南粤，并开启中国医学由传统转向现代之进程。中山大学医科史如此开篇，有着独特历史原因。广州自古是中外海上贸易与文化交流大港，在清代乾隆二十二年至鸦片战争期间，更成为中国唯一对外通商口岸，因而最先接触到传入中国的近代西方医学。南粤受岭南文化开放兼容之风熏陶，较易接受西方先进文化。中国中央集权制传统社会晚期的统治者虽闭关自守，排拒西方文化，但对西方医学传入内地的限制却相对宽松。来华传教的西方基督教传教士喜用行医辅助传教。在广州口岸的十三行行商与外国商人愿意协助引入西方医学进中国。在近代西方科学文化飞跃进步基础上发展起来的近代西医，在许多方面展现出优于当时相对滞后的中国传统医学的医效，有利于近代西方医学传入中华。中国近代西医，在这样独特的历史条件下诞生于南粤，亦成为中山大学医科滥觞之源。

　　中山大学医科的源头，可追溯到美国传教士医师伯驾（Peter Parker）于1835年在广州建立的一家西医院——新豆栏医局，后称博济医院。1866年，美国传教士医师嘉约翰（John Glasgow Kerr）在博济医院内建成中国近代第一所西医学府，孙中山先生于1886年在此学医。这所医校后来发展为岭南大学医学院，它与由始建于1908年的广东光华医学堂发展而成的广东光华医学院、由创建于1909年的广东公医学堂发展而成的中山大学医学院，共同成为中山大学医科教育三大源头。博济医院内建成的西医学府是在教会支持下开办。广东光华医学堂、广东公医学堂为中国民间自办。由广东公医学堂发展而来的中山大学医学院属官办。1953年至1954年间，中山大学医学院、岭南大学医学院和广东光华医学院，合并为华南医学院，以求集中力量使华南医学院成为华南的医学中心，学校先后经历了广州医学院、中山医学院、中山医科大学的发展时期。2001年10月，原中山大学与原中山医科大学合并，成立了新的中山大学。合校后，学校进一步强化医科各专业和课程的建设工作，不断完善医学教育的教学质量保障体系，推进医学人才培养模式和教学管理体制等方面的改革，使医学教育以综合性大学为依托发展至今。

　　中山大学医科教育延伸脉络与中国近代以来西医教育的沿革变迁相重合，有着中国近现代西医教育从起源到发展的所有特点与复杂全貌，展现中山大学医科一路走来的曲折奋斗历程与辉煌耀世成就。本书试以文图对应方式将中山大学医科走过的历程与取得的成就呈现出来。

目 录

第一章　岭南大学医学院//001
　　第一节　中国医学史的新开篇与中山大学医科的起源//001
　　　　一、从眼科医局到博济医院//001
　　　　二、博济医院的财务运作//006
　　　　三、西医教材著作的编译出版//006
　　　　四、博济医院对传播西医所起的作用//007
　　第二节　中国医学教育的现代化源起
　　　　　　——从博济医学堂到南华医学堂//009
　　　　一、中国近代西医教育的雏形//009
　　　　二、创建中国近代第一间西医校//010
　　　　三、孙中山在博济医学堂学医及进行革命活动//011
　　　　四、开办南华医学堂//012
　　第三节　夏葛女医学校的创立和变迁//013
　　　　一、广东女子医学校的诞生//013
　　　　二、广东夏葛女医学校的创立//013
　　　　三、更名为夏葛医科大学//014
　　　　四、定名为私立夏葛医学院//014
　　　　五、归并岭南大学//014
　　第四节　岭南大学医学院的建立与发展//016
　　　　一、收回教会学校的教育权//016
　　　　二、筹办岭南大学医学院//016
　　　　三、正式成立孙逸仙博士纪念医学院//016
　　　　四、抗战时期的艰难办学//017
　　　　五、抗战后战争时期的曲折发展//018
　　　　六、教学情况//019
　　　　七、学术研究//025
　　第五节　开创者//028
　　　　一、伯驾//028
　　　　二、嘉约翰//029
　　　　三、黄宽//032
　　　　四、关韬//033

五、赖马西 // 034
六、富马利 // 037
七、关约翰 // 039
八、嘉惠霖 // 044
九、黄雯 // 046

第二章　国立中山大学医学院 // 052
　第一节　建校与沿革 // 052
　第二节　教学 // 054
　　一、师资与办学特色 // 054
　　二、教学条件 // 056
　　三、附属医院的医疗及临床教学 // 057
　　四、课程设置及教学实践 // 060
　第三节　学术研究 // 062
　　一、研究成果 // 062
　　二、学术活动 // 063
　　三、公共卫生 // 065
　第四节　国立中山大学医学教育制度 // 065
　　一、考试制度 // 065
　　二、医学学位授予 // 069
　第五节　开拓者 // 075
　　一、达保罗 // 075
　　二、柏尔诺阿 // 076

第三章　广东光华医学院 // 080
　第一节　光华医学堂的诞生 // 080
　　一、建校的时代背景 // 080
　　二、广东光华医社的建立 // 081
　　三、自主医权的第一面旗帜 // 082
　第二节　光华医学院的建设与发展 // 084
　　一、建设学校 // 084
　　二、教学制度和师资条件 // 086
　第三节　光华医学院在抗战中停办与战后重建 // 091
　　一、抗战时期被迫停办 // 091
　　二、抗战胜利后重建 // 092
　　三、新的发展 // 095
　　四、并入华南医学院 // 097

第四节 创办人 //102
    一、郑豪 //102
    二、梁培基 //104

第四章 "三院"合并重组后的新发展（1953—1966） //106

第一节 "三院"合并后几年的概况 //106
    一、组织机构 //107
    二、教学工作 //107
    三、五年制医疗专业教学计划 //108
    四、科研工作 //109
    五、学习苏联经验，进行教学改革 //110
    六、慎重对待课程改革 //111
    七、八位一级教授生平简介 //111

第二节 "大跃进"及其后时期 //127
    一、教育革命 //127
    二、大办分院 //127
    三、改造知识分子运动 //128
    四、开设中医学课程 //129
    五、医疗和科研工作 //129
    六、形成"三基"、"三严"的学风 //129

第三节 调整时期 //130
    一、分院的裁并和剥离 //130
    二、贯彻"高教六十条" //130
    三、执行六年制教学计划 //131
    四、贯彻"科研十四条" //132
    五、华南肿瘤医院与肿瘤研究所等的建立和发展 //133
    六、中山医学院眼科医院的建立和发展 //133
    七、取得的成就与形成的特色 //133

第五章 经历"文革"及后继续向前发展（1966—1985） //147

第一节 十年"文革"（1966.5—1976.10） //147
    一、培训"赤脚医生" //147
    二、工农兵学员上、管、改 //148
    三、中山医学院培养工农兵学员的教育革命方案（普通班试行草案） //148
    四、开门办学 //149
    五、实行"四合一"的综合性课程模式 //150
    六、院、系的建立和发展 //151

第二节 "文革"结束与改革开放初期（1976—1985）//153
    一、整顿改革//153
    二、改革领导体制//155
    三、"三个中心"的建立和发展//155
    四、临床科研设计测量评价（DME）的建立和发展//157
    五、法医学系的建立和发展//158
    六、附设护士学校的复办和发展//159
    七、护理本科教育的起步与护理系的建立和发展//161
    八、中山学院78级五年制医学专业教学计划//161
    九、中山医学院81级六年制医学专业教学计划//162
    十、深化教育教学改革//163
    十一、科研成果//167
    十二、实行对外开放//168
    十三、更名为中山医科大学前的中山医学院概貌//169

第六章 中山医科大学医学教育的发展//174
  第一节 以改革开放为契机，稳步发展医学教育//177
    一、本科专业设置的调整//177
    二、公共卫生学院的建立和发展//178
    三、本科教学计划和教学大纲的修订//181
    四、教书育人，重视德育//182
    五、启动考试研究和质量监控//182
    六、开展七学制医学教育的探索//183
    七、加强临床医学研究生的培养//184
    八、成人教育与继续教育的发展//185
    九、科研工作的加强//186
    十、"七五"期间的主要成绩和"八五"计划与十年规划的目标任务//186
  第二节 争创"211"工程，增强办学实力，探索创新型医学人才的培养体系//189
    一、开展校内综合改革//189
    二、调整专业结构//189
    三、部省共建，争创"211"工程//190
    四、教学建设的加强和教学条件的改善//192
    五、建设高素质的师资队伍//194
    六、口腔医学院的建立与发展//196
    七、基础医学院的建立与发展//198
    八、护理学院的建立与发展//200
    九、大力开展创新人才的培养//206

十、采用多元化的人才培养模式//213
十一、评建结合，建立教学质量保障体系//215
十二、培育本科教学成果//217
十三、扩大招生规模//218
十四、加快高层次医学教育和终身教育体系建设//219
十五、加强科研工作，提高学术水平//221
十六、加强与国（境）外同行的交流及合作//223
十七、参加"本科教学工作优秀学校"评价//224
十八、附属医院医学教育的改革与发展//225
十九、与中山大学合并前的中山医科大学教育概况//255

第七章 新的中山大学成立及医学教育的新发展//256
一、新的中山大学医学教育机构的设置//261
二、加强质量文化建设，建设教学品牌//261
三、文理医融合，培养全方位发展的医学人才//264
四、实施"三早"教学改革，推进创新教育//265
五、加强教学质量监控的制度化和组织建设//267
六、突出规范意识和质量意识，加大临床教学基地建设力度//268
七、中山大学医学部（中山大学中山医学院）的组建和医学教学管理体制的改革//270
八、继续办好七年制医学教育，探索更高层次的八年制医学教育//276
九、参加全球医学教育最低基本要求评估，推进医学教育与国际接轨//278
十、参与《中国医学教育管理体制和学制改革研究》课题的研究//280
十一、以本科教学水平性评估为契机，增强办学实力//280
十二、以市场需求为导向，开展多形式的研究生教育//281
十三、药学院的建立//282
十四、制订新的医学类专业本科教学计划//285
十五、附属第六医院//289

第八章 中山大学医科新的布局与发展//291
一、合校十年来的医科概况//291
二、2014年中山大医科教育概况//318

附录 大事记//319

主要参考文献//390

后 记//398

第一章 岭南大学医学院

1835年，美国传教士伯驾（Peter Parker，1804—1888）在广州新豆栏街开设了一间专科性质的"眼科医局"（又称新豆栏街医局）。据记载，新豆栏街医局开办时起就具有一家现代化医院的元素。它在开启中国近代史的鸦片战争后，发展为国内当时最有影响、最完整的综合医院，并于后来易名"博济医院"。1866年，嘉约翰（John Glasgow Kerr，1824—1901）在博济医院内建校开班办学，建成近代中国第一间西医校。中国近代西医之发端，博济医院及其医校的建成，亦就是中山大学医科的滥觞肇端。

第一节 中国医学史的新开篇与中山大学医科的起源

在鸦片战争开启的中国近代，西方科学文化中最先进入中国的医学科学，不受限制地在中国传播开来，以科学为基础的西方医学，为中国医学及其教育传授方式带来根本性改变，中国医学史翻开新的篇章。中国医学走向现代化的根本性改变，就由博济医院的建立开始。

一、从眼科医局到博济医院

鸦片战争前后，西方列强派遣大批传教士来华，近代西方医学也随着传教士的进入而传入我国。广州是近代中国最早与西方世界接触的前沿，也是近代西方医学最早输入的城市。西方国家的教会在广州先后创办了10所医疗机构，其中以博济、柔济两所医院声誉最高。博济医院（前身为眼科医局）是中国近代首家教会医院，也是中国近代第一所西医医院，它对近代西方医术传入中国起到先导作用，对中国西医科学和西医教育产生深远影响。

（一）传教士医师的初期活动

1699年，英属东印度公司在广州设立商馆。此后，该公司专聘医生在公司工作，往来于澳门、广州等地，为在华从事商贸活动的欧洲商人治病和检查身体。该公司高级外科医生皮尔逊（Alexander pearson，1780—1874）替百姓施种牛痘，受到欢迎。1805年冬至1806年春，广东天花大流行，皮尔逊雇用当地青年邱熺、梁辉、张尧、谭国充当助手，印发《种痘奇法详悉》并把种痘术传授给他们。邱熹很快便出色地掌握了牛痘术，洋行的商人便让他在洋行会馆专门施种牛痘。

1815年，广州十三洋行商人郑崇谦，在行商公所专设诊所，由邱熹施种牛痘，并于1817年编译成《引痘略》向国人传授牛痘术。1828年，广州府人把痘苗运到北京，在米市胡同南海会馆开设"京都种痘公局"，推广种牛痘。邱熹之子邱昶继承父业，经过父子两代50余年的传播，牛痘术便在广东乃至中国落地生根。这是西方医术传入广东的先声，是广东人接受西医的第一步，为西方医学推向中国内地打下基础。

18世纪末，英国为推行对外扩张，设立对外传教的基督教差会机构。1807年，英国第一个遣华传教牧师罗伯特·马礼逊（Robert Morrsion，1782—1834）抵达广州，在东印度公司任职，并常往来广州、澳门两地，他和李文斯敦（John Livingstone）合作，于1820年在澳门设立赠医诊所（Dispensary），聘请当地一位有声望的老中医和一位中草药师傅，为当地贫穷百姓治病施药。就这样，西方传教士从开办中医诊所起步，探索怎样用治病的方法笼络人心，扩大他们的影响。

1827年，英国东印度公司传教医师郭雷枢（Thomas Richardson college，又译"哥利支"，1796—1879），在澳门开设眼科诊所，翌年扩充为医院，由皮尔逊经营至1832年离华时停办。1828年，他到广州邀美国医生白拉福（J. A. Bradford）合作，开设诊所，医治眼疾、脚疾和各种病症，至1834年停办。它标志着西医传播点由澳门移至广州，也为中国近代第一间西医院新豆栏医局的开办做了准备。

在鸦片战争前夕，西方国家来华的传教士不断增加。他们深知以医学辅助对中国传教的重要，"当西洋大炮无能为力的时候，他以一把手术刀打开了中国的大门"。这里的"他"，是指美国传教士医师伯驾（Peter Parker）。他于1834年来华，在澳门、广州等地开诊所行医，并且抓住每一个机会介绍西方的科学和宗教，以扩大西方对中国的影响。伯驾由于在这方面所取得的成果而为美国及其他西方国家所赞赏。

郭雷枢于1836年发表了《任用医生在华传教商榷书》，首倡用治病的方法辅助传播宗教，主张教会多派传教医师来华，通过医事活动传播教义，并与伯驾、裨治文三人联名，发起组织医学传道会。1838年2月21日，中国医学传道会成立。郭雷枢任主席，伯驾、裨治文等任副主席。医学传道会是第一个将医学和传教紧密结合为一体的社会组织，在英美有分会。其宗旨是支持眼科医局，鼓励和帮助传教医师来华传教行医。从此，传教士在广东行医传教，就以医学传道会为依托。

传教士经营医院的宗旨是清楚的，如在广州成立中国医学传道会时，由郭雷枢、伯驾和裨治文联名签署的宣言所宣称的那样，是要"鼓励在中国人当中行医，并将我们的科学、病例研究和科学发明等有用的知识，拿出一部分与他们分享。……希望我们的努力将有助于消除偏见和长期以来民族情绪所导致的隔阂，以此教育中国人。被他们歧视的人们，是有能力和愿意成为他们的恩人的。……我们称我们是一个传教会，因为我们确信它一定会促进传教事业。……利用这样的代理机构，可以铺平通往更高处的道路，赢得中国人的信任和尊重，这有助于把我们同中国的贸易和一切往来，达到所期望的更高地位，还可以为输入科学和宗教打开通道。我们可以表明的第一个利益是，将医学科学移植中国，可能会产生积极的效果。……第二个利益是，以此收集情报，对传教士和商人均有较高的价值。……因为只有这样的场合，可与中国人民交往，可以听到大部分真实情况，回答我们许多问题。……因为一个病人在医生面前，往往是坦诚相见的。"由此可见传教医生在中国并非仅限于医学慈善活动，更多的是有着宗教、政治、经济等目的。

（二）眼科医局的开办

早在鸦片战争以前，西医已开始传入我国。1830年，美国公理会国外差会派遣的第一个来华的传教士裨治文（E. C. Bridgman, 1801—1861）抵达广州。1834年10月，又派传教医师伯驾到广州。旋即伯驾前往新加坡用8个月的时间学习汉语。清道光十五年（1835年）8月，伯驾返回广州，在十三行新豆栏街租得楼房，开办"眼科医局"（又称新豆栏医局）。该楼共3层，首层为地窖，第二层为候诊室、诊室及药房，第三层为手术室以及可容2~3人留医室。后因病人增多，次年春获当时广州巨贾十三行行商伍秉鉴（伍敦元）先生捐赠，将租丰泰行7号一座三层楼房作为扩充业务院舍。取名"眼科医局"的这所医院最初坐落在广州城外西南方的外商社区中，规模不小，设有接待室、诊断室、配药室、手术室、观察室等，候诊室可以容纳200多人，病房可以容纳40多人，规模超过了1828年郭雷枢在广州开办的诊所，具备一间近代化综合医院的诸元素。

1835年11月2日，眼科医局成立。开诊初期病人很少，第一天竟然没有一个病人，第二天也只有一位患青光眼的妇女来就诊。但由于医术高明，免费为贫穷患者治病，求医者日益增加。开院后不过17天，病历表就增加到240多张，6个星期内接诊450人就医，其中包括几位衙门的官员。为了使日渐增多的病人能够循序就医、提高效率，伯驾在病人进门后，先派发竹片制成的长方形号牌，然后病人就按照号牌上号码，循序进入诊疗室。据说这种已为当今世界各医院普遍采用的"挂号制度"，就是源自伯驾在博济医院的这套设计。

眼科医局除平常治疗眼疾和各种病症外，特定每逢周四为割症日期。据载，在眼科医局设立的第一年（1835年11月4日至1836年11月4日）里，便收治病人2152人次，其中，施行了中国第一例乳癌割除手术；一年之中诊治的眼病有47类，其他病例23类，女性癌症病者有5例。慕名前来访问参观者，不下六七千人次。到鸦片战争爆发时，经伯驾诊治的病人已有近万人次，且都免费。特别值得一提的是，1838年，林则徐在广州主持禁烟期间，也曾间接地接受过伯驾的诊治。林则徐患有疝气和哮喘病，曾派幕僚到伯驾处取疝带及祛喘药，并回赠水果等物。伯驾虽未见林则徐本人，但专为林则徐立下一个病历，病历编号为6565（载于1840年的"中国丛报"），这是保存下来的最早西医病历之一。眼科医局患者的登记内容包括病案的编号、姓名、性别、年龄、籍贯、处方用药、治疗效果、手术种类、手术时间的长短，连取出的肿瘤或结石的大小等都有详细的记录。

眼科医局有两大特色，第一，它以眼科著名；第二，它是当时基督教徒们的宣教所，第一位中国籍的牧师梁发就是眼科医局的应聘传教士，他创作的"劝世良言"被洪秀全糅合进发动太平天国运动的思想纲领。

（三）突破因中国人对西医不了解与憎恨殖民侵略造成的以西医行医施治的制约

在"西学东渐"的历史时期之初，在中国沿海，常有外国人贩运鸦片、武力劫掠、以舰炮轰击中国海域陆地的事发生，引起中国绅民仇视愤恨，因此不少中国人对同期出现的外国传教士在各地建育婴室、医院、学堂等善事，亦难相信这是好意。而基督教的各种礼仪及习俗，均为中国人闻所未闻之事，故一般人乃视之为邪术，有的国人出于敌视而散布种种无稽且耸人听闻的流言。

西洋外科更为中国人所未闻，国人基于传统"身体发肤，受之父母，不敢毁伤"的观念，不能接受西方开刀的治疗方法。做尸体解剖以明死因，更是传统中国医学所没有，因此，外科与尸体解剖常因中外观念的不同，而起很大的冲突。福建船政教练克碑在其呈法国外务部之文中，曾有这么一段话："教门施医，率用刀圭，但中国无此医法，易起猜疑；以后如遇必须用刀之症，须令病人自愿立据，戚属作证，倘有不虞，便无干涉。至检验病人死尸，大属骇人听闻，应永禁不用。"在这排外、疑外的空气中，伯驾以其高明医术，赢得许多病人的信任，他们不敢白天到西洋人的医院就医，大多数趁着黄昏或晚上到达伯驾的医院，看完病后深夜提着灯笼回家。伯驾以其努力突破因中国人对西医不了解与殖民侵略造成的制约，以西医医术为中国人行医施治。

（四）眼科医局的停业及复业

1840年，鸦片战争期间，眼科医局停业关闭。1842年，伯驾再度来到广州，11月眼科医局恢复业务，已不局限于眼科，而是综合性医院了。此后，教会医院都设置专职或兼职神甫或牧师，进行宣讲教义的活动。他们每天向病人传教，分送圣书，要求"所有能够走动的病人，连同他们的朋友和仆子，都要去参加晨祷会。……这样做的目的是为了便于传播基督教教义，赢得那些来医院要求解除肉身痛苦的人的好感。传道人说好话和医生行好事是互相配合的"。他们认为："再也没有比医药传教会所采用的手段和目的更为聪明的了。"

但其借医传教的效果却很不佳。即使到鸦片战争之后，传教已公开化，伯驾虽然利用一切可能的场合、机会和手段向患者施加福音的影响，但在众多就医者当中，对此感兴趣者仍十分稀少。据曾定期到医局协助伯驾传教的梁发说，三年半时间里被邀请参加礼拜聚会的1.5万多人次中，"真诚研究真理（指基督教教义）的只有3个，而受洗归主的人竟一个都没有"。

尽管如此，医局还是坚持开办，并且越办越大。1844年，伯驾施行了中国第一例膀胱结石截除手术，在当时这类疾病极为常见的情况下，第一次成功所具有的示范意义是非常之大。1847年，伯驾首次在中国应用乙醚麻醉施行外科手术，麻醉法的使用更使他在短短几个月内赢得了巨大的声誉。1848年，在医局进行了中国第一次试用氯仿麻醉法。以上2种麻醉法均为美、英等国发现后的次年在中国的首例试用。1850年，又开展了病理尸体解剖术。

（五）博济医局开业

1855年，伯驾担任美国驻华外交官，医局由一个美国传教士医生嘉约翰接办。1856年，因第二次鸦片战争爆发，十三行发生大火灾，医局遭焚毁而停办。1858年底，第二次鸦片战争的硝烟尚未散尽，嘉约翰便再度踏入广州城，开始他在中国长达40余年的行医生涯。嘉约翰抵广州后，即在南郊增沙街（南关）租下一华人住宅，加以改造和装修，粉刷一新，成为医院，1859年5月重新开业，定名为博济医局。当年门诊量为26030人次，80张病床共收治住院病人430人。在这所中国早期著名的教会医院里，嘉约翰任院长长达44年（1855—1899）。

博济医局开业后，有所改良和进步。1861年，米勒（Miller）医师为肿瘤患者拍摄了第一张医学照片，也是我国第一张黑白照片。

（六）博济医院的定名

由于博济医局的业务发展甚速，渐渐增多的病人使原有病房的容量已经不能适应。后经中外慈善事业家踊跃捐赠，在谷埠（今仁济路与沿江路交接处的孙逸仙纪念医院现址）购得地皮一块，当作扩大医院规模的新址。新址自1863年开始基建，到1866年完成，10月开诊收治病人。博济医局正式定名为博济医院（英文称"The Canton Hospital"）。嘉约翰特邀广州名医关韬出任该院院长助理，主持院务。新院舍可容留医者130余人，并于同年（1866年）开设妇女部，是为广州专设妇产科之始。博济医院尽管规模迅速扩大，但医院空间仍然难以满足病人需要。当医院空间不足时，附近的民房和礼拜堂就被当作临时住院处。

1875年，博济医院施行中国首例眼疾手术；同年，以氯仿麻醉施行中国首例剖腹切除卵巢囊肿术；1892年，该院美籍医生关约翰（John M. Swan）施行的剖宫产术是中国的首例，在我国近代医学科学发展史上具有重要意义。当年8月的《申报》所属《点石斋画报》以"剖腹出儿"为题进行图文报道配文曰："西医治病颇著神术，近数年来，华人见其应手奏效，亦多信之。粤垣筑横沙某蛋妇，身怀六甲。至临盆时，腹震动而胎不能下。阅一昼夜，稳婆无能为计，气息奄奄，濒于危矣。或告其夫曰：是宜求西医治之。其夫遂驾舟载妇至博济医院，适女医富氏因事他出。男医关君见其危在旦夕，恻然动念，为之诊视，谓儿已抵产门，只因交骨不开，故碍而不下，若剖腹出之，幸则尤可望生，不幸而死，亦自安于命而已。其夫遂侥幸万一计，听其剖视。医士乃施以蒙药，举刀剖腹，穿其肠，出其儿，则女也，呱呱而啼，居然生也。随缝其肠，理而纳之腹中，复缝其腹，敷以药，怃之安卧。数日寻愈，妇乃将儿哺乳以归。如关君者，真神乎其技矣。"至博济医院创立百年（1935年），总共为

200多万名病人做过治疗，受外科治疗者达20万人，占总数10%。

总的来说，博济医院的发展还是缓慢的。如1886年建立手术室，到20世纪初才制定了手术室工作常规，1903年购置可靠的消毒器，医院的设备也较简陋。

二、博济医院的财务运作

维持医院运行的经费来源，除了医院的收入，主要为中外人士的捐助。值得注意的是，有时中国人的捐款还超过外国人。如1884年中国人捐款925元；外国人捐款才800元。到1894年医院大部分经费来自中国人，孙中山先生也曾为这所医院捐款。

西方教会在华的医疗事业在20世纪以后获得空前迅速的发展，医疗机构成倍增加，规模扩大，并明显地由纯"慈善"性质转向营利事业。向病人收取费用的问题渐渐引起各方注意。教会医学杂志发表了各方教会医生的讨论，分歧者各执所见。少数医生反对收费，理由是他们的病人大多是穷困潦倒的平民，而且现在仍应遵循早期传教先锋开创的慈善治疗的原则。主张收费者也有他们看似正确的理由，首先免费治疗不能招来有钱人和有势力的人；其次，即使免费药物也未必完全得到病人的信任。后者拥有更多的赞同者，收费已成趋势。而对穷人一如往常免费诊病，且医院的收费普遍较低，得到的收入纳入机构的日常开支。

三、西医教材著作的编译出版

西方传教士深知，要使行医传教广泛进行，必须有大批华人参与，而要把西医传授给华人，必须扫除语言文字障碍。把西文医药书籍翻译成中文出版，这是使西方医学文化与中华文化融合的过程，也是西医逐步中国化的过程。

合信医生主持金利埠惠爱医院期间，着手将西文医书翻译成中文。他取得南海人陈修堂的协助，以《解剖学和生理学大纲》原书为蓝本，编译成《全体新论》一书，1851年在惠爱医院出版，是近代中国第一部比较系统地传播西医知识的教科书。合信还翻译出版《博物新编》《西医略论》（1857年，3卷）、《妇婴新说》》（1858年，1卷）、《内科新说》（1858年，2卷1册）、《医学新语》。当时，这5本书结书集名为《西医五种》，与《全体新论》（1851年，1卷）合组成一套比较完整的西医教科书，在中国早期西医传播中起了重要作用。此外，《英汉医学词汇》（A Medical Vocabulary in English and Chinese，1858年，1册）是国内已知编译最早的英汉医学词汇之一。

嘉约翰在华47年，主持博济医院44年。除主持医院工作外，还致力于编译西医书籍和教材，是19世纪中后叶翻译西医书籍最多的传教医师。从1859年开始，最先翻译出版《发热和疝》，尔后主要有《化学初阶》（1871年）、《皮肤新编》（1874年，1卷）、《增订花柳指迷》（1875年，又述于1889年，1卷），陆续翻译西医西药书籍34种，在博济医院出版。1880年，他创办介绍西医西药学的我国最早之中文期刊《西医新报》，1880年后他还翻译出版了《眼科撮要》、《外科手册》（1881年）、《内科全书》（1883年，16卷）；《体用十章》（1884年，4卷）、《妇科精蕴图说》（1889年，5册），有20多种作为博济医校的教材，堪称近代中国翻译医书第一人。

华人学者翻译西医著作形成一定数量是从尹端模开始。尹氏在博济医院习医，后任该院助理医师，受合信及嘉约翰影响，努力学习，译述西书。主要有《医理略述》（1891年）、《病理撮要》（1892年，1卷）、《儿科撮要》（1892年，2卷）、《胎产举要》（1893年，2卷）。尹端模还与嘉约翰合作并参加了《病症名目》《体质穷源》的翻译工作。

合信、嘉约翰除行医外，还大译西医书籍，学成回国成为"好望角以东最负盛名之良外科"的黄宽，亦参加译书，加上尹端模等早期译本。以博济医院（局）具名刊行的有：《体用十章》《内科阐微》《西医内科全书》《炎症略论》《皮肤新编》《妇科精蕴图说》《胎产举要》《儿科撮要》《眼科撮要》《割症全书》《花柳指迷》《增订花柳指迷》《西药略译》《化学初阶》《体质穷源》《实用化学》《内科全书》《病理撮要》《内外科新说》等数十种，除国内使用外，日本人亦采用，对西医传播推广和西医教育发展，发挥了开创性作用。1880年，创办《西医新报》，揭开现代中国医学杂志的第一页。

四、博济医院对传播西医所起的作用

博济医院与医学传道会二位一体，紧密结合，在19世纪上、中叶，曾是欧美各国教会派遣传教士到广东行医传教的主要渠道，因而集结了传教医生传播和推广西医的巨大力量。西医推广获得广东各界人士大力支持，十三行巨商伍敦元从1842年始，不但不收医局房租，还负担医局一切修葺费用。旗昌洋行职员历任医学传道会副会长，1845—1891年任该会司库，1880—1902年的22年间，无偿为该会提供会议和活动场所，支持西医推广。外国派来的传教士都是医学传道会的成员，亦是博济医院的人员。他们的活动范围不限于广州，在广东省内和省外，都有他们的足迹。博济医院就是通过传教医生及医院培养出来的学生，将西方医学辐射和推广到广东全省和省外。

在广州，当时的西医机构，多是博济医院与医学传道会派生出来。1848年，英国布道团传教医师合信（Benjamin Hobson，1826—1873）在广州沙基金利埠开办惠爱医院，1856年第二次鸦片战争爆发停业，1858年由黄宽接办复业。1865年，惠爱医院归嘉约翰兼管，至1870年停办。19世纪80年代，在博济医院服务的富玛丽（Mary Fultan）、赖马西（Mary W. Nile）两位女医生，先后开办四牌楼赠医所、十三甫赠医所、存善大街赠医所。1899年，嘉约翰辞去博济医院职，致力于其年前开办的芳村精神病医院。同年，赖马西离开博济医院，先后开办明心书院和明理书院，分别招收盲女童和盲男童，施以治疗和训练。同年，富玛丽离开博济医院，在西关创办广东女子医学校。1909年，医学传道会达保罗医生帮助广东公医医学堂筹备开办，接纳南华医学堂停办的失学学生。

清光绪八年（公元1882年）博济医院的6位医生集资，委托旅美华侨罗开泰，

在广州仁济西路怡和街开设全国第一家华人西药房——泰安大药房。

在广东省内和省外经由博济医院医学传道会人员传播和推广西医的地点包括：佛山、三水、肇庆、四会、阳江、澳门、香港、梧州、厦门、宁波、上海、北京、台湾、海南，以及日本等地，博济医院早期在中国传播和推广西医事业方面，发挥重大作用，是中国近代史上最具代表性的教会医院。到19世纪末，就教会当时在华医疗机构的大概规模看，新教所属的大小医院、诊所合计约40余家，天主教所属者也有数十家，主要分布在一些较大城市。有的医院的建立，还得到中国官员或其家属的直接支持。如天主教所属的天津马大夫医院，李鸿章夫人就曾捐资，因为这家医院曾救过她的命。但如博济医院这样规模和水平的教会医院还不多。

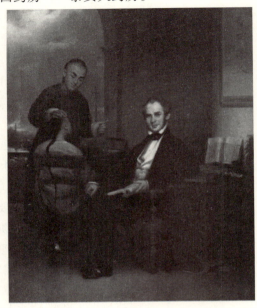

伯驾与关韬（左上）在行医

博济医院仁济街前门

博济医院仁济街前门

1880年羊城博济医局　　　　　　1882年羊城博济医局
《西医眼科》重刻本　　　　　　《西医内科全书》重刻本

第二节　中国医学教育的现代化源起

——从博济医学堂到南华医学堂

　　传统的西医教育与传统的中医教育，起初都采取以师带徒的形式，随着知识量的扩大和对医务人员需求量的增加，学校形式的医学教育也相应出现。近代医校教育源于欧美，是近代科学技术与思想文化飞跃发展的成果，其教育模式为近代科学教育模式。建于博济医院内的近代中国第一所西医校，将近代科学教育模式引入中国，为以师带徒的传统中国医学教育传授方式带来根本性改变，开启了中国医学教育的现代化进程。

一、中国近代西医教育的雏形

　　从伯驾在广州开办眼科医局的次年（1836年），他以带徒弟的方式，训练了3名中国医助，除做眼科手术外，兼做外科手术，其中关韬在做白内障手术方面，颇负盛誉。嘉约翰也收授苏道明为徒并培养其成为眼科割治专家。合信、黄宽等均收授生徒。为了引进最新医学技术，伯驾利用每次回国的机会，到处参观医院、遍访名医。例如他在1841年初次返国时，便完成了婚事，但是在婚后不久就与妻子小别，花了将近半年时间前往英、法两国，向伦敦、巴黎的许多名医请教，获益匪浅。除了自己重视进修以外，伯驾也训练了一批中国助手，前后约有10个人，其中以大弟子关韬最有成就，能够在伯驾有事出门的期间独当一面，病人并不因此而减少。1837年，经他挑选，一些中国青年开始跟他学习医药学和英文，并在医院帮助配药以及担任手术助手方面的工作。

二、创建中国近代第一间西医校

博济医局由嘉约翰经营10年，已具相当规模。医局设备好，医师力量强，医疗水平高。经过历届收授生徒，特别是1861年和1863年两届生徒培训，已经具备开办医学班的条件。清同治四年（1865年），时值建院30周年，博济医院正式办学。医学堂附设于博济医局，首届招生8名，学制3年。黄宽被聘到该校任教，与嘉约翰共同负责教学工作。1866年开办医学堂，创建中国近代第一间西医校，开始系统授课、

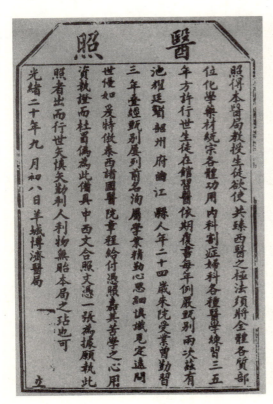

池耀庭于1894年毕业的毕业证书
（中文本）

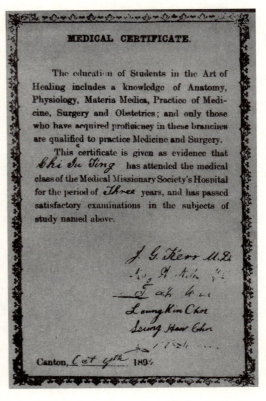

池耀庭于1894年毕业的毕业证书
（英文本）

见习和实习，传播西方医学，对外扩大招生，培养医学人才。1868年学生增至12人，每周逢星期三、六进行课堂讲授，星期一、五出门诊，星期二、四在手术室学习手术割治。学生参与医院日常事务、施药、通常手术割治等助手工作。黄宽执教解剖学、生理学和外科学课程；嘉约翰执教药物学、化学；关韬执教临床各科教学。开班第二年，于院中示范解剖尸体一具，由黄宽执刀。嘉约翰也曾在院中示范解剖尸体。

博济医学堂开班初时只有男生，1879年，博济医学堂应真光女校学生的请求，接收2名女生入学，是为该学堂招收女生之始，亦是中国培训女医生及男女同校之始。1885年，博济医学堂增加讲课和实习时间，充实教学内容，仍为3年毕业。

三、孙中山在博济医学堂学医及进行革命活动

"1886年秋，年届20岁的孙中山（1866—1925）在香港中央书院毕业后，经牧师喜嘉理器重，以'逸仙'之名就读于博济医学堂"，并开始从事革命活动。喜嘉理即嘉约翰。清光绪九年至十一年（公元1883年至1885年）的中法战争，以清政府向法国侵略者屈服而告终。我国伟大的民主革命先驱孙中山极为愤慨，决心学医，立下了"以学堂为鼓吹之地，以医术为入世之媒""倾覆清廷，创建民国"的大志。

孙中山进博济医学堂习医时，居住于医院内的哥利支堂10号宿舍，同学有男生12人，女生4人。他学习刻苦，如饥似渴地学习当时先进的医学科学。在这一年里，孙中山向嘉约翰提出两项建议：一是撤去课室中男女同学座位之间的帷幔；二是允许男生参加妇科的临床实习，因为男医生以后也会遇到妇科病人。嘉约翰认为这些措施本是为了适应中国"男女授受不亲"的儒家礼教，在他自己的国家并无此规定，故而接受孙中山的建议。

孙中山给同学的印象是："聪明过人，记忆力极强，无事不言不笑，有事则议论滔滔，九流三教，皆共语。竹床瓦枕，安然就寝，珍馐藜藿，甘之如饴。"嘉约翰为他减免了学费，全年费用20元。孙中山兼做医院的翻译工作，学费和膳费均可自付。

年轻的孙中山在课余请陈仲尧专为他讲授经史。他在宿舍里置《廿四史》全套。同学们以为他仅作陈设而已，故意考问其中内容，竟对答如流。在校期间，孙中山常发表爱国言论及表露革新政治志向，在同学中结识与会党有密切关系的郑士良（1863—1901），课余两人常谈论"反清"。孙中山认为中国现状甚危，中国人应起而自救。当他们谈论国事和救亡之策，他人多以一笑置之，或不予重视。唯郑士良与他人不同，对孙中山的志向深表钦佩。清光绪十四年（1888年），郑士良退学于广州博济医学堂，回到家乡归善县（今惠阳）开设同生药房，以此掩护，暗中联络会党，被推为三合会首领。1895年，往香港协助孙中山筹建兴中会总部。同年又与孙中山、陈少白、陆皓东等人赴广州设广州分会，准备发动乙未广州起义。郑士良豪侠仗义，孙中山在《有志竟成》中回忆，郑士良"闻而悦服，并告以彼曾入会党，曰他日有事，彼可为我罗致会党，以听指挥"。

清光绪十三年（1887年）9月，孙中山转学到香港西医书院（香港大学医学院前身）。此后5年多在该院学习，与该院名誉秘书兼教师何启、教授康德黎（James

Cantlie）等结交。孙中山在校期间，除认真学习医学外，还广泛研读西方的政治、经济、军事、历史等方面的书籍，并在课余常往来于香港、澳门之间，与志同道合之友聚谈政事，倡言革命，尤与陈少白、杨鹤龄、尤少纨3人交往更密，被人称为"四大寇"。孙中山还以"洪秀全第二"自命，用"中国现状之危我人当起而自救"一类言词来阐发自己的革命抱负。

孙中山于1892年由香港雅丽氏医院附属西医书院毕业后，先后在澳门、广州开业行医。他精通医道，擅长外科，而且待人亲切，有求必应，对贫苦患者施医赠药，因此很快成为一位名医。孙中山借行医为掩护，结识一批对清朝统治不满的爱国青年和会党分子，共同探索救国救民的道路。1893年春回广州，在东西药局行医。由于受当时改良主义思潮的影响，孙中山于1894年6月偕陆皓东到天津，上书清政府直隶总督兼北洋通商大臣李鸿章，提出"人能尽其才，地能尽其利，物能尽其用，货能畅其流"的变法自强主张，未被采纳。面对不可能改良的社会现实，孙中山摒弃改良幻想，踏上民主革命的艰险征途。

1886年孙中山先生以"逸仙"之名在广州学医时的留影

四、开办南华医学堂

1897年，医学堂有男生25人，女生6人。同年学制改为4年毕业。西医传播对清政府传统医学教育的影响逐渐增大，如光绪二十四年（1898年），光绪皇帝下有谕旨："又谕，孙家鼐奏，请设医学堂等语，医学一门，关系重大，亟应另设医学堂，考求中西医理，归大学堂兼辖，以期医学精进，即着孙家鼐详拟办法具奏。"1899年，博济医院和博济医学堂交由关约翰（John M. Swan）主掌。清光绪二十七年（1901年），博济医院成立正规医校，建设独立校舍。新校舍于1902年建成，为广州当时的新式楼宇，命名为南华医学堂。清光绪三十三年（1907年），有外籍教师7人，中国教师6人，在校肄业学生达50人。清宣统元年（1909年）春，该校学生反对校方的不合理举措，实行罢课。美籍负责人施行高压手段，开除领头的学生，学生仍坚持不复课，1911年校方便将学校停办。

从博济医院办医校到南华医学堂办学45年，先后共培养毕业生120多人。他们主要分布在华南各地，有一部分在其他省区，小部分在国外，为医药卫生和医学教育事业服务，为中国南部早期培养西医师，促进西方医学文化和中华文化交汇融合，推进了西医中国化。

第三节 夏葛女医学校的创立和变迁

一、广东女子医学校的诞生

广东女子医学校创办者是美国女医生玛丽·富利敦（Mary Fultan，1862—1927）。她受美国长老会派遣来到广州。清光绪二十五年（1899 年），富玛丽带领 3 名教师、2 名学生，在广州西关存善大街长老会礼堂赠医所筹办中国最早期的一间女医校——广东女子医学校，作为教学施医的基地，专门招收女生。1900 年 11 月，长老会一支会礼拜堂在西关多宝大街尾落成，便借用该堂首层作校舍，广东女子医学校正式挂牌，1900 年第二届招生 3 名，学制 4 年，用粤语授课。1901 年建成女医院首座楼房，以捐款建楼的美国纽约布鲁克林教堂的牧师戴维·柔济（David Gregg）的名字，命名为柔济医院（今广州市第二人民医院）。

二、广东夏葛女医学校的创立

1902 年，美国人士夏葛（E. A. K. Hackett）先生捐款，在逢源中约建设新校舍，与柔济医院为邻。校舍建成，复捐款建学舍楼 2 座。为纪念捐款者，女医校以夏葛命名，称广东夏葛女医学校。夏葛女医学校在护士教育方面先行，较早建立附属护士学校。1904 年开办看护使学校，美国人端拿（Charles Turner）女士捐款购地建楼，便命名为端拿看护使学校（Turner Training School For Nurses，又译特纳护士学校）。由于护士工作"侍奉病人，事近微贱，闻者惮之，来学无人"，护士学校的开办起初并没有得到多少女性学医者的响应。富玛丽知道要使护士职业得到大家的认可，需要尽量提高护士的待遇及地位。"尝竭心力劝人来学，又提高待遇护士之法。适因沙面某西人，尝聘用本校护士，而命其就食于厨下。富氏闻之立召其人归。此后中西人士皆尊重护士，而护士在社会上之位置遂高。然当时习者仍罕。"第一位护士毕业生李凤珍女士，曾是来医院就医的患者，病好后，在富玛利的反复劝说下方才愿意来校学习。特纳护士学校学制开始时定为两年，从 1915 年起改为三年。开设的科目主要有：第一年有人体学、功能学、卫生学、药科学、护病初级、医院规矩、看护礼法；第二年有卷带缠法、产科护法、揉捏法、小儿护法；第三年有料理大割症、割症之先后护理、五官护理法、剖腹护理法等。学科设置比较齐全，而且以上各科皆有医生讲解指导。一些教会开办的医学院都先后建立相配套的护士学校，但是护士的数量总体还是偏低。根据有关资料的统计，到 1919 年，全国的护士总人数不超过 150 人，甚至某些医院根本就没有护士，病人纯粹由他们的亲戚或仆人来照顾。特纳护士学校的学生多为广东本地人。据统计，从 1906 年第一届毕业生到 1936 年中共有 27 届共 197 人。其中广东本地人 178 人、福建 13 人、广西 2 人、浙江、四川、江西、山西各 1 人。护士学校的创立对于广州地区的医药事业有比较深远的意义，进一步健全了广州地区的医学教育门类。

夏葛女医校仿效美国医学教育模式，建立自己的办学机制，医校、医院、护校三位一体，统一管理，具备培养医生、护士，开展医疗服务的整体功能。该院专门收治妇女儿童病人，成为妇产科、小儿科专科医院的雏形。当时医院病房2座，床位30张，规模较小，设备简陋，妇产科医务人员缺乏，妇产科业务以产科为主。由于迷信思想作祟，当时很多人不愿入医院分娩，贫家妇女限于经济能力，住院分娩者更少。据1910年柔济医院记录，全年接产仅52人，院外接生82人，难产产妇38人，其中较大、较困难的手术多由外籍外科医生施行。学生通过课本、模型、实验、临床见习等方面在课室、实验室、医院及门诊完成其学习课程，随着学程的改变，所修课程逐年增加。1911年，女医校已培养9届毕业生共44人，端拿护校培养4届毕业生共12人。截至1911年，广东夏葛女子医学堂培养44名毕业生。民国元年（1912年），孙中山曾到该校及其附属的柔济医院视察。

三、更名为夏葛医科大学

夏葛女医校仿照美国医学教育模式办学、管理学校和组织教学。校院财产全属北美长老会，委托中国南部西差会所选的董事组成董事会管理，由董事会授权教员医生组成的执行部处理校院一切事务。夏葛女医校入学标准低，入学学生不必具有高中毕业程度。主要教师是美国医学博士。

1921年，由于广东教育事业的兴盛，全国教育会联合会第七次代表大会在广州举行，各医学院校均不失时机地修订章程，延长学制，增加课程内容，改进教学，完善学校的组织机构和管理制度，建立自己的办学模式，初步形成广东高等西医教育的基本格局。同年，受广东的形势影响，夏葛女医校当局修订章程，改名为夏葛医科大学，学制由4年延长为6年，预科1年，本科教学5年，其中第5年实习。

四、定名为私立夏葛医学院

夏葛医科大学董事会于1929年3月10日召开董事会议，决定从1930年起将学校移交给中国人办理，由王怀乐医师出任校长，并向国民政府教育部申请立案。1932年12月准予立案，定名为私立夏葛医学院，同时废预科，改为本科6年，实习1年，共7年。1932年起兼收男生，以期扩大医学教育规模。夏葛医学院虽交归中国人管理，但经费由美国长老会控制，实权还是掌握在外国人手里。

五、归并岭南大学

夏葛医学院自创办至1935年以来共毕业31届学生，人数246人，全是女生。毕业生分布在全国各地，以及新加坡、爪哇、美国、英国、法国等地。其中罗芳云、关相和、王德馨、梁毅文毕业后在不同时期担任该院领导工作，成为学校及其附属医院建设栋梁之材。华南地区的大部分女医生多由此学校培训出来，并为近代中国女性提供了比较全面的医学服务。民国二十五年（1936年）7月，该院归并岭南大学，改称为夏葛医学中心，并迁址于长堤博济医院内。

广州夏葛女医校院

清末夏葛女医学堂的女学生

第四节 岭南大学医学院的建立与发展

一、收回教会学校的教育权

1929年8月29日,教育部颁布了《私立学校规程》,私立学校立案后受主管机关的监督和指导,学校组织课程及其他一切事项,须遵照现行教育法令办理。学校如为外国人所设,必须由中国人任校长;如为宗教团体所设,不得以宗教科目为必修科,不得在课内作宗教宣传。多数教会学校开始按此条例办理。

二、筹办岭南大学医学院

1930年6月2日,医学传道会举行年会,决议将博济医院转交给岭南大学,此决议为岭南大学所接受。接办之前,岭南大学于1901—1912年,曾办医学预科,1914年又成立护士学校。移交手续于1930年7月23日正式办理,博济医院的全部财产和所有权由广州医学传道会（Canton Medical - Missionary Society）移交给岭南大学校董事会,医院归属"岭南大学医学院（筹）"。国民政府批给建筑及开办经费国币50万元;另每年补助经费10万元。

1934年岭南大学董事会提出,孙逸仙博士与博济医院有密切关系,以其生前对博济医院的关怀,有必要纪念其功绩。成立孙逸仙博士纪念医学院筹备委员会,推举孙科、孔祥熙、褚民谊、何东、黄雯、黄启明、金湘帆、林逸民、钟荣光诸先生为委员;再设立计划委员会,以刘瑞恒、赵士卿、伍连德、林可胜、黄雯、王怀乐、陈元觉、马士敦、胡美诸先生为委员。1934年,对旧病房实行大改造,在医院后座新建一座4层楼建筑。1934年6月,博济医院在原址扩建的一座占地面积77井（854平方米）、三合土（混凝土）构造的4层大楼落成启用。至1937年1月全部竣工,并在南面加建6层楼房1座。原4层大楼亦加至6层,地下为院长室、注册室、事务室、会议室、大礼堂、图书室、阅书室等;五楼解剖学科;四楼生理学科、药理学科;三楼病理学科、细菌学科;二楼生物化学科、寄生虫学科。每科均设有授课室、学生实验室、教员研究室及办公室等。天台建有小型动物室,以饲养试验动物之用。

1935年11月2日,举行"博济医院成立100周年暨孙中山先生开始学医并从事革命运动50周年纪念活动",由孙科主持,为"孙逸仙博士开始学医及革命运动策源地"纪念碑揭幕和"医学院大楼（现址博济楼前座）"奠基举行仪式。当时黄雯任院长,有教授6人、副教授6人、讲师12人、助教15人、学生87人。中华医学会以博济医院为中国西医学术发源地,特于11月2—8日在博济医院举行第三届全国代表大会,以示庆贺;医院也易名为"中山纪念博济医院"。

三、正式成立孙逸仙博士纪念医学院

1936年9月,孙逸仙博士纪念医学院正式成立。医学院共有5个系:解剖系

（包括组织学和胚胎学）、物理学系（包括生物化学）、细菌学系（包括寄生虫和病理学）、药理学系、公共医疗系。岭南大学医学院，一切规章制度，均遵照教育部颁发的章程办理，定学制为本科5年，实习1年，共6年。第一、二、三年为基础各科；第四、五年所习，为临床各科；第六年留院实习。第一年基础学科为生物学、化学等，以利用设备完善及师资便利起见，在岭南大学上课，余均在医学院授课。临床实习分别在博济及柔济两医院进行。公共卫生实习由学院卫生事业部安排。据院方自称"本年（1936年）一、二年级之学生程度，实可称满意；盖该二级学生课目，除解剖学科外，全由岭南大学文理学院担任教授，使学生程度，得以提高；至于解剖学科地址，则以五楼全座拨用，并特聘专任教授两名，助教一名，联同担任；人才极感充足"。

孙逸仙博士纪念医学院设附属机构：博济医院（有病床150张）；柔济医院（有病床150张）；博济医院内设有高级护士学校，学制为预科3个月，本科3年，1936年有学生38名；另有卫生保健机构3处：一处是博济分院（在岭南大学内，有病床20张）；一处在广州河南新村（SUNTSUEN）；一处在从化县和睦墟。并在岭南校园内设立了专门为农民服务的赠医所。附属机构收治的病人为学生临床实习提供了较好的教学条件。

由于夏葛医学院一直与博济医院有合作关系，在博济医院移交给岭南大学后，夏葛医学院也考虑与岭南大学合并。1933年5月通过合并计划，1936年7月1日，夏葛医学院正式将行政和设备移交岭南大学医学院。

1937年3月11日，纪念医学院大楼（即今博济楼前座）全部竣工。重建后的博济医院，保留它原有建筑风格，医院的主楼为西式建筑，希腊式圆柱，圆环的墙贴面，纪念碑如利剑直如云霄，短而锋利，其锋芒锐利，象征要将治病救人的决心贯彻到底。

四、抗战时期的艰难办学

在八年抗战中，正常的教学秩序遭到极大的干扰，教学工作不能依计划进行。孙逸仙博士纪念医学院在艰苦的环境中采取多种方法坚持教学。1937年"七七卢沟桥事变"发生时，正值学院暑假期内，为培养救护人才而应付时势需要起见，随即召集全体学生回院，授以战时救护工作，以备非常时期之需。同年秋天奉教育部明令，饬本院六年级及五年级全数男生，参加前方救护工作。该生等即踊跃加入中国青年救护团第一队；救护团成立于1937年9月，为香港热心人士创办，以救护前线受伤军民抗敌卫国为宗旨，先后组织三个大队携带医药器械赶赴北方战场。孙逸仙博士纪念医学院院长黄雯兼任中国青年救护团医药组组长，鼎力筹划救护行动，开会动员并为队员送行。17名队员中还有数名孙逸仙博士纪念医学院的医师（正队长罗友仁医师，副队长吕达薰医师，司库林伯元医师，书记杨松簌，庶务刘鹏搏，学生罗希贤、叶绍威等）。"各员感念苞桑膺心国难，毅然抛弃一切，参加救护，其热诚为国淘品钦佩。"9月30日，香港各界人士在思豪酒店举行授旗仪式，随后搭"泰山"轮回穗，因敌机在粤汉线实施轰炸使铁路交通停顿，救护队直至10月12日下午始得出发。15日抵达武昌，16日晚乘船赴京。18日抵达南京后被指派于红十字会在中央大学临时开办的伤兵医院负责部分病员管理工作。然而，出发前方参加前线救护医院服务才最切合青年救护团的宗旨，"各队员闻命之余，皆极距跃一体参加诚以救伤扶危为国家努力，即使捐糜顶踵、流血牺牲，亦属好男儿光荣之事业也"。11月7日，到达苏州。

原本在距无锡城20里地①的江苏省蚕桑试验场设立伤兵医院，而后因避免受伤将士再受敌机空袭遭无谓牺牲而改迁到湖南。

第一救护队从武汉出发赶往湖南衡阳65后方医院，该院于1个月后收治伤兵达一千余人，队员们开始忙碌起来。

孙逸仙博士纪念医学院师生开赴最前线，北上参加救护，历时6月；期满后全体返院上课或实习，再求深造俾成全材，以效劳国家焉。1938学年开课时，适值敌机轰炸广州，学院随即建筑防御工事，使全体学生得以继续照常上课，藉表我国抗战大无畏之精神与救国不忘读书之意义，直至本学年结束而止。

广州市自1938年5月28日起，迭遭敌机大肆轰炸，市民伤亡惨重；因之学院附属博济及夏葛医院，救护受伤者颇多；同时医学院教职员生，均能不顾危险，各尽其责，从事救护。特将博济医院之救伤成绩，备述如下：1938年5月28日至6月30日，治疗被炸伤者293人，伤者留医日数1577日，施手术数88次，X线检查53人次，注射治疗466次，入院122人，出院76人，死亡24人。其中6月6日处理受伤者多达156人。

1938年10月中旬，日军迫近广州，局势严重，学校被迫暂时停课，疏散师生。10月21日，广州沦陷。在广州告急的时候，各医学院仓促迁离。10月17日，依美国基金会所订的合约，将财产交还美国基金会保管。18日学院行政人员退出广州，前往香港，其后，绝大部分教职员也到香港。11月4日正式在香港复课。一、二、三年级在香港大学校舍上课，四年级从12月起随香港大学医科四年级学生到玛丽医院上课。由于抗战期间国内迫切需要医务人员，因此，把五、六年级学生留在内地上课实习，参与实际救护及医药卫生各种工作，其中一部分在广东韶关曲江上课实习，一部分在上海医学院借读实习。1941年12月8日，香港沦陷。学校内迁到韶关，在韶关复课。由于香港沦陷时损失惨重，到韶关后，图书、仪器全无，一、二、三年级无法开课，学生暂时到国立中山大学医学院借读，四、五、六年级分散到粤北各医院实习或上课。1942年恢复招考一年级新生，1943年建成了校舍，添置了设备，已借读了2年的学生才返校上课。

五、抗战胜利后战争时期的曲折发展

抗战胜利初期，医学院积极地进行了复员接收工作，克服困难，尽快地恢复教

---

① 1里=500米。

学、科研和医疗工作。1946年从粤北迁回广州原址复课。

在战争期间，学院建筑轻度受损，但家具等办公设备已损毁，医疗仪器、教学设备、图书资料等损失约1/3。复校后立即着手修复了前期课程的教学实验室，以及拥有200张病床的博济医院，补充设备。1946年已全面恢复教学工作。1949年有教师36人，在校学生159人。

岭南大学医学院首任院长由黄雯担任。至1953年合校前，先后任岭南大学医学院院长的有黄雯、林树模、马汝庄、许天禄（代理）、李廷安、汤泽光、谢志光、周寿恺等人。岭南大学医学院不分系，院长1名总管学院行政，直接向大学负责。学院设一个院务会议，为最高行政机构，以检讨和决议各项院务。院务会议由各科主任、各教学医院院长及夏葛医学中心代表2名组成，学院院长任会议主席。附属医院是博济医院和夏葛医院。院务会议下设：

（1）常务会议所，执行院长决议和各项行政事宜；

（2）人事委员会，辅助院长处理聘任及晋级事宜。

学院设教务会议，由全体教员（含助教）组成，管理教务方面各项事宜。教务会议下设：

（1）课程委员会；

（2）图书馆。

1953年1月21日，中南教育部、卫生部联合批文指示，岭南大学医学院改为公立。1950年12月，该院有病床195张，卫生技术人员138人，事务人员24人。1950年7月起由谢志光任院长，1951年8月周寿恺任院长。与中山大学医学院合校前，岭南大学医学院有教职工122人，学生426人。

从抗战胜利到南京国民政府结束对大陆的统治，广东高等西医教育变化急剧：这一时期的前一阶段，政府有较大的实力，对教育事业给予了一定的关注，取得了一定的成绩。抗战胜利后，各校积极修复和重建校舍、医院，添置仪器设备，恢复正常的教学制度。

新中国成立后，1952年11月10日根据政务院关于全国高等学校院系调整的指示精神，广州几所高等学校院系调整基本完成。原岭南大学并入中山大学，部分系科调整到其他院校。1953年8月12日中山大学医学院和岭南大学医学院合并，改名为华南医学院，成立院务委员会，杜国庠任主任。

六、教学情况

（一）教学条件

学院除增添教授等师资力量外，1937年增设各科课室及实验室，尤其是生理学兼生物化学、药物学、细菌学。各课室和实验室全部重新改良设备，尽量充足；地方宽敞，足供50人同时实习及授课之用。每科仪器及各种应用家私零件，无不加以扩充、改善；同时对于医学上所必需，或能增加学术上进步者，学院尚力求搜集也。改善课室增设仪器与基础建设同步进行。竣工的学院教授住宅 4 座。院内在建泵水机房 1 座，增置引用河水滤水机 1 副，以汲取河水作为洗涤之用；另建汽车停车房 1 座。院方鉴于各学科需用煤汽供给之必要，特装设煤汽供给机 1 座，使学生能利用煤气，供实验检查之用。

院办图书室专为供应各科教授及学生参考及阅读之用，故除医学术者外，其他课外读本及国内外出版之杂志，无不尽量搜求。统计由博济医院拨来各种图书 584 本，学院另新购 740 本，总共有图书 1324 本，各学科另订购杂志 34 种。

学院附属博济医院出版年报。学院创办有健康半月刊、医学月刊，亦已出版。同时学院鉴于我国医学教本之缺乏，将各教授之讲义，编订成书，以供学者之用，名为《孙逸仙博士医学院丛书》。

（二）报考条件

1937 年计有一年级学生 16 名，二年级学生 13 名，三年级学生 20 名，四年级学生 7 名，五年级学生 9 名，六年级学生 6 名，特别生 4 名。附设高级护士学校计有学生 3 班，共计 42 人；其中三年级生 15 人，二年级生 16 人，一年级生 11 人。并定当年秋招收新生一班，入学试验定于 7 月 20 日及 8 月 22 日举行。报考者应具备的条件为：

（1）国文，曾学习国文约 12 年。

（2）英文，①对于英文造句作文，与英文文法，须合葛理佩著《英文津逮》卷 4 或相当程度。②曾熟读高中英文读本二三百页。

（3）物理学、化学、生物学，曾学习物理学、化学、生物学 1 年，且须有相当实习训练，报名时须缴实习笔记。

（4）数学，须曾学习平面三角，与立体几何，或二者混合教授。

（5）华侨生及外国学生，凡在外国中学毕业之学生，国文得从宽取录，但入校后，必须加紧补习。

（三）课程科目概要

1936 年学院设有解剖学科、生理药物学科、病理学科、内科、外科、产科、公共卫生学科。此外，特别注重公共卫生、乡村卫生及热带病学，更增加医学伦理、医学史科及心理学科共 3 种。学院公共卫生学科部管理得到加强，使学生毕业后，能在改进各地公共卫生方面发挥作用；至于乡村卫生事业之创办，新村之敦和、从化县和睦 2 所均有医师驻所主持，并有公共卫生护士，助产士，护士等协助工作。其他乡村卫生事业，如岭南大学博济分院，及岭南大学内之乡村卫生部则增加牙科。同时，学院附属之博济医院内，亦新设城市卫生部，由卫生医师 2 名及卫生护士 2 名主理，专为学校卫生、妇婴卫生、及传染病探访工作。

课程按照教育部颁发的大学医学院及医科暂行课目表实施，规定 6 年毕业。课程如下：

一年级：

（1）党义。

（2）国文。授课3小时（为周学时数，每学期18周，下同），两学期共108小时。学分6。

（3）英文。授课3小时，实习4小时，两学期共252小时。学分8。

（4）物理。授课4小时，实习3小时，两学期共252小时。学分10。

（5）无机化学。授课3小时，实习6小时，两学期共324小时，在第二学期内，须实习分析化学108小时。学分10。

（6）动物学。授课2小时，实习6小时，第一学期共144小时。学分4。

（7）植物学。授课2小时，实习6小时，第二学期共144小时。

（8）战时救护训练。授课1小时，两学期共36小时。学分2。

（9）体育。实施2小时，两学期共72小时。学分1。

二年级：

（1）统计学。授课1小时，实习4小时，第一学期共90小时。学分3。

（2）分析化学。授课1小时，实习6小时，第一学期共126小时。学分3。

（3）有机化学。授课3小时，实习6小时，第一学期共126小时。学分5。

（4）解剖学。第一学期教授1小时，实习2小时，第二学期授课4小时，实习11小时，共324小时。学分10。说明：详细实地解剖人体全身各部（每学生4人有大体1具），并研习骨骼。全部教材每用X光及活人以示教。

（5）组织学。第一学期授课1小时，实习2小时，第二学期授课1小时，实习3小时，共126小时。学分4。说明：本学程计分包括3部分：A. 细胞学。专于细胞之构造，化学组成，及其生理详加讲释。B. 组织学。于血液，表皮，缔结，筋肉及神经各组织分别讲授。而于各组织之发生，生理，及病态尤加注意，以之为将来学习生理学及病理学之张本。C. 器官学。学生在大体解剖实习某一系统后，即继以该系统各种器官之显微解剖。每位学生俱有显微镜1架，实习玻片1套。并于制片学之原理略加解释，且须自制玻片若干种。

（6）胚胎学。第一学期授课1小时，实习2小时，第二学期授课1小时，共64小时。学分3。说明：本学程先将人体性细胞之产生，成熟，受精及接合子之分裂，加以解释。然后述及胚之发育，及其附件之长成。至于胎之发育，则将其各系统之长成，分别讲述之。全课程对于双胎，怪胎，及器官发育不全之原因，尤加注意。

（7）神经解剖学。第二学期授课1小时，实习2小时，共54小时。学分2。说明：本学程先将神经细胞，及神经组织倍加温习。然后由神经末梢起，经外周神经，神经节，神经脊髓，延髓，小脑间脑以至大脑各部，沿途加以详细解剖。并用制成之玻片为实习之用。最后将各部连续贯通，并备述及各部之功用。

（8）寄生虫学。第一学期授课2小时，实习4小时，共108小时。学分3。说明：寄生虫学包括原生虫学，脏虫学及医学昆虫学。将普通危害人体健康之寄生虫，及其所发生之疾病，用系统的讲授与实习法，尽量灌输，并注意寄生虫之生活史，各种中间宿主以及各地蔓延之情形。同时研习寄生虫病之治疗，预防及寄生虫之扑灭方法。除讲授及实验室应有之实习工作外，尤多予实地调查与扑灭寄生虫病之机会，务使学生能明了我国寄生虫之蔓延情况及熟悉各种防治工作实施之问题。

（9）生物化学。第二学期授课1小时，实习3小时，共72小时。学分2。说明：凡关于人体（或生物）细胞组织及系统器官之生理化学作用以及营养物之化学成分，消化、吸收与排泄等各现象，均在此课内充分研习。使学生对于生物及人体之新陈代谢以及其他化学作用，具有明确之观念；在讲授时注意各种生物化学定律之解释，与系统之说明。在实习时注意性的与量的监定，俾学生得熟审各种生物化学之反应与法则。

（10）生理学。第二学期授课2小时，实习5小时，共126小时。学分4。说明：本课内容分细胞及组织生理学、器官及系统生理学与种族生理学3大类。具体包括遗传之结果与各器官及系统之发展；人类种族之盛衰的生理变象；并利用动物实验。

（11）战事救护训练。授课1小时，两学期共36小时。学分2。

（12）体育。授课2小时，两学期共72小时。学分1。

三年级：

（1）生物化学。接连第二级第一学期，授课3小时，实习7小时。共180小时。学分6。

（2）生理学。接连第一级第一学期，授课2小时，实习5小时，共126小时。学分4。

（3）药理学。第一学期授课1小时，实习3小时，第二学期授课2小时，实习5小时，共198小时。学分6。说明：包括化学药理学、调剂处方学，及生物药理学。研习药物之性质，成分及其鉴定方法，及分析试验之组织及方法，调剂及处方之简要法则。再进而实验各种药物应用于动物组织及各系统之反应及效用。同时对于中国药物，亦包括研究，尽量介绍。

（4）细菌学。第一学期授课2小时，实习5小时。第二学期授课2小时，实习3小时，共216小时。学分7。说明：细菌学分普通细菌学，病菌与传染，及免疫学三部分。先授以普通细菌学之原理及实习之技术，使学生明了细菌之一般生活状况及其与自然界之关系后，再进而研习致病之各种细菌，以及传染与免疫之现象。关于病菌及传染与免疫之教材，务求能与临床学科相连贯，就实验所得，以供解释各种临床证象之参考。传染病之管理与抑止及饮水检查与消毒均为公共卫生之重要问题，亦需充分注意。

（5）病理学。第一学期授课2小时，实习5小时。第二学期授课3小时，实习7小时，共306小时。学分10。说明：本课按照病之性质，分别研习病因之种类，及身体各部受病后所起之变化。讲授时先授总论，使学生对一般病理现象得到一种概括之观念，然后进而讲授各论，使其对于各器官系统之病理变化得有深切之认识。实习分大体病理实习，及组织病理实习两种。于大体病理实习时，备有各种大体病理标本，以供学生自由研习。组织病理实习时，学生给有病理组织片每人1套。俾得自由观察病理组织之各种变化。尸体检剖。每年足有 50 具以上之成人尸体检剖，每次检剖时，学生一律参加。

（6）物理诊断学。第二学期授课 2 小时，实习 4 小时，共 96 小时。学分 4。说明：本课所授者为一切临床技能之基础，应用解剖学，病历记录，正常体格及疾病之验查，训练各种病征之认识。同时注意病者之心理与痛苦，医者之态度与同情。

（7）实验诊断学。第二学期授课 2 小时，实习 4 小时，共 96 小时。学分 4。说明：实验诊断学全部利用实验方法，练习各项排泄物及病理标本之检查工作。凡在临床诊断必须之各种检查技术，均尤须予以充分熟练之机会。

（8）战事救护训练授课 1 小时。两学期共 36 小时。学分 2。

（9）体育。授课 2 小时，两学期共 72 小时。学分 1。

四年级：

（1）内科学。第一学期授课 4 小时，临床工作 6 小时。第二学期授课 4 小时，临床 5 小时，共 342 小时。学分 14。说明：本课包括各种普通内科疾病，并凡能设法预防之病，均作有系统之讲授；并佐之以充分临床示教。在教师指导下，在门诊部实习诊断，及治疗方法，使得临床诊疗之初步经验。

（2）外科学。第一学期授课 3 小时，临床工作 9 小时，第二学期授课 3 小时，临床工作 7 小时，共 396 小时。学分 12。说明：本课所授为外科学识及技术，佐之以示证实习，在教师指导下，其临床工作，均在门诊部实习。

（3）热带病学。第一学期授课 1 小时，实习 1 小时，第二学期授课 1 小时，实习 1 小时，共 72 小时。学分 3。说明：特别注意预防及扑灭热带病工作，参引各种确实例证，并佐之以临床示教。

（4）放射学。第一学期授课 1 小时，实习 1 小时，共 36 小时。学分 2。说明本课在使学生认识 X 光线与镭之物理，及其在医学上诊断，及治疗之效用。

（5）儿科学。第一学期授课 2 小时，临床工作 2 小时，第二学期授课 2 小时，临床工作 3 小时，共 162 小时。学分 6。说明：除讲授儿科疾病外，尤应注意于儿童之发育营养，健康检查，心理变态之矫正，卫生习惯之培养，以及疾病之预防等，并多予学生研习及临床示教之机会。

（6）皮肤花柳学。第一学期授课 1 小时，临床工作 1 小时，第二学期授课 1 小时，临床工作 1 小时，共 72 小时。学分 3。说明：凡一切重要之皮肤病及花柳病，均在教授之列，并有标本模型，以供研习，及临床示教之用。

（7）神经精神病学。第一学期授课 1 小时，临床工作 2 小时，第二学期授课 1 小时，临床工作 2 小时，共 108 小时。学分 4。说明：本课分总论、特论两部，教授神经学之原因、症状、诊断法及治疗法，并佐之以临床示教。

（8）产妇科学。第二学期授课 2 小时，临床工作 2 小时，共 72 小时。学分 3。说明：本课包括产科之生理卫生学识、正常助产之方法、异常之妊娠、分娩后之状态检查、初生婴儿之护理、产妇之卫生及各种预防方法。妇科之讲授，先认识女性器官，并注意其与全身之关系，对于性的机能、性发育的教育及性病预防，彻底明了。

对教师指导下之临床诊断学及治疗方法，充分学习。

（9）体育。授课2小时，两学期共72小时。学分1。

五年级：

（1）内科学。第一学期临床工作4小时，第二学期临床工作4小时，共144小时。学分4。说明：第五年班之学生，须在病室内充临床见习生，凡关于病历之纪录，体格之检查，诊断治疗预防，及病症结果之预测，均由教师及各种内科学术会议中，指示助理。在适合之情形，或在乡村之医院时，学生可到病者之居寓，以研究或调查其病源，及附近之传染病症。

（2）外科学。第一学期临床工作3小时，第二学期临床工作3小时，共108小时。学分2。说明：第五年班之学生，均在病室及手术室内，充外科裹扎助手，及参加各种外科手术。

（3）儿科学。第一学期临床工作2小时，第二学期临床工作2小时，共72小时。学分2。说明：第五年班之学生，在病室内充当见习生；并在门诊部及卫生医期工作。

（4）皮肤花柳学。第一学期临床工作1小时，第二学期临床工作1小时，共36小时。学分1。说明：在门诊部工作。

（5）泌尿科学。第一学期授课1小时，临床工作1小时，第二学期授课1小时，临床工作1小时，共54小时。学分2。

（6）产妇科学。第一学期授课3小时，临床工作6小时，第二学期临床工作4小时，共234小时。学分7。说明：本课接连第四年班之学科，并派往卫生医期临床工作，及病室与门诊部充任见习生，在本班期内，每生应实行正常助产5次，及参加其他助产及产科手术。

（7）矫形外科学。第一学期授课1小时，临床工作1小时，第二学期临床工作1小时，共54小时。学分2。

（8）公共卫生科学。第一学期授课2小时，临床工作4小时，第二学期授课3小时，临床工作6小时，共270小时。学分9。说明：本课之教授，在求如何保障与增进民众健康设施；学生应具医学之基础，及临床学科之知识，并进而研习有系统之公共卫生组织及设施。本课之主旨，在扩大及完整学生对于现代医学之观念与目标。同时训练对民众健康保障之组织与实施方法，以及医学与社会之关系。在讲授时，特别注重我国现代医事之状况，及公共卫生行政组织。如时间许可，学生举独考察作社会医事调查报告1份，并须参加各种卫生医期，及乡村医院服务。第六学年驻医院实习时学生俱有1个月在本院之乡村公共卫生机关实习。

（9）眼科学。第一学期授课2小时，临床工作1小时，第二学期授课1小时，临床工作2小时，共108小时。学分4。

（10）耳鼻喉科学。第一学期授课1小时，临床工作1小时，第二学期授课1小时，临床工作2小时，共90小时。学分3。

（11）法医学。第二学期授课1小时，实习1小时，共36小时。学分1。

(12) 历史及伦理。第二学期授课 1 小时，共 18 小时。
(13) 体育。授课 2 小时，两学期共 72 小时。学分 1。

六年级：

第六学年，每学生著述关于医学上之论文 1 篇，并在博济医院及夏葛医学院，充当驻院医生 1 年，是年担任服务，计内科（包括儿科神经学科皮肤花柳学科）4 个半月，外科（包括矫形外科学泌尿科学眼科学及耳科学）4 个半月，产妇科 1 个半月，公共卫生科 1 个月，其余时间 2 星期，得作为假期休息。

（四）毕业论文

毕业生完成医科暂行课程表章程，考验及格，给发证书。

1937 年应届毕业生共计 7 名，毕业论文题目如下：①肠热症（王淑姜）。②血球沉淀对于炎性之研究（郭佩芹）。③瘖热症临床上之情况（郑洁辉）。④钩虫病之研究（郑璞）。⑤剖腹后之治疗（吕兆伟）。⑥急性肾炎之研究（李其芳）。⑦腹痛之分别诊断（夏美琼）。

（五）教务规程

采用记分法（学分、级分、绩点、绩分比率）。

学分：凡学生修满各科目合格者，均给予学分，一学期中每周授课 1 小时，或实习 2 小时或 3 小时为 1 学分。

合格：各科均以 60 分为合格。

七、学术研究

（一）学术成果

1937 年，岭南大学寄生虫学家陈心陶在曲江发现了血吸虫的中间宿主——钉螺，并提出消灭钉螺的措施，为以后的血吸虫病防治做出贡献。三四十年代，梁毅文采用自体腹腔血液回输法抗休克，并积极开拓与妇产科关联的细胞学、内分泌学、产前诊断方法的研究，并在不孕症、月经病、宫外孕的诊断和治疗等方面取得较大的成就，成为华南地区著名的妇产科专家。1936 年首先提出髋关节后脱位的特殊投照位置，被称为"谢氏位"的临床放射学家谢志光，于 1948 年到岭南大学医学院工作。

为求学生得有丰富学识及经验起见，故对于学术会议、学科演讲每周均有举行，俾学生于教授之余，互相考证。

（二）医药卫生著述

清道光至咸丰年间，合信（B. Hobson）和嘉约翰（John Glasgow Kerr）先后在广州有系统地编著、翻译出版介绍西医药各科的专门著作 20 多种，这是中国近代最早出现的西医著作，对广州西医知识的普及产生一定的影响。清光绪十九年（1893

年），博济医院医师尹端模译述了《体质穷源》《医理略述》《病理摄要》《儿科摄要》《胎产举要》等著述。以上为早期外国人所译述的各类医书，虽然这些书籍所用医药名词互异，但在西医学的传播方面发挥了较大作用。

清代广州地区编著、出版的部分医学书目

书　名	编著者	出版时间/年
全体新论（解剖学和生理学大纲）	合信（B. Hobson）	1850
西医略论（外科临床经验）	合信（B. Hobson）	1857
内科新说（内科临床与药物）	合信（B. Hobson）	1858
妇婴新说（看护法与小儿病）	合信（B. Hobson）	1858
花柳指迷	嘉约翰（John G. kerr）	1861
内科阐微	嘉约翰（John G. kerr）	1862
化学初阶	嘉约翰（John G. kerr）	1871
西药略释（4卷）	嘉约翰（John G. kerr）	1871
裹扎新编	嘉约翰（John G. kerr）	1872
皮肤新编	嘉约翰（John G. kerr）	1874
增订花柳指迷	嘉约翰（John G. kerr）	1875
西医眼科摄要	嘉约翰（John G. kerr）	1880
割症全书（7卷）	嘉约翰（John G. kerr）	1881
热症	嘉约翰（John G. kerr）	1881
卫生要旨	嘉约翰（John G. kerr）	1883
内科全书（16卷）	嘉约翰（John G. kerr）	1883
体用十章（4卷）	嘉约翰（John G. kerr）	1884
妇科精蕴图说（5册）	嘉约翰（John G. kerr）	1889
体质穷源	尹端模译述	1884
医理略述（2卷）	尹端模译述	1891
病理摄要（2卷）	尹端模译述	1892
儿科摄要（2卷）	尹端模译述	1892
胎产举要（2卷）	尹端模译述	1893

（三）西医学术期刊

广州最早的西医学术期刊是清同治七年（1868年）由博济医院院长嘉约翰编印的《广州新报》，初为周刊，清光绪六年（1880年）改为月刊，并改名《西医新报》，由博济医局发行，每季一期，两年后停刊。该报用中文出版，也是全国最早的西医期刊。

纪念碑（1935年立）
The memorial. (setted up in 1935)

孙逸仙博士纪念碑（1935年立）

DR. SUN YAT-SEN MEDICAL COLLEGE

医学院大楼

Six of the seven first graduates of the Dr. Sun Yat Sen Medical College of Lingnan University. June 22, 1937.

郑 璞	李其芳	王淑姜
Tseng Pok	Lei Kei Fong	Wong Shuk Keung
郑洁辉	夏美琼	吕兆伟
Cheng Kit Fai	Ha Mei King	Lui Shiu Wai

孙逸仙博士医学院首届毕业生

1886年，博济医院的华人医师尹端模等创办了《医学报》，是国人自办最早的西医刊物，出数期后停刊。其后，梁培基于清光绪三十四年（1908年）创办《医学卫生报》（月刊）。

岭南学堂医预科的主理者嘉惠霖医师曾于1912年创办《中华医报》，后又于1919年创办《博济月报》。

夏葛女医校于1920年创办《夏葛医学杂志》。

众多西医学术刊物出版发行，促进了西医科学学术交流与发展，推动了西医教育质量和医疗水平的提高。

第五节 开 创 者

在中国近代西医之起源处，亦即中山大学医科的源头，有一批中国近代西医之源的开拓者，也是中山大学医科的开源者。他们创造的传奇、奋行的印迹，汇成中国近代西医与中山大学医科的灿烂开端。

一、伯驾

伯 驾

伯驾（Peter Parker，1804—1888）于1804年生于美国马萨诸塞州的法明罕（Framingham），原本有两个哥哥，不幸都在婴儿期就夭折，所以只剩下两个姐姐和一个妹妹。童年的生活很单纯，总是在农场、教室与礼拜堂三者之间打转。一家在父母的操持下，过着敬虔、勤劳的生活。

由于他是家中唯一的儿子，必须帮忙农场上的操作，所以对学校的功课较为疏忽，升学的年龄也稍受耽误。当他拖到23岁才升入阿美士德学院（Amherst College）时，竟是全校中最年长的一个学生。在这所宗教气氛极为浓厚的学院中学习3年以后，他转入了学术水平较高的耶鲁学院（Yale College）。由于耶鲁学院承认他在阿美士德学院的全部学分，所以他只要再花一年时间即可获得学士学位。

也就是在这一年（1830年），他开始考虑到献身于海外宣道的问题。第二年的4月间，有一位热心推动海外宣道的人士安路福（Rufus Anderson）来到耶鲁主持一连串的聚会，终于促成伯驾的最后决定。由于安路福隶属于全美最早的一个海外宣道团体"美部会"（American Board of Commissioners for Foreign Missions），因此伯驾也将申请书送到那里。

美部会接纳了他，同时建议他再回耶鲁去深造，接受神学与医学的训练。伯驾用3年时间完成4年的医学课程，于1834年3月通过考试，受美部会遣派，乘上一艘愿意免费带他到中国来的船，于6月4日启程，历时4个月抵达澳门，10月6日到广州，后折返澳门，并于12月12日南下新加坡学习华文。在新加坡期间，他开一诊所，专为华人治病，从1835年1月到8月治疗1000多例病人。

伯驾于1835年在广州创办的教会医院——"眼科医局"，这是近代中国境内第一所近代化西医院。伯驾的专长本为眼科，所以一开始只看眼科的病，后来应病人的再三要求，也开始为他们看其他的病，从麻风病、象皮病到疝气、肿瘤，无所不诊，终于成为一个"全科大夫"。伯驾尤其在外科方面有建树，在中国近代医学史上留下几个重要的首创纪录：①割除乳癌（1836年）。②割除膀胱结石（1844年）。③使用乙醚麻醉（1847年）。④使用氯仿麻醉（1848年）。

此外，伯驾也以割除肿瘤而著名，例如他的第446号病人就是一个严重的肿瘤患者，从右太阳穴一直向下长到右颊，整个右眼几乎都被遮住了，结果1835年12月27日伯驾在鸦片镇痛下为这名13岁小女孩施行手术，割除了这颗重达1.25磅重的肿瘤，18天后痊愈，从而挽救了她的性命。

伯驾在华20年的行医时期中，他一共看过约5.3万个病人。这里面从两广总督耆英到浑身长疮的乞丐，从当地人到外地慕名而来的病人无所不包。

伯驾一直视医疗为布道的方式之一，因此他虽然在医术上日益精进，但他信奉上帝之心并未稍减。在他的日记中，到处都是将某个病人"交在最大的医生（耶稣）手中"，或为某个病人的痊愈而感谢上帝的记载。

为了使医疗宣教的价值更为人们所重视，伯驾在1838年会同裨治文（Elijah C. Bridgman）与郭雷枢（Thomas R. College）二人发起组织"中国医学传道会"（Medical Missionary Society in China）。参加成立大会的有十多人，首次集会时渣甸为主席，1838年4月第二次大会改选郭雷枢为会长，不过郭雷枢不久就离华回英国去了，其会长之职至1839年乃止。副会长之职由包括旗昌洋行职员、历任英美驻广州领事、英美商人、伯驾等人担任。会员每年捐赠慈善款，支持博济医局。伯驾自1834年抵广州，至1857年返美国，历23载，特别是他1841年漫游欧美争取捐助，为传道会做了大量工作。

"中国医药会"虽不如以后的"中国博医会"（China Medical Missionary Association）那样在统一医学译名、推广医学教育等方面卓然有成，却在联系早期的医疗宣教士方面发挥了很大的功能。下面一连串在中国教会史与医学史上都不可缺少的名字，都曾经是"中国医药会"的成员：雒魏林（William Lockhart）、合信（Benjamin Hobson）、麦嘉缔（D. B. McCartee）……

1844年中国与美国在澳门的望厦缔造了两国间的第一个条约，伯驾担任美国公使顾盛（Caleb Cushing）的译员。这是他参与外交工作的开始。以后他还担任过美国使馆的代办与公使。

1857年伯驾夫妇回国定居，直到1888年逝世再也没有到中国来。

二、嘉约翰

嘉约翰（John Glasgow Kerr，1824—1901），1824年11月30日出生于美国俄亥俄

州邓肯维尔,从小勤奋好学,16岁考入大学,23岁毕业于费城杰弗逊医学院,当了7年的医生,并加入教会。

1854年5月15日,嘉约翰带着新婚妻子抵达广州。他的妻子金斯伯,因半年的船上颠簸,加上不适应广州的炎热,一年后因病去世。新婚燕尔,妻子亡故,又初到一个完全陌生的国度,使嘉约翰非常哀伤。然而,个人的不幸,所遇的困难都没让嘉约翰放下自己的使命。他料理完妻子的后事,又忍着哀痛忘我地投入到行医传教中去。

1855年,伯驾回美国休养,5月5日嘉约翰受聘接替伯驾,接掌广州眼科医局。

第二次鸦片战争于1856年爆发,眼科医局在战争中被焚毁,夷为平地。在中国与西方列强激烈对抗的时局,身为西方人士的嘉约翰在中国难以立足,更别说行医了,妻子去世后,生活无人照顾,加上行医传教生活非常忙碌,嘉约翰身体状况每况愈下,只能于次年返美,入费城杰斐逊医学院进修。在此期间,他未放下在中国从事的事业,在紧张的学习之余四处为重建广州眼科医局筹款,购置了一批医疗器械。

嘉约翰

1858年年底,第二次鸦片战争的硝烟尚未散尽,嘉约翰携新夫人再临广州城,再续他在中国近半世纪的行医授业传教生涯。

他因陋就简地在南郊增沙街租下一间店铺,修葺粉刷一下,改做医院用房,此即为博济医院的雏形。1859年1月中旬,医院正式开业,命名为博济医局,他用在美国募集的经费购置了一批医疗器械。医院开办之初,正值鸦片战争战火方熄,中国刚刚经历一场西方列强的侵略,当地从官方到民间对嘉约翰办医院并不欢迎,战前他主管的医院就是被仇恨侵略的当地民众烧毁。所以说,他当时办医院的客观条件很差。医院能生存下来,首先是靠嘉约翰所具有的传教士执著的宗教传道救世精神。由于许多穷人因没钱治病,或是"病急乱投医"的人壮着胆子来试诊,治好了病,名声也传播开来,连富贵人家也上门求医。医院由艰难维持到发展扩大。

博济医院1859年5月重新开业后的数十年间,医院有着不断的改进和发展。医院在广州一带也已产生相当大的影响,医务工作格外繁重,除此之外,还要研究教学、编写教科书、设计和筹划医院将来的发展等等。嘉约翰想使这所广州最早的西医院,成为广州乃至中国教会医院之模范。

嘉约翰认识到必须培养中国人自己的医生。开始,嘉约翰只是由医院招收少数学徒,采用以师带徒这种易为当地人接受的传统授教方式,让他们边学习,边协助医生工作。医院也曾接收具有一定西医知识的开业医生进行培训。到1866年,博济医院迁移到新址后,嘉约翰在医院里附设一所学校,这是当时中国唯一的西医学校,也是今天中山大学医科教育的发端。

这所医校成为近代中国最早的医科学校,能较大规模地培养医生,由嘉约翰本人亲自授课,为中国西医教育体系奠基。到1870年,学校的一些学生可以在医院独立施行外科手术，嘉约翰说他们"很快就熟练了手术方面的有关方法，他们可以不需要外国医生就能单独为病人解除痛苦。许多医学校的学生已经取得了当地民众的信任"。1879年，随着医学教育的发展，医校从博济医院中分离出来，正式更名为"南华医学堂"，在中国最早系统地传播西方现代医学知识，培养出大批医学工作者。这些医学工作者成为开拓中国西医基业的人才，其中很多人有高超医疗技能。他们毕业后多在华南地区活动，直接从事医疗事业或者是在其他医校担任老师，对当地西医传播有很大影响。医学校里还教授一些中医知识。学校最初招收的都是男学生。1879年该校开始招收女生，这是中国最早招收女学生的医学校，冲破了中国落后的传统桎梏对妇女的束缚。这所学校培育出这一时代杰出的人物，如戊戌变法中壮烈殉身的六君子之一康广仁、民主革命领袖孙中山，还有其他的民主革命者，更有中国第一批受西式教育的知识精英。到1894年前后，经南华医学堂培养的医生达200名左右，绝大多数毕业生后都能开业行医。

孙中山也曾于1886年在嘉约翰开办的医校学医，并利用嘉约翰治校的宽松自由环境，吸收西方先进文化，开展最初的革命活动。

嘉约翰在医务、医学方面的工作成绩颇为突出。他在博济医院先后服务了近半个世纪，在他主持博济医院期间，门诊病人达74万人次，曾为49000多例患者做过外科手术，翻译了34部西医药著作，还培养了150多名西医人才，是为中国第一代西医。

他曾任新教全国性医界团体"中华博医会"首任会长，并创办颇有影响的西医学术刊物《中国博医会报》（中国第一种英文医学杂志，1887年在上海发行）。1865年，嘉约翰和他人一起编辑出版了《广州新报》周刊，分为中文版、日文版、英文版3种形式。这是我国最早的西医期刊，也是我国最早的中、英、日三文期刊，主要内容是介绍西方医学医药知识，并附带刊登一些当时的国内外新闻。1880年，嘉约翰在广州创办《西医新报》，这是一份中文医学杂志，这是我国最早的正规西医期刊。该报在广州街头公开发售，最高发行量曾经达到400份。

1898年，嘉约翰于广州市珠江南岸、白鹅潭畔创建中国第一家精神病专科医院，初名"惠爱医院"，设30～40张病床，次年正式收住院病人。嘉约翰辞去博济医院职务，偕夫人搬进医院。他亲自为病人治疗，使不少精神病人治愈出院。传统中国社会，从社会安全与稳定着眼，对精神病人基本是以禁锢方式处置，责任由家庭或宗族承担。精神癫狂者常被家人锁进幽暗房间，经年不见阳光。在清代，家人如不经报官私自打开疯人的锁镣，将会受到严厉处罚。嘉约翰兴办精神病医院，不仅给中国带来治疗一种疾病的方式，还展示了西方重视个人权利、重视个体的观念，将来自西方的人道主义精神、人本主义思想、人权理念引入中国。

清光绪二十五年（1899年），博济医院院长嘉约翰退休，由该院美籍医生关约翰（John M. Swan）接任院长。

1901年8月10日，嘉约翰在中国从事和传播西医学近半个世纪后，因患痢疾在广州去世，为他在中国的行医传教事业鞠躬尽瘁。

三、黄宽

黄宽

黄宽（1829—1878）字绰卿，号杰臣，广东省香山县东岸乡人，其长辈多务农，年幼时父母双亡，依靠祖母抚养长大，初进乡村学塾读书，有"神童"之称，后因家境贫困停学。1841年，他来到澳门，在美国教师布朗（Brown）主持下的马礼逊（Marrison）学校学习。1847年与容闳、黄胜一起，跟随布朗夫妇到美国，入读麻省曼松（Manson）学校，得文学士学位。1850年赴英国，进爱丁堡大学专攻医科，获医学士学位。毕业后攻读病理学与解剖学研究生，获医学博士学位，他是中国近代最早赴西方学医的人。1857年，他以伦敦会传教医生身份返国，在香港伦敦会医院任职。1858年，他回到广州，先在广州府学东街开办一所医药局，为病人治病，随后又接办英国人合信医生在广州金利埠创设的惠爱医局。因黄宽是中国医生提供西医服务，加上技术好，远近求医者甚多。在他经营医院的头4个月里就有求诊者3300人。同时，黄宽还带有4名生徒在医院接受培训，中国人教授中国学生学习西医由此开始。西医传播不再为外国传教医生独揽。博济医局新开张后，应嘉约翰之邀，黄宽又在博济医院兼职。

黄宽医术精深，尤其擅长外科，诊断精细，手术水平很高。1860年，他曾施行胚胎截除术（碎胎术），为国内首创。广东地区患膀胱石病人多，嘉约翰当时以作截石术闻名，但在他之前，黄宽早已割治过33人。据统计，他做过3000多次膀胱结石手术。除了主刀行医外，黄宽还积极致力于培养西医人才。后来，他因与医馆管理层意见不合，加上对某教徒的做法不满，于1866年辞去惠爱医馆之职，私人开业。1862年，他被李鸿章聘为首批医官，任职仅半年即辞职，回广州自办诊所。1863年他被聘为中国海关医务处首批医官。1866年博济医院附设医校，他被聘为教员，担任解剖学、生理学、化学和外科、内科的教学。1867年，他曾被委任代理主管博济医院。在此期间，努力整顿医院，还完成多例高难度手术，受到很高赞誉。

嘉约翰由于自身的健康和在美国家属的病人等原因，需要不定期回国，此时医院的管理和医务责任就落到中国医生的身上，中国医生和助手也因此有独立做主的工作机会而有长足进步。当嘉约翰1867年因上述原因回国休假时，全部医疗工作和管理由黄宽及其学生掌管。这期间黄宽主持施行包括17例膀胱结石在内的多种相当困难的外科手术，他的助手则承担所有小型手术和大部分眼科手术。

黄宽不但医术高明，而且医德高尚，为人治病热情感人，深受中外患者信任，他多年患有足疾，有时甚至不能走路，仍经常带病为人治病。1878年10月，当他颈项患疽时，驻华英国领事夫人难产，急求他出诊，家人虽再三劝阻，黄宽坚持出诊，并说："吾疽纵剧，只损一命，妇人难产，必失二命，讵能以爱惜一命而弃二命于不顾耶?"于是他不顾个人安危,径直前往。领事夫人产后平安,他归家后却因疝剧发而故,时年仅49岁。当时前来参加葬礼的中外人士无不为黄宽之死感到哀伤。

黄宽一生忙于临床医疗工作,除医院工作报告和海关医务年刊外,未留下其他著述。他的同学容闳在所著《西学东渐记》一书中评述称:"以黄宽之才之学,遂成为好望角以东最负盛名之良外科。继复寓粤,事业益盛,声誉益隆。旅粤西人欢迎黄宽,较之欢迎欧美人士有加,积资益富。"

四、关韬

关韬在行医

关韬(1818—1874),西方外国人士多称其为关亚杜或关亚土(Kuan A-To),其实应为关亚韬,在名前加上"亚"字,是广州人对一般人的普通称呼。关韬出生于广东十三行商业画家的世家,19世纪十三行的文化氛围对他一生有重大的影响。在18、19世纪,中国的瓷器和茶叶在欧美各国极受欢迎。在瓷器和茶叶的包装上,绘有中式的图案或风俗画,为迎合西洋人的爱好,行商要画工将西洋画法移入画中,于是诞生了广州外销画。关韬的叔父关乔昌(啉呱)就是一位名扬海外的外销画家,在十三行建立画室,和来自欧美的外国人有着广泛的接触,会说"广东英语",闻知伯驾招收学生,便让侄子关韬前往学习西方医学。关乔昌对关韬很关心,特别绘画一幅油画《彼得伯驾医生及其助手像》,其中助手就是关韬。伯驾还请关乔昌帮助制作教学挂图,又请他为100多名有肿瘤突出于体表的患者,对患病部位详细描摹,每张图都有伯驾的详细说明。把某些病人的病状画下来,就成为一幅幅生动的病历资料。1841年伯驾携带这些医学图画回美国陈列展览,事后即分赠给大学或医院。至今仍有110幅图保存下来,其中大部分(86幅)保留在伯驾的母校、美国耶鲁大学医学图书馆(Yale Medical Library),23幅在伦敦盖氏医院的戈登博物馆(Gordon Museum at Guy's Hospital),1幅在波士顿的康特威图书馆(Countway Library)。其中有30多幅是肿瘤患者的画像,看了那些奇形怪状、丑恶狰狞的肿瘤之后,让人看到伯驾的医术高明,也为中国近代西方医学传入中国留下历史实证。

关韬在当时的中国真是卓立独行者。他既没有按家传从商或学画,对当时中国知识界热衷的科举之业也不感兴趣,却偏偏对当时被中国人轻视、歧视而且脏、苦、累的西方医学很感兴趣。他聪颖好学、吃苦耐劳,在伯驾教导下,能独立施行常见眼病的手术、腹腔穿刺抽液、拔牙、治疗骨折及脱臼等等,不负叔父的期望。他技术娴熟、精细,每每收到优良疗效,得到中外人士信服、赞誉。医科是一门跨越文理的学科,涉及自然科学与社会科学许多科目,西医在当时尤其与西方文化背景紧密相连;支撑西方医学的知识体系与观念系统,完全迥异于中国传统的四书五经、八股文章、诗词曲赋。学过医的人都知道学医苦,单说学制,医科学制就比其他学科长,人家西洋人在西医的祖地学西医，也得熬数载寒窗，关韬居然在不长的时间内以学徒之身将西医技能学到手。

关韬品学兼优，深为伯驾器重，伯驾休假回国，他曾代为主持眼科医局。清咸丰六年（1856年）第二次鸦片战争时，他到福建为清军服务，获赏五品顶戴军衔，是中国第一位西式军医。战争结束后回广州挂牌行医，他良好的医德和精湛的医术很受中国人和外国侨民的欢迎。1866年博济医院广州仁济大街的新院落成后，特请伯驾的传人、中国医生关韬出任医院助理，医院引以为荣。嘉约翰在其院务报告中说："余得关医生为助手，实属幸运。因彼在眼科医院有悠久历史，凡与该院有来往者，莫不知之，以其君子之态度、而具有高明之手术，殊令人钦佩也。"关韬在关乔昌的指引下，自愿随伯驾学医，开中国人师从外国人学习全科西医的先河。他是积极的实践者，以自己的勤奋和才智使西医逐步为中国人接受，促进西医在中国的传播。他为中国第一代西医树立了成功的榜样。

关韬在这所医院工作近20年之久。他于1874年6月逝世，当时被"教会医事学会"称为一个悲伤的事件。在学会36届年会上，郑重地宣布了对他的评价，并在《中国邮政》上刊出。由此可见关亚杜在博济医院的影响力。

五、赖马西

赖马西（Mary West Niles，1854—1933），于1854年1月20日出生在美国威斯康星州，她的父亲是当地一位"家庭传教士先驱"。她在那里只生活了5年，小赖马西5岁时，外祖父去世，她的一家迁回纽约的科宁，父亲当了长老会的牧师。1875年，她在21岁时，从艾尔米拉学院毕业。此后3年，她在纽约的公立学校教书，同时也从事传教工作。1878年，她开始在与纽约妇儿诊所有联系的妇女医学院学习，并于1882年从该学院毕业，获得医学博士学位；同期获得艾尔米拉学院的文学硕士学位，1917年又获得法学博士的荣誉学位。

1882年8月，她被长老会海外传教会任命为派往广州的传教医师，斯图本的长老会承揽对她的财政支持。

1882年10月19日，她抵达广州，到创建于1835年的近代中国第一间西医院——博济医院工作。她在真光书院学习中文，开始了在中国行医传教的历程。1883年，在医院院长嘉约翰赴香港的短暂期间，由赖马西、老谭约瑟医生和韦尔斯（Wales）医生共同管理博济医院。赖马西分管医院的女病区。在当时的中国社会，妇女受传统礼教束缚，避讳与非亲友的男性交往接触，因此女性的"病人们喜欢有跟她们同性别的医生，好处是比较容易使之了解自己的病情。中国上流社会的妇女宁可忍受疾病带来的大量痛苦，而不愿接受现代医学诊断和治疗疾病所需的一切。大多数家庭中女性成员的深深的无知——羞怯和与世隔绝，为这位女医生在中国开启一个无限宽阔的领域。在当时深受传统束缚的中国社会，女医生极为稀缺，从现有资料可知，赖马西是近代广州一带最早出现、受过高等医科训练的女医生，她作为一名女医生起到了男医生所不能起的作用。她到中国后，首先在当时中国医学领域中最缺人才

赖马西（前排左四）

的妇产科施展才华。

就在这一年，由博济医院人员使用器械接生的病例有4起，其中3例就由赖马西施行。其中最成功的1例，产妇开始阵痛仅24小时，孩子就顺利生产。

赖马西除了负责医治医院里的妇女患者，还在广州十三行一座属于长老会的房子里开办了一间诊所，主要诊治妇产科病患。从1885年2月—10月，这间诊所每星期开诊5个下午，但是10月份以后，每星期只3个下午开诊。一个房间专门用作礼拜堂或候诊室。赖马西原以为会有更多的妇女利用这个机会来找女医生看病，不过这间诊所没让她达到所期望的成果，十三行诊所的就诊人数，在诊所存在的三年半时间里一直不多，这是因为当时中国妇女受传统礼教束缚不愿到陌生洋人那里。1888年6月，诊所关闭。不过，她被邀出诊倒是不少，这还是由于当时受着传统礼教束缚的中国妇女不愿在外抛头露面的缘故，但她们对找洋医生求诊还是很迟疑，常常不能及时请洋医生看病。有一名待诊的妇女，在赖马西到达她身边的时候，她已经死了4个小时。还有一次，赖马西赶了60多公里的路，其中有一段路是坐轿子，但是赶到患者住处时病人已经死了。赖马西看到当地不少患者因缺乏医学科学常识而延误了治疗，非常难过，尽可能通过自己的努力救治病人，并在救治过程中，让医学科学常识在当地人中特别是妇女中间传播开去。

当时的广州距鸦片战争爆发的年代不远，这场战争带来的动荡还在延续，社会并不安定，时有大大小小的动乱与战事，城郊及乡村一带更常有匪盗出没，一个年轻女医生远途出诊相当危险。而且，由于西方列强从鸦片战争开始到当时一直在侵略中国，广州更是一直处于中西交战的前沿并蒙受一次次灾难，当地不少人对西方人士切齿痛恨，因此赖马西不分昼夜远途出诊尤其凶险。然而，赖马西没有因环境危险不出诊，无论阴晴风雨，只要有病人需要出诊，她就出门去。她的工作极其繁重，医院本身人手非常不足，女医生更稀有，她唯有不管白天黑夜地工作。

这时，赖马西已是中国妇产科权威，以她卓越的学术成就，重大的医疗服务成果，以及杰出的献身精神，在中国医学界有举足轻重的影响。她更言传身教，将自己所学及经验传授给中国人，尽最大努力为中国培养出医学专业技能高、有使命感、责任心的医护人员。当然，赖马西这样做也是为了找帮手帮她摆脱医治、出诊，管理事务、后勤，甚至夜里开门都要自己来的困局。她充满赞赏地提到的那位吴夫人，就是博济医科学校的毕业生，这更让赖马西决心培养更多正式学校毕业的高级医疗与护理人才，她尤其着力于对女医护人员的培养。赖马西在嘉约翰开办的附设于博济医院的近代中国第一间西医校——博济医校，主讲《妇科学》和《产科学》，并常年带领女学生进行医学临床实践，积极推广新法接生。这为培养中国女医疗护理人才，推动中国妇产科的学科发展，做出历史贡献。

赖马西在医院工作到1897年再次返回美国休假，也许跟她筹办盲童学校有关，她在美国逗留两年，这段时间由富马利代管女病区。赖马西于1899年回中国后，辞去博济医院的工作。

赖马西离开博济医院是为了进入一个更重要的领域。"1889年，人们从垃圾堆里捡到一个流浪儿，送到医院来医治。当救人者发现这女孩失明的双眼没有治愈的希望时，想把孩子送回垃圾堆去，但是赖马西医生说，你把她留在我这里吧。于是盲童学校就这样开办了。"

赖马西回到广州后，很快就雇请了一位丹麦女士奈普鲁（Nyrup）来照料这些失明女孩。一位在巴陵会育婴堂受教育的盲教师被请来教授凸字盲文、音乐、编织等科目。起初赖马西在广州河南租了一幢本地房子做学校，后来迁校到澳门。4年后，奈普鲁因健康原因不得不回美国，盲人学校也就回迁广州。真光书院腾出该校一座楼房的四楼让她们暂住，直到毗邻的能够容纳30名学生的新房子建成使用为止，房子是由抚养人巴勒特（Butler）小姐捐建。赖马西和来探访她的老父亲在1896年从医院迁出来，搬进盲人学校的新楼，以便更好地管理盲人学校。赖马西不在的时候，巴勒特就负责管理学校。1899年她回中国后，就终止了与医院的关系，以便投入全部时间适应学校发展日益增长的需要。这间学校称为明心书院。

"在1912年，警长送来73名盲人歌女，同时每月也送来她们的费用。"当时广州的盲人歌女大都非常悲惨，以卖唱艰难为生，不少人堕入色情行业甚至卖淫，被黑道控制，饱受欺压剥削，也受尽社会冷眼欺侮，到年老无依无靠，晚景极为凄惨。她们的悲惨遭遇，坚定了赖马西无论多么艰难都要把盲人学校办下去的决心。她开办的盲人学校，大量接收盲人歌女、被遗弃或流浪的失明女孩，让她们学到文化和能在社会有尊严地生存的技能。

赖马西原来所学的专业是妇科和产科，原准备终身从事妇女儿童的医疗工作，因此她在盲人教育方面完全空白。但她非常刻苦耐心地自学有关知识，以便能够教育及帮助这些无助的失明女孩。赖马西为编创汉字盲文，自己先学会盲文，然后运用自己掌握的汉语言文字，将盲文译成汉字。虽然，赖马西编创汉字盲文前，已有汉语盲文,但从现有资料中没发现赖马西编创的汉字盲文是受前者影响创制。

明心书院是中国最早创建的盲人学校之一。它经过书院创建者与继任负责人的精心完善,成为中国盲人学校的范式之一,亦是在中国社会开展盲人福利事业活动的一次成功示范。明心书院历经困苦,经历停办、迁址、更名以及种种困难,续办至今。

1928年7月,赖马西返回美国退休。1933年1月14日,她在美国加利福尼亚州洛杉矶帕萨迪纳市过世。

六、富马利

富马利

富马利（Mary Hannah Fulton,1854—1917）,于1854年5月31日出生在美国俄亥俄州阿什兰,曾就读于威斯康星州阿普尔顿的劳伦斯大学,1874年毕业于密歇根州Hillsdale学院,1877年获硕士学位,随后任教于印第安纳波利斯的学校。1880年又进入宾夕法尼亚女子医学院学习,获医学博士学位。

1884年,年届30的富马利,受基督教美国长老会差遣,前往中国行医传教,在下半年抵达广州。她的兄长富利敦牧师夫妇,作为传教士已经在这里生活了4年。富马利一到广州,就被邀请到博济医院去参与一些重要的外科手术。

来华传教士医师一般都得先学习一下中文,熟习环境,再开展工作,她却在中国不到一年时间就陪着她的兄嫂和他们的小女儿前往广西桂平行医传教。

富马利是发达国家先进医疗条件培养的高级医生,一到当地,却立即需要自己动手建起简陋甚至有些原始的医疗设施,开展医疗工作。

中法战争开始后,富马利辗转回到广州,于1887年在广州四牌楼和同德街开办了两间诊所。1891年,她又在赖马西医生帮助下,在花地再开了一间诊所。当富马利医生下乡的时候,就由赖马西医生负责管理诊所。富马利医生在1897年接管医院女病区的工作之后,一直在那里工作到1900年,才辞去职务。

富马利任教的博济医校是中国首招女生的医校。1899年,医校女生增至5人。就在这一年,嘉约翰医生在广州芳村着手创办精神病院,医校里的男生都跟随他去了芳村。富马利担起教授5个女生的担子,她带着她们在西关存善大街施医赠药,有空就为她们讲授医学课程。中国的第一间女子医校在此滥觞发端。随着富马利接触到更多的本地妇女,她们"病死事小,看了男医生失节事大"的传统观念既让她深感无奈,又使她越来越感觉到应该有一所妇女医院,也坚定了她办好女医学堂,为更多的中国妇女治病解危的决心。1899年,富马利在广州西关逢源西街尾的长老会一支会礼拜堂创办女子医学堂及附属赠医所。当时,富马利在博济医校的余美德、施梅卿两位医生的协助下开办了女医学校,以富马利的赠医所为实习场地,开设于逢源中约。

学生不到10名，取名"广东女医学堂"。1899年12月12日，女医学堂的赠医所接诊了首例病人，此日亦被看做是医院的首创日。

1900年，北方义和团运动爆发，岭南虽因中国东南地方大员实行东南互保之策而稍安，但难免被动乱波及，富马利师生几人到澳门避乱，这时身体柔弱的富马利正受到哮喘困扰，但并未停止教学。师生在乱世中相互扶助，"广东女医学堂"的落实计划也渐渐清晰。

局势稍定，富马利率学生回到广州。她从各种各样的病人那里总共筹得2500元的款项，在广州城西隅买下一块地皮，第一座建筑物于1900年建成，是一座教堂，有一些房间作诊所之用。这座建筑完工之后不久，富利敦回美国时，设法从布鲁克林的拉斐特教堂筹到3000元钱寄来，用作建造一座新的大楼。

"1901年4月23日星期三这个日子，将要作为广州医疗与慈善事业历史上一个喜庆日子被人们长远地记住。这实在是一个新时代的开始，它将会给这个大城市许多代的妇女和儿童带来福祉。"

医院定名柔济妇孺医院，是广东女医学堂的附属医院。初名"道济"，取其"传道，以医济世"之意。后因"道济"二字与"刀仔（小刀）"一词在粤语发音上比较接近，为避忌讳，院方接受清政府驻美公使梁诚先生的提议，将医院更名"柔济"。这名字让当地人听起来更柔和亲切，亦与医院早期专门诊治妇孺患者的属性相吻合。1901年建成第一座医院院舍，有病床12张，收治留医病人。到1901年，医校有40名学生、2位外国教师和8位中国教师。

1902年，富利敦在美国向印第安纳州的夏葛先生募得捐款4000元，在女医校建新校舍，那座染坊于1902年被购入作为学生宿舍。为纪念捐款者之美德，"广州女子医学堂"改名为"夏葛女子医学校"。也在这一年，端拿夫人捐赠了3000元，被用来收购兵营，并在这里开办了护士学校，定名"端拿护士学校"。后来，柔济医院改名为夏葛医学院附属柔济医院。

夏葛医学院、端拿护士学校和柔济医院的两校一院的完整医科体系成型，组成中国第一个教学医疗科研一体化的女子医学机构，人员8～9人，床位30张，富马利任校院总监，统管两校一院。由富马利出任学院院长及教授。从现有的史料来看，广东女子医学堂是否为中国第一间女子医校尚有争议，但从夏葛女子医学校的学制、办学规模、教学方式及完整配套的设施与实习基地上来看，它确是中国有史以来第一所女子高等西医学府。

经过富马利的艰苦经营，护士学校于1904年正式建成，招收了首名学生李凤珍。端拿护士学校学制初定2年，从1915年起改为3年。

富马利继续在国内外募捐，兴建医院校舍，至1905年，已有医校校舍两座，医院病房为马利伯坚纪念堂和麦伟林堂两座。

柔济医院创院之初亦兼具慈善机构性质，主要服务贫穷的女病者，妇产科一直是其强项。1909年，该院就开展了钳助产术、毁胎术、臀位牵引助产术、子宫破裂修补术等。1914年，富马利、夏马大和中国女医生罗秀云一起，为一名患者切除47公斤盆腔肿物，标本被送往南京展览，引起轰动。

1912年5月15日，孙中山亲临夏葛医学院的学生毕业典礼，并视察柔济医院。

富马利担任校长直至1915年。这一年，已过五旬的她离开广州，旅居上海，应中国传教医师协会之请，全职翻译医学书籍，专心从事医学书籍的翻译工作。现在尚不清楚富马利离开广州的原因，一般推测，她也许只是想要休息，她当助产士的女医学堂诞生后，在她精心经营下成长起来，她也可以放心离开。她一手创建的夏葛医学院、附设医院和护士学校的两校一院体系及相应的教育模式与管理制度也延续下来。

其时，学院的教员里，有8名美国医学博士、1名哲学博士，教学阵容十分强大。夏马大任校院总监兼医院主管，伦嘉列任医校校长，护校仍由李喜怜任校长。

1917年，富马利离开中国，回到美国，1927年1月7日因病辞世。

七、关约翰

关约翰

关约翰在广东乃至中国的近代医学史上，是一个极重要，又是一个极富争议的历史人物。博济医院成为走在当时中国现代化医院最前列，博济医校成为走在当时中国现代医科高校最前列，他起了关键作用。但是，也由于他的缘故，医校停办，医院生存艰难，使广东的医疗与医学教育现代化进程遭受大挫折。

关约翰（John M. Swan, 1860—1919）1860年9月11日出生于俄亥俄州的格拉斯哥。他克服由于出身贫寒及其他困难造成的许多障碍，成为一名医学传教士，并被长老会派往中国。

1885年秋，年轻的关约翰携同新婚妻子乘船到广州，住在近代中国第一间西医院博济医院里，并在医院工作，也在近代中国第一间西医校博济医校内工作。本来照规矩，长老会的每个传教士都要花3年的时间学习中文。这项规定对于传教医生来说，执行起来要比牧师和其他工作人员更困难，关约翰发觉自己也不能例外。第1年的时候，他的语言学习没怎么被打断；但是到第2年，对他的医疗服务的需求大增，开始严重妨碍他的语言学习。随着关约翰医生跟病人讨论病情的能力加强，他发现找他看病的人越来越多。从中也可以看出，他的医疗业务水平的确很高。他在第3年已全身心投入到医疗工作上。

1887年，他在医院被任命为嘉约翰医生的助手，逐渐崭露头角，受到重用。1898年，博济医院建成为近代综合医院，创建博济医校的嘉约翰的医院职责被解除。

当时关约翰比较年轻，更精通新的杀菌理论，而嘉约翰工作方式则比较老式，在手术室里也是采用相对旧式的方法。关约翰的知识结构与专业技能要比嘉约翰更先进。似乎，要把博济医院与博济医校的发展向前推进一步，建成现代化的医院和办成现代化的高等医学院校，还得要靠更年轻、学识结构与专业技能更现代的关约翰来管理。这可能是医院的上一级主管起用关约翰取代嘉约翰的原因。1899年，嘉约翰医生辞去医院和医学会的职务，博济医院和博济医学堂正式交由关约翰主持。他除离职度假外，担任医院院长职务直到1914年。

随着关约翰医生在医院决策上的分量增加，可以看出一些明显变化出现在医院的日常工作、制度建设和设备改善上，医院着眼于更好地适应西医治疗，特别是外科治疗的需要，遵循卫生灭菌的方针。一间从屋顶隔着玻璃照明的手术室建成。手术室的四壁和天花板都刷上油漆，以便经常清洗。施手术的医生和助手的双手都要彻底洗干净，并在防腐溶液中浸泡；使用的器械也经过仔细消毒。这些做法并不是他来医院后的创举，不过的确是他对这些做法重新强调。

当时，医院里受过现代护校训练的护士、中国助手都很少，而且没有受过完整的训练。病人由他们的家庭成员和仆人陪伴到医院来，还带着自己的铺盖和炊具。食物、衣物、额外的卧具和炊具就放在各人的病床下。住院期间，病人的饮食、护理、甚至常常连服药的管理，都由他们的未经训练家人负责。这样，在公共病房，甚至在有些人住得起的私人病房，不可能保持秩序、安静和清洁。这一状况是住院治疗初创时期不可避免的遗留状态，当时让病人带随从人员，才能使他们住下来。关约翰改进了这方面的问题。

关约翰接受医学训练的时代，在西医学校中正开始强调细菌在传染疾病中的作用及严格的消毒和卫生的必要性，亲自动手改善医院环境。关约翰对医院的日常管理一直没有中断，还对将近3万人次求医者即时给予回应，11座楼房及相连房屋的维护、修葺和清洁，以及大量补给物资的供应，全都在极其节约地进行，并且接受主管医生的亲自监督。这显示关约翰在管理上的非凡魄力、巨细皆顾的精细和仿佛用之不尽的精力。到1907年，关约翰已经全面负责医院的管理。

关约翰的性格相当复杂，他崇尚效率至上的信念。他监管了他那个时期的大量建筑，完成得又好又节约。他是一位非常认真、能力很强的内科医生，也是一位技能高超的外科医生。他还能鼓舞病人的信心，赢得病人的尊敬。他和夫人曾护理病人度过危险的伤寒病难关，有着忘我的工作热情。

但是，就在他卓有成就之时，他的性格缺陷也暴露出来。连赞赏他的人在赞赏之余也认为："总之，关约翰医生就是能量。许多时候他的急躁和粗暴给了中国人一个错误的印象。他极富同情心，工作仔细，精益求精。他除了在当时广州唯一的医院里的专业职责之外，还要为两家医院和一所医学院募捐。他虽然活动很多，但总是能抽出时间亲切接待乡间来的医生同行们；我们这些在乡村开分院的医生都非常感激他的指点、他的同情和鼓励的话语。由于跟他的家庭一起生活，我知道他是一个一丝不苟的宗教徒。大清早就做礼拜，一手拿着咖啡杯，一手拿着圣经，就这样开始一个繁忙的日子。住院的病人听了他令人欢快的话语，常常也开怀一笑。很明显，关约翰医生除了医院的工作之外，别无所求。"

关约翰长期艰苦卓绝的工作，使博济医院及其附设医校在19世纪90年代后期和20世纪初的中外声誉隆著。

"关约翰医生对乡村分院，不管属于什么教会和教派，都非常关注。他帮新的医生买药，多年来帮他们从医院的仓库挑选药物、包装。……阳江、连州、逕口，可能还有梧州和江门的医院，就是这样建立起来的。"在关约翰关照下，广东至桂东的医院网络初步建立起来。他为岭南医疗卫生发展做出贡献。

"他在医学上有极高地位。除了到城乡各地出诊，或者为了非常成功地募集捐款之外，他很少离开医院。"

关约翰忠实地恪尽医生及医院院长的职守。"关约翰医生为1911年革命中负伤的士兵医治，他命令在医院服务的所有医生留下来，因为如果有伤员到的话，必须立即手术。我当时是关约翰医生的助手，也是唯一的女医生；我们非常忙，能够听到广州城里战斗的枪声。他走到我身边说，'林医生，不用怕，如果战斗打到这边来的话，我带你到美国军舰上去。'……关约翰医生亲自巡夜，发现有人疼痛就给他药物，使之解痛并入睡。"

关约翰在医院的所有日子里，一直不倦地开展华人医生和护士的教育工作。他到医院前，这里已有一所学校，但在他眼中，它还不是现代化医科高校，这是因为缺乏足够的人员和足够的设备，也因为学生在学医前没有接受过合适的教育。他决心对医校实施现代化改革。

在关约翰主管博济医院及医校期间，医院与医校发生重大变化。其中最重要的是使医校成为国内一流国际知名的高等医学院校。

医院在关约翰领导下成为一个现代化医疗机构。首先是医院物质上及管理上的现代化。进步特别表现在设施设备及其管理的改善上。1901年安装了电灯，极大便利了工作。1903年开凿1口新水井，为医院用水提供充足水源；到1908年，更连接上了城市的新供水系统。1903年建立了一个存放所有东西的储藏室，发放东西要凭医生签字的指令。"实行这一制度在相当程度上节约了日常开支，使医院的被服和一般物资在储存和管理上便利了许多。"1903年购买了第一台性能可靠的消毒器；1905年，首次要求住私家病房的病人吃医院厨房的伙食，伙食费是每天1角5分。1909年之前没有蒸汽锅炉，这一年有中国朋友捐赠了一台，以便提供"杀菌和厨房的需要，同时大量供应一般用途的热水"，不过锅炉多年没有安装。1914年安装了现代化的管道系统，手术室装备了全套消毒设施，建造了8间新浴室。1901年建造了一座3层的新楼，供医院助手使用。"他们搬出医院主楼，可以腾出六间房间，增加到私人病房区供出租。"1909年在医院的江滨花园建造了一座3室的平房，作为护士长英格斯（Ings）夫人的住所。1910年，医生住宅经改建，分成3个独立单元。医院设备之所以能得到扩充和改善，都是由于有中国人的特别捐赠。一个坚固的铁门框和入口、一个3楼大平台、整个覆盖1座主楼、价值4000元以上的扩充地皮。医学院的院址和用于创办医学院的18000元专项捐款，几乎全都是来自中国人的特别捐赠。

医院还实现管理制度与工作规范的现代化。当一个医生除了自己的专业职责之外还要管相当多其他事情，要料理本该交给医院伙食管理员的事务，甚至房屋的建筑和维修也要由自己担任建筑师和承建商，那就再也没有什么时间能顾及别的事情。关约翰通过一系列管理改革，使医院管理达致现代专业化管理规范。

为了控制流向医院门诊的人流，1901年增加星期三为门诊日。

关约翰夫人接管了前面提到的一直处于不合格状态的医院厨房，有一位郭太太在协助她。1908年的医院报告热情赞扬了她们的工作。病人每人每天付1角5分钱，就可以得到"改进了的服务和丰富的伙食。供应的食物合乎卫生，还供应额外的中午餐。这个部门的所有费用，包括食物补给和厨房设备等等，都来自病人缴纳的食宿费；而在12月31日，这个部门的现金信贷余额有1345.31元。这是高效能管理与监督的成果。"同年，威尔森（A. G. Wilson）先生被任命为业务经理，使医生可以从设备和财政的琐事中解脱出来。

一个使医疗工作专业化的固定方案付诸实行。1906年，对医院制度的进一步修订，医院内医疗工作的调度不再由全体医务人员决定，而是交还给管理委员会。医院制度的现代化深层改革最后完成。第二年，达保罗医生和博伊德医生被他们的教会从医院撤出，关约翰成了唯一的外国医生，掌管医院事务。

在关约翰带领下，医院的医疗成果累累，这些成果在当时中国大都具开创性。他在力所能及的范围内，为当地人除病去疾、救死扶伤，使广东医疗卫生水平提高到新的高度。

医院当时承担着粤汉铁路员工的医疗服务。虽然在1905年，建设停顿了一段时间，但在1908年还是分设出一个专门的铁路事故病区。医院的医生每周两次到广州武备学堂，直到1905年该校聘请了日本医生为止。

由于关约翰不懈的努力，博济医院在他主管医院时期发生了重大变化，医疗与管理的水平均居全国领先行列。博济医院以崭新现代化医院面貌出现在中国。

在关约翰的领导下，博济医校建成为现代化正规高等医科院校，建有独立校舍。新校舍于1902年建成，为广州当时的新式楼宇。1904年9月，博济医学堂改称南华医学堂，正式在博济医院挂牌。南华医学堂是中国近代最早开办的1所西医高等院校，清光绪三十三年（1907年）有外籍教师7人，中国教师6人，在校肄业学生达50人。

在关约翰掌管博济医院的时代，医院常被称为"关约翰医生的医院"这有利关约翰施展自己的理念，实施对医院与医校的一系列关键性改革，对医院与医校能达到现代化的发展水平有决定性意义。但这也造成关约翰大权独揽，使他能够在管理上专断独行，最后铸成医院与医校的悲剧结局。

博济医院后来陷入困境，也许与嘉约翰和关约翰两人无法合作，医院欠缺像嘉约翰那样润滑调和关系的人有关。

首先，嘉约翰和关约翰之间对中国人态度上分歧很大，两人对"擅自占地者"权利问题有不同意见，这是他们之间的许多分歧之一。这实质是对中国老百姓的态度问题，关约翰不认可嘉约翰对中国下层民众的同情与怀柔的态度，而是抱着受殖民主义影响的高高在上的对中国人态度。两人已经无法一起工作。与医院内外中外各界关系良好的嘉约翰医生，于1899年辞去医院的职务，让关约翰继续管理。关约翰无疑具有把博济医院与博济医校建成现代化的医院与医校的学识结构与专业水平。然而，要管理好一家医院与一所高校，管理者毕竟不能仅靠技术水平与业务水平之强，还得有领导协调水平、高超的待人接物本领，在当时历史背景独特的中国，还得有与中国各界搞好关系的能耐，有了解并顺应中国变化大势的能力，而关约翰没这些本事。

关约翰热切希望能更直接地宣讲福音，更有效地对病人施加只有一个传教医师才能施加的影响。宗教虔诚是他事业取得重大成就的动力，他是真心诚意为了帮助病人解除病痛而向病患者宣教。但是，一旦他将自己的信仰以强力推行给中国人时，性质就变了，这是他最后失败的原因。"每个星期天晚上7点到9点，关约翰医生夫妇都会邀请朋友们聚集到医院的会议室，请传教师来宣讲福音。……关约翰医生亲自巡夜，发现有人疼痛就给他药物，使之解痛并入睡。但是在病人入睡之前，他教他们怎样祈祷。"作为一个医务工作者，利用病人最痛苦、最虚弱、最需要帮助之时，让患者接受一种信仰，是有悖医德的，后来也激起医院外人士与医院内部分医务工作者及博济医校学生的不满，酿成事变，导致医校停办，医院运转困难。

关约翰是一位耐心细致的好医生。他一身兼任内外科医生、院长、业务经理、出纳员和苦力领班。他富有为医学传教事业献身精神，埋头苦干，不图名，不图利，而且才华横溢。但是他不善于分权给别人，而是坚持事必躬亲，监督一切。他的同事们，都是一些非常能干的人，对他的专权都有不满，觉得工作没法做下去。外国员工们感到跟关约翰合作非常困难，以致所有人都辞了职，从医院到学院竟没有一个人留下来。中国医护人员更受不了他。随着人们一个个离开，管理委员会开始认识到，医院医校要生存下去就不能再由他唱独角戏。但为时已晚，医校停办、医院最终也难免停办，已成定局。

在1907年，达保罗医生和博伊德医生退出，而在1909年长老会又撤出了对关约翰的财政支持。

关约翰的晚年正逢中国发生翻天覆地转变的大时代，中华民族在列强屈辱压迫中奋起斗争，中国的民族主义激情澎湃而起，在外国人一统天下的西医领域，中国人也开始争取应有的权力。中国人在医院和医学堂与管理层也发生摩擦。关约翰对此表现出唯我独尊并轻视中国人的优越感、绝不退让的偏执，使得摩擦激化成不可调和的对抗。

关约翰的失败，首先在医校开始。1909年春，由于当时博济医学堂的学生反对学堂不合理的措施，举行罢课。学堂的负责人关约翰专横地镇压学潮，开除学生冯膺汉、徐甘澍、方有遵等人。学生坚持不复课。他就极不负责任地将学校停办。博济医院可说是中国现代化医学教育之母，从这中国西医的殿堂走出中国最早接受现代化系统训练的医生，西方先进的科学文化最先于此系统地传入中国，现在它的医学院却不得不关闭了。

关约翰最后在博济医院成了孤家寡人。1914年1月，关约翰向医学会递交了辞呈，辞职被接受，他在5月离开了医院。不过他并没有离开广州，而是在城东郊区建造了一间私人医院，在那里行医到1919年。这一年他回到美国的时候被一辆汽车撞倒而去世。

关约翰的中国事业的失败,不仅是他个人的失败及一间医院和一间医校的失败,而是广东医疗卫生事业和医学教育事业现代化进程的重大挫折与大灾难。医校停办,医院发展倒退,进而使广东的医疗事业与医学教育事业大倒退进入历史"黑暗"时期,走在全国最先进行列的广东医疗及医学教育,向后倒退,恰又遇上广东社会动荡时期,在多年后广东的医疗及医学教育才得以恢复正常水平。这是广东医学教育事业的重大损失。

博济医校停办后,医校未毕业的在校学生面临失学,便组织起来,奔走吁请广州绅商和各界人士相助创办了广东公医学堂,让面临失学的学生就学。延至30年代中期,医校才以岭南大学医学院名义复办。

博济医院也让关约翰折腾得奄奄一息,错过发展的最佳时机。到医院缓过气来,美国及世界经济危机爆发,教会无力向医院投入资金,广州又处于当时中国的革命中心,思潮激荡、社会动荡、政情变幻、沙基惨案、省港大罢工及各种动乱战事接连而起。医院一度停业。

八、嘉惠霖

嘉惠霖

嘉惠霖(William Warder Cadbury,1877—1959),于1877年出生于美国宾夕法尼亚州费城一个教友派基督徒家庭。1898年毕业于哈弗福德学院,获学士学位,次年获该学院硕士学位。1902年获宾夕法尼亚大学医学博士学位。1936年获哈弗福德学院理科荣誉博士学位。1909年,美国青年医生嘉惠霖来到广州,并与博济医院结下近半世纪之缘,直至1949年他72岁才离开这里。他在几乎整整40年中,行医授学于广州,多次出任广州博济医院院长,担任过博济医院南华医学堂和岭南大学医学院教授,著述丰富,成为民国时期的西医内科学知名教授和在华著名外国医生,对华南乃至中国的医疗卫生事业、医学教育,有独特贡献。

嘉惠霖出身名门望族,英国著名的Cadbury(吉百利)巧克力公司,当年是嘉惠霖家族经营的生意。嘉惠霖的生活在当时的美国是非常优裕,家族的社会地位也高,而且他学成于名校,单凭所学医学专业,在美国等西方发达国家,过上中等以上水平生活完全没问题。然而,他抛却优裕的生活及家族生意,到中国服务于博济医院。

当时中国相信西医的病人少,医疗条件差。外国医疗人员生活水平远不如在自己国内。在广州的年青外国医生,多以志愿者身份在当时中国最老的西医院广州博济医院工作,一般以1到2年为限,期满回国。嘉惠霖却在博济医院一直干下来,直到古稀之年退休。

在医院里,他服务的对象除在粤外国人,主要是中国人,包括大量当地普通百姓。他所在医院及学院,虽有教会的资助,但资金有限,与他在美国的生活水平相差很远。医院及学院的教会内部,有着非常复杂的人事、财务、派系的纠葛矛盾,使嘉惠霖的工作受到不少掣肘。与他同来广州的同学，和他并肩工作过的同事，纷纷离开，到别处发展。但他仍坚持留在广州，实现自己的理想。

博济医院附设的南华医学堂，由嘉约翰于1886年创建，后来由博济医院院长关约翰主持。他对提高医院与医校的专业水平，实行规范管理，有卓越贡献。但是，他一反前任嘉约翰处事温和民主，同情中国人民命运，尊重当地传统习俗的作风。他处事独断独行，与中国医生及外国医生的关系都十分紧张，最后矛盾激发，导致外国教师集体辞职、学生罢课。也由于当时中国正处大变革大转折的时代，各种思潮激荡，社会风潮此起彼伏，民族意识高涨，并必然反映到学校中来。学校当局及其后面的教会不能正确应对，倔犟的关约翰更对这时代的变化表现出敌意。医学堂的学生反对学堂的某些不合理措施，实行罢课。关约翰采取高压手段，开除学生冯膺汉、徐甘澍、方有遵等人，学生坚持不复课，他就将学堂停办。于是，这间中国近代第一家医学堂，于1911中止办学，1912年正式结束。院长关约翰被广州医药传道会董事局免职。1926年因响应省港大罢工，博济医院歇业，后因经费问题至1928年仍未能重新开业。其时美国正值经济大萧条时期，教会无法支持属下医院。长老会商请岭南大学董事会接收博济医院与广州夏葛医学院（中国第一所女子医学院）。博济医院的资产和地皮只能用于医疗事业，这是博济医院提出的唯一条件。1930年，岭南大学董事会派一直在博济医院从事医疗工作的嘉惠霖，主持博济医院工作。

嘉惠霖受命于医院艰难之际。他一上任就力求搞好院内外各方关系，协调各方的利益与要求。嘉惠霖与一般传教医生不同，他只是基督教徒并非宗教神职人员，易于引起中国人敏感和警惕的宗教色彩较淡，加上他性格温和，处理问题调和折中，使他主持的医院，在正处于历史大转折、各种政治风潮与文化风潮风起云涌的中国，能够生存和发展。在博济医院因关约翰的失当及其他内外矛盾而日子艰难的岁月里，他艰苦备尝，奋力经营，竭尽所能恢复并维持这家对近代中国西医起源发展影响深远的医院。当时的医院与学校，处于急剧巨变的外部环境冲击，内部又面临错综复杂的矛盾纠葛，财务窘困。嘉惠霖皆安详平稳地应对。他性格温文谦厚中又坚忍强干，处世办事公道，尤其是对中国有着真挚的感情，无论是与中国社会各界，还是与医院内部的中外同事，都关系良好，对中国学生尤其爱护，继承了嘉约翰管理处事风格。他艰难地维持医院，为推进博济医校的复办，尽了最大努力，做出卓越贡献。嘉惠霖是继伯驾、嘉约翰之后，对博济医院的发展起过重大作用的人。

在医院管理上，嘉惠霖显示出不同凡响的管理水平。他初到中国时，就显现出为人厚道笃实、与人为善的品格，因而受人欢迎。他并没有表现出特别强的活动力，然而他务实平和，作风民主，他管理下的博济医院运转顺畅，各人安心尽职。他更不断引进外国医院的医疗管理常规和制度，完善管理。他特别注意吸取关约翰管理失败的教训，无论是外国还是中国的医护人员都能团结好，设法平衡两方面的利益，使他们凝聚成合力。凭着好人缘、医疗水平高超而具有很高威信，使他总能在博济医院管理混乱的时刻，被推举出来，协调各方关系，排除困难，消弭矛盾，解决纷争，稳住局面。所以，他在博济医院的几个重要的历史关头，被推举出任博济医院院长。根据孙逸仙纪念医院的院史可知，岭南大学董事会刚接收博济医院时、抗日战争中广州市沦陷后至太平洋战争前、抗日战争胜利后的1946—1948年，均由嘉惠霖出任博济医院院长。他每次都能使医院在激烈动荡与急剧转折中，生存下来，并有新发展。这也有利他依托博济医院全面开拓在中国的医学卫生事业。当危机或转折结束，完成使命后，他就平静地重返他的医生和教师的岗位，没有任何恋栈、计较、讨价还价。

嘉惠霖在中国还进行了一项意义深远的工作，就是总结博济医院的百年历史。他与内侄女琼斯合作，用英文撰写了著名的 *At The Point of a Lancet—100 Years of Canton Hospital 1835—1935*，中译本书名为《博济医院百年史》。《博济医院百年史》，远不止仅是一部普通医院沿革史。书中，从1835年美国传教士医师伯驾，建立近代中国第一间西医院；嘉约翰于1866年，在博济医院内开办近代中国第一间西医学校；一直说来，叙述医院与医校的发展经过；再说到医院与医校的停办，并介绍对医院与医校有过重大贡献或产生过重大影响人物。在一定程度上展现与医院及医校的变迁重合的近代中国西医发展史，揭示了中国近代西医及西医教育起源开端到发展定型的全过程。至今，此书仍然是研究中国西医发展史的重要文献。所以，某种意义上来说，一部博济医院百年史，也是中国西医与西医教育，在异常艰难条件与极其复杂的背景发端成长的历史。这部史著，透现了近代西方科学文化突破中国传统政治与文化的闭锁，在特有的极端错综复杂背景下，对中国近代科学的发端和发展所起的作用。

正当博济医院与岭南大学医学院的发展，处于又一个鼎盛期，呈现快速上升的势头，也是嘉惠霖本人的事业全面展开之时。抗日战争爆发，医院与医学院遭逢厄运。

抗日战争爆发后，日本军机持续轰炸扫射广州，城中已战火纷飞，日军在向广州进逼。在这样凶险环境，嘉惠霖作为一个外国人，完全可以一走了之。1938年广州沦陷后，嘉惠霖的行动受日军制约，但坚持为中国人做些力所能及的事，当时教会为战火中流离失所的居民建起临时难民营，嘉惠霖出任博济医院院长广州康乐村难民营主席，负责收容流离失所的难民。日本偷袭珍珠港后，嘉惠霖被关进位于广州河南宝岗的外国人集中营，只许原来嘉惠霖的司机定期带去生活用品，其余人等一律不准接近。嘉惠霖与中国人民一道经受战争带来的磨难。后来，美国与日本交换战俘，嘉惠霖以"美国战俘"身份被遣回美国。

抗战胜利后，嘉惠霖立即返回他视为第二故乡的中国，再任岭南大学医学院教授。经磨历劫的博济医院，再一次迎来劫后复办，嘉惠霖又一次被推举出来担任博济医院院长。年迈的他，于1946年至1948年，领导劫后的博济医院从恢复到再发展，这是他最后一次出任博济医院院长。

1949年，嘉惠霖偕夫人从他40年前第一次踏足的广州出发，告别中国，经香港乘飞机返回美国。在嘉惠霖回到美国故乡10年后的1959年，以82岁高龄逝世。

九、黄雯

黄雯（1895—1963），字兴文，广东新安（今宝安）人，出生在一个香港买办家庭，曾留学英国。生于中国大转折时代的黄雯，因其独特出身与禀赋才具，在医学界成就一番事业。

黄雯早年赴英国留学，先后就读于剑桥大学、英国御医学院。1931年返国，曾任香港东华医院院长。1933年任上海女子医学院教授、上海粤民医院院长。后来，他返粤创办私立岭南大学孙逸仙博士纪念医学院即岭南大学医学院。他与英国红十字会组成"万国医务团"，在广州先烈路开设华英医院，又在当地沙面肇和路开办"万国诊所"，如同一个卫生界的产业集团。他的医学水平颇高，内、外、妇、儿各科都干得不错，收入丰厚。他还是很有声望的名流。但他却在30年代后期忽然走上政治舞台，由大买办何东爵士引荐给孙中山之子孙科，在孙科的支持下步入仕途，并在1938年任广东省卫生处处长。

黄雯

黄雯有显赫家世、英美学术背景，与英国医学界渊源深厚，又有一般科学专业高级知识分子中不多见的社会活动能力、政治领导力，以及深广的人脉和官场上的能耐。他凭其禀赋才华，为20世纪30年代和40年代中后期广东及省会广州的医疗卫生事业发展做出很大贡献。他同时对医疗卫生事业理论多有研究。他译有《中西医生书刊》多册，并创办英文杂志《世界论坛》《中国报》等。他还针对社会医疗卫生的实际情况，做出实际致用的研究。

在黄雯成就的事业中，最有光彩的一笔是创办私立岭南大学孙逸仙博士纪念医学院。

岭南大学医学院的前身之一，为1866年在博济医院内开办的医学校，这是美国传教士嘉约翰医学博士创办的中国近代第一所西医学校。博济医院是中国近代第一所西医医院。博济医院的前身眼科医局，是美国来华传教士医师伯驾于1835年11月，得到广东巨商伍秉鉴（敦元）的捐助，在广州新豆栏街泰丰行7号创立的中国近代第一间眼科医院。1840年，眼科医局因鸦片战争而停业关闭，1842年11月恢复业务，成为综合性医院。1855年伯驾回美国，医院由嘉约翰主持。1856年，医院遭火焚毁。1859年1月，嘉约翰于广州城郊增沙街租铺重新开业，取名为博济医局，后来在广州谷埠（今广州孙逸仙纪念医院现址）购得地皮一块，用于扩建医院。1866年10月，博济医局搬至谷埠，正式定名博济医院，医院规模较以前扩大。同年，博济医院开办博济医学班，学制3年，是为中国近代第一所西医学校。1879年，医校首招女生，开我国女子学医的先河。1886年秋，孙中山以"逸仙"之名入读博济医院内医校近一年，并从事革命活动。同年，医校改学制4年。1904年9月，医校改名为南华医学堂。1912年南华医学堂停办。博济医院及主管的教会，政府以及社会各方，一直有意复办这所在中国医学史与现代科学文化史上有里程碑意义，是"国父"孙中山曾就读并在此走上革命道路的医学院校。

岭南大学于1901年至1912年曾办医学预科，但作为一所综合大学，虽文理工各科齐全，却独缺医科，所以也很想筹建医科。1930年，岭南大学与博济医院商议联办医学院。同年 6 月 2 日，医学传道会举行年会，决议将博济医院转交岭南大学，此决议为岭南大学所接受。移交手续于 1930 年 7 月 23 日正式举行，博济医院的全部财产和所有权由广州医学传道会移交岭南大学校董事会，医院归属"岭南大学医学院（筹）"。国民政府的最高领导都对这所医学院的建立予以关注。国民政府批给建筑及开办经费国币 50 万元，另每年补助经费 10 万元。

岭南大学医学院另一前身为夏葛医学院，由美国基督教长老会的女传教士医师富马利博士创立。1934 年岭南大学董事会提出，孙逸仙博士与博济医院有密切关系，以其生前对博济医院的关怀，有必要纪念其功绩，提议在博济医院基础上成立孙逸仙博士纪念医学院。于是，孙逸仙博士纪念医学院筹备委员会成立，推举孙科、孔祥熙、何东、黄雯、黄启明、金湘帆、林逸民、钟荣光为委员，由孙科任主席；再设立计划委员会，以刘瑞恒、赵士卿、伍连德、林可胜、黄雯、王怀乐、陈元觉、马士敦、胡美为委员。黄雯开始进行筹建医学院工作。岭南大学孙逸仙博士纪念医学院建院工作如火如荼进行。医学院对旧病房实行大改造，在医院后座新建一座四层楼建筑。同年 6 月，博济医院在原址扩建的一座占地面积 854 平方米、混凝土构造的 4 层大楼落成启用。

1935 年 11 月 2 日，在博济医院建院 100 周年之际，举行了博济医院成立 100 周年暨孙中山先生开始学医并从事革命运动 50 周年纪念活动，由孙科主持，为"孙逸仙博士开始学医及革命运动策源地"纪念碑揭幕和"医学院大楼"奠基举行仪式。中央及地方政府政要、社会名流、医界权威，云集珠江边上出席庆典，是为一时之盛事。中华医学会以博济医院为中国西医学术发源地，于 11 月 2—8 日在博济医院举行第三届全国代表大会，表示庆贺。黄雯被任用为医学院负责人。他为岭南大学医学院的建立奔走协调，竭尽所能，以自己在医界的威望与专业能力，以及纵横捭阖的政治才具，促成岭南大学医学院在高起点上开办。他对医学院架构、制度、学科、管理方式、附属机构，精心设置布局，使学院及其附属机构与当时国际先进医学院体制接轨。他选贤任能，为学院及附属医院配置合适人才，延续了英美医学流派之风。在学院与医院的建设发展上，显现他具有不凡专业领导水平与深远前瞻眼光，他创办的岭南医学院，对广东乃至中国医疗卫生事业及医学院校的建制有深远影响。

1936 年 7 月 1 日，夏葛医学院正式将行政和设备移交岭南大学，改称夏葛医学中心，并迁址于广州长堤博济医院内。

同年 9 月，博济医院正式易名为"私立岭南大学附属孙逸仙博士纪念医学院"，又称岭南大学医学院，设院长一名，由黄雯任院长，主持学院行政，直接向大学负责。学院设一院务会议，为最高行政机构，负责检讨和决议各项院务。院务会议由各科主任、各教学医院院长及夏葛医学中心代表两名组成，学院院长任会议主席。院务会议下设：常务会议所，执行院长决议和各项行政事宜；人事委员会，辅助院长聘任及晋级事宜；学院设教务会议，由全体教员组成，管理教务方面各项事宜。教务会议下设课程委员会、图书馆。

医学院有教授 6 人、副教授 6 人、讲师 12 人、助教 15 人、学生 87 人。学院不分系，学制六年，有5个学科：解剖（包括组织学和胚胎学）、病理学（包括生物化学）、细菌学（包括寄生虫）、药理学、公共卫生。岭南大学医学院的一切规章制度，均遵照教育部颁发的章程制定，定制为本科5年，实习1年，共6年。第一、二、三年为基础各科；第四、五年所习，为临床各科；第六年留院实习。第一年基础学科如生物学、化学等，为善用设备及师资起见，在岭南大学上课，其余科目均在医学院授课。临床实习分别在博济及柔济两医院进行。公共卫生实习由学院卫生事业部安排。

岭南大学医学院所设附属机构：博济医院和柔济医院。博济医院有病床150张；医院有卫生保健机构三处，一处是博济分院（在岭南大学内，有病床20张），一处在广州河南新村，一处在从化县和睦墟，并在岭南校园内设立了专门为农民服务的赠医所。附属机构收治的病人为学生临床实习提供了较好的教学条件。接受岭南大学医学院医学生实习的教学医院——柔济医院有病床150张。博济医院内设有高级护士学校，学制为预科3个月，本科3年，1936年有学生38名。

1937年3月11日，医学院大楼全部竣工。在原医院南面加建6层楼房1座。原4层大楼亦加至6层，地下为院长室、注册室、事务室、会议室、大礼堂、图书室、阅书室等；五楼解剖学科；四楼生理学科、药理学科；三楼病理学科、细菌学科；二楼生物化学科、寄生虫学科。每科都设有授课室、学生实验室、教员研究室及办公室等。天台建有小型动物室，饲养试验动物。重建后的博济医院，除了保留它的原有建筑风格外，医院的主楼为西式建筑，希腊圆柱，圆环的墙贴面，内有5间课室，能容学生250人。医院所需设施，特别设备室，应有尽有。医院中车道两旁有天桥，与后座病房、留医院相通。主楼前的庭院中，方尖碑式大理石纪念碑如锋芒锐利的石剑直指云霄，似在象征治病救人的信念至高无上，医院庭院中树木成荫、翠草葱茏，花卉秀丽。重建后的医院，建筑恢弘又环境雅静怡人，为养病治疗佳地，是当时广州市一处新的人文景观。

正当岭南大学医学院及附属医院，在黄雯领导下呈大发展势头之时，1937年抗日战争爆发，医学院与医院发展的大好局面骤然中止。

在八年抗战中，医学院正常的教学秩序遭到极大干扰，教学工作不能依计划进行。但是医学院在艰苦的环境中采取多种方法坚持教学。1937年七七卢沟桥事变发生时，正是医学院暑假期间，为造就救护人才以应对战争时局需要，黄雯领导的医学院随即召集全体学生返回学院，教授战时救护技能，以备非常时期之需。同年秋天奉教育部明令，医学院六年级及五年级全数男生，参加前方救护工作。学生踊跃加入中国青年救护团第一队。孙逸仙博士纪念医学院院长黄雯兼任中国青年救护团医药组组长，鼎力筹划救护行动，开会动员并为队员送行。

在黄雯协调下，孙逸仙博士纪念医学院师生开赴最前线，北上参加救护，历时6月，期满后全体学生返回学院上课或实习，再求深造成全才，以效劳国家。医学院师生充分展现了昂扬的爱国精神。黄雯对师生上前线参加抗战的协调推动，体现了他要培养对国家民族有用人才的办学宗旨以及国家危难之际医学生要走出象牙塔救国救民的理念。1938学年开课时，正值日本战机轰炸广州，医学院随即筑造防御工事，使全体学生得以继续照常上课，直至本学年结束，让学生救国不忘读书，为抗战学本领。

广州在日本战机轰炸下，城市笼罩在火光硝烟中，市民伤亡惨重，因而医学院附属的博济医院与夏葛医院，救护受伤者颇多。其时，博济医院也一片狼藉、满目疮痍，但博济医院全体职工坚守岗位，四处辗转，为民众服务，为抗战伤病员服务。从小生活优渥并有着港澳海外渊源的黄雯，并没有避身港澳海外，而是在国难中领导医院与医学院的师生员工，坚守在抗战前线，与人民一道进行艰苦卓绝的奋战。医院的员工与医学院的师生，都不顾危险，各尽其责，从事救护工作。1938年5月28日至6月30日，治疗被炸伤者293人，伤者留医日数1577日，施手术数88次，X线检查53人次，注射治疗466次，入院122人，出院76人，死亡24人。其中6月6日救治受伤者多达156人。

国难临头之际，医学院与医院的师生员工在黄雯领导下，在硝烟战火中救死扶伤。他率先垂范引领师生，投入抗战救国前线。

1938年10月中旬，日军迫近广州，局势危急，学校被迫暂时停课，疏散师生。在广州告急、各医学院仓促迁离之时，黄雯也被推上广东卫生部门领导岗位。广州沦陷前夕，他着手指挥协调掌管的相关机构、院校撤退，显现出色才能。10月17日，依照与美国基金会所订合约，将岭南大学医学院、博济医院财产交还美国基金会保管。岭南大学医学院在他精心安排下撤出广州。18日岭南大学医学院行政人员退出广州，前往香港。最后，绝大部分教职员也到香港。10月21日，广州沦陷。11月4日医学院正式在香港复课。一、二、三年级在香港大学校舍上课，四年级从12月起随香港大学医科四年级学生到玛丽医院上课。由于抗战期间国内迫切需要医务人员，因此，把五、六年级学生留在内地上课实习，参与实际救护及医药卫生各种工作，其中一部分在曲江上课实习，一部分在上海医学院借读实习。1941年12月8日，香港沦陷。医学院内迁广东韶关，在韶关复课。黄雯在历尽艰险领导岭南大学医学院转移到相对安全的后方后，就把院长职位让出来，自己来到抗战前线。医学院在香港沦陷时物质及各种资源损失惨重，到韶关后，图书、仪器全无，一、二、三年级无法开课，学生暂时到国立中正医学院借读，四、五、六年级分散到粤北各医院实习或上课。1942年恢复招考一年级新生，1943年建成了校舍，添置了设备，已借读了2年的学生才返校上课。

广州沦陷后，为了保护长堤本院，维持运转，医院悬挂美国国旗，由嘉惠霖医生主持，部分职工留守；另一部分职工由黄雯院长带领退至曲江，组织后方医院，黄雯兼任医院院长。从医学院建院至抗日战争的最艰难时刻，黄雯一直兼任博济医院院长职，既保中国近代以来的医学及教育成果，又能为国难中民众服务，为抗战服务。

在抗日战争爆发后国家艰难的1938年底，黄雯就任广东省卫生处长，受命于危难。他领导广东医界参加抗战，与粤港人士共同发起组织广州万国红十字会，被推举为会长。1940年，他在仁化县，设立军医院，有600多张床位供伤员之用；在粤北各县设立13间荣军招待所，在战争医疗工作中展现卓越的组织才能与领导水平。

抗日战争末期，以李汉魂为省主席的广东省政府辗转迁徙至广东江西边界的平远县大柘圩。黄雯作为一省政府卫生管理部门的首长，完全可以身居后方指挥医疗卫生界为抗战服务。他选择亲上前线。1945年，他组织随军医疗队配合前线突击队作战，出生入死为祖国奋战。

正在黄雯随军征战之时，日本宣告投降，终于坚持到抗日战争胜利的一天。广东省政府正式回迁广州。这时蒋介石指派罗卓英接任李汉魂之职。但卫生处原任黄雯职务没有变动，并兼任广州市卫生局局长。

后来由朱润深，接任广东省卫生处处长职务，黄雯只退守广州卫生局长之职以及他的万国诊所。

1946年，黄雯参与创建的岭南大学医学院历尽磨难后回迁广州。

1949年，黄雯离开广州回香港开设医疗诊所。1963年，黄雯在香港去世。

第二章　国立中山大学医学院

国立中山大学医学院的前身是广东公立医科大学，广东公立医科大学由广东公医医学专门学校改名而成，广东公医医学专门学校原为广东公医学堂。

第一节　建校与沿革

1909年春，由于当时美国教会开办的博济医学堂的学生反对学堂不合理的措施，举行罢课。学堂的美籍负责人关约翰施以高压手段，开除学生冯膺汉、徐甘澍、方有遵等人。学生坚持不复课，他就将学堂停办。未毕业的在校学生面临失学，便组织起来，呼请广州绅商和各界人士相助，清末广东知名人士潘佩如、钟宰荃、李煜堂、黄砥江、李树芬、赵秀石等40余人，捐募资金，创办医校。

"1909年2月15日，钟宰荃、区达坡、汪端甫、高少琴、廖竹笙、许序东、李璧瑜、陈宜禧、廖继培、刘儒廪、赵秀石、郑楚秀、卢森、李煜堂、易兰池、李若龙、余少常、伍耀廷、区祝韶、苏星渠、黄砥江、梁恪宸、高乐全、李子农、李超凡、李星卫、李子俊、岑伯著、潘佩如、李煦云、钟惺可、黄弼周、李梓峰、黄衍堂、彭少铿、叶颖楚、杨力磋、李惠东、杨梅宾、易尹堂、陈濂伯、关宾国、陈业棠、李庆春、刘英杰、徐甘澍、莫大一、高约翰等校董，于广州西关租借十三甫北约民居创办广东公医学堂。公医学堂的发起人为美国医学博士达保罗，他当时担任博济医院院长。他的学问、道德及办事成绩，久为中外人士所推重，而与吾国人士感情尤厚。常谓吾粤为开通省份。那时西医校院，大都为教会西人建设。而华人公立、私立之西医校院尚付阙如。他亟筹同人集资创办，以为之倡，以补政府之不逮，并愿舍弃权利。将个人私立原有之医院停办，投身华人校院，代为策划进行；务底于成，至一切主权，仍归之华董事局，达君始终但居于聘席地位，事事竭尽心力，担任义务，顾全大体，界限分明，成绩昭著，公医院以是日臻发达。更复减薪资，助巨款，广募中西义捐。同人等感动于达君之苦心孤诣，发起推广，募助巨款。1909年冬，公医学堂租借长堤自理会铺地以作为医校，购买紧邻天海楼以建医院。有课教室3间，可容学生百余人。还有理化学实习室、组织学病理学微生物学实习室。由于地方狭小无寄宿舍，于是分租附近各街，第一斋舍设仁济大街、第二斋舍设仁济横街、第三斋舍设潮音街。距离虽属不遥远，但觉管理不够方便。

"1912年6月,广东公医学堂呈请政府拨给百子等岗之地。百子等岗之地之取得以在百子岗实施诊所为导线,先是同人设施诊所于东川马路之三巩门,赠医施药,以便东关之就近到诊者,同人觅地于此,乃发现百子等岗之地址,遂于呈请政府拨给,政府核准拨给蟾蜍、百子等岗。同人遂于1913年2月先用铁枝、铁丝将全岗圈围,以定界线,接着登报广告及派传单着各坟主领费迁坟,限至9月止如逾限不迁,则由本校院代迁等语,计补费自迁者几及3000穴,由本校院代迁者5000余穴,用款20000余元得公地64亩。此外,还购买毗连之土地。此后,新校址用地因社会形势变化经历了得、失、复得的经过。1916年11月25日,举行新校院建设奠基仪式,1918年,百子岗新校院之落成,新校院面积约100亩。分上下两岗,上岗高于下岗,下岗高于东川马路40余尺,距离长堤本院约6里,大东门约半里。上岗建校舍,下岗建医院。两岗之中,设花园及绒球场。学校之后,设足球排球等场。两岗均已开辟大路,旁植乔木。校舍能容学生300人,医院能容病者400人。竣工建筑4座:

(1)学校1大座,楼高2层(原中山医科大学图书馆),用地9600丁方尺。内有合式之实习室6间、每间附设教员预备室、教室2间、礼堂1座、能容500余人,事务室4间、图书室1间、售书室1间、教员会议室1间、储藏室1间、工人住室1间、浴房厕所均备。

(2)解剖室1座,楼高2层,用地1250丁方尺,离学校约400尺,能容学生实习80人,下层暂以为洗衣之用。

(3)留医院1大座(原中山医科大学办公大楼),楼高3层。前进另土库一层,用地15500丁方尺,房室98间,小房12间,系为看护住室及膳室、厨房之用。计开头等留医舍34间,并普通留医舍,能容病床86张,作临床讲义,为学生实习之用。特别手术室1间、普通手术室1间、能容学生80人。附设盥洗消毒器械、施麻蒙药裹扎各室、检验室1间、事务室1间、招待室1间。药物室在第1层之中央,储藏室又光镜室,在第2层之中央,东西医舍之边,每层另室存储医舍日用必需之物。院内冷热水喉均备,凡病人入院,均由土库。先行沐浴更衣,乃入医舍。

(4)赠医院1座,楼高2层,用地1820丁方尺,建在东川马路之旁,离留医院约300尺。内分设内科、外科、妇科、眼耳鼻咽喉科等诊室。及手术、药物、电疗、候诊、阅书各室、浴室厕所均备。4座建筑,所钉楼板楼梯及天花板,均用三合上填成。以上建筑及家具合计费用共需银18万余元。"

广东公医学堂学制四年,一、二学年学习拉丁语及医学知识,三、四学年学习医学课程,从一年级到四年级,都安排有实习。每学年分为三学期,1月1日—3月31日为一学期、4月1日—7月31日为一学期、8月1日—12月31日为一学期。1909年监督(相当于校长)为潘佩如、教务长为达保罗(美国人),教员9人;1911年教务长改为雷休,1913年,潘佩如改称校长。1912—1917年在广州河南鳌洲分设女医校院。1917年,学制改为五年。医校被称为广东公医学堂后,称广东公医医学专门学校渐多。医校于1924年8月,改称广东公立医科大学,学制改为六年。

国立广东大学成立后,1925年7月,广东公立医科大学并入国立广东大学。当时，广东公立医科大学"经费益增，捐款无着"，拖欠教职员工资半年有余，负债10万余元，学校几乎破产，继而发生密卖教育权之事，该校学生全体群起反对。1925年6月27日晚，校学生会执委会召开会议决定："（一）将公医归并广大。（二）组织公医归并广大运动委员会（即席举出何仿等14人为委员）。（三）自议决日起全体一致不承认李树芬为校长、陆镜辉为学监，于风潮未解决以前，学校一切报告及文件概无效力。"6月28日上午11时，学生会执委会在全体学生大会上提出上项决议案，结果全场通过。学生遂整队向国民党中央和国立广东大学校长请愿，受到中央党部陈公博、帅府代表李文范和国立广东大学校长邹鲁的接见，均"表示实行由广大接收该校"。至"该日下午4时胡代帅即批令国立广大校长即日派员接收，并声明不准将学校卖与外人"。1925年7月，校长邹鲁派徐甘澍医生前往接收公医，广东公立医科大学并入国立广东大学。1926年，广东大学改名为中山大学，广东大学医科改名为中山大学医学院。

国立中山大学医（科）学院负责人：褚民谊（兼）1925年—1926年9月；温泰华1926年9月；许陈琦1926年10月—1927年夏；陈元喜1927年夏—1928年2月；古底克1928年2月—1933年7月；马丁1933年7月—1934年7月；刘璟1934年7月—1935年1月；左维明1935年1月—1935年4月；刘祖霞1935年4月—1937年6月；梁伯强1937年7月—1938年1月；张梦石1938年1月—1940年3月；李雨生1940年3月—1945年4月；罗潜1945年4月—1945年12月；黄榕增1945年12月—1948年3月；梁伯强1948年3月—1949年7月；刘璟1949年7月—1949年10月；刘璟1949年10月—1951年1月；柯麟1951年2月—1952年全国院系调整。

国立中山大学医（科）学院内部机构：1926年4月30日，医科办事处（医科教授会）下设解剖学、生理学、病理学、外科学、内科学、附设第一医院、附设第二医院、附设护士学校。1927年，医科教授会下设第一医院及护士学校、第二医院、细菌学研究所、生理学研究所、病理学研究所、解剖学研究所、药物学研究所。1932年，医学院院务会议下设第一医院、第二医院、护士学校、助产学校、细菌学研究所、生理学研究所、病理学研究所、解剖学研究所、药物学研究所。

第二节 教　　学

从广东公医学堂到中山大学医学院这一脉的医科教育，初期传承了广东医科大学的美式特色；1927年以后直到1952年全国院系调整，医学教育仿照德国模式。

一、师资与办学特色

1909年，广东公医创校时，只有苏道明、达保罗、陈则参、高若汉、徐甘澍、莫天一、刘英杰、黄绶诏、钟子晋等9名教员。1913年教员25人；1916年教员21人，其中有达保罗、何辅民、嘉惠霖、麻义士、黎雅阁、何钟慕洁等美籍教员6人。国立广东大学医科较广东医科大学变化不大，1926年张静江先生以为现在世界上医学最进步最发达的就是德国，"主张全学德国"。1926年4月，同济大学学生转入本校医科，要求增聘德国教授，下学期将医科医院仿照德国学制。国民政府同意国立中山大学医科增聘德国教授医生。这样，医学的"教师都是请德国的，学制仿德国的，各种制度设备、课程的编订和外国语，都是以德国的制度作标准"。医科"从委员会就职时起，始着手于建设"，当时几乎只是几座空房子，经过几年的建设，已有相当的成绩，这种成绩固然不敢说比任何大学的医科办得好，但是实实在在本国人和外国人都认为"本校医科是中国人所办医科中最有成绩最有希望的"。医科在1927年聘来7位德国学者，即生理学教授巴斯勒博士、病理学教授道尔曼斯博士、内科教授兼医生柏尔诺阿博士、妇科教授兼医生伏洛牟特博士、解剖学教授安得莱苏博士、细菌学教授古底克博士和外科教授乌里士博士，医科用德语讲课，采用德国教材，医院设备多从德国购买，附属医院查病房用德语，写病历、开处方用德文，整个中山大学医科几乎是德国化。医学科教授12人，讲师4人；学校从助教中挑选成绩优异的派往外国，尤以德国留学，学成回校工作。本国教授多数是留德的博士。中山大学医科早期的建设，为其后来的发展打下很好的基础。在德国教授陆续离校后，从其他大学或派到国外留学聘来的中国教授梁伯强、李挺等的努力下，联系华南地区的常见病及华南地区各民族的生理病理特点，做了大量教学研究与科学研究工作，做出了显著的成绩。尤其是梁伯强教授，长期在医学院从事教学和科学研究，成为全国著名的病理学家和医学教育家。在他们的共同努力下，培养了一大批医学专家，如杨简、王典羲、叶少芙、罗潜、张梦石、姚碧澄、朱师晦、罗耀明、曾宪文、李士梅等教授，成为后来华南医学界的教学和科学研究骨干。其中姚碧澄教授是在本校农学院毕业后，留学时改学医科的。杨简后来成为我国著名的病理及实验肿瘤学专家。1935年，医学院院长为刘祖霞。学院有教授：桂毓泰、柏尔诺阿、安得来苏、梁伯强、马丁、梁仲谋、李挺、傅韦尔、叶少芙、姚碧澄、刘祖霞、庄兆祥、曾志民、崔元恺，副教授：朱裕璧，讲师：施来福、陈伊利沙伯，在德国教授辞职回国其工作逐渐由本国教授接任。1937年度，医学院院长为梁伯强，代理院长为张梦石，共有教授16人、副教授及讲师各1人。据1950年2月学校行政档案记载，医学院教员53人，其中，教授24人（兼任5人）、副教授5人、讲师5人、助教24人。刘璟院长兼寄生虫学教授及附设医院主任，梁伯强为病理学教授兼病理学研究所主任（曾任医学院院长、教育部医学教育委员会委员），梁仲谋为生理学教授兼生理学研究所主任，何凯宣为组织学教授兼解剖学研究所主任（曾任军医学校教官；广西医学院教授兼科主任），李挺为卫生学教授兼卫生学研究所主任，罗潜为药物学教授兼药物学研究所主任（曾任医学院院长），叶少芙为内科教授兼附设医院内科主任（曾任附设医院院长及护士学校主任），邝公道为外科学教授兼附设医院外科代主任（曾任德国柏林大学外科助教、柏林东北钢铁一厂联合医院主治医师及代院长；广州陆军总医院外科代主任），叶锡荣为妇产科教授兼附设医院妇产科主任，梁烺皓为小儿科教授兼附设医院小儿科主任（曾任光华医学院教授兼医院院长、小儿科主任、广西省立柳州医院院长），黄明一为皮肤花柳科教授兼附设医院皮肤花柳科主任（曾任德国柏林大学助教、皮肤花柳科专门医师），沈毅为眼科学教授兼附设医院眼科主任（曾任广西省立医学院教授、福建省立医学院教授、广东省立第一医学院眼科主任），朱志和为耳鼻喉科教授兼附设医院耳鼻喉科主任（国立中正医学院教授、中国红十字会医疗队长），陈安良为公共卫生学法医学教授（曾任光华医学院教授、岭南大学医院教授、广州方便医院院长兼公共卫生科主任），杨简为病理学教授，曾宪文为内科教授，吴道钧为内科教授（曾任军医学校广州分校教官、内科主任），郑惠国（曾任国立河海大学教授、国立西北大学教授），曾立胜为小儿科教授（曾任瑞士苏黎世大学小儿科专科医师）。

二、教学条件

医科学院本部建筑物有3大座：学院本部，解剖座，宿舍。另有小建筑物6座：教员休息室1座，教授住室4室（已改为附属医院各科主任住室），洗衣房1座。学院本部有8间课室，1间实验室，1个容纳500多座位的礼堂。学院通道两旁有院长室、教务室、文书室、庶务室、会客室、图书馆。解剖室设备供解剖科专用，"自有解剖科，社会人士观念为之一变，而本校之名誉为之大著"。学生宿舍4层楼，寝室共50余间，每室住4人，电灯、卫生设备俱全。另设医院两个。第一医院原为公医新院，在医科学院本部东侧。内设药物室、内科诊室、外科诊室、外科产科手术室、妇科诊室、眼耳鼻喉科诊室及各种留医病室。第二医院原为公医旧院，位于西堤。内设各种诊室及手术室。医科图书"未至充溢，殊不足以飨读者之欲望"。

医学院的教学资源分布于附属医院及各研究所。解剖学研究所成立于1928年10月，是作为一、二年级学生前期基础医学主要科目解剖学课程的教学基地。除所主任外，配有1名助教，协助教授上课及作解剖研究工作并指导学生，另配1名技术员，制组织标本模型及处置尸体及专绘彩图，以供教授、助教上课作指示用，并帮助制作显微组织片。该所设备有大课堂及显微镜实习室1间，作授课及显微镜实习用。有殓房1所，地下浸尸池6个。另有注射室1间，以保存尸体；尸体储藏室1间，尸骨浸渍室1间。课堂南侧另开挂图室（内有大彩色图460余幅）和标本模型供览处，作上课及课后指示说明用。解剖室在解剖研究所东侧，为2层楼房，内有解剖台12张，8张置全尸，4张专置尸体局部。在解剖室楼下设标本陈列室1间，内有大量骨骼标本、各种脏器标本及模型，又从德国寄来模型及脏器标本16箱。在医学院大礼堂东座楼上，有研究及制造室1所，内有教授及助教室各1间，研究室内自备制显微镜组织片机件，制有组织标本4000余件，另有绘图台，显微镜25架。

生理学研究所于1927年聘任巴斯勒教授来校任教时成立，在其任内7年间，所有仪器设备，大都偏重肌肉生理方面。1934年春，巴斯勒教授回国，由梁仲谋教授接主任职，"梁氏求适合国情起见，改注重于物质代谢生理、消化生理、感觉生理之检验工作"。

病理学研究所所供研究用的标本材料十分充足，每年由各方医院送来检验病理组织材料达400～500例（不收费），向各方征集典型的人体肉眼病理标本达数千种，间有德国各大学寄赠的，浸于药液中，保存天然颜色。此种标本以脏器系统分12类，以病症顺序分先后，陈列整齐，分装 33 大橱，分置于 4 个陈列室，均加中德文标记。该所经过努力，得英国庚子赔款委员会补助，添购各种重要仪器 100 余种。又经争取，新建研究所 1 座、动物饲养棚 1 座。新所为 2 层楼房，楼下东边为课室、实习室，课室可容学生 100 人左右，实习室可同时供 50 名学生实习。中间为培养基室、消毒室、办公室、更衣室、疫苗室、包装室、破伤风毒素室、冷藏室、毒室、制造室、孵卵室及血渍凝缩室等。西边为陈列室、血清过滤室、采血消毒室、全身采血室等。2 楼东边为寄生虫学部，有大小研究室 4～5 间，中部为细菌学部、血清学部，共有大小实验室 10 余间，职员住室 5 间，集会室 1 间。西边为图书室、绘图室各 1 间，卫生学部的研究室 3～4 间，储藏室 1 间。

药物学研究所。1929 年 2 月，聘德国推平根大学教授范尔鲍来校任药物学教授，同年 8 月建新药物教室，并成立药物学研究所，以范尔鲍教授为主任。1936 年 2 月，范尔鲍教授辞职返国，由德国教授保路美继任。所内有助教林兆瑛、技助邹贵仁。该所有特建房舍 1 座，内设化学实验室两间，课室、主任室、助教室、陈列室、平秤室、仪器室、化学药品及玻璃贮藏室、图书室各 1 间。另有兽棚，畜养实验用的兽类。其他仪器，有蒸馏机、自由旋转离心力机、化学分析天秤、检验混合药粉用之矿石电分析灯、检验血压机、人工呼吸机、写弧线机及心脏分离机等各种设备。

1927 年夏聘德国教授古底克任医科教授后，成立细菌学研究所。古底克于 1933 年 7 月离职返国后，由派往德国留学取得博士学位的助教李挺回国接任该所主任职。1934 年春天，李挺回国被聘为教授。该所有助教黎希干医师和张锡奎医师，技助李淡生、周如瑾，技术员石镜瑾、魏颐元、叶景森，及工役 3 名。该所有实验室、主任室、洗涤室各 1 间，课室与各科共有，动物饲养室置于医学院地下室，学生实习则借用病理研究所的实习室。

三、附属医院的医疗及临床教学

医学院的医疗与临床教学及实习水平，是一所医学院校办学水平的重大标志。附属第一医院，初名为广东新公医院，建造于 1916 年，占地 64 亩，位于广州市东郊百子岗，院宇宏壮，高 3 层共有房舍 342 间，医院在前公医时代所有医务仅分内外两科主任医生，亦仅二三人，迨后逐渐扩充添设家私器具医疗机械等物。至 1935 年已扩充为 7 科即内科、外科、儿科、产科妇科、皮肤花柳科、眼科、耳鼻喉科。每科聘主任医生 1 人，由本校医学院教授兼任，处理该科医务，其下则设助教医生若干人，助理该科医务各科，除诊症室外各设有研究室 1 所、赠医室 1 所、病房若干间。有研究室，备各科作学术上之研究与病人之一切检验，为本院医生及医学院学生实习之所。有诊症室，凡特别诊及门诊均在诊症室内由主任医生诊治之。有赠医室，每日下午赠医，来就诊者完全不收诊金，给予贫苦病人便利。本校医学院学生得受各科主任医生或助教医生之监督与指导，在该室实习诊病及进行一切学术上之研究，但不处方。医院病房皆以科别划分，例如内科部则限住内科病人、外科部则限住外科病人，如有患传染病者则另有传染病室。统计全院病房有头等病房 10 间、二等甲种病房 44 间、二等乙种病房4间、三等病床位136张，此外设有免费病床10张及免费留产房等，凡贫苦病人及孕妇来院留医者一切费用皆不收取，全院可容纳病人190人。医院为大学附属医院，故一切设施除诊治外间病人外，并应顾及本校医科学生之实际练习。是以医科学生每星期有一定之时间来院实习，作临床上之教授并由各科主任医生加以指导，各科主任皆属大学教授，故治疗成绩较其他医院为优。第一医院附设护士学校及助产士学校。在国民政府的大力扶持下，医院成为既代表广东乃至华南最前列的医疗水平，又是具有当地最高医疗临床教学力量的教学医院，促成中山大学医学院的医学教育水平居于全国高校前列。这种发展也体现在医院向德国模式靠拢。

1925年广东公立医科大学医学院及附属一院并入国立广东大学后，进入一个快速发展时期。1926年广东大学更名为中山大学后，广东大学医学院相应更名为中山大学医学院，更迎来全面快速发展时期。在1926—1938年的12年间，附属一院从普通的医院脱颖而出，成为当时中国医疗水平最高的西式医院之一，1927年起，医学院开始聘请德国教授任教并兼任附属一院的各科主任，甚至护士也聘请过德国人担任，使医学院及附属医院留下了深深的德国烙印。戴传贤和朱家骅任中山大学正、副校长时，医院大力提倡学习当时处于世界医学先进水平的德国医学及其医学教育制度，设备也多从德国购买，附属医院用德语查房，用德文写病例、开处方。

1928年春开始，德国人柏尔诺阿教授及以后的接任人，竭力做好医学院及医院的发展规划，锐意革新。这得到当时国立中山大学戴传贤校长赞助。1928年起，附属一院在柏尔诺阿任院长后，增加设备，设备日臻完美，各位同事热心合作，各项院务的发展蒸蒸日上，医治的病人数量与医院收入，都比以前骤增数倍。医院此时实行分科诊治病人制度，初时分5科：内科儿科、外科、产科妇科、皮肤花柳科、眼科耳鼻喉科。此时医院每科聘主任医生1人，处理该科医务。下设一等助教1人，助教医师1～2人，协助主任医生诊治病人及一切学术上的研究。其下设医生若干人，以病人的多寡而定。各科除诊症室外，皆设有研究室1所，赠医室1所，病房若干间。后分内科、儿科、外科、妇产科、皮肤花柳科、眼耳鼻喉科6科。各科聘主任医生1人，助教医生2～3人。凡病人来院就诊，都由各科主任诊治。

研究室供各科作学术上的研究，以及病人的一切检验，同时承担本院医生及医科学生实习之用。诊症室作为特别门诊之用，病人由主任医生在诊症室诊治。赠医室的用途在于，医院每日赠医一个半小时，来就诊者，完全不收诊金，给予贫苦病人以便利。本校的医科学生必须在各科主任医生或者助教医生的监督与指导下，在该科室实习诊病，以及进行学术研究。

此时医院的病房，都以各科别划分。例如内科部限住内科病人，外科部则住外科病人，以此类推。全院病房，计有头等病房8间，二等病房53间，三等病房16间（按性别分为男病室9间、女病室7间；按每间房可容人数分为4人一间者11间、10余人一间者5间）。头等病房每日收费6～8元，二等病房每日收费1.5～3元，三等病房每日收费0.3～0.5元。此外设有免费病床10张，及免费留产房等。凡贫苦病人，及孕妇来院留医生育者，一切费用皆不收取。

全院可容纳病人150余人。每日来院门诊，为50～60人。赠医者约100余人。当时拟建筑分科病院，就是每科一栋独立的病院，预计完成时可容留病者700～800人。但是因为经费的原因，最后并未完全实现。

医院的一切事务，都由院主任主持，在主任之下，设总务员1人，管理全院事务。并设会计、庶务、书记各1人，药房设药剂师1人，管理药房事物，并设助手1人，练习生若干人。护士则由护士长督率，在护士长之下，有高级护士，再其下有学习护士若干人。

医院建立或健全起有德式医疗风格的各项规章制度。如1928年10月，制定的《第一医院办事细则（续）》规定，护士长负责分派各护士的值日值夜工作，并对夜间服务情形随时进行监察。病房间护士的调动，护士长需预先向相关科主任报告。凡护士对医院院章及护士服务条例，有不遵守或不听告诫的，由护士长报告医院正副主任进行处罚。凡护士请假、任用或辞退，都需由护士长通知总务员。护士长还要"注意全院病人之待遇及看护，俾得良好舒适，至于病房与诊察室及治疗室之清洁与秩序，亦宜随时留心"。此外，本院病人的衣服食料与饮料等，都由护士长照章发给。各科与各病房的医学器具及材料等，护士长有监督用途及保管之责，添置的仪器与药物材料，如注射器、棉花、纱布等，都由护士长先登记保管，再一一发出。全院护士由护士长督率，其服务时间与工作情形，详载于护士学校章程与服务条例。

医院的设备，除接收公医时代的房屋和少量家具外，医具及最新式的治疗器具很多已残缺。至1927年起，才开始逐渐添置，初趋完备。主要包括：

X光室，于1928年夏建成，计有最新式X光镜1具，冲晒相片，及皮肤治疗各仪器均全。

电疗室，有电疗机2具，附件俱全。

消毒室，有德国最新式蒸汽消毒炉1座，专为病人衣被消毒之用。

人工日光室，有Bach及Sulox日光灯各1具，及电浴箱1具，附件若干。

割症室，在公医时，原有割症室，但器具设备多缺失。改组为中山大学医学院后，开始重新添置，因为病人人数增加，不敷使用，就另开无菌割症室1间，及小割症室1间，共有仪器用具700～800件。

割症教室，凡本校医科学生，遇有外科、或妇科、举行割症时，在此听讲及实习。

生产室，前来此留产者甚少，1928年开始逐渐增加，故在这一年新建生产室1大间，并重新购置生产及婴儿用具数百件。凡本院免费留产者，医科五年级学生需在教授指导之下，借以实习。

临床教室，凡医科学生，对于内科，皮肤花柳科之课程，须病人证明者，皆在此室听讲。因此室在医院内，病人易于往来，而且仪器完备，无需搬运。

研究室，为各该科医生研究学术，及医科学生实习之所。有各研究室名称为：内科研究室、外科研究室、产妇科研究室、皮肤花柳科研究室、眼科耳鼻喉科研究室。

在政府的大力扶持下，中山大学医学院的附属一院经过一段时间的发展，到中日战争爆发战火延至广东前，成为一间医疗与临床教学及实习水平在华南地区乃至中国国内一流的教学医院。

四、课程设置及教学实践

广东公医没有预科；国立中山大学预科为学年制，凡学生修业满两学年，成绩及格者，准予毕业。预科分甲乙两部，在甲部毕业者，直接升入文科或法科。在乙部毕业者，直接升入理科农科或医科。但升入医科者，在预科须以德文为第一外国语。预科乙部医科，及自然科之生物系等预科学生，其必修科目在第1学年，多植物1科。第2年，多动物1科。

广东公医时期学制4年，每学年3学期，一年级每周期授课总时数27～29不等，二年级每周期授课总时数34，三年级每周期授课总时数30～31不等，四年级每周期授课总时数36～38不等，每个学年都有实习。国立中山大学医科学院于1926年称医科，1931年秋学校实行学院制时改称医学院。医学院不分系，采用学年制，学制6年，其中修业5年，实习1年。学习科目分前期和后期，前期为基础科目解剖学、生理学、动物学、植物学、物理、化学及德文（工具书），规定在一、二年级内修完，考试及格后才能升上三年级学习。后期科目即临床医学各科目，后期科目在第三至五年级学完。第五学年末举行毕业考试。医学院课程分学理与临床两部分。学理部于1927—1929年陆续成立了解剖学、生理学、病理学、细菌学、药物学5个研究所，进行教学和科研活动。临床部分内科、外科、儿科、妇产科、眼耳鼻喉科等，设于附属第一、二医院内。学理部的"解剖学为医学院各科之基础学识，故为医学院前期一、二年级学生之主要课目，教授上以挂图、幻灯、标本、模型，作讲演之助，另注重尸体解剖及显微镜下之组织实习。平均每星期实习10小时，授课6至8小时，包括人体正常解剖学组织及发生学。此外又于每学年之下学期（即每年之上半年）授局部解剖学，专为二、三、四、五年级所设，为临床上之应用解剖学，亦可同时使学生温习医学院前期之系统解剖学。1937年度，学生135人。

病理脏器多数从 Muencken 大学病理研究所等德国机构寄来。外国人的尸体，没有反映中国特别是广东人的常见病、多发病。为了研究本国、尤其本地人的病理，布置学生到社会上收集尸体。同时，在公安局及方便医院等单位的支持下，解决了尸体的来源问题。于是，病理研究所每年解剖的尸体达数百具，如1935年为74具，1936年216具，到1937年制成了几千个病理标本，建成病理学完整的教学科研基地。该所经多年教学实践，结合华南实际情况，于1937年形成自己的一套教学体系，规定：医学院三年级学生授病理学总论50小时，各论110小时，标本实习160小时，共计320小时。教材特别重视华南常见病。在三年级这一学年中，展览肉眼病理标本1500余例，显微镜病理标本1200例，并附以简图及说明，以帮助学生课余实习。另每周尚有病理尸体解剖数次，利用中午及黄昏休息时间进行，全年100次左右，三年级学生均参加观察。四年级每周特设一小时讲授内分泌腺、神经系、运动器、生殖器等主要之病症，尤注意标本的指示。并设病理尸体解剖实习（从1935年度起已实行），每一尸体由两名学生合作解剖，一人解剖胸部，一人解剖腹部。每学生须参加病理尸体解剖实习两次，并作记录及显微镜检查，于周日或其他假日进行，由杨简助教指导。五年级学生除暇时参加观察尸体解剖外，每周规定2小时（全年30次）为临床病理实习，用以联系临床经验与病理解剖学识。每次先指定讨论题目，由学生叙述各种重要病症的临床征候，并引用肉眼标本及显微镜标本加以证明，教授仅作指导。

药物学一课的动物实验仅由教授作指导，为使学生对于药性功能有深切的了解，从1937年起，增设动物实习课程。

赠医室每日下午赠医，不收费为贫苦人治病，学生可到此实习诊病，必须受主任医生或助教医生监督指导，不能开处方；各科均设病房若干间，各安排所属科的病人住，如患传染病者，另有传染病室。医学院学生每周有一定时间到医院实习，并由主任医生作临床指导。

根据《中山大学奖学章程》，医学院王慕祥、杨简、吴坤平、李士梅等13人获免交1年学费的奖励。而获毕业奖的，如1933年7月医学院第七届毕业生石寿馥，1934年7月，医学院第八届毕业生杨简，都获金质奖章一枚的奖励。杨简"总平均分为91.1分，为全班成绩之冠"。

医学院应对抗日战争的课程有：战争外科学、防毒学、毒气病理学、车队卫生学、战时救护学。

医学院在澄江小西城乡关圣宫、三教寺，县城南门外火龙庙，县城南门楼，小里村下寺，城内玉光楼，城西土主庙。医学院1939年度六年级学生，分别由学校派赴昆明陆军医院和红十字会医院进行毕业实习。

1940年，迁到粤北后，医学院设在乐昌县城。为了实习和服务社会的方便，选院址在乐昌县城郊，与县城隔河相望。房屋是改造万寿宫庙而成。医学院不分系，设有五个研究所，即生理学、药物学、病理学、解剖学、细菌学。另在乐昌设一间附属医院。附属医院是新建的，里里外外刷得雪白，显得格外卫生、清静。

医学院仍采用年级制，修业期限五年，实习一年，按规定完成学业，始准毕业。学科仍分前期与后期，前期三年修完，后期两年修完。

前期学科主要包括国文、德文、拉丁文、无机分析、有机化学、物理、数学、生物学、解剖学等。解剖学是医学各科的基本知识，为医学院前期一、二年级的主要科目。授课时辅以挂图、幻灯、标本模型，并注重尸体解剖及显微镜下之组织实习。每星期平均授课6至8小时，实习10小时。

后期学科主要是病理学、药物学、诊断学、细菌免疫学、寄生虫学、外科总论、小儿科、内科、外科、妇产科（临床）、处方学、卫生学、眼耳鼻喉科、临床病理等等。

六年级是医院实习，实习科目有：内科，传染病科、精神病及神经病科。外科，包括整形外科、泌尿器科、产妇科、眼耳鼻喉科、小儿科、皮肤花柳科等。

学校附设医室，为方便分散各地师生员工诊病，根据需要安装了电话，便于预约就诊。又由于牙科向来由内科或外科兼理，有时解决不了，须自赴曲江医院治疗，故在校医室设特约牙科医生诊病，聘周左泉医生每星期一下午为师生诊病。因时间不够，后改为星期二、星期日的上、下午。又因附属医院院址不敷应用，特在该院门诊部附近择地建留医院一所，并向各方募款，与承商签约动工兴建，于1943年11月12日落成。

医学院尤为注意预防各种流行病。1942年夏天，粤北霍乱流行，仅曲江日死数十人。医学院康乐会有见及此，特请细菌学研究所主任黎希干教授于6月14日向附属医院医务人员和全学院学生讲演《霍乱预防接种及防疫问题》。接着，组织该院学生参加乐昌防疫队工作。校医院同时购进大批伤寒霍乱预防疫针，从5月24日至6月23日，为本校师生员工和乐昌县民众进行霍乱预防免费注射。1944年4月初，医学院院长兼附属医院主任李雨生教授，"以儿童体格强弱，关系民族盛衰"，特举办儿童免费健康检查，于4月2日至4日，每天上午9～12时，由该院小儿科主任郑迈群教授及讲师、助教多人，为当地儿童检查身体。并于4月16日至18日，免费为当地儿童种痘。

医学院每届毕业生均安排毕业实习。

第三节　学术研究

国立中山大学医学院学术活动在国内外产生广泛影响，老师们发表了数量可观的论文、论著。从现有的资料看，第四、五、六次中华医学年会上，国立中山大学医学院代表多次上台宣读论文，南中国博医会就在附属第一医院举行，会上宣读的10篇论文，本校医科就有6篇，占60%。这些事实可以对本校医科学术活动窥见一斑。

一、研究成果

梁伯强：《动物实验中生活素甲对于脂肪质代谢之影响》（德文）1925年、《稀有之胸腺瘤》1927年、《在中国血型之研究》1928年、《原发性肝癌肿与瓜仁虫症》（与腊黑氏合著）（德文）1928年、《由寄生虫而惹起之鼠类肝脏内瘤》1931年、《上海最近发生之血蛭病》1931年、《无白血球症一例》1931年、《中国人白血球血象之研究》1931年、《中国黄帝内经研究之概要》1933年、《广西瑶山履行报告》1933年、《西南民族（广州人、客家人、潮州人以及其他苗瑶等）之血型研究》（1933年暑期，梁伯强教授曾赴广西瑶山，试验瑶族及附近汉人的血型500例）、《病理解剖上麻风症的概要》1937年、《病理解剖上疟疾的概要》1937年、《病理解剖上痢疾的概要》1937年、《广州中国瓜仁虫疾的病理解剖研究》（与杨简合作）1937年。

杨简：《203例尸体解剖的死亡原因及其与气候的关系》1937年、《广州的气候对死亡原因的影响》1937年、《人鱼畸形的检验》1940年、《在粤北日本住血吸虫之传染》（与梁伯强合作）1943年、《以蟾蜍做迅速早期妊娠诊断法之原理及其操作方法》（与郭鹞合作）。

梁仲谋：《华南人士动脉性血压研究》《中西文字生理学上的比较》《生理学大纲》《生体之化合物》《中国之营养物》《精神病学概要》《新体德文读本》（与梁伯强合作）、《冷血动物呼吸代谢研究》1933 年、《冷血动物基础代谢研究》1934 年。

罗潜：《结核病之化学疗法》《红血球阳向游子交换速度之研究》1936 年、《定氧血色素形之研究》（第 10 次报告）1938 年、《定氧血色素形之研究》（第 11 次报告）1938 年、《药理学》1950 年。

何凯宣：《医用组织学》《病理学大要》《军用毒气病之病理与治疗》《肺结核病在人体之过程》《中风性脑出血之原因》《骨瘤》《视网膜神经胶质瘤》《小脑肿瘤与脊髓转移》《桂林地方甲状腺肿之研究》。

王典羲：《尸体解剖的方法和检验程序》1937 年、《华南人阑尾炎症之研究》1937 年。

李瑛：《阑尾炎症在我国之研究》1943 年。

梁次涛：《胎儿软骨营养异常症之检讨》1943 年。

王仲乔：《人体解剖内脏学》《脏器面积之研究面积测量第一次报告、面积测量第二次报告、面积测量第三次报告》（与姜同喻合作）、《解剖学实习法》《最新人体解剖学》1946 年。

黎希干：《牛痘接种后免痘力之实施观察》（与张菁合作）、《应用抗痘牛血清在天花治疗及预防上之观察》（与张菁合作）、《粤北侨肥血型之检验报告》（与张菁合作）、《粤北瑶山卫生考察报告》（与张菁合作）、《贵阳人及鼠血对于各种变形杆菌之血清反应研究（有关斑疹伤寒问题）》（英译汉文）。

叶少芙：《我国人体新生赤血球之研究》（与李士梅合作）。

梁次涛：《胎儿软骨营养异常症之研究》。

高远：《血管扩张性肉芽肿的检讨》。

钟文珍的研究成果：《南华肝硬化症研究之初步报告》。

王增悦、冯汉辉合译日本药学博士绪万章著《内分泌素化学实验》。

钟盛标的《医用紫外光灯之制造》，获教育部 1946—1947 年度应用科学类三等奖。

各学院教授结合教学进行学术研究，出版了为数不少的专著、教材和论文。其中 4 部著作获奖。

二、学术活动

1931 年 3 月 27 日，南中国博医会就在附属第一医院举行，会上宣读的 10 篇论文，本校医科就有 6 篇，占 60%。其中有医科陈翼平教授的《左肺气管内异物采出术及其诊断》《最近欧洲医学之进步及其研究之机会》；第一医院院长翁之龙教授的《戴利氏病（Dermatose de Darier）增殖性毛囊角化症》《红斑性狼疮之 X 光疗法》；医科巴斯勒教授的《人体重心之测定法》；医科主任古底克的《南非洲昏睡症及其疗法》。

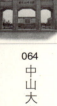

教育部于1935年春，委托中大病理学研究所代办培养全国病理学人员师资进修班。

行政院卫生署尤其注意发挥梁伯强教授在医学方面的作用，1936年12月，聘梁伯强教授为全国医师甄别考试委员会委员（该委员会由国内著名医学家9人组成），1937年1月，又聘梁伯强教授为热带病讲习班特别讲座。1937年2月13日在南京卫生署热带病学医师训练班上梁伯强作了《病理解剖上麻风症的概要》《病理解剖上疟疾的概要》《病理解剖上痢疾的概要》等三个演讲。

1937年4月1日至8日，在上海举行中华医学会第四届全国大会，中大医学院病理学研究所派助教杨简前往参加，杨简先后3次上台作学术讲演，其内容是："①梁伯强、杨简作《广州中国瓜仁虫疾的病理解剖研究》。②杨简作《广州的气候对死亡原因的影响》。③王典羲作《尸体解剖方面阑尾炎的研究》。"

1940年4月，在昆明第五届中华医学会全国大会上，杨简演讲《人鱼畸形的检验》。

1943年5月，在重庆中华医学会第六届年会本校医科宣读的三篇文章是：杨简、梁伯强作《在粤北日本住血吸虫之传染》、李瑛作《阑尾炎症在我国之研究》、梁次涛作《胎儿软骨营养异常症之检讨》。国立编译馆同时开会审查医学名词，梁伯强教授以往曾多次应邀出席，又是编译馆委员，当然前往参加。

何凯宣在广西医学院作了《视网膜神经胶质瘤》《小脑肿瘤与脊髓转移》《桂林地方甲状腺肿之研究》三个演讲。

附属医院办理多年，在同行中有很大影响。尤其附属第一医院，受到国内外医学界的重视。1931年3月27日，南中国博医会就在附属第一医院举行，会上宣读的10篇论文，本校医科就有6篇，占60%。第一医院还常受到来院参观者称赞，如1931年4月3日，云南东陆大学考察团一行10人，到该院参观时赞不绝口，说"由昆明出发所至各地参观，以此次为最有意义"。同年4月4日，香港大学医内科教授张惠霖偕医生多人到第一医院参观，"对该院内科检验室之设备，极为赞许"。同年6月24日，德国医学博士希士菲教授参观该院，"所至各部，均极满意，叹为中国不可多得之医院"。

梁伯强教授在病理学方面所取得的成就，受到有关部门的关注和重视，多次被委以重任。教育部于1935年春，委托中大病理学研究所代办培养全国病理学人员师资进修班。1934年成立的中国病理学微生物学会，于1935年11月在国立中山大学医学院病理学研究所举行第二届年会时，公推梁伯强教授为大会主席，主持年会工作，并被选为下一届两名执行委员之一。

医学院于1947年2月至1948年4月派黎希干教授赴美，到哈佛大学细菌免疫学系研究细菌学，并考察公共卫生事业。同年3月，派杨简教授赴美宾省大学进修病理学，后得多诺基金会奖学金，继续研究病理学专题。11月派李挺教授赴加拿大多伦多大学卫生学研究所参观，并赴美国考察医学。1948年6月，医学院内科李士梅副教授赴南京出席"美国医药助华会之血液学研究会"，顺道参观考察了南京、上海等地的医学院。医学院院长兼病理学研究所主任梁伯强教授，应美国医药助华会邀请，于1949年1月至7月前往考察医学教育。同时还应美国约翰霍金氏大学病理学主任力克徐氏邀请，到该校考察病理学的最新发展，同时遍游各地，参观檀香山岛美国军医院及菲律宾大学医学院，所到之处，受到有关学者欢迎。

三、公共卫生

1934年春天，李挺回国，被聘为教授，10月间，赴南京参加远东热带病卫生大会后，顺便往南京、上海一带考察卫生建设事业，并与各方接洽补助建筑该研究所事宜。

医学院卫生学部增建研究室3~4间，储藏室1间。此外，在附近乡村设卫生事务所，供学生实习公共卫生，并为农民治病，于每周为农民举办一次卫生常识展览及通俗讲解卫生常识等。

医学院尤注意预防各种流行病。1942年夏天，粤北霍乱流行，仅曲江日死数十人。医学院康乐会有见及此，特请细菌学研究所主任黎希干教授于6月14日向附属医院医务人员和全学院学生讲演《霍乱预防接种及防疫问题》。接着，组织该院学生参加乐昌防疫队工作。校医院同时购进大批伤寒霍乱预防疫针，从5月24日至6月23日，为本校师生员工和乐昌县民众进行霍乱预防免费注射。1944年4月初，医学院院长兼附属医院主任李雨生教授，"以儿童体格强弱，关系民族盛衰"，特举办儿童免费健康检查，于4月2日至4日，每天上午9时至12时，由该院小儿科主任郑迈群教授及讲师、助教多人，为当地儿童检查身体。并于4月16日至18日，免费为当地儿童种痘。

第四节　国立中山大学医学教育制度

广东公医及国立中山大学各时期都曾经对医学教育建章立制，建立以教学目标责任制为内容和形式的教学管理制度。这对提高教学质量，加强监控力度，发挥舆论导向和完善奖惩机制起到了很大的促进作用。现选取《国立中山大学法规集》等教育法规，对医科教育制度予以说明。

一、考试制度

（一）初级考试

医科举行初级考试时，必须组织考试委员会，以各教授为各该主教科目之考试委员外，由医科主任，函请校长指聘别科教授为考试委员，以医科正副主任为主席。考试委员会负责监督考试进行，核定考试成绩分数，考试时出席旁听，派定记录。在本校医科修学满4学期者，或在本校认为有同等程度之大学医科，或医学专门学校听讲2学期后，转至本校医科继续修学2学期者，具有应考资格。同时交验解剖学听讲成绩证（4学期）、生理学听讲成绩证（4学期）、化学物理学动物学植物学听讲证书（各2学期）、生理学实习证书1份、解剖学实习证书2份、组织学实习证书1份、化学实习证书1份、德文修业及格证书（德文考试，须在未入医科之前举行之，但经本医科之认可，得移至第2学期终结时举行之。由别处大学医科，或医科专门学校转入本校医科之学生，其德文考试，得于初级考试之前举行之，此项德文考试，如不及格，不得入医科初级考试）。各项证书，经本校审查，认为完备时，由本校发给允考证。学生接到该项允考证后，须到医科考试委员会呈报，由委员会通知考期。解剖学、生理学为考试主要科目；物理学、化学学、动物学、植物学为考试辅助科目。考试时，主要科目每科以1日考完之，辅助科目，4科得并为1日考完。医科初级试，应于每学年终了时举行之，但必要时，可变更考试时间。医科初级考试，采用口试制，经考试委员会主席许可，可改为笔试。考试时间，口试不得过半小时，笔试不得过2小时。考试成绩之判定及计算，甲90分以上、乙75～89分、丙60～74分、丁40～59分、戊40分以下。每次考试成绩，由各科考试委员，填入甲种表格后，送交考试委员会主席。考试委员会主席将上项表格内所填之成绩，汇制总表两份，一存医科，一函送校长审阅后，转存注册部。总成绩分数的计算，解剖学生理学之分数各以3倍之。化学物理学动物学植物学之分数，各以1倍之。以该项倍数相加，复以10除之，即为总成绩分数。医科初试各科目之成绩分数，均在丙等以上，则为初试及格。凡主要科目，有一种以上成绩列入丁等者，须于3个月后补考全部科目。列入戊等者，须重修全部科目。凡辅助科目成绩有一种以上列入丁等者，则各该项科目，须于3个月后补考。该项科目列入戊等者，须于一年后补考。凡全部科目成绩均列入丁等，或主要科目成绩均列入戊等，而辅助科目成绩复有两种以上列入丁等者，应取消学籍，不得补考。补考最早期间，须在3个月以后举行之。但须补考之科目为两门，其中一门系主要科目时，则其补考，须在6个月以后。补考以一次为限。凡初级考试，未能全部及格之学生，如其解剖学生理学化学之成绩分数，均在丙等以上者，则其继续在医科听讲之学期，得入学年算。凡已经允准受医科初级考试之学生，自呈报日期起，逾6个月未能将各科目全部考试及格时，则其最后听讲之一学期，不得入学年计算。

（二）学年考试

在第一、第三及第四学年终结时举行。学年考试目的，在使学生对于学科加较深之注意，并得及时发现其知识欠缺之点而补修之，且为初级及毕业考试之基础。学年考试之成绩优劣，与初级考试及毕业考试之成绩，毫不相涉。各科目教授讲师，为各该科目之考试委员。凡在该学年内所授科目，均须考试。该学年之学生，除旁听生外，须一律与考，考期由医科主任临时公布。每种科目，至少出题3条，在教员监视之下笔试。经医科主任许可，在相当的科目中，作假期论文，以代学年考试，在第一、第三及第四学年终结时举行之考试办法，其题目可自由择定。在教员监视之下笔试，每学年之全体学生同时举行之，其每科目考试时间，不得过两小时。考试成绩之评定，照医科初级及医科毕业考试规则办理之。各考试委员，将考试成绩评定后，由医科主任汇抄制成表格两份，一送大学注册部，一存医科。不及格之科目须补考，其考试日期，由医科主任定之。凡应补考学生，不来补考，或补考仍不能及格时，由医科呈准校长将其留级。如所考科目，过半数为不及格时，则直接由医科将其留级。

（三）毕业考试

医科举行毕业考试时，要组织考试委员会，以各科目主任教授，及校长所指派之副教授，为各该科目之考试委员，以医科正副主任为主席。考试委员会负责监督考试进行，核定考试成绩分数，考试时出席旁听。经本科初级考试及格之学生，在高级班修满6学期者在本校认为有同等程度之大学医科，或医学专门学校，修业3年以上，继续在本校医科修业满2年者，分10种情况交验各项证书：

（1）普通的交验医科初级考试及格证书、德文考试及格证书；

（2）病理学的交验病理学概论听讲证（一学期）、病理学各论听讲证（二学期）、病理组织学实习证、病理尸体解剖实习证；

（3）卫生的交验细菌学及寄生物学听讲证（二学期）、卫生学听讲证（二学期）、细菌学实习证、种痘实习证；

（4）药物的交验药物听讲证（二学期）；

（5）内科的交验临床学初步听讲证（一学期）、内科（四学期内二学期为实习）、小儿科（一学期）、内科临症（一学期实习）、内科诊察法；

（6）外科的交验部位解剖学、割症实习、外科学（两学期内一学期系实习）、外科临症（一学期实习）；

（7）产妇科的交验妇科产科学（两学期）、生产模型实习、生产见习两次；

（8）眼耳鼻科的交验眼科（两学期）、耳鼻咽喉科（两学期）；

（9）皮肤花柳科的交验皮肤花柳科听讲证（两学期）；

（10）精神病的交验精神病科听讲证（两学期）。

学生毕业考试时，当由学生向大学直接请求。前面所规定之各种凭证，均须在此时交齐。此项请求，至迟须在修业完毕后1年内举行。请求时所交验各种修业证书，如经本校认为完备时，当由本校发给准考证，准其考试。应考学生，接到允考证后，向医科考试委员会主席处，报请考试。医科毕业考试，每年于10月1日起，至11月30日止，及3月1日至4月30日，分两期举行。考试日期，由考试委员会指定后，由主席于开考前8日，在医科公布之。有补考机会，则得提早举行之，报考者在考试日期缺席两次以上，而无充分理由者，须于下届考试时重行考试全部科目。补考考试科目：病理概论及病理解剖各论、细菌学、寄生物学及卫生学、药物学、内科学（包括热带病，及小儿科在内）、外科学概论及各论（包括部位解剖学、绷带学、折骨及脱臼学，割症实习在内）、妇科产科、皮肤及花柳病科、眼耳鼻咽喉科、精神病科，以上各项科目，由各考试委员分任考试。考试分重要相等之理论考试，及实验考试两部分，如无特别规定，每种各以1日考完。考试以口试行之，但必要时，得参用笔试。

考试时间，如无特别规定，则于理论口试，每人不得超过半小时，笔试不得过两小时，实验考试，每人不得过半小时。受考人数，每次笔试，同时不得超过 12 人，口试不得过 4 人。各科目考试的特别规定，病理学及病理解剖学之实验考试由考试委员，陈列人体标本，及显微镜标本各 4 份，由受考人下一诊断，并述明其理由。作尸体剖验之实习时，受考人当用习用之剖验法，实施剖验，指出其病的变态所在，并说明其由来。受考人将所陈列之人体标本，及显微镜标本，能指出每种之 2 份，或 2 份以上之病理所在者，则此种实验考试，认为及格。细菌学、寄生物学及卫生学之实验考试作一习用之病原细菌显微镜检查法，制一显微镜标本，判断其为何种细菌，并说明其判断之根据。叙述重要病原细菌若干种，并说明其媒介物，将陈列之显微镜标本 3 种，当判断其为何种细菌，并说明其判断之所根据。如所设问题，至少有 2 种能正确答复者，此种实验考试，认为合格。药物实验考试由考试委员设处方问题 6 个，由受考人书出之。内科（包括热带病，及小儿科在内）考试，当连考 4 日，如无特别情形，不得间断。受考人当在最初三两日内，由考试委员，指派一内科病人，由其诊察，并将诊察所得，填入病历，病历内须将病前历诊察结果、诊断病状、经过预后及治疗法，一一填明，并在终结作一鉴别诊断，而述其诊断之所根据。此项病历，最迟须在内科考试第 3 日之下午 4 时以前，交到该考试委员处。在考试之第 4 日，当由考试委员指定时间，举行口试。此项口试，得由考试委员导临病床举行之，并作简单的化学及显微镜检查。外科实验考试实行诊察一外科病人，并填写病历，其条目与内科同，实行两种包扎法。妇科产科实验考试实行诊察一妇科病人，并填写病历，其条目与内科同，受考人当于生产模型作两种不同的胎儿位置，并演作诊断，及合法之施治。皮肤及花柳病之实验考试实行诊察一皮肤病或花柳病病人，填写病历，其条目与内科诊察考试相同。眼科及耳鼻咽喉科之实验考试实行诊察眼科及耳鼻咽喉病人各一人，定其诊断并疗治法。

考试成绩，用下列评语，及分数等差。甲 90 分以上。乙 70～89 分。丙 60～74 分。丁 40～59 分。戊 40 分以下。各科目之理论及实验两部分，考试成绩分数相加，即得该科目之总成绩分数。部分成绩分数，及各科目之总成绩分数，当由各考试委员，填入表格，即行送至考试委员会。考试委员会主席应将各考试委员送来的成绩，填制总表两份，一存医科，一送校长审阅后，交注册部存案。总成绩分数之计算法，内科分数以 5 倍之、外科分数以 5 倍之、妇科及产科分数以 5 倍之、病理学及病理解剖学分数以 5 倍之、细菌学寄生物学及卫生学分数以 5 倍之、药物学分数以 5 倍之、皮肤及花柳病科分数以 5 倍之、眼科分数以 2 倍之、耳鼻咽喉科分数以 2 倍之、以上各项倍数相加，以 30 除之，即为总成绩分数。受考人如有一门或一门以上科目不能及格时，则其总成绩分数表，暂不送交校长。受考人之各科目成绩分数，均在及格以上，则由校长给授文凭为医生，部分的成绩证书，概不发给。不及格者及不能完全及格者之办法：理论实验两部分之考试成绩评语，均在丙等以下者，则该项科目考试成绩，为不及格。不及格科目须补考，其办法如下：理论实验两部分成绩均属丁等者，补考期间，最早须过 2 个月。理论实验成绩，任何一部分为戊等者，补考期间，最早须过4个月。理论实验成绩两部分，均为戊等者，补考期间，最早须过6个月。一种科目考试成绩，理论实验两部分，有一部分为丙等以下者，则该种科目，认为不能完全及格。不及格部分须补考，其办法如下：其成绩为丁等者，补考期间，最早须过6星期。其成绩为戊等者，补考期间，最早须过8星期。该项补考，仍不及格时，依照上列条件，作第2次的补考。如第2次的补考仍不及格时，则不得再考。

二、医学学位授予

（一）医学士学位

凡在本校医科毕业者，授予医学士学位。

（二）医学硕士学位

本校医学士，由本校授予医学硕士学位，须具有下列各项之规定：

（1）曾在本校医院内科实习满6个月以上外，继续在医院实习其他各科中之两科，或医科研究所中之两科，或医院、研究所各一科，每科实习满3个月以上，而得有该医院分科及研究所主任发给之证明书。

（2）实习期满，须经口试及格，此项口试，注意于各种重要之实际问题，由各该实习科目主任教授举行之，考试时间，以一小时半为限。

凡在本校认为有同等程度之大学医科，或医学专门学校的毕业生，或曾得有学士学位者，本校亦得授予医学硕士学位。但亦须适用上面（1）、（2）两项的规定。

凡本校医科助教，曾在本校或本校认为有同等程度之大学医科，或医学专门学校毕业，或曾得有医学学士学位者，本校亦得授予医学硕士学位，但须具有下列各项规定：

（1）曾在本校医院各分科，或各研究所，实习工作满两年以上者。

（2）研究论文，须确有学术上的价值者。（该项论文之题目，须由本校医院各分科或研究所主任规定。）

（3）经医科3分科主任教授之考试，其中1科，须为上项规定出题之主任教授。其他两科得自由选定。

（三）医学博士学位

凡在本校取得医学硕士学位者，得由本校给予医学博士学位，但须具有下列各项规定：

（1）在本校取得医学硕士学位后，须在本校医科任一研究所，或病院分科，作学术研究满二年以上，得有该病院分科，或研究所主任，所发给的证明书。

（2）须精熟一种以上之外国语（德语英语法语），得有本校医科，或文科外国语教授的证明书。

（3）应试者，须提出论文，此项论文，须确有学术上的价值，确能证明在医学上有独自作学术研究的能力。

(4) 该项论文，经医科接受，认为合格后，须再经医科三主任教授口试及格，该项口试，即注重与论文有关系之各种根据，时间以一小时半为限。

凡在本校认为有同等程度之各大学医科，或医学专门学校，所考得之硕士，或具有同等程度者，本校亦得给予医学博士学位，但亦适用上面(1)至(4)项规定。

凡志愿参与本校医科硕士学位考试时，得以书面请求本校举行。请求者，须交验详细履历及下列各项证书：

凡本校医学学士、硕士交验取得学士学位，或大学医科，医学专门学校毕业以前各种证书（中小毕业证书等）；医学士学位文凭，或大学医科，医学专门学校毕业文凭；曾在本校医院内科实习满六个月以上外，继续在医院实习其他各科中之两科，或医科研究所中之两科，或医院、研究所各一科，每科实习满3个月以上，而得有该医院分科及研究所主任发给之证明书。

凡本校医科助教交验所得医学士学位，或大学医科，医学专门学校毕业以前之各种证书（中小学毕业证书等）；医学士学位文凭，或大学医科，医学专门学校毕业文凭；曾在本校医院各分科，或各研究所，实习工作满两年以上之实习证书，该项证书，由医院各分科或研究所之主任教授发给之；研究论文（须确有学术上之价值者，该项论文之题目，须由本校医院各分科或研究所主任规定之。）之审查及格证明书，该项证明书，由医科主任发给之。审查之法，由医科主任教授3人组织委员会，其中1人，须为本校医院各分科，或各研究所主任，或医院分科主任；经医科3分科主任教授之考试（其中1科，须为上项规定出题之主任教授，其他两科得自由选定。）之自选考试科目志愿书。

以上各项证书，经本校校长交医科审查合格具复后，即由校长通知医科，准其考试，考期由医科决定之。考试时，各考试委员，须同时出席，其年长者为主席，监督考试及规程的履行。考试成绩，由考试委员各下评语，填入共同签字的表格，送交医科。医科承认该项考试程序为完备，及被考者程度及格时，须将前条所规定表格，函请校长核准，发给硕士文凭。考试者，领取该项文凭时，须交费10元。

凡志愿参与本校医科博士学位考试时，得以书面请求本校举行之。请求者，须交验下列各项证书：医学学士学位文凭，或同等程度之证书；医学硕士学位文凭，或同等程度之证书；在本校取得医学硕士学位后，须在本校医科任一研究所，或病院分科，作学术研究满2年以上，得有该病院分科，或研究所主任，所发给之证明书；熟习一种外国语（德语、英语、法语）之证明书（本校）。

以上各项证书，经校长交医科审查合格具复后，由校长通知医科，准其考试，考期由医科定之。医科接到校长通知后，即令应试者交须提出论文，此项论文，须确有学术上之价值，确能证明在医学上有独自作学术研究之能力，论文题，由医科教授定之（应考者亦得自由选题，但事前须与该论文题目所属之主任教授，商得同意。若该主任教授不在校时，与该科目最相近之主任教授商酌之，并得其同意），论文须用国文及德英法文中之任一种书写之，（该项论文交到医科后，由医科指定主任教授二人审查之，其中1人，须为该论文题目所属科目之主任教授。若该教授不在校时，则以科目最近之主任教授代之，审查结果，制成报告书，送由医科核定合格与否）。该项论文，认为合格时，即由医科组织考试委员会，定期考试。凡经博士考试及格者，由校长授予博士学位文凭。

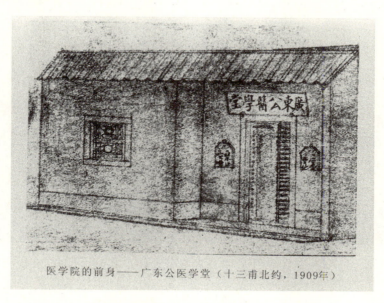

医学院的前身——广东公医学堂（十三甫北约，1909年）

创办于西关十三甫广东公医医学堂

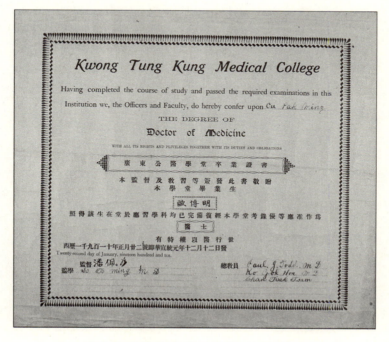

广东公医学堂的毕业证书（1910年）

广东公医医科大学

国立中山大学医学院和国立中山大学附属第一医院的大门

《广东公医医科大学简章》

中山大学医学院毕业证书（1935年）

中山大学医学院毕业同学会春季联欢照（1937年）

医院人员合影

第五节 开 拓 者

一、达保罗

美国医学博士达保罗（Paul J. Todd，1874—1939），于1902年来到中国广州。他到广州后，先在近代中国第一间西医院——博济医院当医生。1905年至1906年秋，在关约翰与家人国美国度假时曾任广州博济医院代理院长。

达保罗

达保罗性情温和，与中国医生的关系良好，与关约翰配合也算默契。对当时巨变时代中各种倾向的学生，都悉心施教，又尽力关照。

随着中国政治形势激进变化，再加上西方各国在20世纪30年代前后遭受经济危机，博济医院及博济医校受巨大冲击，维持难以为继，博济医院及博济医校都曾停办。达保罗以其机敏灵变，应对时代巨变。

1909年春，由于当时美国教会办的博济医学堂的学生反对学堂不合理的措施，举行罢课。学堂的美籍负责人关约翰施以高压手段，开除学生冯膺汉、徐甘澍、方有遵等人。学生坚持不复课，他就将学堂停办。未毕业的在校学生面临失学，便组织起来，吁请广州绅商和各界人士相助，清末广东知名人士潘佩如、钟宰荃、李煜堂、黄砥江、李树芬、赵秀石等40余人，捐募资金，创办公医医学专门学校。

达保罗在此事上，与他的同胞同事关约翰有截然相反的态度与政治面目。他与潘佩如、钟宰荃、赵秀石、江孔殷等人，及广州西医名医40余人（大部分为博济医院毕业生），在1909年创建广东公医专门学校，简称"公医"，即"公众医学"的意思，属私立学校。

1910年春，公医筹募到一笔巨款后，便购置长堤天海楼，兴建医院，将公医医学专门学校迁移到天海楼右邻新租赁的属基督教自理会的房屋，并推举潘佩如为学校监督兼代校长，正式聘达保罗任附设医院院长。达保罗正式任职时间为1910年10月至1925年6月。他在公医艰难的初创时期任职多年，与其他公医创立者一道，筚路蓝缕，殚精竭虑，奠定公医后来成为中国最著名医学院校之一的基业。他在医院初创期经费欠缺、设备不足的条件下，支撑维持医院运作，并为医院日后的大发展打下坚实基础。包括达保罗在内的有英美医学背景的公医初创者，开创医校医院的英美医学流派之风。

1912年，达保罗离开博济医院，自设诊所，并继续主持公医附属医院。达保罗的妻子是英国人，名为薛氏（译音），人称达师奶（广府话达夫人的意思），职业是护士，任公医附属护校校长，并兼任中华护士学会主任。

1926年,私立"公医"出现财政困难并拖欠员工薪酬。学校申请美国石油财团洛克非勒基金资助。在大革命浪潮中,特别在1925年6月23日广州沙基惨案后,广州学界反英美情绪特别高涨。公医学生反对洛克非勒基金资助学校,并游行示威,刊登报纸,要求政府接管公医。学潮的矛头不可避免触及身处公医管理层的美国人达保罗身上。1926年6月29日,经临时代理大元帅胡汉民批准,政府接管公医,并入政府所办广东大学,成为广东大学医科。位于长堤的私立公医医院(旧院)停办。同年,为纪念孙中山,广东大学改名为国立中山大学,广东大学医科改名为中山大学医科,后改称中山大学医学院,地址仍在东山百子岗。附设第一、第二医院。附属第一医院为新建。达保罗也辞职离开了倾注他不少心血的在风风雨雨中诞生成长的学校和医院。他主创的医院至今仍是广东规模最大,同时也是华南最大规模、国内综合实力最高的医院之一。其后,虽然包括达保罗在内的有英美医学背景的公医创始人从管理层退场,德国医学人士登场,但英美医风仍作为院校文化底蕴的一部分保留了下来。

达保罗离开公医后,凭借在广州著名医院行医与管理多年的经验和在公医建立的威信与人脉关系,自己开设诊所,挂牌行医。他约于1928年在惠福西路开设达保罗医院,该院附设在博济医院所办医学校毕业的谢爱琼创办的妇孺医院内。1931年7月,达保罗医院迁至官禄路。

1929年至1930年,达保罗重回博济医院工作并任院长。1930年,美国长老会因美国经济危机,将博济医院移交岭南大学。

1937年,抗日战争爆发。抗战期间,达保罗亲率医护人员赴上海前线救治伤兵。1938年,广州沦陷,达保罗继续经营医院。达保罗夫妇认为自己是美国外籍人士,属中立医务人员,因而留守医院,照常开业,各医生护士等均照旧留院工作。当时因达保罗医院属外国人医院,没有日军骚扰,又不受轰炸,住院亦较安全,故能维持,但正值战乱,医院业务明显下滑。

1939年,年过六旬的达·保罗在战乱中因病去世。

二、柏尔诺阿

德国人柏尔诺阿教授在中山大学医学院及附属医院曾任多职,对中山大学医科有深远的影响。

医学院的医疗与临床教学及实习水平,是一所医学院校办学水平的重大标志。附属第一医院,初名为广东新公医院,建造于1916年。

1925年广东公立医科大学医学院及附属一院并入国立广东大学后,在国民政府的大力扶持下,进入了一个快速发展时期。这种发展也体现在医院向德国模式靠拢。1927年起,医学院开始聘请德国教授任教并兼任附属一院的各科主任,甚至护士也聘请过德国人担任,使医学院及附属医院留下深深的德国烙印。戴传贤和朱家骅任中山大学正、副校长时,医院大力提倡学习当时处于世界医学先进水平的德国医学及其医学教育制度,设备多从德国购买,附属医院用德语查房,用德文写病例、开处方。柏尔诺阿教授在中山大学医学院及附属医院向德国医学模式转变上有重大贡献。

1928年春开始，德国人柏尔诺阿教授，着手制订医学院及医院的发展规划，并得到当时国立中山大学戴传贤校长赞助，设备日臻完美，各位同事热心合作，各项院务的发展蒸蒸日上，医治的病人数量与医院收入，都比以前骤增数倍。

柏尔诺阿教授以德国人特有的严谨与德国医学家特有的极之精细，强化德式医院与医疗日常管理，建立德国式医院及医疗规章制度，制定医学教育方法引入德国医疗科学。

1928年起，附属一院在柏尔诺阿任院长后，增加设备，锐意革新。开始实行分科诊治病人。医院初时分五科：内科儿科、外科、产科妇科、皮肤花柳科、眼科耳鼻喉科。此时医院每科聘主任医生1人，处理该科医务。下设一等助教1人，助教医师1～2人，协助主任医生诊治病人及一切学术上的研究。其下设医生若干人，以病人的多寡而定。各科除诊症室外，皆设有研究室1所，赠医室1所，病房若干间。此时实行分科诊治病人制度，共分内科、儿科、外科、妇产科、皮肤花柳科、眼耳鼻喉科共6科。各科聘主任医生1人，助教医生2～3人。凡病人来院就诊，都由各科主任诊治。

研究室供各科作学术上的研究，以及病人的一切检验，同时承担本院医生及医科学生实习之用。诊症室作为特别门诊之用，病人由主任医生在诊症室诊治。赠医室的用途在于，医院每日赠医一个半小时，来就诊者，完全不收诊金，给予贫苦病人以便利。本校的医科学生必须在各科主任医生或者助教医生的监督与指导下，在该科室实习诊病，以及进行学术研究。

此时医院的病房，都以各科别划分。例如内科部限住内科病人，外科部则住外科病人，以此类推。全院病房，计有头等病房8间，二等病房53间，三等病房16间（按性别分为男病室九间、女病室7间；按每间房可容人数分为4人一间者11间、10余人一间者5间）。头等病房每日收费6～8元，二等病房每日收费1.5～3元，三等病房每日收费0.3～0.5元。此外设有免费病床10张，及免费留产房等。凡贫苦病人，及孕妇来院留医生育者，一切费用皆不收取。

全院可容纳病人150余人。每日来院门诊，约50至60人。赠医者约100余人。当时拟建筑分科病院，就是每科一栋独立的病院，预计完成时可容留病者700至800人。但是因为经费的原因，最后并未完全实现。

医院的一切事物，都由院主任主持，在主任之下，设总务员1人，管理全院事物。并设会计、庶务、书记各1人，药房设药剂师1人，管理药房事物，并设助手1人，练习生若干人。护士则由护士长督率，在护士长之下，有高级护士，再其下有学习护士若干人。

医院建立或健全起有鲜明德式医疗风格的各项规章制度。如1928年10月，制定《第一医院办事细则（续）》规定，护士长负责分派各护士的值日值夜工作，并对夜间服务情形随时进行监察。病房间护士的调动，护士长需预先向相关科主任报告。凡护士对医院院章及护士服务条例，有不遵守或不听告诫的，由护士长报告医院正副主任进行处罚。凡护士请假、任用或辞退，都需由护士长通知总务员。护士长还要

"注意全院病人之待遇及看护,俾得良好舒适,至于病房与诊察室及治疗室之清洁与秩序,亦宜随时留心。"此外,本院病人的衣服食料与饮料等,都由护士长照章发给。各科与各病房的医学器具及材料等,护士长有监督用途及保管之责,添置的仪器与药物材料,如注射器、棉花、纱布等,都由护士长先登记保管,再一一发出。全院护士由护士长督率,其服务时间与工作情形,详载于护士学校章程与服务条例。

在柏尔诺阿教授业务指导下,医院逐渐添置修整设备设施:

于1928年夏建成X光室,有最新式X光镜1具,冲晒相片,及皮肤治疗各仪器均全。

电疗室,有电疗机2具。

毒室,有德国最新式蒸汽消毒炉一座,专为病人衣被消毒之用。

人工日光室,有Bach及Sulox日光灯各1具,及电浴箱1具。

割症室,在公医时,原有割症室,但器具设备多缺失。改组为中山大学医学院后,开始重新添置,因为病人人数增加,不敷使用,就另开无菌割症室一间,及小割

曾志民　李　挺　叶少芙　桂毓泰　崔元凯　梁仲谋　施来福　庄兆祥
安得来荪　　傅韦尔　姚碧澄　刘祖霞　柏尔诺阿　梁伯强
1935.10.19. 国立中山大学医学院全体教授合影

国立中山大学医学院全体教授合影,前排右2是柏尔诺阿教授)

症室一间，共有仪器用具 700～800 件。

割症教室，凡本校医科学生，遇有外科、或妇科、举行割症时，在此听讲及实习。

生产室，前来此留产者甚少，1928 年开始逐渐增加，故在这一年新建生产室一大间，并重新购置生产及婴儿用具数百件。凡本院免费留产者，医科五年级学生需在教授指导之下，借以实习。

临床教室，凡医科学生，对于内科，皮肤花柳科之课程，须病人证明者，皆在此室听讲。因此室在医院内，病人易于往来，而且仪器完备，无需搬运。

研究室，为各该科医生研究学术，及医科学生实习之所。有各研究室名称为：内科研究室、外科研究室、产妇科研究室、皮肤花柳科研究室、眼科耳鼻喉科研究室。

从柏尔诺阿教授及其德国同事到中山大学医科工作开始，传承了由公医时期延续下来的英美医学学派风格中山大学医学院，增添了浓厚的德国医学学派风格，并成为中山大学医学院学风医风的主要特色。

第三章　广东光华医学院

广东光华医学院前身为始建于 1908 年春的广东光华医学堂，1912 年更名私立广东光华医学专门学校，1928 年更名为私立广东光华医科大学，1929 年更名为私立广东光华医学院。

第一节　光华医学堂的诞生

20 世纪初，在中国广州，诞生了我国第一所民间集资，中国人管理与执教的西医学校——广东光华医学堂。

诞生于 20 世纪初的光华医社以及它所开办的光华医学堂，记录了南粤人民外御强辱、维护尊严的一段历史，并成为这段斗争历史的产物，同时在西医的教学与医疗领域拉开了自主医权的历史序幕。

一、建校的时代背景

1901 年清政府发动"新政"运动，教育方面仿效西方模式，提倡兴办学校。1905 年又进而宣布"废科举，兴学堂"，终结了已沿用一千三百多年的科举选士传统，转从学堂取才，推动我国传统教育体制向西方近代教育体制转变，标志着中国近代人才培养与选拔制度的划时代变化。"学校"的创立与发展，形成中国近代高等教育的雏形。"新政"期间，清政府颁布了《壬寅学制》和《癸卯学制》，要求在学校系统中设立不同于"国医"的西医学科，分医学门和药学门，并且让外国人享有"在内地设立学校，毋庸立案"的特权，形成了外国教会兴办西医教育的统治地位。

1907 年以前，西医教育在我国的传播方式有两大类型：其一为西方教会到中国办学授课，如 1866 年在广州创办的博济医学堂，属于"外办外教"型；其二为清政府兴办，聘请外国人管理、执教，如 1905 年在广东办的随军医学堂，属于"官办外教"型。这两类西医学堂均由外国人主政，用外文教材和外语授课。

广东地处东南沿海，得风气之先。19 世纪中叶以前，广州是我国唯一对外通关、通商口岸，西方医术的传入和传播，也因此得到方便。1805 年广州流行天花，西方的牛痘术首次在民众中显示作用，使广东人较早地认识了西医的长处，开始向西医问学，促使广东成为发展西医教育的发祥地，出现了最早的一批渡洋学医之士。在众多学子中，后来首任光华医学专门学校校长的郑豪博士，就是其中一位。他早年在美国半工半读完成西医学业，1904 年获得加州大学医学博士学位，并考取三藩市行医执照，成为美国加州第一位华人西医。

近代西方列强入侵最先经广东入侵中国，广东人民对入侵者进行了抗击。广东人民自发抗击外寇欺辱的斗争传统，以及这里的人们对新生事物的开放心态，加上西医教育的人才储备，这一切促使一种新的西医教育类型先于全国各地在广东出现。这就是不同于"外办外教"和"官办外教"的第三种西医教育类型——"民办自教"型的西医学校。

二、广东光华医社的建立

1907 年冬天，英国殖民者经营的来往于广东与香港之间的佛山轮船上，发生了一起英属印度警察踢死中国工人的命案，肇事方草菅人命，硬说成是死者因突发心脏病而亡。家人与民众要求讨回公道，清政府不仅不为民众做主，反而禁遏民愤，令死者含冤莫白，凶手逍遥法外。"佛山轮命案"犹如一束导火索，点燃了民众饱受欺辱的怒焰，激发了爱国人士的义愤。广州医药界和工商界一批爱国人士行动起来了。医药界的陈子光、梁培基、郑豪、左吉帆、刘子威、陈则参、叶芳圃、王泽民、池耀庭、伍汉持、苏道明、刘禄衡、高约翰、黄萼廷等；工商界人士包括沈子钧、邓亮之、游星伯、冯伯高、金小溪、罗炳常、邓肇初、梁恪臣、左斗山、梁庭萱、梁晓初、谭彬宜等人，为了在医权上维护民族尊严的共同意念，集合在广州天平街（现在的诗书路）刘子威牙医馆，共同商议用民间的资源和力量创办西医学校的大计。这时，他们还没意识到：他们将要做的，是一件在中国历史上前无古人的事情——中国老百姓自发组织起来，在家乡古老的土地上，办西医教育和西式医院。

到会者一致认为："生老病死，为人类所不能免，而救同胞疾苦，国人实责无旁贷。"大家即席决定倡办医社，起草章程，向社会广募有识之士为社员，筹募资金，创办"民办自教"的西学校院。"故本社创办医校、医院之主旨，乃本纯粹华人自立精神，以兴神农之隧绪，光我华夏，是以命医社之名曰光华。"

1908 年初，医社章程面世。它的首条昭示：由"人民组织，办理医院以救济民疾，办理医校以培育医材"，定名为广东光华医社。医社实行"当年值理"和"总值理"制，自愿入社的社员都是"倡建值理"，从中推举 40 名"当年值理"；再从中推举 10 人为"总值理"，以资扩大对社会的影响。是年，绅商易兰池等 10 人担任首届总值理，推举梁培基为医社的社长。

光华医社主办的医学堂和医院同时于 1908 年春开办，医社的总值理们推举郑豪博士任医学堂校长；同时聘请陈衍芬医生主持教务，并兼任医院院长。

此时，担任光华医社社长的梁培基医生（1875—1947），已是华南地区知名的制药专家。他 1897 年毕业于博济医院附属华南医学堂，留校任药物学教师，同时，自设医疗诊所，开始职业医生生涯，并从事药物研制，尝试中西医药结合治病之道。1902 年，他筹办制药厂。他研制生产的"梁培基发冷丸"，有效医治当年在华南地区猖獗流行的疟疾，成为家喻户晓的抗疟疾名药，首先在广州制药界开创中西药结合制药的先河。他以务实的态度和行动关注民众疾苦，解救大众病痛，深得大家敬重。接任后，他不负众望，推动了光华医学堂、医院的发展。

担任医学堂首任校长的郑豪博士（1878—1942）自幼生活在美国夏威夷的亲戚家，在半工半读中度过青少年时代。他在美国获得西医执照后，次年即毅然回到贫弱的祖国，落脚广州。此时，他是清政府所办的广东陆军军医学堂的总教习，在西医教育领域实现他"科学救国"之梦。1906年，他代表中国政府卫生界，出席了在挪威召开的国际麻风病防治研究会，并发表演讲。1907年发生在广州的"佛山轮命案"，把他和广州医药界、工商界的民间爱国贤士联系在一起，为中国人夺回医权，积极倡办医社，并欣然接受医社的推举，义务担任光华医学堂校长之职。他任职23年间，主持校政，培育医材，却从未支取薪酬，直到1929年因患肝病才卸任。

陈衍芬医生是香港医学堂的首届毕业生。毕业后在香港那打素医院、何妙龄医院担任主任医生，入息丰厚。接到光华医社董事会聘请后，他"应谋医学自立之旨，毅然辞职回粤就聘，以冀得其志耳"。接任医学专门学校教务兼医院院长后，他以光华作为终身奉事之地，在1908—1945年光华历经沧桑的38年里，他始终悉心管理，尽心耕耘，从未言退。

三、自主医权的第一面旗帜

光华医社举起"兴神农之坠绪，光我华夏"的旗帜，立即得到社会广泛响应，很快就有435人自愿参加医社。他们按照医社的规定，作为倡建值理，"每人均捐白银20元，作为开办费"。众人捐钱垫款，定购位于广州五仙门内关部前（现在泰康路一带）麦氏的7间大屋，作办校建院之地。屋主麦楚珍原来以二万两白银出售，获知医社将用于施教济医，"特愿割价四千两银，以作为义捐"。

光华医学堂的教学，从开始的那天起，完全按照西医教学模式进行，学制4年，不同的是由中国教员采用中文课本授课。课本"由热心人士翻译。当时的外科由罗卡氏负责，内科由欧氏负责。翻译后自行编印"。课程也按西医教程设置，"基础课主要有解剖学、化学、生物学、生理学、细菌学、心理学、寄生虫学、物理学、神经学、药理学、全体学和国文等（后增设德文、法文）。实习课主要有内科、外科、儿科、妇产科、五官科等"。

由于民办的性质，教学与医疗设备的经费需自筹，医学堂的教学和医院的医诊工作，主要由医社倡办人和支持者中的医师、专门科学人才义务担任。他们都是早年西学成才，掌握了近代专门知识的一代中国人，这些前辈的名字是：郑豪、陈子光、左吉帆、叶芳圃、刘子威、刘东生、陈则参、池耀廷、梁晓初、梁培基、王泽民、雷休金、曾询、祢翻云、李次董、王泰民、李镇、刘禄衡、曾恩梅、李德如等。郑豪校长的夫人李丽洁女士在加州大学毕业回国后，也加入到为光华医学堂义务教授英文的行列。

1908年3月1日，中国第一间"民办自教"的西医学堂开学了。这一天，光华医校开始上第一课，首批学生59人。其中，有以陈垣为代表的二、三年级医学插班生17名。他们原是外国教会医学堂的医学生，为支持光华医社在维护民族尊严上的爱国之举，他们毅然退学，转读光华医学堂。

光华医院也同期向城区的民众赠诊赠医，服务社会，回报大众。

1908年7月23日，光华医学堂获得清政府两广总督部堂批准立案。同年11月15日，举行开幕典礼。"开幕之日，政绅商学报各界，士女云集，华人承应提倡新医学之呼声，高唱入云，声闻遐迩，识者韪之，顿令社会耳目，为之一新。"

当时令人耳目一新的还有一件事：男女同校同学之风，光华医学堂实施极早。20世纪以前，我国的教育体制里从未包括对女子的教育。"1907年（清朝政府）学部奏定《女子师范学堂章程》和《女子小学堂章程》，正式将女子教育纳入新学制系统。这是废科举后我国普通教育发展所取得的一项重要成就。"光华医学堂在开办的第二年（1909年）正月，兼开女生班，地点先设在新城谢恩里，后迁往素波巷新街。1910年，女生班归并于医校内，实行男女同校。20世纪初在中国人主办的医学堂里，这个举措，属先锋之举。

随着教务与医务的开展，所需仪器装备日增，建设新式外科手术室的款项尚无着落，医学堂员工和学生组成话剧队，自编剧本，登场献演，筹款建设。根据陈衍芬的记述，"忆当时所编剧本，如'风流孽''钱为命'等剧，改良时俗，痛下针砭。而扮演之者，复惟妙惟肖，风靡一时。其时学生之表同情于本校之旨者，于此可见一斑"。1912年，购买麦氏大屋的垫购款和加建病房欠款到期需付，光华医社热心人士于工作之余，结队向广州城内的商铺沿户劝捐，得以筹足。为回报民众，当发生灾情和流行病时，他们组成"广东光华医社救伤队"，主动承担社会上的疾病抢救工作，颇受社会好评。

光华医学堂，师生同心，为自主医权释放出巨大的热情与智慧。办学送医的同时，他们还通过讲座、办报、出刊的方式，向民众宣传新医与防病知识，探讨国医与西医的不同与相通之处。创办于1908年的《医学卫生报》，"由梁培基出资，潘达微绘画，陈垣撰文，介绍医学卫生常识，使民众能注意防患于未然。又于1910年创办《光华医事卫生杂志》，刊登学术论文，交流医学经验，提高医学水平"，办刊共约10期。"说诊脉"和"说肾"分别刊在《医学卫生报》的第一、第二期，文章介绍近代医学的生理理论，区别中医和西医对"脉""肾"的不同之说。这在20世纪初，我国民众对西医知识尚不了解之时，无疑是有西医启蒙的深意，该报第九期发表的《告种痘者》一文还记述当时光华医院"每周礼拜日为群众接种牛痘，并详细记述种痘适宜时间、种痘方法"等。

陈垣是光华医社出版的《光华医事卫生杂志》《医学卫生报》的主要撰文人。他出生在医药商家，曾就读于博济医学堂，他不满外国人对中国师生的歧视，读三年级时，适逢光华医社创校办学，他愤然离开博济，与几位意向相同的同学转读光华医校。他一来到光华，就既当学生，又兼任训育课教师，并在光华办学的第三年冬（即1910年）毕业，成为光华医学堂首批毕业生之一。同期毕业的同学还有梅湛、李博文、汪宗澡、李绳则、李明德。陈垣毕业后，留校任教"生理学、解剖学等课程，并继续研究医学史"。辛亥革命期间他投身其中，"还参加了转运枪支等武装起义的准备工作。……陈垣的几位好友也参与了这次起义工作，潘达微（作者注：为《医学卫生报》绘画者）于起义失败后，冒着生命危险，收葬黄花岗72烈士遗体"。

1911年3月的广州起义失败后，陈垣的主要精力转为办《震旦时报》及副刊《鸡鸣录》，旗帜鲜明地为辛亥革命呐喊，被称为"革命报人"。国民政府成立后，他被推选为第一届国会议员，于1913年离开光华赴京。1926年陈垣任北京辅仁大学校长，坚持独树一帜的史学研究，终成我国"民国以来史学的开山大师"。

辛亥革命胜利后的民国元年5月，孙中山回到民主革命发祥地广州。以光华医社的倡办人为主组成的广东医学共进会，亦组织队伍迎接孙中山到穗。一张留影于"民国元年5月广东医学共进会欢迎孙中山先生纪念"的照片，真实地记录了当时参加的人员，他们是：郑豪、左吉帆、李树芳、何高俊、叶芳圃、池耀廷、高若汉、陈俊干、曾询、余献之、杨香圃、廖德山、陈援庵（陈垣）、雷休金、李自重、梅湛、刘礼、何子衍、梁晓初、谭彬宜、李青茂、汪宗藻、洪显初、梁益、曾光宇、陈子光、陈衍芬、邓弇华、陈则参、李博文、祢翾云、王泽文。其中，至少有11位是光华医社的发起人。

20世纪初由光华医社创办的光华医学堂，打破了外国教会在中国统领西医教育的格局，标志着中国人从此踏足西医高等医学教育领域。第一代"光华人"在中国从清朝走向民国的前夜，撑起了第一面自主医权的旗帜，在中国医学史上掀开由中国人办西医教育的新一页。

第二节　光华医学院的建设与发展

辛亥革命后，光华医学专门学校步入了25年建设和发展时期。

一、建设学校

实现光华医学专门学校的建设，首先得益于光华医社的改革。1912年，为保证医校的办学经费和扩充发展，光华医社对组织体制进行了改革，将"当年值理制"改为"倡建值理制"，并以12人的董事会代替四人的"总值理会"。"举郑豪、陈子光、陈垣、刘子威、左吉帆、池濯庭、梁培基、梁晓初、陈则参、祢翾云、何高俊、梁庭益等人为董事。而正、副社长，为郑豪、陈子光两君。"1915年在当年董事谢恩禄的建议下，经倡建值理会表决同意，又做二点改革：一是效仿青年会的办法，每年征召社员，募集的社员费作为医校日常经费，扩大组织和影响；二是按年由社员选举产生董事12人。同年左吉帆、池耀廷分别任医社社长、副社长。这些制度一直坚持到1936年。

尽管医社的组织体制几经改革，但历届值理都没有改变"光我中华，服务社会大众"的精神。他们不避艰辛，共谋医社的发展，甚至每月开会后的一顿晚餐，"均各解私囊，从不肯动支公款。其克已为公之处，诚为慈善界所罕见"。

在医社鼎力支持下，广东光华医学专门学校逐年显现成长之态。1913年，遵照政府的教育法，重新修订学校章程，办学宗旨重申为"合我华人之力，博束世界文明医学，发展办医学校，造就完备医材以利国利民"。1920年该校修业年限由4年改为5年，增设课程，增加教学内容。同年还开办不收学费、学制三年的护士学校。护校的教学"分预科3个月，本科教学3年，另实习9个月"。

20世纪20年代的广州，正处在新的开发时期，市区拆城开路。学校原址的大屋背贴城基，拆城扩路，使本来就嫌拥挤的医校和医院，在面积上更显窘迫。1921年8月27日学校获得广东全省公路处第480号训令转达广东省长公署第11989号指令，"准获本省城大东门外造币厂路之和尚岗地，面积二十八亩余，……为扩校院之用"。这为光华医学校日后的建设与发展提供了极大的空间。

当时位于广州旧城外的和尚岗曾是一个乱葬岗，山丘上密密麻麻布满四千多个坟包。为清出建校场地，医社在东郊淘金坑找到马鞍岗作为迁葬地，支付费用，妥善迁葬。为了新校址的交通便利，又于同年11月，按市价在和尚岗的东、西、南三面购得金氏房屋及地段，计有七亩余。至此，和尚岗的35亩地段成为光华投入建设的新校址。同年7月30日，光华医校在《国华报》上刊登招生启事，招收男女学生于8月25日入学。

1923年，光华医校完成了两方面的建设任务：一是在和尚岗建起一系列教学用房，包括课室、解剖实习室、生理实习室以及宿舍等17座建筑。光华医校迁入和尚岗分校，扩大招生；二是在泰康路旧址上建四层木砖结构楼宇，主要留作医院，增加病床，添置设备。这些建筑资金，全赖医社成员和社会友好人士乐助。当时，光华医社副社长熊长卿捐出一万元银元；南洋兄弟烟草公司总经理简照南捐助二万元银元；医社的董事祢翩云等，社员中阮镜波等，以及本校毕业生唐太平等也分别贷款；另外加上部分按揭贷款，终于备齐资金，开工兴建。

同年，光华医社兴办的修业三年的护士学校，也培养出第一届护士毕业生。她们是邓铭瑶、黄少毅、李惠慈、欧阳志英。

1913年至1926年间，广东光华医校调整了修业年限；完成了扩大校园面积和校舍院舍的扩建改建工程；实现了增设课程，完善内容的教学目标；增办护校并培养出首届护士。据《广东高等教育发展史》公布的数字统计，这个时期，广东的高等西医院校（不含广东省公立医药专门学校）共培养毕业生798人，其中，"夏葛医科大学112人，光华医学专门学校223人，公医医科大学237人"，广东大学医科学院、中国红十字会广东医学专门学校和广东中法医学专门学校各100人以内。可见，当时全省各类西医学校毕业生的总数中，光华医校的西医毕业生约占28%。这标志着："民办自教"型的光华医校，此时与"外办外教""官办外教"型西医院校一起，担负着西医人才的培养责任，已成为南粤有影响的医学院校之一。

这个时期光华医校的毕业生，大部分以挂牌开西医诊所或在大药房坐诊为主。他们根植于民众中，自主医权，悬壶济世，服务于民。

二、教学制度和师资条件

1927年北伐战争胜利后，南京成立了国民政府，确定以"民主主义教育"为宗旨，在这个社会条件与氛围下，1927年至1937年，广东光华医学专门学校进入规模发展阶段。"光华医学院的教学水平及毕业生资格，均获全国承认。"

1928年，光华医学专门学校改名为私立光华医科大学；继而，1929年更名为私立广东光华医学院（此名一直沿用至1954年）。

随着我国中等教育体制的建立与完善，1932年光华医学院规定将高中毕业作为新生的报考资格。学校的招生简章写道："集合华人力量，博采世界医学以创办医学院，造就医材，利国福民为宗旨。"投考资格为"曾在公立或已立案之私立高中学校毕业领有证书者"。

学制方面，1928年由原来的5年改为6年，其中预科2年，本科教学4年。1929年，6年学制的安排改为先修2年，本科教学4年，并且准予给毕业生授予学士学位。同年，光华医学院的6年学制里取消先修科，实行本科教学5年，实习1年的学制安排。

同时，光华医学院也有了一支比较稳定的教师队伍。见附表1。

附表1 三十年代广东光华医学院教职员一览

职别	姓名	履历
院长	陈衍芬	香港医科大学堂医学士
教务长	苏言真	上海圣约翰大学医学博士
医务长	戴恩瑞	美国哈华活大学理科学士 美国啫化臣医科大学医学博士
总务长	许逈凡	前任广东省议会秘书长
注册主任	麦少祺	本校毕业
训育主任	倪世清	广东公立法政专门学校毕业
图书馆主任	沈祯雯	广州统计学校毕业
训育员	李心仪	广州女子师范学校毕业
内科学	戴恩瑞	美国哈华活大学理科学士、美国啫化臣医科大学医学博士
内科学	苏言真	上海圣约翰大学医学博士
外科学	曾恩涛	美国米西根大学文科学士、医科学士
外科总论 外科手术 耳鼻喉科	苏炳麟	日本九州帝国大学医科毕业
产妇科	陈英德	美国欧伯林大学学士、芝加哥大学医博士

续上表

职别	姓名	履历
儿科	欧阳慧潓	国立同济大学医预科毕业、德国卫慈堡大学医正科毕业考取医学博士
儿科	罗荣勋	上海国立同济大学毕业、德国医学博士
神经学、精神病学 皮肤病学、眼科学	汤泽光	广州岭南大学文学士、北平协和医学院医学博士
细菌学、病理学 寄生虫学、肛科	戴翰芬	英国爱登堡医科大学 哥顿痔漏肛门专科、圣马痔漏肛门专科毕业
热带病学 卫生学	李焕燊	本校毕业
药物学、处方学	梁心	本校毕业
调剂学	黄廷羡	美国米西干大学药物学学士、化学硕士
解剖学、胚胎学 组织学	麦少祺	（同前）
生理学	杨国材	本校毕业、北平协和医学院生理学修业
生化学	周达仁	美国麻省理工大学学士
物理、化学、英文	朱耀芳	美国纽约省布鲁伦工业学校理科学士、哥伦比亚大学化学硕士
生物学	谢树邦	岭南大学农学士
法医学	陈安良	国立中山大学医学士、司法行政部法医研究所毕业
党义	倪世清	（同前）
助教	黎德章	本校毕业
助教	黄天权	本校毕业

课程设置方面也日趋完善。根据1935年的"光华医学院各级学科学分表"所示，依序开设的业务课程有：物理、化学、生物、英文、解剖、胚胎学、生理、组织学、药物学、处方学、调剂学、生理化学、细菌学、寄生虫学、外科总论、病理学、内科、外科、法医、皮肤花柳科、产科、妇科、耳鼻喉科、卫生学、儿科、外科手术、眼科、精神病学、热带病学等29门。29门业务课程分5年教授，计有141.5个学分，其中一年级24.5学分，二年级30学分，三年级23个学分，四年级31个学分，五年级28个学分。见附表2。

附表2 1935年广东光华医学院各级学科学分表

级别	第一年级	第二年级	第三年级	第四年级	第五年级
物理	理论3 实习1.5				
化学	理论4 实习2				
生物	理论2 实习2				
英文	4				
解剖	理论3 实习1	理论4 实习3.5			
胚学	理论1 实习1				
生理		理论4 实习1.5			
组织		理论2 实习1			
药物		理论6 实习1			
处方		1			
调剂		理论1 实习1			
生理化学		理论3 实习1			
细菌			理论4 实习2		
寄生虫学			理论1 实习1		
外科总论			4		
病理			理论4 实习2		
内科			理论4 实习1	理论4 实习3	理论4 实习4
外科				理论4 实习3	理论4 实习4
法医				2	
皮肤花柳				理论4 实习1	
产科				理论3 实习1.5	
妇科				理论3 实习1.5	
耳鼻喉				理论2 实习1	
卫生				2	
儿科					理论2 实习2
外科手术					理论2 实习1
眼科					理论2 实习1
精神病学					2
热带病学				1	
党义	2	2	2	2	2
学分总数	26.5	32	25	38	30

这一期间,光华护校也迁入和尚岗,保持三年学制。护校的教师多由光华医校毕

业的医生担任。见附表3。

附表3　20世纪30年代私立广东光华医学附属护士学校教职员一览

职别	姓名	履历
校长	陈英德	美国欧伯林大学学士、芝加哥大学医学博士
教务长	陈婉芬	广东光华医学院医学士
内科教员	黎德章	广东光华医学院医学士
外科教员	黄天权	广东光华医学院医学士
药物学调剂学教员	李德镒	广东光华医学院修业期满、现在附属医院实习
饮食学教员	关乐年	广东光华医学院修业期满、现在附属医院实习
细菌学消毒学教员	潘劲夫	广东光华医学院修业期满、现在附属医院实习兼任河南宏英中学生物科教员
护病学教员兼总护士长	黄兰珍	广东循道西医院护士学校毕业
眼耳鼻喉科教员	梁槐和	广东光华医学院医学士
育学法儿科教员	陈傑卿	广东光华医学院医学士
产妇科教员	区昭祥	广东光华医学院医学士
药物学调剂学体学教员	于家鸿	广东光华医学院医学士
绷带学教员	黄国廉	广东光华医学院修业期满、现在附属医院实习
伦理学教员	许迥凡	香港皇仁书院汉文师范专科、前任广东省议会秘书长
生理学教员	苏自权	广东光华医学院医学士
卫生学英文教员	欧阳昌	广东光华医学院修业期满、现在附属医院实习
消毒学教员	余泽民	广东光华医学院医学士
救急学教员	陈侠生	广东光华医学院修业期满、现在附属医院实习
外科护士主任	魏玉贞	广东光华医学院附属医院附设护士学校毕业
分院护士主任	李心壶	广东光华医学院附属医院附设护士学校毕业

护校的课程设置完善，开设的19门业务课程包括：外语、解剖学、护士伦理学、护病学、卫生学、生理学、救急学、消毒法、饮食学、调剂学、内科学、外科学、细菌学、育婴法、儿科学、眼耳鼻喉科、产妇科、绷带学。三年业务课教学时数940学时，其中第一年360学时，第二年300学时，第三年280学时。招生人数也逐年增加。见附表4。

光华医社依然坚持每年征集社员的制度，社会贤达陆续入社，使光华的良好声誉更入人心。入社者有捐金逾万元的华侨（如第九届名誉社员黄容乐），亦有捐一元几毫的平民百姓。医社一一造册公布，精打细算，用于教务。

1930年10月1日，广州市社会局第10号指令，批准光华医社注册，并于11月21日发给慈字第26号执照。

1931年6月30日，泰康路的光华医院也获广州市卫生局批准，发给卫字第11号证书。作为教学实习基地的泰康路医院，设备规模与教学相长。院内不但专科门诊、留医部、手术室、检查室俱全，还在1929年添置了大型X光机，这在当时尚属稀见。为了筹款一万七千元购X光机，光华的教职员工发扬团结、爱校、自力的传统，由大家"分认借款，至少每人壹佰元、月息八厘，不一月而集足"。使用的所有收入，抽签偿还。"翌年，即全数清偿。"

时值1932年，光华医社所属的光华医学院、泰康路医院与护士学校均已具规模。为理顺关系，以符合高等医学教育的章制，从这一年秋季开始，医社将医院和护士学校附属于医学院，实行校院合并，统一为医学院。这次教、医、护资源整合，为光华医学院发挥医学教育、医疗服务的社会功能，提供了更大的空间和舞台。

附表4　20世纪30年代光华医学院附属护士学校教学课时表

课程	外国语	解剖学	护士伦理	护病学	卫生学	生理学	救急学	消毒学	饮食学	药物学	调剂学	内科学	外科学	细菌学	育婴法	儿科学	眼耳鼻喉科	产妇科	绷带学	党义	全年时数
一年级	四十小时	四十小时	四十小时	四十小时	四十小时	四十小时	四十小时												四十小时	四十小时	四百小时
二年级				四十小时				二十小时	四十小时	二十小时	二十小时	四十小时	四十小时	四十小时					四十小时		三百四十小时
三年级									二十小时	二十小时	四十小时	四十小时			四十小时	四十小时	八十小时	四十小时	四十小时		三百二十小时

1931年，光华医社开始着手将和尚岗顶的3亩多地收归名下。原来，光华医社最初获拨和尚岗的28亩地作校址时，山顶的面积未在其中。当时的政府早已将这个山丘中央的3亩3分地划给了辛亥革命时期的第五护国军，留给他们在这里建造忠烈祠。为求医学院的完整设计和全面发展。医社社长梁培基亲自与第五军负责此项目的代表魏邦平会商，最终用光华医社在驷马岗的地皮换回和尚岗的岗顶。这样，包括原拨的28余亩、自购的7余亩在内，和尚岗的40余亩地完整地划入光华医学院的建设版图。

1933年11月，光华医社董事会按照标准医学院的格局，请该社董事杨景真工程师重新实地测量和尚岗，作了一个为期十年的发展规划。这时，已接任医学院院长职务的陈衍芬医生为医学院的蓝图呕心沥血，逐一化图为实。

从1933年到1936年，和尚岗增建了生物馆、药物馆，扩建了解剖馆，实验设备与教学设施与日俱增。物理学馆和化学馆也在筹建计划之中。1934年，南洋商人黄陆裕捐建的宿舍楼也坐落在和尚岗的西北侧，为怀念其母，取名曰"梁雪纪念堂"。它分上下两层，房间阳台宽阔，空气清新，阳光充足，实为修学佳地，被用作男生第一宿舍。

学院的规模发展带动了医疗服务能力的提高。1927年光华医学院在和尚岗北侧建起一座附属传染病院（现广州市第八人民医院院址），共设100张病床，在传染病流行季节收治隔离病人。根据1933年的医疗统计显示，该院当年收治传染病人384人次。1929年广州流行天花，该院又在和尚岗南侧搭起简易病房，专门收治天花病人。这些治病救人的社会贡献，使光华医学院于1934年获得政府拨款8千元，用于购置结核病实验室设备。这也是光华医学院成立26年以来，首次从政府获得的拨款。

为满足病人求诊需要，保证150名在校学生的见习教学场地，附属医院还在城区各处逐步增设赠医所。1933年4月在河南的洪德四巷设第一赠医分所，第一年的门诊量达6321人次。同年8月又于城内的正南路开设第二赠医分所，并且计划陆续在当时城区的东关、西关和沙河等处增设赠医分所。附属医院的门诊已分设内、外、妇、儿、五官和皮肤专科，均设有相应的留医病房。另外还有胸科病房、X光室、配药室和外科手术室、妇产科手术室、小儿科手术室等配套设施。

光华医学院自成立以来一直没有停止发展的步伐。从1908年到1935年，已培养出25届462名毕业医生。这些毕业同学大都成为中南地区医药卫生和医学教育的栋梁和骨干。他们有的在北京协和医院、博济医院、岭南大学医院工作（如第24届的欧阳静戈、李大卫、第22届的谭元昌等），有的在市政府卫生局、市公共卫生人员训练所工作（如第24届的连云阁、第25届潘劲夫等），有的在市立或县立医院工作（如第13届的苏毅英、第14届的陈季植等），有的在两广浸信会医院工作（如第3届的叶培、第10届的王少浦等），有的在铁路医院或警察医院工作（如第3届的苏心愉及马觉凡、第14届的冼兆芝等）；也有的开设医院、诊所（如第3届的黎启康、第4届的邝磐石、第9届的陈砚波等）；还有一部分毕业同学留校担任教学和医疗工作。

此时，附属护校培养毕业了10届共79名护士，有力地支持了临床医疗和教学工作。

第三节　光华医学院在抗战中停办与战后重建

一、抗战时期被迫停办

抗日战争时期的1938年，广州城沦陷。限于财力的支持，光华医学院无法在广州沦陷前完整地搬离战区。主张抗日的光华医学院成为日本军机轰炸的目标，学校和附属医院被迫停课，教师和学生四处离散。为了尽量让高年级学生不至于中途失学，光华医学院在香港设立临时授教处，安排教学；陈衍芬院长还利用自己在香港的人缘关系，取得香港数间医疗机构特许，使这些学生到香港继续按期完成实习。

1941年12月日军突袭美国"珍珠港"，战火燃烧到太平洋沿岸的英美殖民地，香港也被日军占领。陈衍芬院长又为同学辗转到非沦陷区的医校借读而奔忙。这种爱护学生与坚持教育的善举，使光华不少学生在抗战期间完成学业，成为合格的医学人才，获得毕业资格。

为尽量保护教学财产，光华人尽力而为之。广州将沦陷的前夕，医院总务长陈再生组织人力，将医学院重要仪器分装22只大木箱，寄存在位于广州市二沙头的珠江颐养院内，委托当时受聘在颐养院工作的德国医生代为照管。

珠江颐养院是广东近代史上第一家医疗康复机构，它由光华医社的倡办人梁培基、左吉帆等人，于1920年联合当时的社会名流所创办。它坐落在城郊的二沙岛上，三面环水，绿树成荫，空气清新，景色宜人，极宜康复养息。院内并不设固定医生，进院疗养者可以直接聘请医护人员在院内完成康复治疗工作。广州沦陷后，颐养院停办，只留少数人留守。当时，日军鉴于与德国的盟军关系，没有进驻和捣毁聘有德国医生的颐养院。光华医学院寄存在这里的重要仪器设备，因而得以幸存。1945年抗日战争结束时，这22箱物品就是光华医学院仅存的物质财富。

二、抗战胜利后重建

抗战胜利后，光华校友在唐太平校友的召集下，聚集一堂，一致决议，组织起"筹复广东光华医学院委员会"，推举留德的医学博士张勇斌为主任，再次集结民间力量，采取边筹款开办医院，边逐渐恢复教学的策略，一切从头开始。这时，寄存在珠江颐养院的22个大木箱的仪器设备被安全运回，它们解决了恢复医疗工作和教学任务的燃眉之急，保证了复校和复院最基本的必需用品。

1945年11月30日，光华人先后修复了泰康路旧址的一、二楼。12月1日正式恢复门诊，12月15日收治病人。第二年3月修复泰康路旧址的三、四楼，暂作教学用房，立即招收新生，再度培养医才。

1946年夏，依靠校友们自力更生筹办复课已一个学期的光华医学院，得到政府拨给的战后重建款4千万元，开始重建和尚岗校址。当年建成一座可容纳420名学生就读的教学楼，并修缮了宿舍楼。同年秋，学院从泰康路再次搬回和尚岗校址。张勇斌博士因为主持光华筹备复校委员会的工作积极得力，被学院董事会聘为学院院长；另外，聘请1924年的光华毕业生、学问与声望均佳的留德医学博士李焕燊任教务长，联手恢复学院工作。他们在广大校友的鼎力支持下，本着培育人才的殷殷赤心，感动了一大批知名学者受聘于光华医学院，如"生物化学专家王孟钟教授、药理学家罗潜教授、病理学的杨简教授、妇产科的林剑鸥教授、外科的卢观全教授、潘永忠教授、热带病学的朱师晦教授、儿科朱钟昌教授等等"。同时，学校大量购置专科图书与仪器，教学逐步走上轨道。此后的几年，和尚岗上每年都有新的建筑物出现：1948

年张思云捐建了生物微生物楼;1949年潘拙庵发动校友捐建了药理学馆和光华同学会会所;董事会发起并捐建了图书馆等等。学院的规模日趋扩大,教学条件日趋完善,教学内容越来越充实。

1948年秋,战时停办的护士学校也在和尚岗恢复开办。医学院迁出泰康路后,原址由医院重新布局,不但恢复了战前的所有格局,而且增设病床至60张,增设辅助诊疗科室,设备也比以前齐备。

战后的光华医学院逐渐恢复,到1949年,已有专职教师17人,兼任教师18人;在校学生229人;并继续不断地培养输出合格的医学人才,从1910第一届毕业生到1949年第34届毕业生,共计培养658人。见附表5。

附表5　1949年广东光华医学院教员一览表

职别	姓名	担任科目	学历
教授兼教务长	李焕燊	药理	广东光华医学专门学校毕业、德国汉堡大学医学博士、热带病研究院考取专科文凭
代教务长兼教授	熊大仁	生物	复旦大学理学士、日本京都帝国大学访问学者
		寄生虫	
		胚胎	
教授	麦少祺	解剖	广东光华医学专门学校毕业
教授	朱耀芳	普通化学	美国哥林比亚大学化学科硕士
		分析化学	
教授	王孟钟	有机化学	北京大学化学系毕业、美国普度大学化学工程硕士
		生物化学	
教授	伍英树	英文	英国爱丁堡大学经济学硕士
教授	李丽洁	英文	美国加省省立大学文学学士、文学硕士
教授	梁仲谋	生理	上海同济大学毕业德国汉堡大学医学院博士*
教授	彭淑景	细菌	上海国立同济大学医学院医学士军政部军医学校进修
教授	余任夫	国文	国立广东师范大学毕业
		心理	
特约教授	罗潜	药理	国立中山大学医学士、德国汉堡大学医学博士
教授	廖亚平	外科	南通大学医学院医学士、日本九州帝国大学医学部外科部实习、德国汉堡大学医学博士
教授	罗荣勋	德文	上海同济大学医学院毕业、考取医学博士
教授	朱师晦	内科	国立中山大学医学士、德国汉堡大学医学博士
教授	何铭钦	数学	国立中山大学理学院物理系毕业
教授	杨简	病理	国立中山大学医学士、美国宾省大学病理学院病理学进修

续上表

职 别	姓 名	担任科目	学 历
教授	许尚贤	眼科	军医学校大学部医科毕业、赴美进布乐克军医学校及华盛顿大学眼科进修
教授	李生光	放射	中央陆军军医学校毕业
教授	叶锡荣	妇产科	国立中山大学医学院毕业
教授	黄明一	皮花科	德国柏林大学医科毕业、柏林大学医院及市立医院助教、柏林大学医院皮花科助教及代理教授、柏林卫生局皮花科医师
教授	梁烺皓	儿科	德国尉慈堡大学医学博士
教授	曾宪文	内科	国立中山大学医学士、德国汉堡大学医学博士
教授	于志忱	组织	德国巴黎大学理学院博士
教授	戴笠	生理	法国里昂大学理学院生理学系博士、中法大学、同济大学、中山大学教授
教授	周誉侃	物理	国立武汉大学物理系毕业、德国吉挺根自然科学博士
教授	潘永忠	外科	广东光华医学院医学士、美国纽约大学医学博士
副教授	冼维逊	公共卫生	广东光华医学院医学士、美国加省大学公共卫生学院研究院硕士
副教授	李瑛	病理	国立中山大学医学士、教部医学教育委员会进修
副教授	钟灿霖	儿科	岭南大学孙逸仙纪念医学院毕业、美国纽约大学医学研究院毕业
讲师	潘劲夫	公共卫生	广东光华医学院医学士
讲师	郑其寿	诊断	军医学校毕业
讲师	陆有芸	内科	广西医学院毕业
讲师	麦啸皋	耳鼻喉	广东光华医学院医学士
讲师	徐斗成	病理	国立中山大学医学士
讲师	郭鹍	病理	国立中山大学医学士
讲师	吴秀荣	药理	国立中山大学医学士
讲师	黄金森	生理	国立中山大学医学士
助教	谭新智	生物	广东省立文理学院理学士
助教	李洁英	细菌	广东省立文理学院生物系毕业
助教	吴秀锦	生理	国立中山大学医学士
助教	罗嘏	药理	国立中山大学医学士

三、新的发展

1949年10月1日，中华人民共和国成立。1950年2月，叶鹿鸣回国任教，并在光华特派代表迎接下，从香港来到光华医学院主持人体解剖学教学。叶教授到任不久，又被委任为教务长，全面主持光华的教学。

叶鹿鸣教授于1931年在山东齐鲁大学医学院毕业，留校任解剖学教师兼外科医生。1940年他在美国师从世界著名的神经解剖学家Ranson与Wendle，进修深造。1942年回国后，他先后编写了我国第一部实体解剖学教科书《人体解剖学》和我国第一部神经解剖学专著《神经解剖学》，成为我国实体解剖学的开创人之一。他来到光华，看到校舍虽然简陋，但解剖馆的设施完好，浸尸池里泡着十多具教学尸体，加上光华学子们求学心切，同事之间相处友好，叶教授心中安定，以他治学严谨、办事干练、讲课清晰、待人亲切的风格，投身到光华的发展事业中去。为保证教学质量，他从源头抓起，他关于设立"教师及医师资格评议委员会"的提议，在1951年1月8日的院务会得到通过，并由学院院长、教务长、附属医院院长和4位教授组成，实施教师、医师资格评议。为了解剖学的形象教学，他用彩线制作了5米长的人体神经通路模型，教学创新，学生受益。为此，1954年瑞士医学访华团来北京访问时，曾专程绕道前来参观，成为我国西医教学上有交流价值的一个亮点。

1950年至1952年间，在中南局卫生部门的资助下，光华医学院由叶鹿鸣教授主持，先后主办了两届中南地区人体解剖高级师资班，输送了一批可贵的基础医学教育人才。其中，钟世镇就是这个班的学生，他后来成为中国工程院院士，在医学领域有许多创新与建树，这些创新与建树都没有离开实体解剖学这个立足点。可见当年的教学之功，影响深远。

1950年的光华医学院，虽然在经费上主要按自理的私立形式运作，但行政上已接受广东省卫生厅的管理，并通过中南军政委员会的统筹，开始得到国家的专项教育拨款。院务委员会吸收教师、学生和工友代表参加，由光华第3届毕业的黎启康博士接任医学院院长。同年8月，中央卫生部向各省区下发的卫医教字257号招生函中指出："兹为配合国家卫生建设需要起见，经与中央教育部洽定本年度各公私立医药院校招生名额，即希你部以最大的努力，在本地区联络推动并协助解决各院校困难问题，以期达到或超过此（招生）教学。"光华医学院急国家之所急，尽管经费紧张，仍竭尽全力完成招生指标，竭力培养医学人才。1950年招生110人；1951年招收医学本科生80名，占当年广东3所医学院校（中大医学院、岭大医学院、光华医学院）260名招生指标中的30%。

1950年第一届全国卫生工作会议上通过的《关于发展医学教育和大量培养卫生人才的决定》明确提出，"根据各地对卫生干部的需求，在医学教育上应采取高、中、初三级的分科重点制"要求。在政府统筹计划下，光华医学院于1951年增设了4年制的牙医系，2年半的牙医专科和公共卫生专科，成为华南地区第一个培养口腔医学人才的学院。

同年，光华医学院的临床教学基地和临床教学师资也得到较大的调整和补充。原有64张病床的泰康路医院划归广东省人民医院统一管理。统管后，有314张病床的广东省人民医院作为光华医学院的临床教学医院，为临床见习与实习提供了条件更加完备的教学基地；同时省人民医院的医生也兼任光华医学院的临床教学任务。

为了筛选和培养师资，光华医学院从1950年开始实行了学科助理员制度，从五年级中选拔成绩优秀、对该学科有兴趣的学生担任学科助理员，辅助老师完成该学科部分带教工作。这个制度的实施，收到预期效果，选出了一批毕业留校任教的师资。

1951年，在中央卫生部的统筹下，光华医学院从应届毕业中筛选出的师资候选人，列入全国统一保送进修计划。1951至1952年连续两年，光华医学院向国内各省医学院保送了包括药理学、病理学、内科诊断学、生物化学、组织学、公共卫生学等学科的进修人员，每人进修1～2年。这样有组织、有计划地栽培师资，在光华数十载历史上，还是第一次。

至1953年3月，光华医学院已有专职教师35人（教授13人、讲师5人、助教17人），临床兼职教师41人（教授22人、讲师及临床医师19人），另有技术人员11人。在校学生441人。这一年的84名毕业生亦纳入国家统一分配计划，其中广东省卫生防疫站12人、华南农垦局13人、省内外医院59人（包括留校的26人）。

1951年，光华医学院董事会朱广陶董事长代表全体师生，正式向中南军政委员会区教育部提出申请，请求无偿将光华医学院由私立改为公立。一年后，这个请求获得国家批准。

1952年的3月18日，广东省卫生厅、文教厅联合发出（52）卫教字2158号文，通知"奉广东省人民政府本年三月十七（52）粤医教字第6号批复：关于光华医学院改隶省办问题，经本府第八十一次行政会议通过'广东光华医学院改隶省办筹备工作纲要'，希即按照纲要进行接办筹备"。学校马上成立了"私立广东光华医学院改制筹备委员会"，正式启动由私立改为公立的交接程序。经过半年的工作，1952年9月广东省人民政府下发（52）粤医教字第28号文，宣布正式接办光华医学院，并改名为"广东光华医学院"。学院的董事会管理体制改为院务委员会管理体制，派张同久、许宜陶、廖亚平、李得奇、叶鹿鸣、熊大仁、潘永忠、鲍镇国、李颖群、赵汝康等11位同志为院务委员，指定张同久为主任委员。与此同时，光华护校并入广东省卫生技术学校。从此，光华医学院摘掉"私立"帽子，成为国家医学教育体系中的正式一员。

国家对接办的光华医学院给予了更多的重视和关怀，仅在1952年省卫生厅就直接划拨39亿2千零50万旧币到光华医学院，更新教学仪器与设备，还将拨款的35%用于扩建校舍，包括建成了能容纳120人的解剖实验室、容纳60人的组胚实验室、容纳120人的投影课室、容纳240人的学生宿舍及居住13户人家的教工宿舍等。教学工作呈现出新局面，教师们按国家医学教学大纲编订教学讲义，52学年度"上学期共编讲义45种，下学期共58种"。学院还组成多学科教学小组，在学生课代表的配合下协调教学进度与深度；建立班教师会议制，加强年级教师之间在教学上的沟通切磋。1953年1月推出"广东光华医学院试用教学规程",进一步规范教学。这时,光华已有52名专职教师和42名临床兼职教师,另有教学辅助人员和技术员82名。在校生481名,分散在6个医本科班、1个牙医本科班、两个专科班和一个公共卫生医师进修班里。

日后成为中山医科大学校长的彭文伟教授和他的夫人侯慧存教授见证了光华这段欣欣向荣的历程。彭文伟教授一家几代人都与光华有着不解之缘,他的父亲、广州著名的"牛痘疫苗专家"彭利医生,早在20年代就曾任教于光华十余年;彭文伟教授的母亲叶惠芬医生,也是光华医学院1932年的毕业生。侯慧存教授的父亲、我国著名的病理学家侯宝璋教授是叶鹿鸣的老师。新中国成立前夕,在侯宝璋教授的鼓励下,叶鹿鸣教授决心回国执教,并应邀来到了光华。叶鹿鸣教授任光华医学院教务长期间,彭文伟和侯慧存两位教授在这里工作过两年,他们回忆起这段经历时写道:"光华校风朴实、刚毅、团结,老师教学认真,学生勤学刻苦,学风很好。""当年的教师、学生今天已散布在全国乃至世界各地,在各自的岗位上发挥热和光,不少人成了名医、学者、医药界的精英,堪慰光华创业者的期望。"

据不完全统计,至1951年为止,光华毕业生中涌现了一批广东医务界的精英。他们中有:广东省卫生厅行政处处长冼维逊、广东公安厅警察医院院长苏心愉、广州市第四卫生区主任潘拙庵、两广浸会医院院长叶培初、两广海军医院院长王少浦、广州市红十字会医院院长黄超汉、广州妇幼医院院长李宝新、广州妇幼助产学校校长于家鸿、肇庆广东省立医院院长李希金、广州公共卫生人员训练所所长潘劲夫、北京民昇医院院长欧阳静戈、广州邝磐石医院(现东山区人民医院)院长邝磐石等等。

光华校友于全国各地,为祖国的口腔卫生事业贡献自己的光和热。

四、并入华南医学院

1952年进行的高校院系调整,给广东的医学教育格局带来了全新的改变。地处亚热带的广东,流行病、传染病猖獗,而现有的几间医学院的学制长,力量分散,毕业生无法满足实际需要。1952年中央卫生部决定,要集中目前分散的教学力量,组办具有华南地区医学教育中心地位的医学院。中山大学医学院、岭南大学医学院和光华医学院成为聚集的目标。

1953年的8月,中山大学医学院、岭南大学医学院率先合并组成"华南医学院"。紧接着,已经成为省立编制的广东光华医学院与华南医学院的合并工作,也于9月份摆上议事日程。合并工作首先从教学的互助合作开始。

这一年,两校拟订了《关于华南医学院和广东光华医学院在教学方面互助合作方案的议定》,明确记录了当时为统筹资源而合校的目的,议定书第一条写道:"为了国家培养干部的最大利益,根据分局文委的意见和指示,光华医学院应和华南医学院合并。"同年秋,两校入学的新生合并上课;各年级合并上课的科目还包括生物、物理、化学、俄文、政治5种。

1953年11月23日,光华医学院接到广州建设局的函告,市政规划将征用和尚岗的大部分校址，建设成为"广州起义烈士陵园"，光华原计划中的校园建设项目暂停，建设余款留做两校合并后建房使用。

次年春，两校的前期的8门课程（解剖、生理、生化、病理、细菌、药理、公共卫生、体育）归并一起，实行联合教学，行政人员也根据需要统一调用。同时，光华医学院的最后一批毕业生（包括医本科六年级、牙医本科四年级和公共卫生医师进修班）也将完成学业；尚在实习的医本科五年级和即将进入实习阶段的牙医本科四年级、公共卫生专科班已结束校内授课。合校时机日见成熟。

1954年3月2日合校工作进入实质阶段。"华南医学院、光华医学院两校合校工作组第一次会议"在药理学馆举行，罗潜、王季甫、陈弛青、霞飞、许文博、张同久、廖亚平到会，共商房屋调整、行政调整和财务统筹等问题。

同年8月10日，省人民政府文教委发出（54）文委内字第73号文，通知两院合并的原则，规定合并后称为"华南医学院"，人员、设备在华南医学院名义下统筹安排与使用；同时，省人民医院继续保持与华南医学院的教学关系。至此，华南地区三家医学院全面完成院校调整任务，实现了国家在华南地区建立医学教育中心的战略部署。

同年8月25日，三校合一的使命完成。华南医学院首任院长柯麟在西裕堂主持召开"华南医学院、光华医学院合校会议"，宣布合校后主要干部的安排。古鸿烈、周寿恺、陈弛青、叶鹿鸣、谢志光、王季甫、廖亚平、许文博、庄詠济、易昂、熊大仁等十几人出席了会议。

光华医社

1908年11月15日，光华医社正式开幕时广东省官绅莅临观礼留影

1908年光华医学堂开课后第一次全体员生合影

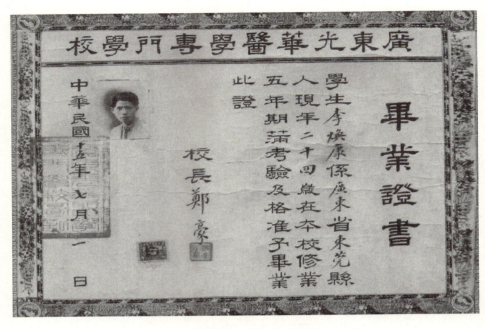

1926年广东光华医学专门学校毕业证书

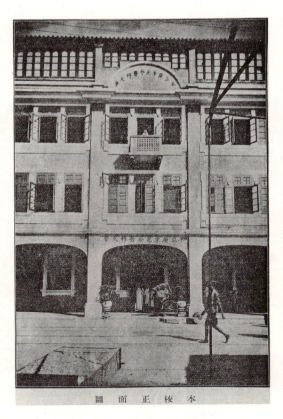

私立广东光华医科大学

20世纪30年代光华医学院教职员工合影

在泰康路的光华医学院正面图片

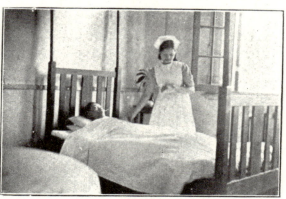

光华医学院附属医院病房

第四节 创 办 人

一、郑豪

郑豪

郑豪（1878—1942）于1878年生在广东香山县（现中山市）乌石村，父母是贫苦农民，生活贫困。郑豪有一个叔叔名叫郑电生，从小就跟随担任清朝领事馆秘书的叔叔到了檀香山。郑电生担保了郑豪的堂弟郑旭到檀香山工作。郑豪也希望一同前往，但是，他没钱买船票，也没有护照。小郑豪偷偷溜进即将开往美国的海洋号蒸汽船，途中被发现，他被赶到抵达的第一块陆地——火奴鲁鲁。

郑豪只能在当地打工谋生，工作之余，在夜校进修。

1900年6月30日，夏威夷成为美国的领土。同年7月，郑豪离开希炉，赴旧金山学医。

1903年，孙中山先生路经美国夏威夷，停留期间，他重整了1894年在夏威夷创办的兴中会，以"驱除鞑虏，恢复中华，创立民国，平均地权"为纲领，成立了中华革命军。孙中山的同乡、当时25岁的在美国求学的郑豪，正在希炉休寒假，他结识了孙中山，并与堂弟郑旭以及其他15人，成为孙中山先生倡导的"三民主义"的坚定追随者，秘密加入中华革命军，成为这个革命团体的始创成员。

1904年，也是郑豪在夏威夷秘密参加中华革命军的第二年，他从美国三藩市内外科医学院毕业，是该校首位华人毕业生，并在加州考取行医执照。据1904年8月8日美国加州旧金山记事报的报道，他作为美西第一大城市的第一位华人西医，接受报纸记者采访，并明确表示：自己不会在美国行医，要回到自己出生的地方，为自己的同胞服务，去医治他们的疾病，传授先进的文化，提高他们的精神品质。1905年，他归国践行自己终其一生不倦的理想追求，就是科学救国。作为首个千辛万苦去美国艰辛求学，靠打工供读考取当地西医牌照的华人，郑豪本可以过着当地华人少有的优裕生活，然而他却毅然决然地回到辛亥革命前夜的祖国。除了追求科学救国的理想，也许是由于他参加了孙中山领导的中华革命军，负有革命使命而归国。

郑豪博士于1905年从美国学成回国后，来到中国民主革命的策源地广州，并在广东陆军军医学堂任总教习职务，开始以西医教育实现他"科学救国"之梦。

1907年冬，英国人经营的来往于广东与香港之间的佛山轮船上，发生了一起英属印度警察踢死中国工人的命案。死者家属与民众要求讨回公道，无能的清政府不仅不能为民众主持公道，反而压制民愤，赤（红）十字会医生对死者遗体作详细检查，证实是受伤致死，但洋医"检验"后却称是心脏病致死。惧怕洋人的清政府却没有让凶手受到惩办。

"佛山轮命案"犹如一条导火索，引发当地民众长期饱受外强欺辱而积聚的民族激愤。广州医药界和商业各界一批爱国人士行动起来，"佛山轮命案"也把郑豪和民间的爱国医药工商界名士联系在一起，为夺回医权而积极倡办医社。

1907年年底，医学界陈子光、梁培基、郑豪、左吉帆、刘子威、陈则参、叶芳圃、王泽民、池耀庭、伍汉持、苏道明、刘禄衡、高约翰、黄萼廷等；工商界人士包括沈子钧、邓亮之、游星伯、冯伯高、金小溪、罗炳常、邓肇初、梁恪臣、左斗山、梁庭萱、梁晓初、谭彬宜等人，为了在医权上维护民族尊严的共同宗旨，集合在广州天平街刘子威牙医馆，共同商议用民间的资源和力量创办西医学校的大计。他们要做的事情，是在中国历史上独具开创性的事业——中国老百姓自办西医教育和西医医院。

光华医社，很快就有435人参加。众人捐钱垫款，定购位于广州五仙门内关步前麦氏的七间大屋，为办校建院之地。

1908年年初，广东光华医社章程面世。它的首条昭示：光华医社的宗旨是由"人民组织，办理医院以救济民疾，办理医校以培育医材"，定名为广东光华医社。大家推荐梁培基为医社的社长；同时公推郑豪博士担任光华医社主办的西医学校首任校长。郑豪欣然接受医社的推举，义务任职21年间，主持校政，培育医材，却从未支取薪酬，直到1929年因患肝病才卸任。

1908年春，广东光华医学堂创立，3月正式成立，中国第一间"民办自教"的西医学校开学。它从开始的那天起，完全按照西医教学模式进行，学制4年，不同的是由中国教员采用中文课本授课。课本"由热心人士翻译后自行编印"。光华医社成立后，因当时经费有限，虽已由郑博士为校长，并由一批热心医学人士义务担任教授，但仍是缺人。郑校长以身兼广东陆军医学堂总教习职，为求专责管理起见，经董事会商得陈衍芬医生同意，毅然辞去香港那打素医院及何妙龄医院两院主任医生之职，返穗主持医学校教务兼任医院院长。

光华医学校1912年更名私立广东光华医学专门学校。1921年，在广州大东门外和尚岗扩建新校和医院，同年学制改为5年。1928年曾改名为私立广东光华医科大学。1929年，南京国民政府正式核准该校立案命名为私立广东光华医学院，学制6年。

郑豪并没有把医校建造成不问世事社情的象牙塔，而是让学人在此呼吸时代风气，培养有社会责任感、爱国的英才。1912年2月，孙中山辞去临时大总统职，5月回到他最先发动革命的广州，以光华医社的倡办人为主组成的拥戴孙中山民主主义革命立场的广东医学共进会，组织队伍迎接孙中山。

正在光华医学院日臻完善，医学教育、医疗卫生、医学科研工作蒸蒸日上之际，中日战争全面爆发。光华医学院停办。

在民族的大灾难中，郑豪一家也与中国广大人民一道在战乱中辗转流离，艰辛备尝。郑豪一家最后流离转徙到广西。1942年，郑豪因缺乏医药病逝于广西贵县，享年65岁。

二、梁培基

梁培基（1875—1947），于1875年生于广州河南一个木船作坊主家庭，取名梁斌，字慎余，籍贯广东顺德，为一代名医、著名制药商。他发起创办光华医社、光华医学堂。他曾冒极大风险出头为广州起义牺牲的革命党人收葬。他行医济世，倾财助人，有福利家之风，又长袖善舞。他发明治疗当时华南流行疟疾的"梁培基发冷丸"，开广州制药业中西药结合之先河。他开发疗养院，还开办其他企业，成为民族工业巨子与文教卫生事业家。

梁培基

梁斌对造船了无兴趣，也没走传统科举的路。梁父失望之余，把他安排到友人所开的商店当学徒，但梁斌仍无兴趣，不久便辞退回家。恰在这时，梁父一位好友给梁斌出主意，何不到外国教会开办的博济医院学医，早对西学有兴趣的梁斌立刻心动，决心进校入读。但母亲何氏却死活不放儿子去，她深信当时民间的传说：那些"红毛绿眼鬼"会勾魂摄魄的邪术，唯恐刚20岁的宝贝儿子被害，轻则迷失本性，忘了祖宗家人，丢了人伦，重则魂都没了。可梁斌铁了心要走西学的路，好在父亲开明，允许他挑一条适合自己发展的路。梁母见一家之主的丈夫已答应，虽一百个不愿意，也只能勉强答允，但一定要儿子改名"培基"，取培本固基之意，警戒别忘了根本，还有以名保身的意思。1894年，梁斌改名梁培基进入外国教会开办的博济医学堂就读。

梁培基从医校毕业后，以学业优秀留校任助理教师，不久兼任刚成立的广东夏葛女子医科学校药物学教师，同时自办诊所，成为一位现代职业医生。

梁培基所在年代，正值华南地区疟疾连年流行，当地人闻之色变，广东民间称疟疾为"发冷"，梁培基运用自身的学识与才能，创制出一种治疗疟疾的药物，命名为"梁培基发冷丸"投放市场，并运用广告等现代营销手段推销。成为巨富，但他始终没有扔下医生这行当，坚守治病救人的天职。

梁培基在环境幽雅的广州二沙岛，仿照日本"旅馆医院"的模式，创办广东首家"旅馆医院"——珠江颐养园留医。开发广东从化温泉，为日后的疗养场所提供了基础。

1907年11月29日，一艘由英国商人经营，往返于广州香港之间的轮船佛山号，发生一宗华人乘客被收票的英属印度警察奴路夏踢死的命案，人证物证俱全，最后却以洋医德温朴的诊断——死者在香港上船时已患症病危为理据，让凶手逍遥法外，激起中国人的强烈公愤。该年12月15日，广东医、学、商、绅等各界人士如天津卫生局医官暨云南陆军医院总办陈子光、博济医校助理教师梁培基、广州陆军医学堂教务长郑豪、民政部总医官游星伯、山东陆军军医谭斌宜等数十人在广州天平街刘子威牙医馆集会，决定自办医校，挽回医权，维护中华民族尊严，当即成立光华医社，向各界募捐。梁培基被推举为光华医社董会兼校董会副主席。

正当中国民族工业不断上升,文教卫生事业不断发展,中国社会逐渐走向现代化之时,也是梁培基的事业蒸蒸日上之时,中日战争爆发,中国的现代化进程被打断,中国的民族工业与文教卫生事业崩溃,梁培基的事业也毁于一旦。1941年冬,避居香港的梁培基被迫又回到早已沦陷的广州。抗战结束后的1947年,梁培基在故乡顺德安然辞世,享年72岁。

第四章 "三院"合并重组后的新发展
（1953—1966）

1953年8月12日中山大学医学院和岭南大学医学院合并组成华南医学院。1954年8月，广东光华医学院又并入华南医学院。1956年9月华南医学院改名为广州医学院。1957年3月，为纪念孙中山先生，学校改名为中山医学院。

第一节 "三院"合并后几年的概况

新中国成立之初，百废待兴。当时全国仅有几万名受过正式训练的西医，两广地区则仅有二三千名。而作为培养医务人员的医学院校，其在各方面的力量均十分薄弱和落后。中山大学医学院与岭南大学医学院合起来总共才有229张病床，中山大学医学院的图书仅5000册，由此可见一斑。处在亚热带地区的广东省，地方病、流行病以及各种传染病非常猖獗。医学牵涉到广大人民群众的身体健康与生老病死，从战略眼光看，发展医学教育实为我国医药卫生事业发展的中心环节。

为使医学教育更好地适应我国医药卫生事业发展的需要，卫生部决定于1952年7月对全国医学院校进行院系调整。在如何更快地发展医学教育事业，更快更好地培养出祖国建设所需的医务人员问题上，柯麟同志认为首先要集中优势，集中力量，集中智慧。为此，他提出中山大学医学院与岭南大学医学院和光华医学院合并。国立中山大学医学院的前身是1909年建立的广东公医医学专门学校以及1921年改名而成的广东公立医科大学。岭南大学医学院的前身是1866年创办的博济医局和后来的南华医院。光华医院则是1908年取"光复中华"之意而命名成立的一家医院。中山大学医学院与岭南大学医学院这两家医学院在人才、技术方面各有一定实力，但也各有自己的弱点和困难。两家医学院只有合并才能集中优势，取长补短，取得更大发展。柯麟同志的想法，得到中央及有关部门的重视和支持。在中央的直接关怀与领导下，经过多次会议，反复酝酿，统一思想、统一步骤之后，决定将中山大学医学院和岭南大学医学院合并组成华南医学院，以集中力量使华南医学院成为华南的医学中心。院系调整在中南军政委员会教育部和卫生部的直接领导下进行。1953年8月12日两学院正式合并成为华南医学院。一年后，1954年8月又将广东光华医学院并入华南医学院。

一、组织机构

为了适应"三院"合并初期的需要,1954年8月华南医学院成立院务委员会,由广东省文教厅厅长杜国庠任主任委员,原中山大学医学院院长柯麟、原岭南大学医学院院长周寿恺任副主任委员。全院包括院本部、附属第一、第二医院、附设护士学校等4个单位。院本部下设教育和研究的基础学科、前期学科、临床学科等25个部分。附属一院即是原中山大学医学院附属医院。附属二院即是原岭南大学医学院。附设护士学校则是由中山大学医学院附属护士学校和博济医院高级护士职业学校合并而成。合并组建后的华南医学院在校学生1697人,其中本科生1520人,专科生177;专任教师319人,其中教授44人,副教授21人,讲师50人,助教204人;病床602张。三所学院合并后,校舍得到扩建,仪器设备得到更新,教师队伍得到充实,办学规模得到扩大,综合实力明显增强。1954年招收学生493人,其中本科生365人,专科生128人;毕业学生390人,其中本科生283人,专科生107人。

在医学院校的院系调整工作基本完成后,1955年2月1日广东省文化教育委员会任命柯麟为华南医学院院长,同时撤销院务委员会。以柯麟为首的华南医学院领导班子在执行教育和卫生工作的一系列方针政策的过程中,对知识分子政治上充分信任,工作上积极支持,生活上热情关心,努力改善知识分子的工作和学习条件,调动了知识分子办学的积极性。一批科研能力卓越、教学经验丰富、医疗技术高超、深孚众望的专家教授学者,如梁伯强、谢志光、陈心陶、陈耀真、秦光煜、林树模、钟世藩、周寿恺、陈国桢、罗潜、朱师晦、邝公道、毛文书、白施恩、汤泽光、梁皓、林伯荣、黄叔筼等,以严谨的治学态度,朴实的工作作风,高尚的职业道德,重大的学术贡献,为学生和年青教师树立了良好榜样。他们中绝大多数人都承担了医学院中行政、教学、科研、医疗的领导职务。

二、教学工作

"三院"合并后,重要的问题是如何调动一切积极因素,大胆而坚定地相信知识分子的大多数,使学院迅速发展壮大起来。在教学上,华南医学院首先抓紧重建33个教研组,强调以集体主义精神对待教学组合。学院领导旗帜鲜明地支持一些老教授的意见,尊重著名的医学专家梁伯强、谢志光、秦光煜、陈耀真、白施恩、钟世藩、周寿恺、邝公道、许天禄等的教学经验,主张凡是先进的东西,不管来自哪一个国家,都应积极予以批判地吸收;同时又要防止妄自菲薄和虚无主义,要注重研究自己的特点,重视自己的经验和成果。在解放思想和统一认识的基础上,华南医学院开始以教研组取代学科作为医学院教学和科研的基本单位。将原有的20个学科改为33个教研组,将教学、科研、医疗、师资培养四项任务统一由教研组安排,使教研组内各项工作构成一个统一的整体。

当时主管教学工作的副院长周寿恺教授在教学管理工作中的一个重要贡献,就是组织各有关教研室的教师,理顺当时开设的36门课程之间的关系。对各门课程内容的深度和广度、衔接和配合、继承和发展等作了平衡，同时对全部实验、实习训练课的要求和重点也进行了系统的研究。在这个基础上组织制定了教学大纲，使中山医学院的教学工作走上正规化、规范化，教学水平和质量大为提高。周寿恺教授在教学管理工作中的另一个重要贡献，就是多次召开教学方法研讨会，强调教学方法的重要性，引起教师的重视，改进教学方法，提高教学质量，使华南医学院逐步形成了一套有效的教学方法。这一做法在50年代是十分先进的。

从1954年起开始实行统一的教学大纲和教学计划。在教学组织方面，采用大班上课小班实习的制度；实验课采用实验课制度；临床实习采用集中轮回实习制度；讲课采用教师包班制度；教学辅导采用教师专责制度；考试采用四级记分制度和口试制度；并采用教师集体备课、教案制度等等。当时提倡学习苏联凯洛夫的《教育学》，强调教学主要是传授知识，提高课堂讲授效果，突出教师的主导作用，当时也强调理论与实际一致、医教合一的原则，但总的来说是着重传授知识而忽视智能的培养。

华南医学院附属医院包括原中山大学医学院附属医院和原岭南大学附属医院。在当时实习医院规模很小的情况下，学院领导认为，能否做到理论与实践相结合是教学成败的一个根本问题。如果临床教学不在救死扶伤防病治病的实践中进行，学生不可能学到有用的知识，也不可能掌握过硬的技术。为了解决这一问题，学院领导四处奔走，组建了广州医教卫生技术合作中心，与广州市立的10间医院建立了兄弟式的合作关系，在技术上互相交流，在工作上互相支持，使这10间市立医院都成为华南医学院的临床实习基地。这项工作，不但支持和促进了中华医学会广州分会的工作，而且也同时解决了相当于3000张病床的实习基地问题，为临床教学与实习提供了场所。后来又扩大到把广东省各地20多间地方医院作为华南医学院的临床实习基地。

1958年起，中山医学院改为六年制，只设医疗专业。湛江分院初实行三年制，1964年后改为五年制，还设卫生干部进修班。学制有3个月、6个月、9个月或1年等。

三、五年制医疗专业教学计划

中山医学院于1957年11月再次修订了五年制医疗专业的教学计划。其主要内容如下：

（一）培养目标

培养具有社会主义觉悟的、有文化的、身体健康的劳动者。

（二）课程设置及课时数

共开设38门课程（含选修课两门）——体育144、马列主义基础72、中国革命史108、政治经济学90、外国语270（其中俄文216、拉丁文54）、生物学126、物理学126、无机化学，分析化学126、有机化学，物理、胶体化学126、人体解剖学306、组织学与胚胎学144、生理学198、生物化学144、寄生虫学72、微生物学162、病理解剖学 162、病理生理学 126、药理学 144、内科学基础 162、外科学总论 108、放射学 54、局部解剖与外科手术学 72、卫生学 108、系统内科学、结核病学、一般理疗、医疗体育 180、传染病学与流行病学 144、系统外科学与泌尿外科及口腔科学 180、妇产科学 162、儿科学 144、保健组织 54、医学史（选修）18、神经病学与精神病学 144、临床内科学 126、临床外科学、矫形外科学 126、眼科学 72、耳鼻喉科学 72、皮肤性病学 90、哲学 72、法医学（选修）。

以上课程时数一般与1954年部颁教学计划的课程时数相近。

（三）总学时数与周学时数

总学时数为4734（不含1年的生产实习），其中讲演2261，实验室实习1080，课室讨论、实地实习502，临床实习891。周学时数为29～36。

四、科研工作

中山医学院对科学研究十分重视，坚持发挥医科高校的科研优势，用自己的经验来研究解决医学课题，反对实行不符合国情的做法，并针对华南地区普遍存在的疾病组织专家教授进行研究。

寄生虫病专家陈心陶教授对恙虫病做了卓有成效的研究，总结出恙虫病流行的几种可测性，并提出预防措施，对1952—1957年广州市恙虫病的流行起了有效的控制作用。陈心陶教授的另一重要成果是对血吸虫病的研究。他坚持从我国实际和我国人民的实践出发，深入血防前线，通过现场考察，摸清了广东血吸虫病人的数目，确定了疫区的范围，对血吸虫的传播媒介钉螺的生态学进行了深入研究，掌握了华南地区钉螺的分布、生长周期、活动情况等生态规律，以及与血吸虫病的关系，针对华南地区的特点提出一整套的从控制到消灭血吸虫病流行的战略规划和具体措施。这一措施的贯彻，使广东省防治血吸血病在1955年就大见成效，成为全国最早消灭血吸虫病的省份之一。这一可喜成果，受到许多国家专家的称赞。

50年代中期，内分泌学在我国还是一门新兴的学科。周寿恺教授和他的同事们在物质条件较困难、设备较简陋的情况下，创建了内分泌实验室，并迅速开展对糖尿病糖代谢、植物神经功能状态对糖代谢的影响、席汉氏病动物模型的制备等课题的研究。建立了对多种激素及其代谢产物的生物化学、生物测定方法，同时积极进行临床内分泌学的研究，提高对内分泌疾病的诊疗水平。

50年代，钟世藩教授在学院领导的支持下创办了中山医学院儿科病毒实验室，这不但是广东省而且也是全国最早创办的临床病毒实验室之一。他的实验证实了直接接种乙型脑炎病毒于小白鼠胎鼠，病毒能得到很好的繁殖，认为有可能作为分离病毒的动物。此外，在他的支持鼓励下，中山医学院儿科从1950年就开展进行新生儿的尸体解剖，一直持续至今，已积累了相当丰富的资料，对新生儿学科的发展起了很大的促进作用。

五、学习苏联经验，进行教学改革

在1953年至1957年第一个五年计划期间，根据中共中央提出的"学习苏联先进经验，结合我国的实际情况进行教学改革"的方针，1954年召开了第一届全国高等医学教育会议，我国各高等医药院校开始全面系统地学习苏联，进行了教学制度、教学内容、教学方法和教学组织等方面的改革，统一了各专业的培养目标、教学计划和教学大纲。当时还停开英语课，只开俄语课。50年代苏联实行的是"适用式专家培养法"，即实行专科重点制，如理、工、医、农、文分家，专业划分过窄等。专科重点制培养出来的人才有一定的针对性与实用性，但这类人才知识面过窄，视野不宽，基础知识不扎实，难以适应现代医学科学发展的需要。

在教育理论和教学方法上，当时提倡学习苏联凯洛夫的《教育学》。凯洛夫主编的《教育学》中的教学理论，是对苏联20世纪30年代教学改革经验的总结，对于提高当时苏联学校的教学水平和人才培养质量等方面是做出了贡献的。凯洛夫在1956年也曾亲自来华讲学，他的教学理论对我国有很大的影响。应该承认，凯洛夫的教学理论，对新中国成立初期的教学改革，稳定学校的教学秩序，提高学生的知识质量，起了重大的作用。然而，凯洛夫的教学论虽然力图用马列主义理论来指导教学规律的探索，但也存在着机械论与形而上学的观点。他主要继承了夸美纽斯和乌辛斯基的教学论遗产，而对"现代教育派"的教学理论采取全盘否定的态度；同时，受苏联20世纪30年代批判"伪儿童学"的影响，忽视儿童学习心理的研究，因而有人批判凯洛夫的教学论是"无儿童"的教学论。从其教学论体系来看，存在的主要问题是：偏重于学生系统知识的掌握，忽视学生能力的发展；强调教师的主导作用，认为教师的每一句话都具有"法律的性质"，而忽视了学生学习的主动性和积极性；过分强调教学计划、教学大纲的统一性，忽视因地制宜、因材施教；在教学组织形式上，几乎把上课强调成唯一的教学组织形式；在教学方法上也存在着形式主义和烦琐哲学的倾向。可见凯洛夫教学思想的核心是"三中心"（即以课堂为中心、以书本为中心、以教师为中心），强调传授知识的重要性，重视课堂讲授的效果，突出教师的主导作用。这对改革旧的教学理论和教育方法来说，虽有一定的先进性，但这种教学思想只重视传授知识而轻视智能培养，以致学生在校学习期间，大部分时间、精力花在上课听讲和记笔记，下课背笔记以应付考试，致使学生应考能力强，独立思考能力差，知识量虽不少，但创造能力差。

在学术领域内，50年代强调学习巴甫洛夫，提出以巴甫洛夫学说作为医学的指导思致想，并以巴甫洛夫学说来改造现代医学。在教学过程中，从基础到临床各科，无不应用巴甫洛夫学说来解释一切医学问题。巴甫洛夫学说作医学领域内的一个重要学派，曾经作出许多重要的贡献。但是，在号召并强调学习巴甫洛夫学说的同时，却排斥其他学派。与此同时，又把勒柏辛斯卡娅未经实验证实的细胞起源于活质学说奉为马列主义的生命科学。当时还批判魏尔啸细胞病理学说，批判魏斯曼、摩尔根遗传学派，说这些学派是"反动的""唯心主义的""资产阶段的"。在医疗技术方面，

50年代曾经强调学习苏联的无痛分娩和组织疗法，这在一定程度上影响了其他新技术、新疗法的开展。

六、慎重对待课程改革

1957年前后，国内外教育界都在考虑课程的合并和调整，以解决教学质量问题。中山医学院对此采取了慎重态度。学院领导认为，课程的合与分，历史上由于不同的历史条件和社会背景，已经发生过多次，并有过多次的反复，往往是利弊参半，有经验也有教训，轻率、莽撞的做法都是错误的。而且当时教师们对课程合分的看法也不一致。在这种情况下，最好还是通过有计划和有领导的试验。学院领导提出放手让一部分有经验的新老教师合编教材，组织试点班，并号召所有参加试点的人员解放思想，大胆实践，实事求是，认真总结经验。同时还规定4条原则：保证试点教研组健康发展而不拆散；不削弱基础理论课；不突然减少学时；一切改革都要先经过认真的试验。这次教改使中山医学院避免了可能出现的消极影响，探索了教改的一些有益经验。

从1953—1957年，中山医学院在柯麟、梁伯强等人的领导下，迅速发展成为一所师资队伍较强、科室设备完善、学生人数众多的著名医学院校。为了搞清新中国的医学院校培养出来的学生的质量，吸取以往教学的经验教训，1954年底，学院进行全国性毕业生调查，得到了社会各方面的广泛支持。前后调查的400多名毕业生中，有百分之十被当地评为模范人物和先进工作者；普遍认为中山医学院的毕业生，基础比较扎实，适应性和独立工作能力比较强。

中山医学院于1955年开设研究生教育，开始招收和培养研究生，并于1956年开始招收外国留学生。

七、八位一级教授生平简介

（一）梁伯强（1899—1968）

梁伯强，广东梅县人，1899年出生在一个知识分子家庭。其父是教师；其母是位贤淑、勤劳、俭朴的家庭妇女。在梁伯强六岁那年，梁母染病去世。

梁伯强自幼天资聪颖。1912年考入梅县巴色会教会中学（即梅县乐育中学前身），勤奋学习，用四年时间完成了中学的全部课程，1916年以优异成绩毕业。同年考进上海同济大学医学院，1922年毕业。

在同济学习期间，梁伯强深感我国医学基础薄弱，制约着临床医学的发展。他意识到要发展我国医学事业必须从发展基础医学入手。他毕业后留校师从病理学教授F. 欧本海姆（F. Oppenheim），从事教学和研究中国人血型和地理环境的关系。

1923年，梁伯强被学校推荐到德国慕尼黑大学研修病理学，继续从事中国人血型的研究，1924年获慕尼黑大学医学博士学位，1925年回国，受聘为同济大学医学院病理学副教授。1932年他被广州国立中山大学医学院聘为教授兼病理学研究所主任,时年33岁。他以病理学研究所为基地,积极从事教学和科学研究。几年的时间,他把中山大学医学院病理学研究所建设成为在国内有一定影响、学术气氛浓厚的学术单位。1936年,德国著名的病理学家H.贝廷(H. Bettinger)教授参观该所时,称赞该所是"一个很完善的、极有发展前途的研究所"。

梁伯强在中山大学医学院任职期间,曾于1937—1938年和1948—1949年两度出任医学院院长职。1949年赴美国约翰霍普金斯等大学考察医学教育。

新中国成立后,梁伯强继续在中山大学医学院任教授和病理学研究所主任。1953年,他参加维也纳世界医学大会,会后赴前苏联考察医学教育。在全国高等学校院系调整中,中山大学医学院、岭南大学医学院和光华医学院合并成立华南医学院(为中山医科大学前身)。梁伯强任该院病理学教授、病理学教研室主任。1954年他任华南医学院第一副院长,主管全院科研工作。在他任职期间,积极推动全院科研和活跃学术气氛,使该院血吸虫病防治、肝病、麻风病、鼻咽癌、防盲治盲等科研工作取得显著成效。60年代,他主持组建了肿瘤研究所和寄生虫病学、病理形态学、神经生态学、眼科学、药物学等五个研究室,并兼任肿瘤研究所第一任所长。

梁伯强1950年任卫生部全国卫生科学研究委员会委员、中南军区后勤部卫生部顾问、地方病防治委员会委员,并历任卫生部医学委员会常委、国家科委医学组成员、中华医学会理事、中华医学会病理学会副理事长、中华医学会广东分会病理学会理事长、中华病理杂志副总编辑,1955年选聘为中国科学院院士(学部委员)。梁伯强是第一、二、三届全国人大代表。

梁伯强是中国现代病理学奠基人之一。他深刻认识到,要建立现代病理学,必须有我们自己的病理资料。因此,他非常重视尸体解剖,亲自向社会、有关部门和病者家属宣传尸解的科学意义。在尸解室门口挂上"把遗体献给科学功德无量"的横匾。他带领青年教师做尸体解剖。即使到了晚年,身负领导重任,仍坚持为研究生做尸体解剖操作示范。经过几十年的努力,为我国病理学教学、科研积累了丰富而宝贵的资料。

在科学研究上,梁伯强强调结合实际和需要,重视研究地理环境和卫生习惯对人体疾病的影响;重视研究我国常见病、多发病的发病规律。早年他从事血型与地理环境关系的研究,在《中国人正常白血球血像的研究》一文中用中国人正常血的淋巴细胞比欧美人高;居住在上海的德国人,其外周血的淋巴细胞比居住在其本土的德国人高的事实,充分说明了环境因素对人体的影响。

梁伯强在研究工作中具有百折不挠的精神。他喜欢登山运动,所以,常用"登山精神"鼓励他的学生。他说"研究工作好像登山运动,首先要有信心,不怕艰辛;然后一步一步攀登,一定能达到顶峰"。抗日战争期间,中大医学院内迁山区办学。条件差,经费不足,物资供应异常缺乏,他通过改良方法、设计新的试剂、用代替品,克服困难,坚持研究工作。

在学术上梁伯强的成就是多方面的。在维生素代谢、血吸虫病、化学毒气的防护等方面皆取得一定成绩。而主要的成就在肝疾病和鼻咽癌的开拓性研究。

20年代梁伯强从事肝吸虫感染与肝癌的研究。1928年他与 E. G. 诺克在《中华肝吸虫传染和原发性肝癌发生》一文中首先提出肝吸虫的感染可能是引发原发性肿瘤的原因之一。但是，不少西欧学者反对，认为是并存现象。经过20多年的争论，直到1956年才取得共识，确认一部分原发性肿瘤是由于肝吸虫感染所致。1956年，梁伯强代表我国医学界出席巴基斯坦第四届医学年会，在大会上他宣读《有关坏死后性肝硬化的问题》的论文。首先阐明我国有坏死后性肝硬化这一类型；并指出病毒性肝炎是产生坏死后性肝硬化的原因。同时指出在我国肝硬化的原因主要不是由于营养缺乏和酒精中毒，这与当时国际上强调的营养缺乏和酒精中毒的观点大相径庭。他常常告诫他的学生"尽信书不如无书"。应正确对待前人的经验，既要尊重，又不盲从，科学研究才能突破旧框框而有所发现。他在1959年《原发性肝癌的形态学、病因学和在我国发病率的研究》一文中提出：病毒性肝炎→肝硬化→肝癌的发病模式。这一科学见解直到80年代始为病毒学、免疫学和超微结构的研究所证实。此文发表后引起国际学术界普遍重视，有20多个国家和地区的学者来函索取论文或表示愿意进行合作研究。

鼻咽癌是广东地区最为常见的恶性肿瘤之一，被称为"广东癌"。1959年梁伯强明确地提出把鼻咽癌研究作为中山医学院的科研重点。他派人到国外进修学习；同时建立了从基础到临床的研究机构，在附属一院组建肿瘤科。他邀集北京、上海等地有关单位成立鼻咽癌研究全国协作组。1960年卫生部确认中山医学院为全国鼻咽癌研究中心，北京、上海、四川、湖南和广西为参加单位。在他的指导下首创在尸体上完整取出鼻咽部组织的解剖方法，为研究鼻咽癌的组织发生和早期癌创造了条件。梁伯强发现，有些鼻咽癌病人随着病情的发展，肿瘤组织学类型由分化好（低度恶性）转变成分化差（高度恶性）。他认为："组织学类型的改变是机体反应性改变的表现；肿瘤恶性度升高，说明机体抗癌能力的下降。"在鼻咽癌间质研究中，他提出"肿瘤间质反应"的概念。1962年在莫斯科第八届国际肿瘤会议上，他宣读了《鼻咽癌的组织学类型、生物学特性和组织发生学的研究》的论文。首先在国际上提出鼻咽癌的组织学分型，各类型的病理组织学特点和生物学特性；辨证地论述了肿瘤实质和间质的相互关系。这一科学的论断受到国际肿瘤学家的赞同。1974年世界卫生组织（WHO）还约请梁伯强参与上呼吸道肿瘤组织学分型（图谱）的复审工作，可惜这时梁伯强已逝世多年。

梁伯强主编了我国第一部《病理解剖学总论》和《病理解剖学各论》教科书。

梁伯强非常重视人才培养。1936年梁伯强开始接受高级研究员的培养。1951年受卫生部委托培训高级病理师资。此后与秦光煜教授共同举办多期高级病理师资培训班；1955年他开始招收研究生和高级进修员，为全国医学院校、科研和医疗单位输送400多名病理学人才。满门桃李，不少已成为当代学科带头人；造就出诸如杨简、郭鹞等一批著名的病理学家。

梁伯强热爱祖国，为祖国医学教育和卫生事业的发展呕心沥血。他有强烈的事业心和责任感，即使患病住院期间还关心鼻咽癌研究工作。他治学严谨、携掖后进，鼓励他的学生超越自己。他生活俭朴,平易近人;善于团结院内外的专家教授,支持和尊重他们的工作,促进各项工作的发展。他主持组建肿瘤医院和当时全国唯一的眼科医院。

梁伯强卒于1968年。

(二) 林树模(1893—1982)

林树模是中山医学院(中山医科大学)部聘一级教授,中共党员,我国著名的生理学家,医学教育家。

林树模,号竹筠,1893年6月17日出生于湖北省鄂城县林家畈村。幼年时,其父离家闭门读书,潜心科举,家中收入不丰,不能供其求学,因此由本乡商人资助读书。不久其父中举,派为河南扶沟县县令,他与母等一家随往河南,入私塾,读四书五经。后经友人介绍,于1910年进入武昌文华书院就读,临行前,其父嘱咐"立志读书"。少年林树模听从父训,埋头读书。6年后以优异成绩毕业,怀抱解除民众疾苦,拯救"东亚病夫"之心,考入湘雅医学院,后转入上海圣约翰大学医学院就读。1922年毕业,获医学博士学位。此时,其父官场失意,家道中落。幸得其妻毛玉棠家资助赴美国宾夕法尼亚大学研究院留学,后转入康乃尔大学生理学系,1925年毕业,获理学博士学位。

学成后,由刘端华(协和医学院耳鼻喉科专家,在美期间认识)介绍到协和医学院内科工作,从事血液化学研究。由于该科绝大多数医护人员是美国人,他们与中国人很不协调,于是他常到生理科去协助林可胜教授(当时是科主任,中国现代生理学奠基人)做实验,深得林可胜的赏识,于1930年调到生理科任教。1931年,由林可胜推荐到英国爱丁堡大学生理学系任研究员,对胃液分泌的调节进行研究,1932年林树模回国,继续在协和医学院生理科执教,仍从事胃液分泌调节的研究,并在这一领域取得了丰硕成果。

1937年广州岭南大学创办医学院,新任院长黄雯赴北京协和医学院招聘生理学与生物化学教授。林可胜认为林树模可兼任两科教授,便推荐其来广州,应聘为岭南大学医学院生理学和生物化学主任教授,创建当时国内一流的生理学实验室和生物化学实验室,开设生理学和生物化学两门课程。1938年日本侵华战争南进,岭南大学迁往香港,兼任医学院院长的林可胜与香港大学联系,借用该大学继续上课。1941年太平洋战争爆发,香港沦陷,岭南大学又被迫迁往粤北韶关,继续开学。1944年韶关沦陷,林树模教授又辗转贵阳,在林可胜主持的卫生人员训练所任教,半年后到重庆,任中央医院检验科主任,并兼任迁渝的湘雅医学院生理学教授。抗战胜利后,于1946年回广州岭南大学医学院继续担任生理学和生物化学教授。新中国成立后,在院系调整时,中山大学医学院、岭南大学医学院和光华医学院合并为中山医学院,林教授曾任中山医学院基础部主任、生理教研室主任。1982年3月1日在广州逝世,终年89岁。

林树模教授的一生发表了大量有价值的论文,重要的有:《身体脂肪之来源》

《脑脊液蛋白之测定》《康健之中国人血中化学成分之研究》《检查血中化学成分对于诊断及治疗之价值》《大脑垂体与尿中盐类成分之关系》《患黑热病人血清中蛋白质之分配》《营养不良性水肿、血清蛋白质与水肿发生之关系》及《几种无机盐对水肿之影响》《食品内之油质之增减与血中脂肪质之关系》《胃之脂类代谢与高复体之关系》《肠黏膜内之血压抑制质，胃制止素之提纯》《脂肪制止胃分泌机制，肠黏膜所含之制止胃分泌素》《测定微量血液中胆固醇之法》等。上述论文先后发表在《中国生理学杂志》《中华医学杂志》《美国生物化学杂志》《美国实验生物学和医学杂志》《美国临床研究杂志》等国内外重要刊物上。

林树模教授非常关心生理科学的发展，他除了努力开展生理学科研工作外，还致力于加强我国生理学者之间的联系，发展我国生理学术交流工作。他是中国生理学会最早期的会员，生前历任中国生理学会理事；大力支持《中国生理学杂志》（《生理学报》前身）的工作，积极参加生理学会各种学术活动。1935 年，他作为中国生理学代表团成员，曾赴列宁格勒参加第 15 届国际生理学大会。1955 年，林教授组织广东省生理科学工作者成立了中国生理科学会广东省分会，并历任分会的理事长，大大推动了广东省生理科学的发展。1980 年成立广东省生理学会，德高望重的林教授，当选为名誉理事长，继续关心学会的各项活动。

林教授知识渊博，他在医学院不仅讲授生理学，而且还讲授过生物化学和药理学。他讲课善于纵横联系、深入浅出。例如讲授"水电解质平衡"这一内容时，他把水电解质的摄入、泌尿系统、呼吸系统、血液循环等有关理论有机地联系起来，使学生能够透彻地理解正常人体通过各有关器官系统共同作用维持水电解质平衡。这样的讲课颇受学生的欢迎，以至有一年，林教授由于要讲授研究生的课程，而未担任本科教学时，学生纷纷要求林教授上课，表现了学生对一个好教师的高度敬仰。

在教学中，林教授要求学生多动手做实验，勤思考。生理学是实验性学科，实验课是重要环节，他要学生自己按照实验指导完成每个实验，并根据实验结果进行分析讨论，得出结论，按时写出实验报告。实验报告须得到教师签名认可，否则要重做。如果实验不及格，不准参加理论考试。这种严格要求和培养学生独立工作能力的做法，曾取得良好的效果。新中国成立后，他在总结以往实验课教学经验的基础上，于 1950 年编写并出版了具有我们自己特色的《生理学实验》和《生物化学实验》2 本教材。

林树模教授从事医学教育工作 50 多年，为国家培养了大批医学人才。他曾陆续培养了一大批生理学研究生和进修生，他们学成后，在各地的生理学教学和科研工作中起到了骨干作用。

（三）陈耀真（1899—1986）

著名的眼科学家、医学教育家陈耀真是我国现代眼科学奠基人之一，新中国眼科学领域的主要领导人之一，生前任中华医学会眼科学会名誉主任委员、中国医学科学院临床医学委员会委员、卫生部医学科学委员会委员、《中华眼科杂志》名誉主任和副总编辑、中山医科大学中山眼科中心名誉主任、一级教授。他在一生中经历了80多载的风雨历程。从我国清末民初的动乱到抗战时期的流离，从新中国成立，到"文革"劫难，从百业待兴到改革开放的各个不同历史时期，都有他热爱祖国和人民，献身于眼科事业，竭诚为病人服务，勤奋苦学，诲人不倦，艰苦创业，为人师表的人生足迹。

陈耀真是广东台山县人，16岁时，父亲突然病逝，家道中落。为扶养母亲及弟妹，他中途辍学，到其父早年在香港开的一间眼镜店工作。1921年，时年22岁的陈耀真考入美国波士顿大学，在这里度过了六年系统学习的生活，掌握了西医理论，先后获得理学士、医学博士学位，随即在美国底特律福特医院担任实习医生一年。

1929年，陈耀真应聘为美国霍普金斯大学魏尔玛（Wilmer）眼科研究所研究员。魏尔玛眼科研究所聚集着各国最为优秀的眼科拔尖人才，在国际眼科学界一直保持领先地位。陈耀真在魏尔玛眼科研究所从事眼的生物化学构成、视网膜色素变性病理等研究。先后在《美国眼科杂志》《美国生理学报》以及德国、古巴、菲律宾等国刊物上用英、德、法、西班牙等文字发表了《结膜、脉络膜和虹膜的化学结构》《结膜非溶性蛋白分听》及《角膜钙化（带状角膜炎变性）并发结膜改变》等9篇论文，得到很高评价。1934年，陈耀真谢绝了美国同仁的挽留，辞别了工作和学习的母校，回到灾难深重的祖国。

1934年至1937年，他在山东的齐鲁大学医学院任眼科教授，传授现代眼科知识；组建济南眼科学会，开展眼科学术活动；深入济南孤儿院，为患童查治眼病。抗日战争初期，陈耀真任华西、齐鲁、中央大学等校联合大学眼科教授，并任华西协和大学医学院眼科主任。1941年12月29日，他又倡议和成立了"成都眼科学会"，并当选为该会第一任会长。1942年，他在医院门诊附设为体力劳动者免费就医的诊室。1944年，他带领医疗队深入四川西北阿坝藏族地区考察眼病。1945年10月，陈耀真与同行创办了英文中华医学杂志成都版（季刊），出版13期（其中一期为眼科专刊），载文161篇，作为国际文献交流资料，收进了因抗战而可能失散的部分医学文献。同时，该杂志附加发行《医学摘要》（Medical Abstract）向国内介绍国外医学期刊的文献摘要。

1938—1948年间，他继续在中华医学杂志等刊物发表眼科论文18篇，其中，关于"重瞳"的研究，指出我国有关史料记录的重瞳，是世界上关于瞳孔异常最早的记载。另外，用英文在中华医学杂志上发表的《巩膜脓肿》《眼睑结核瘤》《Lucilia丝状绿瓶蝇引起的结膜蝇蛆病》《蓝巩膜合并鼻骨缺损》《眼眶放线菌病》等论文，及时向国际同行介绍我国眼科学研究的成果。同时，借助所诊治的病人，通过文章仔细向国人介绍有关眼病的病史、临床资料、诊治方法与要点，集各家所长，携学子共进，这在《线状网膜炎》《砒毒性脱皮性结膜炎与角膜炎》《日食性网膜炎》《网膜神经胶质瘤》等文章均可为范。在《网膜神经胶质瘤》一文写道："本文之病案经手术后已一载半，毫无恶瘤再发之现象。在我国中得以如此常久观察一网膜神经胶质瘤案，诚属创举，将来五年或十年后，若仍能继续检查本患者，必将研究所得，供诸同道。"可见其对事业的执著与赤诚之一斑。

1950年,陈耀真携全家来到广东,同夫人毛文书教授一起应聘在广州的岭南大学医学院,担任教研室主任。1952年,陈耀真的《梅氏眼科学》译著由中华医学会印刷出版,解决了国内眼科教材方面的燃眉之急。受卫生部的委托,1953年起举办全国眼科医师进修班,在承担学院本科生教学的同时,培训为期一年的进修医生。1955年5月,他代表中华医学会前往苏联参加眼科专家费拉托夫院士80寿辰大会,并要在会上介绍我国眼科学研究的一些情况。

1955年8月始,他开始招收和培养我国第一批眼科学研究生。1962年,受国家委托,陈耀真教授担任我国第一部全国高等医学院校通用教材《眼科学》主编。

1963年,开始筹建眼科医院。1965年,全国第一间眼科医院问世。1950年至1965年的15年中,他在中外有名的医学杂志上发表论文56篇,其中挖掘与总结祖国古代眼科史料和医学思想的就有11篇。1966年至1976年,文化教育遭到空前劫难,他和夫人分别被扣上莫须有的罪名被关进"牛棚",病中的陈教授重获自由时已77岁高龄。不及医治自己身心的创伤,也无意追究往事的幽怨,迫不及待地把目光和精力投向执著的事业。当年,他整理发表了论文《眼部的犬弓蛔虫病》。次年,他又发表了专题研究论文《视网膜色素变性》。

1977年,他调往北京,任中国医学科学院首都医院眼科教授。同年,恢复了研究生招生制度,他又开了我国眼科学教育的先河,招收了生物系生物物理专业人员从事眼科的视觉生物物理研究。1980年,随着《糖尿病的眼部暗适应功能计算机分析》通过医学硕士学位论文答辩,从眼科学角度展开的视觉生物物理研究在我国医学界得到发展。

1980年,他在重新总结、整理祖国眼科遗产的大批资料中,整理发表了《我国古代眼外伤史简述》。同年5月,他重去阔别46年的故地——到美国出席魏尔玛(Wilmer)眼科学年会,到会作《中国眼科与美国Wilmer眼科研究所》的演讲,赞扬科学家在学术上的互助与友谊,介绍了中国眼科学的发展。1981年和1982年,他分别应邀出席美国、日本等的眼科会议。在全美眼科学会1981年年会上,他被推选为"贵宾",这是该学会成立86年来首次由中国眼科学家获得的殊荣(同时当选的还有他的夫人毛文书教授)。在1981年度日本眼科学大会上,他宣读了自己新的论文——《华佗,中国外科之父》,弘扬祖国医学的光辉历史,引起日本学术界热烈反应,很快在日本的权威杂志《临床眼科》上全文刊出。1982年,他亲自翻译了《彩色眼科学图谱》。

1980年他重新兼任中山医学院眼科医院名誉院长。1983年,在他和夫人——我国眼科学著名教授毛文书的共同倡导下,卫生部批准在广州中山医科大学成立我国第一个集高等教学、临床医疗、前沿研究和防盲治盲多种功能于一体的眼科中心——中山眼科中心。该中心下设眼科研究所、眼科医院、防盲治盲办公室三个机构。陈耀真担任该中心的名誉主任。该中心的成立,成为我国眼科学跟踪国际上本学科前沿水平的重要基地。

1985年,中山眼科中心在广州召开了国际眼科学术会议,暨祝贺陈耀真教授回国执教51周年,眼科医院建院20周年。这是在中国首次召开的国际性眼科学术会议。1986年4月,在美国召开的美国视觉与眼科学研究会上,来自世界各地的眼科专家们以敬羡的心情,一致通过授予自己祖国的眼科事业奋斗半个多世纪的陈耀真以"功勋奖"(Recognitionaward)。

(四) 谢志光(1899—1967)

我国著名的临床放射学专家、一级教授谢志光1899年2月10日出生于广东省东莞县。他在青少年时就学于岭南大学附小、附中,1917年他考入湖南长沙湘雅医学院,毕业后因成绩优异,又爱好诊断学,1923年便由他的美籍老师推荐到北平协和医学院放射科跟随著名放射学专家保罗霍奇(Paul C. Hodges)教授工作。1925年被送往美国密西根大学跟随希基(Hickey)教授进修放射学。一年后他即获美国医学科学硕士学位。回国后不久,1928年谢志光接任了北平协和医学院放射科主任的职务。协和开办以来各科主任多为外国学者,当时他是第一个在协和放射科任主任职务的中国年轻学者,同时,他又是取得美国放射学会会员资格的第一个中国人。

1930年至1931年及1937年至1938年,谢志光曾先后两次到美、英、德、法、澳、瑞典和丹麦等欧美先进国家参观、学习有关放射学的诊疗、教学和实验室研究的经验。其间于1933年晋升为正教授。

从1923年至1948年,在北京的这25年中,谢志光数十年如一日,勤勤恳恳地从事临床放射学的医疗、科研和教学工作。他不但培训了大批医科大学的毕业生,还从理工科大学招收专科毕业生来进修培养,造就了一批从基础到临床的专业人才。1948年为了开创祖国南方的临床放射学,谢志光毅然离开了工作多年条件优越的北京协和医院,回到了他阔别30多年的家乡——广东。他先后接受当时岭南大学医学院院长李廷安和岭南大学校长陈序经的邀请,并联系了司徒展、陈国桢、秦光煜、何天骐4位专家教授,来华南开展医学工作。谢志光以岭南大学医学院附属博济医院为基地,开始培养华南地区的放射学、肿瘤学专业人才。

在他的倡议和支持下,中山医学院附属第二医院(原博济医院)、第一医院分别于1956年、1958年成立了肿瘤科。1961年他积极向中共广东省委建议成立肿瘤医院,当时的省委第一书记陶铸同志对此十分重视,省委很快同意了他的建议,于1964年正式成立了华南肿瘤医院,由谢志光任院长。谢志光在多年的专业实践中,逐步形成了一套特有的对放射学、肿瘤学甚至整个临床医学的发展都有指导意义的学术见解。谢志光是在中国将放射生物物理学与临床应用密切结合起的创始人。他倡议开展临床、X线、病理的三结合。中山医学院的骨肿瘤三结合研究小组,和定期的三结合会诊制度,就是在他倡议和直接领导下成立和开展工作的。谢志光学识渊博,讲课生动活泼,富有启发性,不少已毕业多年的临床医生也乐意去听他的课。他教学有个"三部曲",一是他做你看;二是你做他看;三是他放手让你做,做完后再检查纠正。

早在30年代初期,他是第一个对中国人肠结核、长骨结核的X线表现提出全面、系统描述的专家,否定了国外长期认为长骨结核罕见的观点。他首创一个显示髋关节后脱位的特殊投照位置,引起了国内外学者的重视,在国外称为"谢氏位",至今仍为外国专业学者所沿用。他又是我国首批报告原发性肺癌的X线表现的学者之一,肺与骨的寄生虫病的X线表现,谢志光也是国内首批报告的学者之一。他十分重视对国人正常X线解剖标准的研究,早在30年代就对心脏面积测量提出了独特的方法,并提出了国人正常值的标准,以后40多年的实践证明了这些成果是适合我国国情的。50年代他又对国人松果体钙化的定位做了研究,定出了正常值的范围。

谢志光对恶性肿瘤的诊断和治疗作了深入的研究,在论文《鼻咽癌500例的临床分析与临床分型》中,首次在国内外提出代表鼻咽癌发展规律的上行、下行和上下行三个分型。几十年来的临床经验一再证实了它的正确性并具有临床计划治疗的指导意义。新中国成立后发表的具有代表性的论文还有《恶性肿瘤的早期治疗问题》《原发性肺癌的临床X线研究》《我国放射学的发展方向和当前任务》《广东地区肿瘤防治事业发展刍议》《26例骨巨细胞瘤的临床、X线、病理分析》等。

谢志光一生致力于祖国的临床放射学,40余年如一日,培养了我国几代放射学人才。他在X线诊断学、放射治疗学、放射物理机械学、放射生物学、X线检查技术等方面都取得了卓越成就,在国内外享有很高的声誉,对祖国的医学科学作出了重大贡献,因而得到了党和政府对他的高度评价,人民对他的敬仰。新中国成立后他历任岭南大学医学院院长、中山医学院附属肿瘤医院院长、中山医学院放射学教研组主任、中华医学会理事、中华医学会放射学会名誉会长、全国肿瘤学会副主任委员、全国临床放射学专题委员会主任委员等职,并曾先后被选为第三届全国人民代表大会代表,广东省第一、二、三届人民代表大会代表,广州市第一、二、三届政治协商会议副主席等职。

(五)钟世藩(1901—1987)

钟世藩,福建省厦门市人,儿科专家。1901年生,1930年毕业于北京协和医学院之后又取得美国纽约州立大学医学博士学位。1944年至1945年考取公费留学,获洛克菲勒基金资助在美国辛辛那提大学医学院进修病毒学。回国后曾任南京和贵阳中央医院儿科主任,湘雅医学院儿科教授。1946年来广州,任广州中央医院院长兼儿科主任,岭南大学医学院儿科教授。1949年被世界卫生组织聘为医学顾问。1953年院系调整后任广州中山医学院儿科教授兼主任。并曾任中华医学会儿科学会委员,中华儿科杂志编辑委员,中华医学会广东分会儿科学会主任委员等职,是广东省政协第4届委员。

钟世藩重视科学研究工作,特别对病原微生物的研究有过贡献。30年代,他与谢和平氏在协和医学院研究肺炎球菌时发现,用加有不同型别肺炎球菌抗血清的琼脂平板来培养肺炎球菌,在相同血清型别的菌落周围形成一个沉淀环,细菌繁殖受到抑制,认为这是一种特异性的抗原抗体反应。这种方法不仅缩短了鉴定该菌的时间,且提高了实验的特异性及可靠性。从方法学上来说，这种实验诊断就是目前广泛应用于临床和实验研究的免疫单向扩散技术的先驱。在病毒学开始发展的40年代，钟教授在美国进修病毒学期间，发现了细菌保护病毒活力的作用，是在细菌活跃繁殖状态下产生的，这一发现得到当时在辛辛那提大学的病毒学家赛宾（A. B. Sabin）的重视，认为值得报导。美国约翰斯·霍普金斯（JohnsHopkins）的病毒学家豪威（H. A. Howe）也认为这一发现是一贡献。辛辛那提大学儿科研究院院长韦切（A. A. Weech）誉为是一篇卓越的论文。其后论文发表于美国权威性的传染病杂志。50年代，在学院党政领导支持下他创办了中山医学院儿科病毒实验室，利用实验室从事病毒研究及培养研究生。这不但是广东省而且是全国最早创办的临床病毒实验室之一。他的实验证实了直接接种乙型脑炎病毒于小白鼠胎鼠，病毒能得到很好的繁殖。认为有可能作为分离病毒的动物。该论文于1964年在全国第六届儿科学术会议上宣读。

  他对学生及年轻医生要求严格，强调基本功的训练。在临床工作中很重视病历的质量，他说，看一个医生所写的病历，就大致可以看出他的医学水平，看一间医院的质量，也要先看它的病历。实际上病历的确能反映一位临床医生的临床思维和学识水平，这是临床医生基本功之一。既使在有了许多先进的仪器和技术来给病人作检查诊断的今天，这种观点仍然没有过时。他也常常要求住院医生及实习医生亲自动手做一些对诊断有关键性作用的化验。例如怀疑患了阿米巴痢疾的病孩，采取其大便找阿米巴原虫；怀疑结核性脑膜炎的病人，自己动手把其脑脊液涂片找抗酸杆菌等等。他认为一些标本送去检查的过程就会得不到阳性的结果（如阿米巴原虫），或者别人对病情的了解远不如主管医生自己那么清楚。也许没有人比医生本人认识这种检验对诊断有那么大的作用。对疑难病例，他必亲自做细致的体格检查，有些检查结果他甚至不只是看看报告，而且要亲自看看实物，例如X光片或血液涂片等，所以常常发现了别人忽略了的一些特点，从而帮助作出正确的诊断。他学识渊博，勤奋好学，跟随他查房的医生都很佩服他连一些很少见的临床综合病症也随时能讲得出其诊治要点。在一次疑难病例讨论中，他怀疑病人得了一种较少见的病，即时叫人取来一本美国纳尔逊编著的儿科学教科书，要大家查对学习一下，他并指出这个病在第几页可以找到，其博闻强记的功夫可见一斑。他对讨论过的疑难病例，都记录在一个随身带的小本上，以后有机会就问主管医生追踪其结果。对不幸死去的病孩，他要求医生一直追踪到病理解剖室。他常常说，再高明的临床医生，在病理解剖医师面前也要低头。这种对待医学科学的执著追求，的确对提高临床诊断水平有很大的帮助。在他的支持鼓励下，中山医学院儿科从1950年就开展了新生儿的尸体解剖，一直持续至今，已积累了相当丰富的资料，对一院新生儿学科的发展起了很大的促进作用。

  在半个世纪漫长的岁月中，钟世藩担任过几间医院的儿科主任及医学院的儿科教授，为我国培养了许多儿科专业人才。他是新中国成立后最早招收研究生的导师之一。他培养的研究生质量高，不少已成为儿科骨干力量和知名的儿科专家。他对研究生要求严格，要求他们搞科学研究也要从基本功做起，包括实验动物的饲养及观察，甚至试管仪器的清洗等等。他说科研工作必须自己动手，关键的东西必须自己看到做到。他爱护关心年轻人的成长，在"文化大革命"中，他的一位研究生被下放到海南岛十分边远地区的卫生院做医生，他不管当时自己还处于被审查的地位，订了一份英文的北美儿科临床杂志送给这位学生，并鼓励他好好学习及工作。这在当时不少人连看外文书都怕被扣上崇洋媚外的帽子的环境中，钟世藩也不怕要冒风险。由于有老师的鼓励和支持，也使这位从大城市大医院下放到穷乡僻壤工作的学生，振作了精神，努力地工作，成为当地农民十分欢迎的一位医生。并且珍惜了时间，不荒废英语的学习，为后来赴美国大学进修打好了外语基础。

钟世藩严谨的治学态度也表现在他编写医学著作中。80年代他负责编写医学百科全书儿科分卷的条目时，反复衡量了词条各部分的比例，在内容精炼方面下了不少工夫。他撰写的部分得到编辑组的好评，并被通报作为编写人员学习的范文。

在"文革"十年动乱尚未结束时，为了把自己几十年的临床经验总结出来留给后人，在70高龄和身体多病的情况下，毅然编写《儿科疾病鉴别诊断》一书。在编写的后期，他的眼球辐辏功能严重失调，视力显著减退，身体也很衰弱，但仍然坚持写作，并且经常带放大镜去图书馆查阅文献，核对和充实著作内容。在实在无法看清外文字母时，他请在馆内的年青同志帮助辨认。这种对著作一丝不苟，对读者高度负责的精神使人深为感动。该书出版后深受读者欢迎，一再重版印刷。

（六）秦光煜（1902—1969）

秦光煜教授是我国著名的老一辈病理学家。他数十年如一日，从事医学教育和病理学研究，学术造诣极深。他治学严谨，勤于学习，诲人不倦，培养了大批病理学人才。他科研兴趣广泛，对麻风病理学进行了开拓性研究，成绩卓著，为我国病理学发展作出了重大的贡献。

秦光煜于1902年11月20日出生于江苏省无锡市的一个医药世家。1920年在复旦附中毕业，旋即考入北京协和医学院医疗本科。在学习期间，勤奋好学，1930年以优异成绩毕业并获得医学博士学位。毕业后留在协和医学院病理科任教，选择了病理学作为终生献身的事业。

1930—1942年他任协和医学院病理科助教、讲师、副教授。1940年赴美研修脑病理学和脑肿瘤病理学。曾先后在哈佛大学、耶鲁大学、纽约蒙桑纳医学院与当地学者切磋脑病理和脑肿瘤病理，表现出他坚实的病理形态基础和渊博学识，深得美国同行的赞誉。1942—1948年受聘为北京大学医学院病理科教授兼科主任。1948年南来广州，受聘为广州岭南大学医学院病理学教授兼病理科主任。1953年后为中山医学院病理形态研究室主任兼法医学教研室主任，中山医学院院务委员。1954年起任中华人民共和国卫生部科学委员会病理形态学专题委员会委员、中华病理学会理事、中华病理学杂志编委、中华医学杂志（外文版）编委、广东省病理学会副理事长。1961年任民盟中山医学院支部主任委员。1964年被选为第三届全国人大代表。

1966年"文革"开始，他被扣上莫须有的罪名，蒙冤受屈，身心受到严重摧残，于1969年4月10日在广州逝世，终年67岁。

秦光煜勤于学习，善于总结，在病理形态学研究上有很深造诣，是我国优秀的临床病理学家。他指导青年教师、进修生业务学习，培养研究生，并负担着国内疑难病例的会诊。他不仅知识渊博，且实践经验丰富，深得同行专家敬佩。秦光煜治学严谨，从教数十年，但备课从不马虎。上课前认真备课，讲课时旁征博引，论证精辟，深入浅出，逻辑性强，重点突出，语言幽默，深受学生欢迎。1951年他和胡正祥教授、刘永教授编写并出版了我国第一部以国内资料为主体的《病理学》巨著。该书既是教材，亦是病理工作者的参考书，图文并茂，很受读者欢迎。1954—1955年，中央卫生部热带病研究所在当时疟疾流行区海南岛举办"高级疟疾防治学习班"，秦教授应邀授课，他编写了《疟疾病理学》讲义，以翔实资料描述了疟疾所引起的全身器官的病变，特别对脑型疟疾病变的观察有独到之处。他还编写了《脑肿瘤病理学》《血液病病理学》和《麻风病理学》等教材。1964年他参与梁伯强教授主编的《病理解剖学》教科书的编写工作。

秦光煜教授科研兴趣广泛，对肿瘤、内分泌、血液病、脑瘤、寄生虫病和麻风病等病理研究均有较深造诣，著述甚多，发表了40多篇具有深远影响的学术论文。1941年发表的《视网膜母细胞瘤组织发生学》和同年发表的《出血性胰腺炎病因研究》被国内外学者所引用，至今仍成为这方面研究的参考文献。1955年发表《中华分支睾吸虫并见肝原发性粘液癌》，此文细致描述了中华分支睾吸虫寄生胆管与肝管癌发生之间的形态学关系，因此，秦教授提出中华分支睾吸虫胆管寄生可能是部分原发性肝癌发生的原因。他是我国第一位支持梁伯强教授学术观点的人。因早在1928年著名病理学家梁伯强教授在《中华肝吸虫传染和原发性肝癌发生》一文中，首先在我国提出，肝吸虫的感染，可能是原发性肝癌的原因之一。此观点于1956年始为原香港大学侯宝璋教授大量尸解材料所证实。1962年他首次发现界线类麻风内脏病变，被国际著名麻风病理学家誉为"创造性工作"。1964年《网织细胞增生症或不白血性网织内皮细胞增生性疾病的本质》一文发表；此文根据丰富的临床病理资料，在我国首次阐明了该病的临床表现、病理形态特点和分类及与各种相关疾病的鉴别诊断，统一了对本病本质的认识，提高了我国病理学界和临床医生的诊断水平和治疗效果。此外，秦教授在寄生虫病、疟疾、脑病病理和脑肿瘤病理等研究上成果颇丰，极大地丰富了我国病理学的内容。

秦光煜教授在学术上最主要的成就在于对麻风病进行开拓性研究。50年代前后，麻风病肆疟广东。1955年广东省委成立了麻风病防治领导小组。领导小组成员中有当时的广东省委书记和省卫生厅行政领导。秦光煜教授是领导小组成员之一。领导小组下设临床研究组和基础研究组，秦教授是基础研究组的负责人。秦光煜教授为了取得第一手材料，广泛收集麻风病人的皮肤病变组织，开展麻风病人的尸体解剖。经过努力，终于收集到100例麻风病人尸解材料。他从大量的活检和尸检材料研究中，结合临床资料，对麻风病的病变发生、发展、各类型及其亚型的病理组织学改变，提出独到见解。更为可贵的是在界线类麻风病人尸解材料中，首先在心肌、肝、脾、骨髓、神经组织、睾丸和内脏淋巴结等器官发现麻风病变。这一发现极大地丰富了人们对麻风病本质的认识。被国际麻风学界誉为"创造性工作"。在麻风病研究过程中发现麻风病各临床亚型在病理学上有其特点。换句话说，麻风皮肤病损病理学上的改变能反映出临床特点。因此，可根据皮损病理学上的改变来评价治疗的效果，为临床治疗提供了理论根据。

（七）陈心陶（1904—1977）

陈心陶，福建省福州市人。1925年毕业于福建协和大学生物学系。毕业后，在广州岭南大学任教。1928年，被选送赴美留学，在明尼苏达大学攻读寄生虫学，获硕士学位。1929年转哈佛大学医学院进修比较病理学，获哲学博士学位。1931年7月回国，仍在岭南大学任教。

他一面教学一面进行华南地区蠕虫区系调查以及并殖吸虫、异形吸虫的实验生态研究，填补了我国寄生虫学研究上的空白，为华南地区的寄生虫相和人畜共患疾病的研究打下了坚实的基础。他还发现一些寄生虫新种，如广州管圆线虫，直到60年代以后，人们才逐步认识到这是一种世界性分布的嗜酸性粒细胞增多性脑膜炎或嗜酸性粒细胞增多性脑膜炎的病原。他还对肺吸虫进行了系统的实验研究，于1940年发表了专著《怡乐村并殖吸虫》。他在专著中用极为丰富的数据说明发现肺吸虫的可靠性，这对当时国际上倾向于肺吸虫只有威氏并殖吸虫的看法产生很大的影响。此外，在这部专著中提出的形态学和实验生态学的特征，直到现在还被公认是重要的分类依据。1959年，他发现的斯氏并殖吸虫，已被证实是在我国广泛流行的一种类型的肺吸虫病的病原。

1938年，日军进占广州，岭南大学被迫几度搬迁，以后停办，他转任江西省中正医学院教授兼江西省卫生实验所所长。1946年下半年，岭南大学复办，他又回到岭南大学医学院任寄生虫学科主任、教授、代院长。1948年，他又去美国，在华盛顿柏罗维罗蠕虫研究室和哈佛大学、芝加哥大学先后参观工作了1年多，并在这一段时间里完成了蠕虫免疫方面——绦虫囊尾蚴的免疫反应实验的重要研究。

1949年秋，他舍弃留美工作的优厚待遇，立即回国。途经香港时，又有香港某科研机构以比美国更优厚的待遇聘请他，他毫不动摇，并决然地说，"金钱于我如浮云"，"娘不嫌儿丑，儿不嫌娘贫"，表示要回国同广大人民群众一起开垦"荒地"，决不反悔。他回到广州，即到岭南大学任教。1950年夏天，广东省四会县的人民代表反映该县一个地区的"大肚病"对人民的生命危害很大。其时陈心陶教学任务繁重，但他毫不犹豫地接受了去四会县调查和防治血吸虫病的任务。当时，广东刚开始清匪反霸，农村人民政权尚未巩固，人身安全缺乏保障，交通又不方便，生活条件极差。陈心陶不辞劳苦，不顾个人安危，只身深入到四会县黄岗樟村，沿河进行调查。几经艰辛，终于第一次在广东所属地区检获钉螺，后来经过动物感染试验，证实了广东血吸虫病流行区的存在。

从1951年开始，他深入疫区调查研究，进行科学实验并在发现与确定广东省血吸虫病的流行之后，连续奋战了20年，摸清广东省钉螺的生态、生理、人体防护、血吸虫病流行情况、规律与特点；对血吸虫病的诊断、治疗等方面都进行了研究。1952年，陈心陶通过对广大地区的现场考察，对重点地区的调查与实验资料的分析，不仅摸清了患血吸虫病人的数目，确定了疫区的范围，还对血吸虫的中间宿主钉螺的生态学进行了实验室及现场观察和试验，掌握了华南地区钉螺的分布、生长周期、活动情况等生态规律以及各种环境和水源的感染性差异与季节波动的情况及其与血吸虫病的关系等等。根据这些基础理论研究的成果，提出了针对华南地区特点的一整套从控制流行到消灭血吸虫病的战略计划和综合治理措施，使广东省成为我国第一批达到基本消灭血吸虫病，并能巩固下来的省份，受到国际上医学界人士的关注和赞赏。

他还对恙虫病进行了研究，发表了60篇论文，从研究本病流行的基本环节之一的媒介恙螨生态学入手，了解发病地区媒介的分布、活动和传病的规律，着重解决恙螨与恙虫病流行规律的关系，总结出几种恙虫病流行的可测性，并提出有针对性的预防和灭病措施。

1953年高等院校调整后，他调任中山医学院寄生虫教研室任主任、教授，还兼任广东省血吸虫病研究所所长、热带病研究所所长。

（八）周寿恺（1906—1970）

周寿恺，福建厦门人，中山医学院内科学一级教授，著名医学教育家和内科学、内分泌学专家。曾任岭南大学医学院院长、中山医学院副院长。

周寿恺出生于厦门一个书香门第的家庭，父亲周殿薰是厦门宿师硕士，热心教育文化工作，乐善好施，闾里称颂。在家庭的教育熏陶下，周寿恺自幼聪颖好学，有为国家效力、为人民解困的抱负。1919年，周寿恺13岁，进入厦门同文书院读书，以优异成绩毕业。1925年考入福州协和大学读书，次年转学至北京燕京大学，1928年医学预科毕业，获理学士学位。接着又在北京协和医学院攻读，1933年毕业获医学博士学位。周寿恺学生时代已经初露才华，他勤奋好学、善于思考、热心公共事业，在协和医学院读书时他就获得过学习成绩优秀奖，并表现出很强的组织能力，被推选担任学生会职务。毕业后，周寿恺留北京协和医学院任助教，担任医疗、教学工作，他基本知识扎实，大胆探索，临床医疗技术和教学水平提高很快。并初步形成个人的风格。他曾到美国哥伦比亚医学中心和哈佛大学医学院留学。新中国成立后，历任广州岭南大学医学院内科教授、副院长、院长，并兼博济医学院院长。1953年后中山大学医学院、岭南大学医学院和光华医学院合并，改名华南医学院，周寿恺任内科教授兼校务委员会副主任。改名中山医学院后，周寿恺任副院长兼第二附属医院院长、系统内科教研室主任、内科教授。曾当选为第三届全国人大代表，第一、二届广东省人大代表，第二届广东省政协常务委员。

在长期从事医学事业的生涯中，周寿恺十分重视临床实践，用他厚实的理论知识，指导临床工作，解决临床实践中发现的具体问题，又从临床病例去提高实践工作的能力，因而他临床经验丰富，蜚声医坛，曾担负过许多重要的医疗任务。他与我国内分泌学的先驱刘士豪、朱宪彝教授一起，从事开拓钙磷代谢及其他内分泌临床实验的研究工作。三四十年代，他与同事合作，发表了《骨软化症的钙磷代谢》《垂体促性腺抽提物对幼鼠卵巢和子宫的作用》《阿狄森氏病血清电解质和矿物质的改变》等论文。这些课题的研究在当时处于学科研究的前沿，尤其是对华北地区具有针对性的意义，对我国内分泌和代谢性疾病的研究做出了贡献。

50年代中期，内分泌学还是我们国家一门新兴的学科，周寿恺和他的同事们在物质条件较困难、设备较简陋的情况下，一起创建了内分泌实验室，并迅速开展对糖尿病糖代谢、植物神经功能状态对糖代谢的影响以及席汉氏病动物模型的制备等课题的研究。建立了多种激素及其代谢产物的生物化学、生物测定方法，同时积极进行临床内分泌学的研究，以提高对内分泌疾病的诊疗水平。六十年代初，中山医学院的内分泌学实验室从无到有，逐步完善，开始进行对更深层课题的研究，如对胰岛素放射免疫分析等。可惜这些研究工作因十年浩劫冲击而中断，但它直到今天还是我国华南地区内分泌临床实验和基础理论研究的重要基地。

新中国成立后，周寿恺的主要精力和大部分时间放在教学和教学管理上。中山医学院成立之初，周寿恺是学院里8个最有名望的一级教授之一。为了搞好医学院的管理工作，他放弃了几乎全部专业工作的时间，出任副院长，主管教学工作。尽管已肩负了繁重的行政工作任务，他仍不辞劳苦，坚持抽时间给学生上课，坚持临床查房教学。在教学管理上，他经常下到课堂听课，从中发现教学中的新人新事，加以总结和推广。他常对行政管理人员说：你们应当首先是一个教师，然后才是一个管理者，鼓励他们深入教学第一线。他自己则经常深入课堂，他几乎听过学校里每一个教师的讲课，每一门课程主要讲什么内容，谁的课上得好，他都心中有数，并能及时提出改进教学的指导性意见。

周寿恺在教学管理工作中的一个重要贡献，就是组织各有关教研室的教师，理顺医学教学中36门课程之间的关系。对各门课程间内容的深度和广度、衔接和配合、继承和发展等作了平衡。同时对全部实验、实习训练课的要求和重点也进行过系统的研究。在这个基础上组织制定了教学大纲，使中山医学院的教学能走上正规化、规范化，教学水平大大提高。中山医学院的教学工作和教学质量受到全国同行的好评。

周寿恺在教学管理工作中的另一个重要贡献，就是协助柯麟院长联系校内的专家教授，建设一支高水平的师资队伍。50年代后期，中山医学院集中了一批全国著名的医学家，教学、医疗力量很强。周寿恺善于团结这批来自不同医学院校的知识分子，依靠他们形成一种好学风、好校风。在形成校风的问题上，他说单一个人学风好不行，一批人都这样做就有了气候。他还说："只有知识分子的作用得到发挥，学校才能昌盛。"在这个指导思想下，他努力发挥学校各个老专家的专长，积极培养新人，鼓励青年教师刻苦锻炼，勇于进取。

周寿恺在教学管理工作中的第三个重要贡献，就是多次召开教学方法研讨会，强调改进教学方法的重要性，引起教师的重视，促进了教学质量的提高。这一做法在50年代是先进的，在他的努力下，逐步形成了一套有效的教学方法。

周寿恺知识渊博，除了医学上的成就外，在自然科学和社会科学方面也有高深的造诣：他对立体电影、血白细胞计算器有创造性的研究成果；他深入钻研过我国的文字、提倡简化汉字，并发明了"轮廓字"，出版了有关的专著，得到国家文字改革委员会的称赞。

陈心陶　　　　　陈耀真　　　　　梁伯强　　　　　林树模

秦光煜　　　　　谢志光　　　　　钟世藩　　　　　周寿恺

八大教授照片

柯麟院长照片

第二节 "大跃进"及其后时期

由 1958 年大跃进时期开始,学校发展经历了急剧大变动再进入正常发展阶段。

一、教育革命

1958 年在大跃进形势影响下,学校师生停课"闹革命",大搞群众运动,如大炼钢铁、大搞科研成果献礼活动。这一系列群众运动影响了教学秩序。当时又提出"学校办工厂,工厂办学校"的口号。医药院校创办了一批药厂、医疗器械厂、光学仪器厂、农药化肥厂等,结果出现学校不搞教学,工厂不抓生产的局面。1960 年,师生下厂下乡,"保粮保钢"、"防病治病"、"大搞爱国卫生运动",影响了学业。

在"左"的思潮推波助澜之下,高等医药院校发动了教育大革命,进行了教学改革。为了加强形态与机能、生理与病理、基础与临床的密切结合,进行了"一条龙"的综合教学,试图探索教学改革的路子。如讲"伤寒病",微生物学的教师讲伤寒的病原学——伤寒杆菌(三性二法),病理学教师讲伤寒病的病理改变(小肠淋巴组织的肿胀、坏死、溃疡、愈合以及全身菌血症、毒血症),临床课(传染病学)的教师则讲伤寒病的临床表现(发热、相对缓脉、玫瑰疹、消化系统症状、全身中毒症状、中枢神经系统中毒症状、肝脾肿大等)以及诊断、治疗和预防。但当时不是先行试点,取得经验以后再行推广,而是一哄而上,改革后又缺乏认真的总结,吸取有益的经验,随之又全盘否定,一哄而下,结果使学校的教学工作受到很大的损失。

1960 年冬,国家开始纠正"左"倾,制定和执行了一系列正确的政策和果断措施,发出保证教师、学生健康的紧急通知。当时正值三年经济困难时期,师生们的健康水平严重下降,因此,通知要求不搞义务劳动,不搞突击运动,不搞献礼活动,学校得到了初步休养生息的机会。1960 年 2 月,广东省教育工作会议明确提出,学校应以教学为主,教学时间按 1:2:9 的比例安排,即每学年放假 1 个月,劳动 2 个月,学习 9 个月。为贯彻教育与生产劳动相结合的教育方针,劳动时间除参加工农业生产劳动外,高年级学生还到城乡参加卫生防治工作,除病灭害,使劳动与专业结合。此后,中山医学院和各院校一样很快建立和恢复了正常的教学秩序。

二、大办分院

1959 年中共党内发动"反右倾",形成了进一步大办学校的高潮。到 1960 年,全国高等医学院校由 1957 年的 37 所猛增至 204 所,中等卫生学校多达 1700 多所。

在大办学校风的影响下,广东也有大办医学院之势,中山医学院也不能幸免。面对医学教育盲目冒进的局面,柯麟认为,多建设一些医学院当然是好事,但要建立在需要和可能统一的基础上,要有全盘的科学的规划远景。他主张不应立即分散刚刚集积起来的力量,应根据条件成熟程度,逐步派人去开办新的医学院。在这个原则下,先下放一批干部和教师开办湛江分院,并为其他院校培养师资、兼课和做力所能及的工作。这样做使学院相对保持了元气,也为下一步办新的分院提供了前提条件。在这次大办医学院的风潮中,中山医学院共办了3所分院,即湛江分院、佛山分院与高要分院。湛江分院由中山医学院筹办;佛山分院与高要分院由中专卫生学校戴帽成立,由专区办。由于3所分院在校舍、师资、设备等基本办学条件尚不完全具备的情况下仓促上马,并且当年筹办,当年招生。加上师生过多地参加生产劳动和社会活动,以及不慎重地进行教改,致使教学秩序受到破坏,教学质量有所下降。

三、改造知识分子运动

中华人民共和国建立以后,广大知识分子为中国的文教卫生事业贡献自己的力量。

然而,中国1957年的反右斗争,波及知识分子,使一批学有专长的知识分子被划为右派分子,文教领域情况尤为突出,沉重打击了知识分子,对我国的科学文化教育事业的发展带来了消极的影响。1958年又发动了"大跃进"运动,"左"倾思潮进一步泛滥。当时还开展反浪费、反保守的"双反"运动,批判五气(官气、暮气、阔气、骄气、娇气),要求知识分子"自觉革命,向党交心",然后又开展"拔白旗",批判"反动学术权威",进行红专辩论。1959年又开展反"左倾"斗争。这段时间里,学校和教师受到诸多折腾。当时,将知识分子定为"资产阶级知识分子"。这条"左"的路线,严重地挫伤和打击了知识分子。

以柯麟院长为首的学院领导认识到,知识分子是高等医学院校工作人员的主要构成部分,作为学校教育对象的广大学生,是知识分子的后继队伍。能否全面贯彻执行党对知识分子的政策,是能否办好学校的一个重要问题。周恩来、陈毅和聂荣臻等在1962年于广州召开的科学工作会议上,给中山医学院的指示,特别是周总理关于我国知识分子绝大多数已经是劳动人民的知识分子,科学技术在我国现代化建设中具有重要作用的指示,给中山医学院的知识分子以很大的鼓舞。学院党委结合本院具体情况,在学术思想交锋和红专关系的辩论中,不求轰轰烈烈,但求和风细雨,主张自觉自愿,注重讲究实效。学院党委委员分工下到各学习小组,提倡坚持真理,修正错误,反对否定一切。对一些思想上一时接受不了的同志,采取必要的耐心等待和有效的保护措施。有些人对政治问题、思想问题和学术问题的界线划不清,学院党委则及时予以帮助。有些人对知识分子在科学研究上有某些抱负,就笼统地认为是名利思想而加以否定,并以此为借口,上纲上线整人,学院党委则强调改造知识分子的目的是为了提高,决不是取而代之或一棍子打死。学院领导坚决制止在学院搞所谓的"拔白旗"运动,对有思想问题的同志也不作组织上的处理。学院领导深知知识分子自尊心较强,特别担心自己在政治上不受信任,在事业上不受重视。学院领导认为这是正常现象,可以理解,应努力加以帮助。知识分子不仅是教学、科研和医疗的主力军,而且在工作中知无不言,在关键时刻提出宝贵建议,使工作少走弯路、少犯错误。如果领导学院不理解他们,不信任他们,不依靠他们,不帮助他们,还有什么比这更重要的工作要做呢?正是由于学院领导坚持的知识分子政策,在学院领导和知识分子之间建立起和谐融洽的关系，从而调动了广大教职员工的积极性，为完成学院的各项工作任务提供了根本的保证。

60年代初，学院有1/3的教授、副教授被选为全国、省、市的人民代表、政协委员。同时，他们也担负了学院内的大部分领导职务，71名行政业务负责人中，有教授、副教授62人，占总数的87%。党委领导下的院务委员会21名委员中，有17名教授，其中10名为党外人士。

四、开设中医学课程

1958年11月中共中央指出，"中国医药学是我国人民几千年来同疾病作斗争的经验总结"，"是一个伟大的宝库，必须继续努力发掘，并加以提高"。为贯彻党中央的指示，1958年中山医学院成立中医研究委员会和祖国医学教研组，开设中医学课程，对学生进行中医药教育，使学生掌握中西医两套本领。

五、医疗和科研工作

在此期间，中山医学院的医疗和科研工作取得一定成绩。1958年8月，中山医学院第一附属医院抢救大面积烧伤的工人李苏取得突破，创造了奇迹。中山医学院第二附属医院和其他医院救治烧伤病人50名，并进行10多项技术革新获得成功，写出一批有价值的科研论文。医疗技术取得不少新成果，如临床外科进行心脏二尖瓣狭窄和狭窄性心包炎手术，肺部分切除、肝部分切除、肿瘤根治手术，低温麻醉、低温治疗（人工冬眠），主动脉、脑血管、脾静脉造影，以及改进其他一些多发病的治疗方法等，都不同程度地提高了疗效。在科学研究方面，从1958年起对尖端科学放射性同位素开始了研究和应用。大力开展对肿瘤的综合研究，1958年3月成立了由谢志光教授领导的肿瘤科，对鼻咽癌、乳腺癌和子宫颈癌进行深入的研究，发表了不少论文，对肿瘤防治做出了贡献。大力开展眼科学的研究，陈耀真、毛文书教授深入研究白内障、眼遗传病、眼流行病学，将眼科学的科研、医疗、教学三者结合起来，为发展眼科学做出了贡献。

六、形成"三基"、"三严"的学风

1960年，中山医学院提出树立社会主义新学风，要求学生做到党号召的又红又专，为革命而学，发扬艰苦朴素、实事求是的优良传统，并通过优秀学生、优秀班级的评选活动，使全院出现崭新的教学风气。柯麟院长十分重视学科队伍的建设和新鲜血液的补充。他善于把具有不同特点的人才用天、地、人来形象比喻和合理使用，提倡天才搞前期，地才搞临床，人才搞科研，他之所以特别重视前期基础教师的选用，是因为前期基础教师影响是一代代未来的人才。此外，学院强调要有一个相对稳定的教学秩序，思想工作应贯穿于所有的教学环节和教学过程，专业教育和劳动教育应有一个适当的比例和相宜的措施。例如，要有实效地组织师生上山下乡，结合专业进行生活体验和劳动，反对随便抽调师生外出和随便停课的做法。通过这一系列工作，形成了中山医学院"三基""三严"的学风（即注重基础理论、基本知识、基本技能的学习和训练；在一切教学活动中，坚持严肃的态度、严格的要求、严密的方法）。

中山医学院的一批老专家、老教授在形成"三基"、"三严"的学风中起了重要的作用。如林树模教授，学识渊博，不仅讲授生理学，而且还讲授过生物化学和药理学。他采用深入浅出、纵横联系的教学方法。例如讲授"水电解质平衡"这一内容时，他把水电解质的摄入、泌尿系统、呼吸系统、血液循环等有关理论有机地联系起来，使学生能够透彻地理解正常人体是如何通过各种器官系统的共同作用维持水电解质平衡的，这样的讲课颇受学生的欢迎。生理学是实验性学科，实验课是重要环节。在实验课教学中，林树模教授要求学生多动手、勤思考。他要学生自己按照实验指导完成每个实验，并根据实验结果进行分析讨论，得出结论，写出实验报告。实验报告须经教师签名认可，否则要重做。如果实验不及格，不准参加理论考试。这种按高标准严格要求学生和培养学生独立工作能力的做法，取得了良好的效果。

又如谢志光教授知识广博，讲课生动活泼，富有启发性，使学生收益良多，不少已毕业多年的临床医生也乐意去听他的课。他教学有个"三部曲"，一是他做你看；二是你做他看；三是他放手让你做，做完后再检查纠正。

这一时期中山医学院在广东省高等医学教育中起了主体作用和师资培养基地的作用，1960年中山医学院被定为中央卫生部直属的全国重点院校之一。

第三节　调整时期

1961年后，教育工作贯彻执行调整、巩固、充实、提高的方针，总结了经验，吸取了教训，制定了一系列规章制度，使教育工作重新走上正常发展的道路。

一、分院的裁并和剥离

1962年4月，教育部召开全国教育工作会议，纠正了超越实际可能、违反客观规律的一些"左"的做法，对高等医学教育进行了调整。决定大幅度地裁并高等学校，特别是专科学校。根据中央提出的高等学校要办少一些办好一些的要求，结合广东的实际，决定地方所属的医学院校保留湛江分院，裁并佛山分院和高要分院。1964年中山医学院湛江分院脱离中山医学院，正式成立湛江医学院，由专科改为本科，设五年制本科医疗系，隶属于广东省领导。

二、贯彻"高教六十条"

1961年9月15日，中共中央批示试行《教育部直属高等学校暂行工作条例（草案）》，即"高教六十条"，教学秩序重新得到了稳定，教育质量也获得相应的提高。"高教六十条"对我国教育事业的发展起了很大的推动作用，深得广大知识分子的欢迎与拥护。

为贯彻"高教六十条"的要求，中山医学院建立了新的院务委员会，实行党委领导下的以院长为首的院务委员会负责制。院务委员会由院长、党委书记及一些有代表性的教研组主任、教授等共21人组成。在院务委员会之下，设立教学、科学研究、医院管理、编译四个委员会，作为院务委员会的咨询机构。强调以教学为中心，正确处理教学与生产劳动、科学研究、医疗工作的关系。在课程设置上，六年制开设30门必修课及若干门选修课。

1964年，全国医学教育会议在广州召开，其内容是总结经验，克服缺点，改变"左"的做法。为学习兄弟院校的经验，贯彻会议的精神，继续进行教学改革，学院抽调了一批中层教师作为主体，成立教学改革小组，柯麟亲任组长，并请有经验的专家、教授参加，同时计划进行第三次毕业生调查。经过了种种折腾，纠正了部分失误，克服了某些困难，中山医学院的医学教育又走上了正常发展的轨道。

三、执行六年制教学计划

中山医学院从1963—1964学年开始执行的六年制教学计划是根据卫生部指导性教学计划，结合本院具体情况制订的，主要内容如下：

（一）总体培养目标

根据培养"有社会主义觉悟的有文化的劳动者"的总目标，高等医药院校医疗专业的基本任务是：培养有社会主义觉悟、体魄健全、掌握现代医学专门知识和技能的医师。

（二）课程设置及学时数

共开设30门课程——体育144（包括体疗18）、政治课216、外语课324、生物学126、物理学234（含数学63）、化学324、人体解剖学（包括局解）306、组织学与胚胎学171、生物化学198、生理216、寄生虫学90、微生物学144、病理解剖学198、病理生理学108、药理学153、诊断学基础162、中医学概论90、外科学总体126、放射学72、卫生学126、内科学324、外科学306、妇产科学162、儿科学144、神经病学与精神病学126、传染病学与流行病学126、放射医学72、眼科学72、耳鼻喉科学72、皮肤性病学72。

（三）总学时数与同学时数

总学时数为5004，其中讲课1960，实验室实习1665，课堂讨论、实地实习524，临床实习855。讲课：实验实习＝1∶1.42（除政治、体育、外文）。周学时数为27—28。

（四）毕业实习

内外3个月、外科3个月、妇产科1个半月、儿科1个月、传染病科半个月、选科实习半个月。

（五）选修课

根据需要与条件为学有余力的高年级学生以讲座等形式开设外文、法医学、医学史、生物物理学、医学统计学等选修课。

四、贯彻"科研十四条"

1961年，国家科委党组和中国科学院党组起草了《自然科学研究机构当前工作的若干问题（草案）》，即"科研十四条"，对科学研究工作中的一系列方针政策作了具体的阐述和规定。

在"科研十四条"的指引下，中山医学院坚持基础研究和应用研究相结合的科研方向，着重解决常见病、多发病的防治，同时注重基础理论的研究，在各个研究领域取得突出成就。

梁伯强教授为我国现代病理学先驱、国际知名病理学家，他首创完整切出鼻咽部的尸解操作方法，主要研究成果有《鼻咽癌的组织类型、生物学特点和组织发生学的研究》《原发性肿瘤的病理形态学、病因学在我国发病率的研究》等。他曾主编全国高等医学院校教材《病理解剖学总论》和《病理解剖学各论》。我国的《自然科学年鉴》特别表彰了他在我国病理学研究上的业绩。

谢志光教授为我国临床放射学奠基人，是我国第一个对人肠结核、长骨结核的X线表现提出全面系统描述的专家。他首创一种髋关节特殊照射位置，引起国内外学者的重视，被称之为"谢氏位"。他首创白内障及角膜混浊病患者进行手术前，对中心盲点检查的先进技术。他对鼻咽癌的早期诊断和临床发展规律有深入的研究。

陈心陶教授是现代寄生虫学奠基人，他在寄生虫病的研究方面发表论文130多篇，发表恙虫病的研究论文60多篇。他的代表作《医学寄生虫学》被评为我国1978年全国科学大学科研著作成果一等奖。他还被选为《中国动物杂志》编委会副主编、《中国吸虫杂志》主编。

陈耀真教授是我国现代眼科奠基人。他曾以中、英、德、西班牙文先后在国内外发表论文近百篇，包括中国眼科史、眼科的基础理论研究以及各种眼病的临床研究。特别是他在中国眼科史的研究中，从甲骨文、古汉字、古代文物、典籍中寻找出大量有关资料，被人们称为眼科学的"活字典"。他还主编了全国统编教材《眼科学》。

秦光煜教授对麻风病进行了开拓性的研究。1962年他首次在心肌、肝、脾、骨髓、神经组织、睾丸和内脏淋巴结等器官发现界线类麻风内脏病变，这一发现极大地丰富了人们对麻风病本质的认识，被国际麻风学界誉为"创造性工作"。1964年他发表了《网织细胞增生症或不白血性网织内皮细胞增生性疾病的本质》一文，提高了我国病理学界和临床医生对本病本质的认识、诊断水平和治疗效果。此外，秦教授在寄生虫病、疟疾、脑病病理和脑肿瘤病理等研究上亦颇有建树，极大地丰富了我国病理学的内容。

五、华南肿瘤医院与肿瘤研究所等的建立和发展

华南肿瘤医院是在中山医学院附属第一、二医院肿瘤科的基础上，于1964年4月组建而成，系当时我国4所肿瘤专科医院之一（其余3所为中国医科院肿瘤医院、上海第一医学院肿瘤医院、天津肿瘤医院）。建院时有职工120多人，病床数50多张。中南局第一书记陶铸亲自为"华南肿瘤医院"题写院名。华南肿瘤医院第一任院长为谢志光教授，肿瘤研究所第一任所长为梁伯强教授。著名肿瘤学专家李振权、李国材、管忠震、闵华庆等教授为肿瘤医院的建立、建设与发展做出了重要贡献。

此外，1964年中山医学院还建立了5个研究室，即神经系统实验形态学研究室、寄生虫研究室、眼科疾病研究室、药理研究室、病理研究室。

六、中山医学院眼科医院的建立和发展

中山医学院眼科医院的前身是由原中山大学医学院、岭南大学医学院、光华医学院的眼科合并而成的中山医学院眼科教研室，后者组建于1953年，第一任教研室主任为陈耀真教授。教研室从50年代开始多次被评为先进教研室。随着眼科教研室的不断发展，人员开始逐渐增多，机构也越来越完善，1957年建立了独立的眼科病房和眼科手术室，病床数从16张增加至70张，1958年建立了眼科病理实验室，1959年建立了眼科生化实验室和视觉生理实验室。1964年，眼科研究室成立。

1965年，眼科教研室移至现址（广州市先烈南路54号），正式建成眼科医院，创始人为著名眼科专家陈耀真教授和毛文书教授，其中陈耀真教授担任第一任院长，毛文书教授担任第二任院长。当时住院床位为122张。七十年代，病床数扩至210张。1982年，在眼科研究室的基础上成立眼科研究所。

中山眼科中心是我国培养眼科人才的重要基地之一。自从1953年眼科教研室成立以来，教学工作一直是与医疗工作、科研工作和防盲治盲工作并列的重点工作之一。眼科教研室主任陈耀真教授早在1950年就以极大的热情和干劲翻译了《梅氏眼科学》，将现代眼科学首次系统地介绍到中国，为培养现代眼科工作者打下了坚实的基础。陈耀真教授还把西方先进的医学教育模式引入中国，不但重视专业知识的传授，而且更加强调培养医务人员的求知欲、独立思考能力、探索精神和创造性思维，鼓励年轻医生敢于质疑成见，大胆探索未知领域。1960年，陈耀真教授负责主编了我国高等医药院校第一本眼科教材。

七、取得的成就与形成的特色

"文革"前的中山医学院，在当时的政治环境中，最显突出之处在于坚持尊重知识，尊重知识分子，按照教育的规律办学，创造了一套管理高等医学院校的有效方法，树立了良好的校风校规，形成了"三基"、"三严"的学风。同时对文教领域"左"的思潮，尽最大可能进行了抵制和纠正，从而保证了中山医学院出人才、出成果的大好局面。这在当时的历史条件下是极其难能可贵的。中山医学院出现了建院以

来未曾有过的教学繁荣景象。1965年，在校学生人数为2599人，均为本科生；专任教师447人，其中教授36人，副教授41人，讲师111人，助教257人，教员2人；国家拨给教育经费225万元。教学质量稳步提高，学院和分院能大批地培养高质量的医学本科生、研究生、进修生和留学生。全院70%的教师都参加了科学研究，在完成国家科学研究任务过程中，教师的学术水平、教学和医疗水平都有明显提高。1962年校庆时，收到了319篇论文，1963年多达466篇，其中15%达到当时国内较高水平；一个服务质量好又适应教学与科研发展需要的附属医院，以及与市内外兄弟单位协作组成的城乡教学基地网也建立起来。

新中国成立后17年，中山医学院共培养毕业生7537人，其中硕士生64人，本科生7072人，专科生401人。同时造就出一支高等西医教育工作队伍，其中包括一批领导干部，以及一批富有教学经验、科研能力和医疗水平的师资队伍。中山医学院的成绩，受到了国内外医学界的赞扬，赢得了良好的信誉。

自1951年起，柯麟就任中山医学院院长兼党委书记，并从1962年起，被选为中共广东省委委员。此后，柯麟以他对新中国卫生事业和医学教育事业的赤胆忠心和卓越的管理才能、严谨的治学经验，呕心沥血，勤勉工作，使中山医学院独秀南国，在"文革"前已成为一所著名的医学院校，在国内外产生了相当的影响，被誉为"东南亚的医学明珠"，并为"文革"结束以后中山医科大学的改革、建设与发展，打下了坚实的基础。

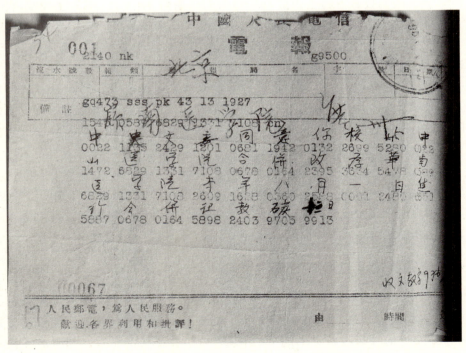

中央文委关于同意岭大医学院与中大医学院合并为华南医学院的电报

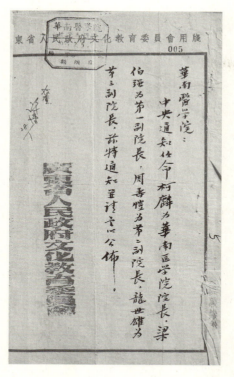

广东省文教委员会关于任命柯麟、梁伯强、周寿恺、龙世雄为华南医学院正副院长的通知

华南医学院建校委员会成立纪念照

华南医学院成立典礼纪念照

图为1954年举行的华南医学院第一届教学会议

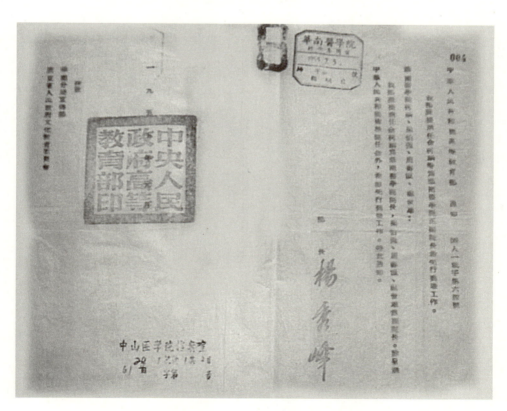

中央人民政府高等教育部关于任命柯麟为华南医学院院长的通知

华南医学院时期的附一院大门

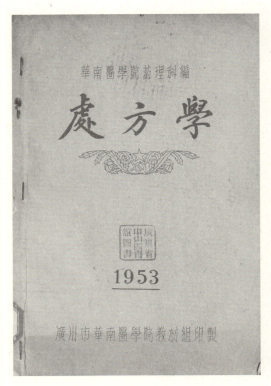

华南医学院药理科于 1953 年编的《处方学》

华南医学院于 1954 年印刷的《拉丁文讲义》

139

第四章 『三院』合并重组后的新发展(1953—1966)

华南医学院医学本科一九五四年暑期应届毕业班师生摄影留影 摄於廣州長堤 1954.2.13 結業典禮

华南医学院本科一九五四年暑假应届毕业班师生摄影留念

(照片中的毕业生是国立中山大学医学院与岭南大学医学院合并为华南医学院后培养的首届应届毕业生)

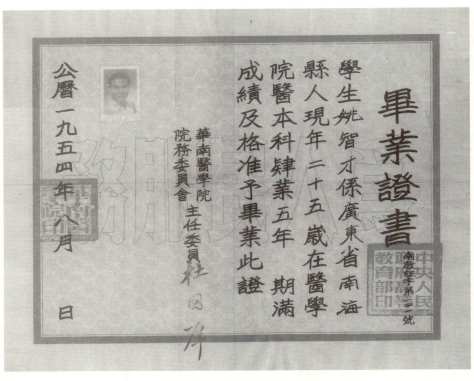

华南医学院时期的毕业证（1954年8月）

华南医学院时期的附二院大门

中华人民共和国高等教育部
中华人民共和国卫生部

为统一全国高等医药院校名称由

(56)农周字第701号
(56)卫教张字第846号

全国各高等医学院校

奉中华人民共和国国务院第二办公室1956年6月27日(56)二办发钱字第38号批复我部 (56)卫教张字第636号 (56)农周字第540号 统一高等医药院校校名报告称。同意高等医药院校统一改称学院，并将原来以大区命名的学校，改为以所在地省或城市命名在案。

根据以上指示精神，经我们研究决定更改部分现有学校与上述精神不符的学校校名。即中国医科大学改称沈阳医学院、哈尔滨医科大学改称哈尔滨医学院、东北药学院改称沈阳药学院、西北医学院改称西安医学院、苏北医学院改称南通医学院、华东药学院改称南京药学院、华南医学院改称广州医学院；其他院校仍按旧校名。以上学校一律自本年九月分起改用新校名。

附发各高等医药学校校名更改一览表一份，希即遵照执行为荷。

附：新旧校名一览表

一九五六年七月

抄送：各省市人民委员会、中共各省市委宣传部、文教部、中华人民共和国财政部、国家计划委员会、各省市卫生厅、局、国务院第二办公室、卫生部各直属单位

高教部、卫生部决定1956年起将华南医学院改称广州医学院

柯麟院长在广州医学院教学经验交流会上讲话

1956年11月12日，广州医学院纪念孙中山先生诞辰90周年

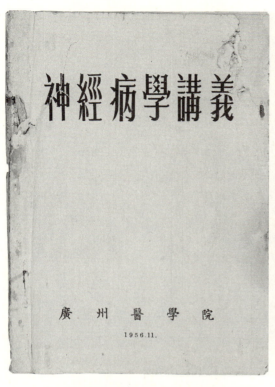

广州医学院于1956年出版的《神经病学讲义》

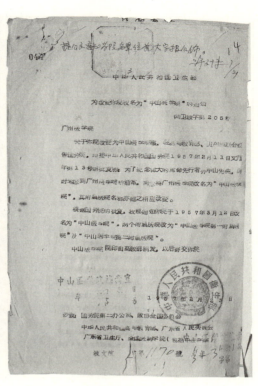

1957年2月23日，卫生部根据国务院批复通知于1957年3月12日将"广州医学院"改名为"中山医学院"

1957年的中山医学院校门

柯麟院长与30年以上教龄的教授合影

柯麟院长在中山医学院校庆大会上致词

145 第四章 『三院』合并重组后的新发展（1953—1966）

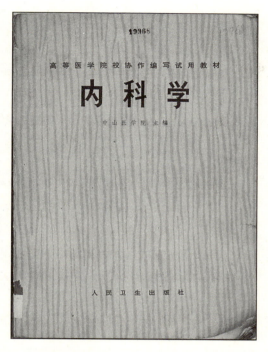

中山医学院主编《内科学》是高等医院院校协作编写试用教材，由人民卫生出版社出版发行

中山医学院第一、二届研究生合影

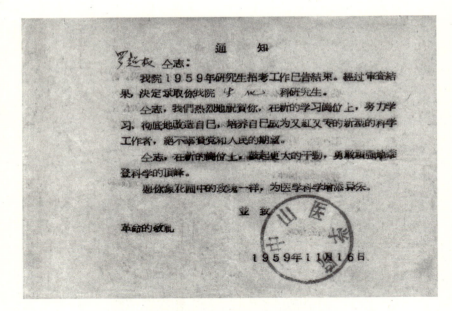

录取罗超权为生化研究生通知书

中山医学院1959—1962年研究生毕业留影

中山医学院一九六〇年全体毕业生留影

第五章 经历"文革"及后继续向前发展（1966—1985）

第一节 十年"文革"（1966.5—1976.10）

1966年5月中央政治局扩大会议和八届十一中全会的召开以及这两个会议相继通过的《五·一六通知》和《关于无产阶级文化大革命的决定》（即"十六条"）是"文化大革命"全面发动的标志。

"十六条"中明确提出："改革旧的教育制度，改革旧的教学方针和方法，是这场无产阶级'文化大革命'的一个极其重要的任务"，"在这场'文革'中，必须彻底改变资产阶级知识分子统治我们学校的现象"。因此，"文化大革命"开始是从教育领域开刀，学校首当其冲，从学校的斗、批、改发展到社会的斗、批、改。

同年6月，全国大、中、小学先后开始"停课闹革命"，张贴大字报，揪斗领导干部和教师，随即掀起红卫兵运动，在全国广泛开展"四大"（大鸣、大放、大字报、大辩论），并刮起破"四旧"（旧思想、旧文化、旧风俗、旧习惯）、揪斗"走资派"和"牛鬼蛇神"以及"全国大串联"等风暴。

1967年1月，在上"一月风暴"的影响下，全国各地党政领导机关先后被造反派夺权，成立了所谓的"各级革命委员会"。由于夺权斗争导致红卫兵、造反派、群众组织内部的大分裂，派性斗争愈演愈烈，并发展为"文攻武卫"的流血械斗。为了控制混乱局面，军队分批开进工厂、机关、学校，实行军管、军训。1968年8月又派遣工人宣传队进驻城市学校。1968年动员知识青年上山下乡、支援边疆。1968年，工人毛泽东思想宣传队和解放军毛泽东思想宣传队进驻中山医学院，1968年9月中山医学院革命委员会成立。1969年要求知识分子下放农村，接受贫下中农的再教育，或去农场走"五七道路"。中山医学院大批教师、干部被下放到干校劳动。

中山医学院在"文革"期间，柯麟院长和一批老干部被打成"走资派"，一批专家教授被打成"反动学术权威"，八位一级教授中有四位在"文革"中被迫害致死。

一、培训"赤脚医生"

1968年9月发表了《从"赤脚医生"的成长看医学教育革命的方向》的调查报

告，提出医学院应主要招收"赤脚医生"、"卫生员"，"赤脚医生与卫生院医生要定期上下对调"等口号。当时，强调培训赤脚医生，否定高、中级卫生技术人员的作用，把培养高级卫生人员斥之为资产阶级复辟。此时，医学院校的师生及医务人员被纷纷下放到农村，广大师生和医务人员被严令走赤脚医生的道路，而把赤脚医生调到城市医院当医生。"这实际上把医学院校降格到卫生学校的水准。"

1969年5月7日，中山医学院在广东省博罗县石坳村办起了一个一年制的工农兵学员试点班"新医班"。"新医班"招收了65名工农兵学员，学员中大多数是农村的"赤脚医生"、工厂的卫生员和复原转业军人。"新医班"的办学模式和经验，被当时的传媒宣传为"社会主义医科大学的雏形"。在开办"新医班"的基础上，又于1970年6月招收了600名两年制的医疗培训班和200名一年制的护士培训班。从1970年底至1976年，正式招收了6届工农兵大学生，每届招收600多人。

二、工农兵学员上、管、改

1970年，高等学校普遍恢复了招生，开始试点招收工农兵学员。大学招生采取群众推荐，领导批准，学校复审的办法，学制三年。

三、中山医学院培养工农兵学员的教育革命方案（普通班试行草案）

（一）培养目标

遵照毛主席"我们的教育方针，应该使受教育者在德育、智育、体育方面都得到发展，成为有社会主义觉悟的有文化的劳动者"的教导，学院的基本任务是：培养高举毛泽东思想伟大红旗，无限忠于毛主席，无限忠于毛泽东思想，无限忠于毛主席革命路线，全心全意为中国和世界绝大多数人服务，有医学科学理论，又有实践经验的劳动者。

（二）学制

遵照毛主席"学制要缩短"、"教育要革命"的教导，学制订为三年。

（三）招生与分配

遵照毛主席"要从有实践经验的工人农民中间选拔学生"的教导，招生对象是政治思想好，具有二年以上实践经验，年龄在24岁以下，初中毕业以上文化程度，身体健康的工农兵、青年干部、赤脚医生和知识青年。一般只招收未婚者。

取自愿报名，群众推荐，领导批准，学校复审相结合的办法招生。

学员学习期满，按"社来社去"的原则，大部分回原单位、原地区工作，也有一部分根据国家需要统一分配。

（四）课程设置

遵照毛主席"以学为主，兼学别样"和"课程设置要精简"的教导，紧密结合三大革命实践，设置：以毛主席著作为基本教材的政治课（约占总学时20%）；实行教学、防治、科研三结合的医学专业课（占70%）；以战备为内容的军事体育课（占5%）。学员、教员、干部都要参加生产劳动，使教育与生产劳动紧密地结合起来（占5%）。

暂设医用人体学、中医基本理论、疾病学基础、诊断学基础、新药学（包括制药学）、内儿科防治学、皮肤病防治学、外科防治学、妇产科防治学、五官科防治学、农村工矿卫生学、战备医学和家禽家畜常见病防治知识、医用理化基础、外文等15门课程。

（五）教学安排

根据"教育必须为无产阶级政治服务，必须同生产劳动相结合"的方针和"实践——认识——实践"的规律，三年教学分为三个阶段：

1. 在校社挂钩基地（县、公社医院）初步临床实践（12个月）。其中，为适应实践需要，先在校学一点基础知识（4个月）；
2. 在校办医院，结合临床实践，进行理论提高和单科轮回见习（13个月）；
3. 回到校社挂钩基地再实践（5个月）。结合农业发展纲要提出要消灭的疾病，积极参加以爱国卫生运动为中心的群防群治和科研活动。

其他约半年时间用作入学教育、拉练、放假、结业总结、机动等。

（六）教学方法

遵照"理论和实际统一"的原则，基础理论课采取"集中学"和"与临床课穿插学"相结合的方式进行。

遵照毛主席"十大教授法"，要精讲多练，提倡自学和讨论，培养学员独立分析问题和解决问题的能力。

开展"官教兵，兵教官，兵教兵"和评教评学、评领导的活动，组织三结合备课小组，充分发扬教学民主。

（七）考核

"要认真总结经验。"建立必要的考核制度，借以检查教学质量，提高教学水平。

四、开门办学

极"左"路线，彻底冲击了高等学校的教学秩序，主张"大学越办越大，越办越下，办到贫下中农家门口，办到贫下中农心坎上"。中山医学院也不能免，采用了几上几下的开门办学模式，如七三届工农兵学员，在学三年就有16个月被安排在校社挂钩基地（县、公社医院）进行开门办学。工农兵学员的文化基础本来就较差并且参差不齐，在短短三年的学习时间内，既要学文，又要学工学农学军，参加生产劳动和社会活动；还要批判资产阶级，参加阶级斗争；并要入学教育、拉练行军，路途奔波，实际教学时间十分有限，教学质量难于保证。

开门办学在教学方法上，就是教师与学生在接受贫下中农再教育的同时，为贫下中农防治疾病。教学方式则是结合防病治病过程中所见的病种，见到什么就教什么，名曰理论联系实际，就是不再进行所谓"三脱离"的系统理论教学。但是，在农村所遇到的病种是很局限的，即使是常见病、多发病，因受到季节、地域、生活条件等因素影响，学生们在防病治病过程中也不可能碰到必须掌握的常见病与多发病。而且培养一个合格的医生，他们不仅要掌握常见病、多发病，也要具备诊疗疑难病、罕见病的知识与能力。仅结合所见病种进行教学，使知识缺乏系统性、整体性、连贯性。这种教学方式，实质上恢复了古代传统的师带徒的经验主义教学方法，否定了教学计划与教学大纲的作用，抹杀了间接知识的传授和科学抽象能力的培养。

开门办学，对教师来说，也是一场磨难。他们在半军事性的组织中生活与工作，围绕一个班或一个点的任务转，在教学过程中的主导作用被否定，专业特长不能发挥，教学经验得不到交流，教学资料难以积累，科学研究也无法开展，影响了学术水平和教学质量的提高。

五、实行"四合一"的综合性课程模式

"文革"前的中山医学院实行的是传统的"以学科为基础的医学课程模式"（或"生物医学课程模式"，即学科课程）。这种课程模式的特点是以学科为基础，学科与课程一致，按照"循序渐进"的教学原则，分段分科进行教学。如在临床医学专业，将整个课程体系分为如下既相区别、又相联系的三个阶段（俗称"老三段"）：

（一）医前期课程

此期包括人文、社会科学基础课程，以及数学、物理、化学、生物等自然科学基础课程，为进一步学习医学基础课程打下基础。在此期间，学生基本上不接触医学，故有医前期之称。中山医学院的医前期课程安排在学生入学后的第一学年。

（二）临床前期课程

此期主要开设医学基础课，并且按照人的正常形态结构和生理功能机制（人体解剖学、组织胚胎学、生理学、生物化学）、生物致病因素（微生物学、寄生虫学）、病理改变（病理解剖学、病理生理学）、药物作用原理（药理学）的顺序进行学习。在此期间，学生接触了医学的基础理论知识和技能，但基本上不步入临床，不接触病人。中山医学院的临床前期课程安排在学生入学后的第二、三学年。

（三）临床期课程

此期开设诊断学和内、外、妇、儿等临床学科课程，以及卫生学、流行学等预防医学课程。中山医学院的临床期课程安排在学生入学后的第四、五学年。

在中山医学院，临床课程结束后，尚需安排一年左右的毕业实习，以培养学生的

临床独立工作能力，完成好毕业后从事临床工作的最后训练。

"文革"期间，在中山医学院，这种"老三段"的医学课程模式被斥为"理论脱离实际，基础脱离临床"，"脱离群众，脱离实际，脱离生产斗争和阶级斗争"，"一年不沾医学边，三年不沾临床边，五年不见工农面"，培养的学生"一年土、二年洋、三年不认爹和娘"，"理论一大套，看见病人汗直冒"。提出"砸烂基础部，火烧三层楼"（即"老三段"），图书馆、实验室是搞"智育第一"和"理论脱离实际"的"妖庙"，也必须砸烂，并将教研室作为资产阶级分子盘踞的最后一个堡垒，也在砸烂之列，试图否定按学科为基础设置教研室的建制。在"大批特批"的基础上，并受当时流行的"以典型病例带动教学"（即"以问题为中心"的教学）和"以病为纲"等课程模式和教学方法的影响，中山医学院采用了综合性课程模式。

综合性课程模式又称为"器官系统模式"，其特点是打破传统的学科界限，将不同学科的内容，按人体的器官系统在"正常"、"异常"的水平综合，组成跨学科或多学科的综合课程。如将呼吸系统的解剖、组织、生理、生化等知识有机地结合起来，成为"呼吸系统的正常形态与功能"；将呼吸系统的异常形态、功能结合起来，组成"呼吸系统的病理"。

中山医学院采用的综合性课程模式称为"四合一"。即把人体解剖学、组织胚胎学、生理学、生物化学等四门课程合并为"医用人体学"一门课程，这是一种"正常"水平上的综合；把微生物学、寄生虫学、病理解剖学、病理生理学等四门课程合并为"疾病学基础"一门课程，这是一种"异常"水平上的综合。根据"四合一"的教学目的和要求，组织相关教研室的教师编写了相应的教材《医用人体学》和《疾病学基础》。在当时被誉为是全国医学院校最好的教材。

由于"四合一"的综合性课程模式与当时"学制要缩短，教育要革命……"、"课程设置要精简"、"改革旧的教育制度、教学方针和方法"等教改潮流是一致的，并且与工农兵学员的学制较短、文化基础较差的实际是相适应的，所以在当时的历史条件下得以推行。

综合性课程模式是美国的西余大学在本世纪50年代的课程改革中首先提出，并已成为一些国家和院校所采用的改革模式，我国有些医学院校也曾作综合性课程改革的尝试，但在当时宣传这是"社会主义的新生事物"、"无产阶级文化大革命的伟大胜利"。而且这些综合性课程改革的尝试，带有强烈的政治色彩，是为当时的政治运动服务的，因而没有延续下来。

六、院、系的建立和发展

（一）中山医学院附属第三医院

1971年7月，在中山医学院石牌门诊部的基础上筹建中山医学院附属第三医院。1972年6月，由中山一院分出来的传染病学教研室组迁入中山三院。所以，建院之初，中山三院是一所以传染病科为主的医院。1982年7月，精神医学教研室从中山一院神经精神教研室中分出迁入中山三院。此后，中山三院逐渐完善为一所综合性医院。1988年中山医学院临床学院撤销，分别在三所附属医院的基础上成立第一、第二、第三临床学院。内科学、外科学、妇产科学、儿科学、耳鼻喉科学、皮肤病学、中医学、医学影像学、诊断学、神经病学等教研室也先后在第三临床学院成立。

（二）中山医学院口腔医学系

中山医学院的口腔医学教育历史最早可追溯到1950年，那就是中山医学院前身之一的广东光华医学院开办的牙医专业，至1953年院系调整停办前，共培养了40多名口腔专业本科生。

1974年，根据卫生部的建议，中山医学院筹建了口腔医学系，成为广东省内最早培养口腔医学高级专门人才的院校，也是国内较早建立口腔医学院系的10个院校之一。1975和1976年每年招生30名，学制三年半。从1977年开始，学制改为五年，每年招生30名。1980年至1987年，本科专业实行六年制，1988年以后（含1988年）适应国家有关政策的调整，将本科学制恢复为原五年制。在这一时期，梁绍仁、罗芸芳、任材年先后任系主任。

当时的口腔医学系包括口腔内科学、口腔颌面外科学、修复学、正畸学和口腔基础学等五个教研室。80年代初建立了口腔内科和口腔修复科教学实验室。师资主要来自附属第一、二、三院口腔科的医师。以三间附属医院口腔科作为临床教学和实习基地。口腔医学系在搞好本科教学的同时，还接纳省内外进修医生和港澳开业牙医前来学习，并开始培养硕士研究生。1977年中山二院接收了越南的口腔外科进修生。1983年，罗芸芳教授招收了口腔医学系第一位硕士研究生。

1988年，中山医学院口腔医疗中心成立，结束了中山医学院口腔医学系没有专科医院的历史，标志着中山医学院口腔医学向着国内先进的口腔医学系（院）医教合一的模式迈出了关键一步。任材年任口腔医疗中心主任，于秦曦、沈强、吴庆华、米乃元、李容林等先后任副主任。口腔医疗中心的医务人员主要从各附属医院口腔科抽调。中心开设了较齐全的临床科室，先后开展了口腔黏膜病、牙周病、医学美容等专科门诊。严开仁教授亲自主持正畸科工作，并对科室人员进行系统的培训，使中山医学院的固定正畸医教研水平得到显著提高，也为中山医学院的正畸技术之后在国内的独树一帜奠定了坚实基础。

随着中山医学院口腔学科影响力的日益扩大，吸引了更多高层次人才和名校毕业生加盟。同时，口腔医学系对在职教师医生进行有计划的培训，并选派骨干到国外先进口腔院校进修学习，先后有10多人被派往美国、英国、澳洲、丹麦等国，使中山医学院口腔系统师资和人才队伍建设迈上了新台阶，大大增强了口腔学科的综合实力。至1989年，中山医学院口腔系统的教师、医生和护技人员已达200人，拥有牙科综合治疗台110张，病床41张，还有大批进口医教研设备。

（三）中山医学院卫生系

中山医学院卫生系建于1976年，由当时隶属于基础部的卫生学教研室升格而成。

卫生系建立后，即开始招收预防医学专业本科生（七六级招生51人，七七级招生68人）。

第二节 "文革"结束与改革开放初期（1976—1985）

1976年文化大革命结束，我国进入了新的历史发展时期，从此结束了长达十年的社会动荡。

一、整顿改革

十一届三中全会以后，国家对高等医药教育进行了全面的整顿改革，使十年文革时期遭到严重破坏的高等医学教育事业迅速得到恢复和发展。

1977年恢复统一的高校招生考试制度，高等医药教育事业开始恢复生机和活力，走上了健康发展的道路。广东高等西医院校在恢复高考招生制度以后，本科教育迅速发展，6所高等西医药院校经统考录取新生1673人。1978年、1979年、1980年、1981年和1982年的广东高等西医教育招生人数分别为：1786、1476、1524、1305和1327人。中山医学院从1980年开始招生改革，开办自费走读生班。为打开医学人才通往农村的道路，1983年全国招生会议决定，省、市、自治区所属农、林、医、师院校大部分实行定向招生，学生毕业后一般回本地区、本部门工作。农、林、医、师专科学校要面向农村，按地区划录取分数线，就地招生、就地培养、就地分配。

1978年落实党的干部政策和知识分子政策，学校开始对"文革"中立案的人员进行全面复查，对过去错划为右派的人，实事求是地予以改正，对于"四人帮"以及过去"左"的路线所制造的冤假错案给予了平反，对被迫害致死的同志进行了平反昭雪。

1978年2月国务院转发教育部关于恢复和办好全国重点高等学校的报告。中山医学院被确定为全国4所重点高等医药院校之一，同时被确定的还有北京医学院、上海第一医学院、四川医学院，均为教育部与卫生部双重领导的重点学校。

1978年10月教育部重新修订并颁发了《全国重点高等学校暂行工作条例（试行草案）》（即高教六十条），使高教事业有章可循。

教育部与卫生部又重新修订和颁布了一系列规章制度。1978年12月教育部颁发了《高等学校学生学籍管理的暂行规定》，1978年8月颁发了《高等学校培养研究生暂行条例（修改草案）》。卫生部医教局在调查研究的基础上陆续修订并颁发了一系列工作条例，其中有：《高等医药院校教学研究室工作条例（试行草案）》（1979年7月1日）、《高等医学院校附属医院补充工作条例（试行草案）》（1979年9月10）、《高等医学院校五年制医学专业学生基本技能训练项目（草案）》（1979年6月1日）。这一系列规章制度，全面地纠正了"文化大革命"期间所造成的混乱局面，使高等医药教育逐步走上正规发展的轨道。

为了加速提高中青年师资质量，卫生部又颁发了《高等医药院校基础学科助教培养考核试行办法》和《高等医学院校附属医院住院医师培养考核试行办法（草稿）》（1980年6月）。为此，中山医学院各教研组纷纷制定师资培养计划，以在职学习为主，脱产学习为辅，重点加强基础理论和外文学习。同时，学校还组织全体留校任教的工农学员"回炉"再炼，补习数学、物理、化学、生理、生化等自然科学和医学基础课程。

为了贯彻落实知识分子政策，调动广大教师的积极性，1978年2月13日又转发了1960年2月16日国务院《关于高等学校教师职务名称及其确定与提升办法的暂行规定》，随后又颁发了《关于高等学校图书与资料情报人员职务名称确定与提升的暂行规定》（1979年3月）、《关于高等学校实验技术人员职务名称确定与提升的暂行规定》（1979年3月）。为此，学校恢复了教师和卫生技术人员职称评定工作，极大地调动了他们的工作积极性。

1979年1月国家科委、教育部、农林部联合召开高等学校科学研究工作会议，明确了高等学校应办成既是教育中心又是科学研究中心。要求高等学校积极开展科学研究工作，贯彻"百花齐放、百家争鸣"的方针，发扬学术民主，活跃研究空气，提倡不同学派和不同学术见解的自由探讨、自由发展。要求切实保证教师每周必须有5/6的业务工作时间，把他们的主要精力投入到教学与科研活动中，尽量减少非业务性会议和其他活动。

1979年12月29日，卫生部又发布了《关于医药卫生科技工作贯彻"八字方针"的意见》，1980年1月28日又发布《医药卫生科学研究机构管理试行办法》，1979年12月15日颁布《医药卫生科学研究计划管理试行办法》，1980年2月20日制定了《医药卫生科学研究成果管理试行办法》。这些条例的制定，确立了科技成果鉴定的标准，使高等医药院校的科研管理及成果鉴定有章可循，建立了正常的科研秩序，改进了科研管理，加强了科技队伍的建设，充分调动了科技人员的积极性。

关于教学与科研的关系，实行"按需培养，分档指导"的原则，即将高等医药院校分成三个档次：一档是基础较好的老校，培养高质量的师资和高级医药卫生人才，加强和发展科学研究工作，取得高水平的科研成果，把学校建成教育中心和科研中心。二档是一般老校，在重点搞好教学的基础上，积极创造条件，逐步把科研开展起来。三档是新成立的院校和医专，主要是培养基层独立工作的医药卫生人员，则以教学为主。

经过一系列整顿、改革，80年代医学教育逐步走上稳定发展的道路。1980年6月卫生部、教育部联合召开全国高等医学教育工作会议，回顾总结30年的历程与正反两方面的经验，修订《全国高等医学教育事业发展规划（草稿）》和《关于高等医药院校专业设置和专业调整的意见（草稿）》。到会的院校负责同志和专家认为，要保证质量，一是大力加强师资队伍的建设；二是统编和自编教材要有一定的质量标准；三是加强教学基础地建设；四是充实图书仪器设备；五是搞好教学管理、经济管理和行政管理工作，开展教学方法的研究，提高教学效果。

1982年1月5日，国务院学位委员会、教育部联合发出通知，下达经国务院批准的我国首批有权授予学士学位的458所高等学校名单，中山医学院被首批列入。

二、改革领导体制

新中国成立以来我国高等学校的领导体制几经变化。1950年实行校（院）长负责制，党委对行政起监督作用。1958年后实行党委领导下的校（院）务委员会负责制。1961年实行党委领导下的以校（院）长为首的校（院）务委员会负责制。十年动乱期间提出工人阶级领导一切，成立"革命委员会"。1978年实行党委领导下的校（院）长负责制。为了明确党政分工，改变过去"党政不分，以党代政"的局面，1985年又在部分高校试行校（院）长负责制，中山医学院是试行校（院）长负责制的高校之一。1989年"六四风波"以后，重新恢复党委领导下的校（院）长负责制。

为了改进与完善高校的领导体制，发挥知识分子在教学、科研、医疗方面的积极性，1983年5月全国高等教育工作会议提出："学校可以试行设立参谋、咨询作用的校（系）务委员会"。校务委员会由学术上造诣较深的学者或富有经验的老教育工作者为主体以及在教学、科研和管理等方面做出贡献的优秀中青年代表组成。实践证明，在新的形势下，校务委员会对学校工作的开展发挥了积极的作用。

为了组织广大教职工参加学校的民主管理，发挥全体教职工的积极性，1985年1月28日教育部、中国教育工会全国委员会颁发了教工字（1985）第4号文件："关于颁发《高等学校职工代表大会暂行条例》的通知"，在高等学校建立和健全党委领导下的教职工代表大会制，这是完善学校管理制度的重要途径，是教职工行使民主权利、民主管理学校的重要形式。

自1977年起，柯麟院长调任中华人民共和国卫生部顾问等职，并定居北京。因为柯老同中山医学院有着近半个世纪的"血缘"关系，也因为柯老对中山医学院做出过的杰出贡献，在粉碎"四人帮"后的大好时光里，中山医学院的师生员工无不想念老院长，热切盼望他重新担任院长职务。1980年5月，中山医学院广大师院工的愿望终于实现了，柯老重新回到中山医学院担任院长职务，带领全院师生员工再创辉煌，直至1984年4月离休。

三、"三个中心"的建立和发展

医学教育研究中心、电教中心和医学英语培训中心等"三个中心"以及"DME"是卫生部利用世界银行卫生I贷款于1984年6月在中山医学院设立的几个项目。

（一）医学教育研究中心

是卫生部利用世界银行贷款卫生I项目在我国医学院校建立的四个医学教育研究中心之一（其余三个分别建在上海第一医学院、中国医学科学大学、北京中医学院）。1989年12月卫生部又利用世界银行贷款在北京医科大学、中山医科大学建立了两个"国家医学教育发展中心"，使中山医科大学成为全国医学院校中同时设有"医学教育研究中心"和"国家医学教育发展中心"两个中心的唯一院校。两个中心合署办公，"两个牌子，一套人马"。该中心编制数为8人，此外，尚聘有国内兼职教授和美国客座教授各1人。学校领导朱家恺、谭绪昌、陈汝筑副校长等曾先后兼任过中心主任。

医学教育研究中心成立后不久，1985年6月，即与教务处等相关部、处、办共同承办了"全国医学教育评价和改革讨论会"。此后，先后承担过卫生部、教育部和广东省高教局、教育厅、卫生厅等多项重大研究课题，多次获国家和省级奖励，在卫生人力、教育测量和评价、教学论、课程论等方面，形成了一定的特色和优势。如1990年，医学教育研究中心受卫生部的委托，组织全国部分医学院校校进行了《农村卫生技术专门人才现状调查与需求预测》研究。1991年，又组织了全国10所高等医学院校合作开展《中国城市卫生人力发展战略研究》，获得了世界银行贷款，对全国20个城市的卫生人力进行了大规模的科学调卫生人力，并于1993年通过了卫生部组织的专家组鉴定。这两项研究成果是广东高等医学教育研究界对全国高等医学教育改革与发展的贡献，也为继续研究广东省的高等医学教育发展战略提供了有价值的资料和建议。

同时，该中心受卫生部的委托，于1990年编辑出版了我国首部《全国高等医药院校教学计划汇编》。该书汇集了我国82所高等医药院校各个专业的教学计划290份，对于各院校互相交流，取长补短，改革教学计划，优化课程结构，加强专业建设，起了极其重要的作用。

该中心的另一任务是教育理论的培训与教学。受卫生部的委托，先后举办了8期"全国医学教育研修班"，培训全国医学院校的教师、医生、教育研究和管理人员共200多人。并举办过3期"中山医科大学中青年教师教育理论培训班"，共培训40岁以下中青教师450余人。该中心还承担本校3门课程（医学导论、医学史、高等教育学）的教学。此外，该中心创办了本校《医学教育研究》刊物，并与美国南伊利诺大学医学院等外国医学教育同行进行了学术交流，建立了协作关系。

（二）电教中心

电教中心原名"电教室"，后者成立于1978年5月，归学院医教组教务科管理，1981年改称"电教科"。1984年10月改称"电教中心"，主任为吴志澄，由主管教学的副校长直接领导。中心下设办公室和录像室、摄影室、应用技术室。1998年7月，经校务会议研究，改称为"教育技术中心"，归教务处领导。2003年5月，教育技术中心与中山大学网络与教育技术中心合并，名称为"信息与网络中心"和"现代教育技术中心"，"两块牌子，一套班子"。

电教中心是卫生部在中山医学院设立的"视听软件制作中心"和"视听设备维修培训中心"，是中华医学会教育技术分会的挂靠单位。有一支搭配合理、能适应教育技术发展需要的队伍。固定资产近900万元。1987年经卫生部审批，中山医科大学成为全国5所设有国家视听教材制作中心的医科院校之一。

电教中心结合学校教学的需要，有计划地进行教学软件的系列化建设，建立了医学教学资源库，并率先开展计算机制作幻灯片等新技术。承担了多项省部级课题，获得各种奖励209项，其中省部级一等奖数项。发表论文200多篇。库存电视教材1400多部，覆盖了医学94%的学科。培训教师6000多人次。建设了37间多媒体网络课室，为学校实现教学手段现代化创造了有利条件。

2000年5月，该中心被教育部高教司批准为"教育技术培训中心"，积极开展对学校师生员工的教育技术培训工作。从2000年11月开始先后举办了3期教育技术国家证书班，3期学校继续教育多媒体应用讲习班，32期各类电脑培训班。两年内培训师资787人次，满足了学校教学、科研与管理等方面的需求。

电教中心积极开展与国内外的交流和合作。先后接待了波兰总理、泰国卫生部长、美国AECT副主席和教育部、卫生部的领导，以及几十批国内外专家学者的参观访问，获得广泛的好评。

（三）医学英语培训中心（后改名为外语教研培训中心）

是世界银行贷款在中山医学院立项的三大项目之一，也是卫生部最早建立的外语培训点之一，主要承担广东及邻省的医务人员和教学骨干的外语培训任务。

医学英语培训中心自成立伊始，就一直受到卫生部和学校领导的关心。卫生部有关领导曾多次莅临指导工作，学校领导彭文伟校长和卓大宏书记曾分别兼任中心主任。因此，该中心在短短几年中得到迅速发展，师资力量不断加强，教职员由原来的4位发展到17位，并聘任多位外籍教师，最多时有6位外籍教师同时在该中心任教。不少骨干教师获得出国进修深造的机会。同时，该中心的办公、教学条件也得到进一步改善，教学培训业务不断拓展。

中心老主任秦德庄教授身先士卒，带领中心教职工胜利完成各项教学培训任务，取得了骄人成绩。该中心承担了全校硕士、博士研究生的外语教学任务，举办了38期医务人员脱产培训班和27期外语口语班，受训学员共4000人。同时成功举办了多期涉及TOFL、IELS、职称英语等的考前辅导班。为了满足基层医疗卫生单位的需求，该中心还多次派教师前往珠三角地区的医院进行教学。此外，该中心还参加了中华医学会外语组主持的二本医学英语词典的编译工作，参与了广东省卫生厅的住院医师培训（外语）计划的制订和相关教材的编写。该中心的二位主任受聘为卫生部国家医学考试中心命题委员并曾主要负责省人事厅和高教厅职称英语（卫生类）的命题工作。

四、临床科研设计测量评价（DME）的建立和发展

DME为世界银行贷款项目之一。1984年中山医学院成立"DME咨询委员会"，院长彭文伟教授任主任，胡孟璇教授、侯灿教授为副主任。1987年改名为临床流行病学/DME教研室，主任为王飞教授，有专职教师3人，兼职教师多人。1991年该教研室挂靠肿瘤防治中心，主任为黄腾波教授，其后的负责人为洪明晃教授。

DME为本校研究生的选修课和七年制学生的必修课，也是住院医生继续教育的

四门必修课程之一。此外，临床流行病学/DME教研室还为校内外单位举办了多期临床骨干DME培训班。2002年在省内多个教学点为研究生班开设DME课程。多年来，该课程一直受到研究生、住院医师和七年制学生的欢迎。

DME的教学内容根据临床研究的发展与特点，不断补充与完善，包括：诊断试验的评价、临床试验、临床决策、临床因果联系的研究与推断、预后与预后因素的研究、循证医学、临床文献评阅、科研计划制订与论文的撰写、临床软指标的处理、临床常见偏倚与混杂、meta–analysis等。洪明晃主编的教材《临床科研设计测量评价》1994年由中山大学出版社正式出版，2002年出版了第二版。

从事DME教学的教师多来自临床等工作的第一线，他们在各自的工作中注重把DME运用于实践，开展科研工作，同时，他们还为校内外的医疗机构和医生提供大量的咨询，为提高临床研究的质量做出了重要贡献。

五、法医学系的建立和发展

中山医学院法医学系是我国现代法医学教育的发源地之一，其前身为1953年成立的中山医学院法医学小组，附属于病理学教研室。1979随着中国的刑法和刑事诉讼法的颁布，我国恢复了法医鉴定体系。随后在卫生部的指定下，中山医学院于1979年开始招收法医学专业本科生。1984年成立了法医学系。1985年成为教育部批准的第一批具有硕士、博士学位授予权的专业点。1988年成立了法医学鉴定中心。1998年3月，法医学系与基础学院、科技开发部组建成为中山医科大学基础医学院。1999年开始接收博士后人员，2000年成为广东省重点学科。法医系面向全国招生，已经形成了法医本科、硕士、博士研究生和博士后多层次法医人才培养的体系，成为我国法医人才培养和成长的重要基地之一，在我国现代法医学教育中有着举足轻重的地位。

法医学系拥有在国内外享有盛誉的老一辈专家祝家镇、郭景元等著名教授，他们分别担任过全国法医学专业教育指导委员会主任，主编过全国统编教材《法医病理学》《法医物证学》等法医学专业教材。祝家镇教授还是我国唯一的国际法医学杂志《Forensic science International》的编委。陈玉川教授为全国法医病理专业委员会主任，在死亡时间推断及心脏性猝死研究等方面有深厚造诣。

法医学系的综合实力在全国同行中位居前列，承担了数十项国家、部、省级及国际合作课题，有多项研究课题属国际领先水平，如心传导系统与猝死关系的研究、自行研发推广有自主知识产权的产品如DNA分型试剂盒、基因诊断试剂盒、国际上属新兴学科的法庭昆虫学并用于死亡时间的推断等。

法医学系法医鉴定中心是广东省政府指定的医学鉴定机构，拥有一支高水平的法医学鉴定队伍和严格科学的管理制度，平均每年刑事、民事案件的检案数量达3500多例，以高水准的鉴定质量赢得了社会各界广泛认同和称赞，同时也为法医学教学、科研提供了丰富的材料。引起党中央高度重视的孙志刚一案就是在法医鉴定中心进行法医学鉴定的，其科学、公正的鉴定结论对整个案件的审理起了重要作用。

法医学系在深圳、广州、北京建立了20多个法医学教学科研合作基地，为培养高素质的法医学人才提供了优良的见习、实习基地。法医学系毕业生素以"基础知识和基本技能扎实，实践能力强，综合素质高"受到社会的普遍肯定。在2002年人民网、中华网登载的中国各大学本科和研究生专业排名中，中山大学中山医学院法医学系排名均列第一。

六、附设护士学校的复办和发展

中山医学院附设护士学校的前身是于1953年8月博济医院高级护士职业学校和中山大学医学院附设护士学校合并而成的华南医学院附设护士学校。华南医学院附设护士学校由华南医学院领导，隶属中南卫生部，校址设在马棚岗。设校长（兼任）、专任副校长和教学主任各1人，专任教师8人，在校教职工26人，当年在校生185人。1954年3月，校址迁往原光华医学院院址（先烈路和尚岗，即现广州110中学校址），建立了教学组织，即普通文化课、医学基础课、专业课三个学科委员会，每年招生120人。1955年，护校已初具规模，教学仪器、图书设备等教学条件基本达到各科教学要求，执行了新的教学计划和部颁的教学大纲，并结合护士专业作了修订，加强了与医院的联系，制定学生实习计划，教学工作走上了正轨，教学质量逐步提高。当时在校生239名。1962年7月，护校改为卫生部直属中专学校，学院为加强对护校的具体领导，曾一度将其交由附属医院管理。1963年护校规模定为在校生300名。1963年、1964年，护校先后招收高中毕业生一个班共54人，培养医学实验技士，学制三年。

"文革"期间，1968年12月，护校被撤销，全校教职工除小部分留在学院或附属医院工作外，其余下放到"五七"干校劳动。不久，校址也让给当时的中山四路小学（现广州110中学）使用，至今未能收回。因"文革"期间护校未能正常招生，为补充附属医院护士和中等医学技术人才的缺口，各附属医院于1970、1971年分别招收了一年制和一年半制的护训班；1973年、1974年则由中山医学院招收了两期两年制的护专班。以上四届共有毕业生640人。

1978年2月，为了加强和充实医学技术队伍，培养护士和技术人员，中山医学院党委决定复办护校。同年8月，经卫生部批准，招收高中、初中毕业生120人，开设护士、医学实验技士两个专业，学制三年。1980年10月，在中山医学院校园内初步建成护校校舍，学校教学工作得以正常开展。当时在校生360人。

1985年6月，中山医学院附设护士学校改称中山医科大学附设卫生学校。同年，开设了成人中专教育，设护士、口腔医士专业。1991、1992年又先后增设了普通中专放射医士和英语护士班。1993年起，口腔医士专业增设普通中专班。1994年，卫校在高要乐城设立校外办学点，招收中等护理专业学生。1985年以来，学校已拥有学生520～660人。

护校校园占地4.5亩，校舍建筑面积1980年底为3000余平方米，以后陆续收回了大楼西楼二楼全部及一楼部分用房。1985年自筹资金18万元加建西九楼，1991年又自筹资金116万元建成东楼1～9层（首层由医大第四食堂使用）。1993年共有校舍面积7868平方米。校内设电化教学室、语言实验室、学生图书阅览室及各科实验室共10间，并设有俱乐部供师生业余活动之用。

学校实行校长负责制，下设办公室、教务科、学生科和总务科，还设有普通文化、医学基础形态、医学基础功能、基础护理和临床医学5个教研组。

护校一贯坚持按照国家要求的办学方向，重视培养德、智、体、美全面发展的"实用型"人才，注意加强教学管理和师资队伍建设，以大学为依托，积极开展教育改革，如在主要专业——护士专业的教学改革中，在全省率先增加学生临床实习的时间、实施基础护理学分段教学等，并与中山医学院各附属医院共同建立了一个稳定的、规模较大的、条件较好的实习基地，保证了教学质量的稳步提高。1991年12月，经卫生部教育司对卫校进行办学条件的合格评估，在全国15所部属中等卫生（护士）学校中，名列前茅。1994年11月，卫校被广东省高教局评为"文明校园"；同年12月，经卫生部科教司专家组复核，学校教学管理水平被评为A级；1995年9月，经卫生部科教司批准，卫校被评为"教书育人、管理育人、服务育人"先进集体；1996年3月，接受广东省卫生厅对卫校"贯彻新教学计划及大纲，实施目标教学"和"医学基础实验课教学"两项评估，均被评为A级。1997年11月，经广东省高教厅批准卫校招收的中专护理专业（四年制）被定为广东省普通中专重点专业。1998年8月底，首届四年制中专护理专业学生入学。1999年停止中专招生。2002年7月，中专在校生全部毕业。

博济医院高级护士职业学校有毕业生257人，中山大学医学院附设护士学校有毕业生386人，1953年合校后至1968年，共有毕业生1300人，复校至2002年最后一届中专生毕业，共有毕业生（含成人中专）4045人。从博济医院高级护士职业学校开始，学校为国家培养了5900多名（含成人中专）护理人才，为祖国的医疗护理和医学教育事业做出了应有的贡献。数千名卫校校友们，几十年如一日在护理岗位上辛勤工作，以大爱精神为病人服务，为护理工作献出了自己的青春。据不完全统计，卫校毕业生中有多人获得全国三八红旗手、全国模范护士称号。在深圳华侨城医院工作的曹德柔，1953年毕业，获得全国三八红旗手、全国先进工作者、全国归侨优秀知识分子等光荣称号；在广东省人民医院工作的护理部主任卢洁宝，1955年毕业，获得全国模范护士、省优秀护士称号；在四川成都建筑医院任主管护师的杨玉英，1965年毕业，获得全国卫生先进工作者、四川省劳动模范等称号；在中山市中医院任护理部主任的邓倩云，1958年毕业，获全国优秀中医护理工作者、省优秀护士称号；中山医科大学附属第一医院护理部主任护师张振路，1965年毕业，兼任中华护理学会常务理事、广东省科协常委，获全国模范护士、省优秀护士等称号；1965年毕业于中山医护校的梁嘉定，主编护理中专教材5套，面向广东省及全国发行，获广东中专教育优秀科研成果三等奖及一等奖，现为广东省护理学会理事长、中华护理学会理事；还有一位与卫校同龄的校友邓婉蓉，1913年出生于东莞县，1936年毕业于中大护校，1954年《战士报》刊登了她的事迹《把全身心献给光荣的事业》，1964年，在北京受到周恩来等党和国家领导人的接见；现任广东省人民医院护理部主任钟华荪主任护师，于 1965 年毕业于中山医学院护士学校，于 2003 年荣获第 39 届南丁格尔奖，于 2003 年 8 月 5 日在人民大会堂由胡锦涛主席亲自颁奖。

七、护理本科教育的起步与护理系的建立和发展

护理本科教育事业在我国经历了曲折的发展历程。1921 年北京协和医学院开办了护理本科教育，学制 5 年，其中 2 年在燕京大学学习护理前期课程，3 年在协和医学院学习医学基础和临床护理课程，毕业后授予护理学学士学位。新中国成立后，学习前苏联的护理教育模式，于 50 年代初取消了高等护理教育，开办单一的中等护理教育。

"文革"期间，我国的护理教育事业受到严重挫折，全国护士学校大都被关闭，校舍被占用，教师队伍被拆散，护理教育基本停顿。十一届三中全会以后，我国的护理教育重新起步。1979 年 7 月卫生部发出了《关于加强和发展护理教育工作的意见》，提出要大力加强和整顿护理教育，积极恢复建立护士学校，恢复和发展高等护理教育，提高护理师资水平，做好在职护理人员的培训工作，切实解决教学和毕业实习基地。1978 年卫生部颁发了护士专业教学计划，组织编写了护士专业教材。1982 年卫生部又修订了教学计划，1983 年重新编审了护校教材。

1983 年，天津医学院率先成立护理系，开设护理本科教育。1984 年 1 月 11 日至 16 日，教育部、卫生部在天津联合召开全国护理专业教育座谈会，决定在我国高等医学院校设置护理学专业。中山医学院委派附设卫生学校名誉校长、我国著名资深护理专家、1938 届协和医学院护理学学士卢惠清参加会议，会上商讨恢复我国停办了 30 多年的高等护理教育。卢惠清回到广州后立即向中山医学院领导提交了建议成立护理系的报告，并附上护理学科发展的前景报告和护理专业本科教学计划。1985 年，学校成立了护理系筹备组，并于同年首次招收了护理专业本科生 15 人，学制 4 年。

天津会议后，各地医学院校相继开设护理专业，我国护理教育事业进入到具有高、中、低不同层次的新的发展时期。1984 年 12 月卫生部科教司又在天津召开高等护理专业教材编审工作会议，成立高等医学院校护理专业教材编审委员会，制定护理专业教材编审出版计划。

1987 年 8 月 20 日，中山医科大学护理系正式成立，附属第一医院儿科梁一华副教授担任系主任，72 岁高龄的卢惠清担任顾问。护理系设立了系办公室、护理学基础、内科护理学、外科护理学、妇产科护理学、儿科护理学等五个教研室。

八、中山学院 78 级五年制医学专业教学计划

中山医学院于 1977 年恢复本科教育，77、78 和 79 级的学制均为五年，以下是 78 级五年制医学专业教学计划的主要内容，以见一斑。

（一）总体培养目标

按照党的"教育必须为无产阶级政治服务，必须与生产劳动相结合"、"使受教

育者在德育、智育、体育几个方面都得到发展,成为有社会主义觉悟的有文化的劳动者"的教育方针,培养有社会主义觉悟的、有现代医学和一定中医学基础理论与技能、又红又专、身体健康的高级医学科技人才。

(二) 课程设置与学时数

共开设32门课程——马列主义278、体育146、外语332、数学36、生物学55、医用物理学108、医用基础化学195、人体解剖学229、组织胚胎学102、生物化学182、生理学200、微生物学134、寄生虫学76、病理解剖学152、病理生理学77、药理学153、体检、实验诊断155、X线诊断60、中医学260、内科学250、神经精神病学60、外科学270、儿科学90、妇产科学110、传染病、流行病学100、眼科学50、耳鼻喉科学50、口腔科学20、皮肤病学60、卫生学90、核医学30、法医学(讲座)18。

(三) 总学时数与周学时数

总学时数为4128,其中讲课1990,实验实习2138。周学时数为26—28。

(四) 毕业实习

共45周,其中内科15周、外科15周,妇产科5周、儿科5周、中医学5周。

九、中山医学院81级六年制医学专业教学计划

中山医学院从80级开始改为六年制,直至87级。1988年,学制由6年改为5年。以下是81级六年制医学专业教学计划的主要内容,以见一斑。

(一) 总体培养目标

培养德智体全面发展的高等医学院校的教师、科研人员和县以上的医生。

(二) 课程设置及学时数

共开设37门课程——马列主义220、外语508、体育220、化学286、数学68、物理145、生物学114、人体解剖学243、组织胚胎学134、生物化学170、生理学176、微生物学108、免疫学54、病理解剖学155、医学遗传学53、寄生虫学75、病理生理学70、药理学144、诊断学268、中医学171、卫生学70、卫生统计学56、X线诊断学75、内科学258、外科学258、妇产科学130、儿科学120、传染病学95、神经病、精神病学96、肿瘤病学96、眼科学48、耳鼻喉科学48、皮肤病学56、流行病学36、核医学42、法医学54、临床药理学45。

(三) 总学时数与周学时数

总学时数为4865,其中讲课2335,实验、实习及讨论等2542。周学时数为22—32。

（四）毕业实习

共 48 周，其中内科 16 周、外科 16 周、妇产科 8 周、儿科 8 周。

（五）选修课及学时数

细胞生物学 36、电子技术 57、自然辩证法 36、电子计算机基础 38、医学心理学 36、激光医学 36、口腔病学 20、物理医学与康复医学 30、生物医学工程 45、专题讲座 60。以上 10 门选修课的总学时数为 584。

十、深化教育教学改革

20 世纪 80 年代初，中山医学院深入开展高等医学教育改革，开创了迅速发展的新局面，高等医学教育规模、结构、质量、效益逐步趋向合理。

（一）进行"自学为主"和"讲授为主"的对比性实验

医学教育素有学制长、课程门数多、课程门类广、周学时多、学生负担重的特点。随着医学科学的迅速发展和医学模式的转变，学生需要学习和掌握的知识大大增加，从而导致学生在校学习时间的有限性和知识发展无限性的矛盾更加尖锐。传统的教学方法培养出来的学生，自学能力、理解能力与应变能力较差。为了改变这种状况，就必须改进教学方法，在传授知识的同时，更加重视学生能力的培养和智力的开发。其中一个重要方面就是培养学生的自学能力，因为自学能力是其他能力的基础。

中山医学院从 1983 年秋开始，在临床医学专业新入学的部分学生中，进行了在教师指导下的"自学为主"和传统的"讲授为主"的对比性实验，以探索精减讲课时数，加强学生自学能力培养的可行性。

（1）83 级临床医学专业新入学的学生，除用英语讲课的英语医学班、留学生和少数民族学生外，按分层抽样的方法分为两个大班——自学班和对照班，各 106 人。两个班学生的原有文化基础无显著差异，具有可比性。

（2）在教学要求上，两个班完全相同。只是在大课讲授时，"自学班"着重讲授基本概念和基本规律，突出重点，讲清难点，为学生的自学打下基础。在基础课教学阶段，自学班讲课时数（除人体解剖学外）比对照平均减少约 50%。

（3）在教师配备上，力求两班教师的资历、职称、业务水平和教学能力相近，或同一教师同时承担两个班的教学，以减少由于教师教学能力的差异而造成的误差。

（4）学生的其他学习条件，以及考核内容和考核方法，两个班也完全相同。

同时，为了提高考核质量，对考核内容、考核方法和分数的统计分析等进行了相应的改革。将过去的教师自行命题方式改为科学命题，考试内容记忆、理解、应用各占 1/3，试题 3 年内不得重复。由中山医学院医学教育研究中心将各系、各教研室的试题和学生考试成绩输入计算机，从标准差、方差、难度、区分度、信度等方面，共对 100 多万个数据进行分析、筛选。经过 3 年多的努力，试题质量逐渐提高，好题率达60%以上。

三学年多的基础课教学阶段，共对14门课程进行了20次考试，并对两个班学生的考试成绩进行了分析比较。根据考试的内容效度较好和信度达到基本要求的12门课程、15次考试结果的分析，显示两个班无论是总体平均成绩，还是基础知识或应用能力的成绩，差异多无显著性。此外，对两个班15次考试的平均成绩作配对比较，差异也无显著性。

三年多基础课程教学阶段的对比试验说明：自学为主的教学方法是完全必要和可行的。这不仅不会降低教学质量，反而有利于学生自学能力的培养。

83级对比试验的临床教学阶段，自学班在减少讲课时数的同时，坚持在临床实践中学习。先到基层医院见习4周，再进行较为精练的课堂讲授，各主要课程比对照班分别减少讲课时数30%～50%，此后再进行单科轮回见习。对照班不到基层医院见习，不减少讲课时数，其他和自学班相同。根据单科轮回见习前的理论考试和见习后的实习医师资格考试的成绩分析说明：系统讲授结束时的理论考试，除传染病学外的所有课程，自学班和对照班的成绩没有显著差异。而见习后的实习医师资格考试，就总体成绩来看自学班和对照班也没有显著差异，而分析病例的能力自学班优于对照班的差异却非常显著。由此可见，六年的对比试验已初步证明适当减少讲课时数，加强实践性教学环节，坚持在临床实践中学习、巩固和深化诊治疾病的能力是有成效的，学生灵活运用所学知识分析和解决问题的能力优于传统的讲授为主的教学方法。这项改革在1989年获得了国家级优秀教学成果奖。

（二）开办医学英语班

为了适应医学科学的发展和我国改革开放日益活跃的国际学术交流的需要，必须培养一批能够熟练运用外语的医学专门人才。中山医学院从1980年开始在普通本科学生中试办部分学生参加的英语医学班。其英语教学目标是，能比较熟练地阅读、翻译英文医学专业书刊，具有一定的英语听、说、写能力。毕业后，能担任高等医学院校的师资，又能从事科学研究和国外医学科学技术的引进与交流工作。经过几年的实践与研究，医学英语班的试点取得了成功。到1989年，这项改革已坚持9年，从最初只有19人的小班逐步扩大，共有665人参加，其中已毕业196人。参加医学英语班的学生专业知识和英语水平均为优良，特别是英语的阅读、听力、口语水平大为提高，80%的学生有翻译作品。学生的自学能力强，发展后劲大。教师也从中得到锻炼和提高，开始能用英语授课的只有41人，后来达到147人。这项改革为探索培养高质量医学人才的途径和方法做了有益的尝试，1989年获得了广东省首届教学成果一等奖。

（三）改革教学内容和方法

（1）要求教师以最新研究成果充实教学内容。将国内外有关学科或专业的最新研究成果及时充实到教学内容中，或者将教师的研究成果及时转化为教学内容，把学生引领到学科或专业发展的前沿阵地，使学生能及时了解本门学科或本专业最新的研究动向及其发展趋势。

（2）改革理论课教学。要求教师在理论讲授时，不是简单地将各种现象之间的联系及其发展趋势和盘托出，呈现给学生，而是有意识地创设一些问题情境，提供理解科学结论所需的知识，使学生参与科学结论建立的过程。为此，对大课讲授提出两条要求：一是要突出重点，讲清难点，讲清某些基本理论、概念或规律，为学生的自学打下基础；二是使学生领悟到某个理论、概念或规律的形成过程和实验依据，借以培养学生的科学思维方法，激发学生的创造性思维。

（3）改革实验课教学。增加实验时数，更新实验内容；减少验证性实验，增加综合性实验和探索性实验。强调"三基"、"三严"的训练，注意学生初步科研思维的培养。

从1984年开始，生理学教研室率先开展实验课教学改革。他们更新了教学仪器和教学内容，力求变验证性实验为探索性实验，尝试增加综合性实验内容，让学生自行设计生理实验，取得了良好的教学效果，并促进了学校实验课教学改革的积极发展。

（四）开展学生业余科研活动

成立各种学生课外学习组织，指导他们参加各种形式和内容的学术活动，如听专家的学术报告，参加校内或校际的学术交流和讨论等，使他们经常不断地受到浓厚的学术氛围的熏陶。对少数成绩优良、学有余力、热爱科研工作的学生，组成业余科研小组。学生在教师指导下，选定科研课题，确定科研方法，进行科学实验，并对实验结果进行统计分析，最后写成科研论文。或将学生纳入教师的科研课题组，与教师一道完成科研任务。学生业余科研小组每年保持在20个左右，约100多人参加。学生写出的论文、报告、综述等，有些已在各种刊物上发表，有些则在全国或省级学术会议上宣读。实践证明，开展学生业余科研活动，对于提高学生的自学能力、动手能力和科研能力，巩固、深化和应变所学知识，启迪学生的创造性思维，都起了良好的作用。

（五）加强实验室和临床教学基地建设

十一届三中全会以后，中山医学院的实验室得到了恢复并获得了改善和发展，引进了一些比较先进的仪器设备，建立了电镜中心或实验中心，还建成了外语语言实验室，在教学、科研中发挥了积极的作用。

要提高医学教育的质量，临床医学教育是重要环节。但由于科学研究工作的开展，在附属医院中，病房专科化、病种单一化的情况愈来愈普遍，可用于教学的床位数减少，学生实习的平均床位数下降，临床教学质量得不到切实的保证。为了保证和提高临床教学质量，必须重点解决好临床教学基地的问题。卫生部在调查研究、总结经验的基础上，于1978年7月颁发了《全国医院工作条例试行草案》，同年9月又颁发《高等医学院校附属医院补充工作条例（试行草案）》，1980年6月又起草了《关于整顿和发展高等医学院校临床教学基地问题的意见》，明确高等医院学校附属医院的主要任务包括医疗工作、临床教学工作和科学研究工作，这三项任务是相互联系的，必须统筹兼顾、全面安排、不可偏废，这对提高临床教学质量是一个基本保证。中山医学院各个附属医院重点抓了提高教学意识和教学责任感，开展了临床课程的教学质量评估。

（六）加强教材建设

教材的编写出版，是医学教育的基本建设。为了提高教学质量，稳定教学秩序，卫生部于1977年底召开高等医药院校有关医学、药学、中医、中药、卫生、口腔和儿科等7个本、专科80门课程的教材编写会议，会上草拟了各专业的教学计划草案，编写了各科教学大纲，拟订了教材编审出版三年计划。中山医学院主编了《药理学》《眼科学》《人体寄生虫学》《内科学》第一版，毛文书教授、徐秉锟教授分别任《眼科学》《人体寄生虫学》第二版的主编，董郡教授、邝贺龄教授分别任《病理学》《诊断学》第二版编写组副组长。中山医学院的有关专家教授还参加了《诊断学》（第一版）、《妇产科学》（第一、二版）、《儿科学》（第一、二版）等教材的编写。

（七）招收和培养少数民族学生

十一届三中全会后，卫生部加强了少数民族地区的医疗卫生事业和医学教育事业的建设。1980年5月，卫生部、国家民委、教育部联合发出《关于加强少数民族地区医学教育工作的意见》，指出要改变少数民族地区的卫生面貌，其根本措施是培养一支少数民族医药卫生技术队伍。卫生部指定北京医学院、中山医学院、华西医学院、上海第一医学院等和北京中医学院自1984年起，每年定向从内蒙、广西、宁夏、新疆、西藏五个自治区各招收一定数量的少数民族学生。

（八）毕业生统考问题

"文革"结束以后，高等医学教育的教学质量有了显著的提高，但各校的发展水平不平衡。为了取得研究教学质量的数据资料，并为今后建立国家医学考试制度探索方法和积累经验，卫生部决定对部属院校1982届医学专业毕业生试行一次统考。1982年参加统考的有13所院校：北京医学院、白求恩医科大学、中国医科大学、山东医学院、上海第一医学院、武汉医学院、湖南医学院、中山医学院、四川医学院、西安医学院。此外，北京第二医学院、上海第二医学院和浙江医科大学也要求参加这次考试。当时参加的考生有4995人，考试科目包括内科（包括传染病学、神经病学和精神病学）、外科、妇产科和儿科，考试内容适当联系相关的基础医学和预防医学知识。统考采用多选题书面考试，主要考核学生对基本知识的记忆和理解情况，同时也考核对知识的应用能力。中山医学院在这次考试中获得第四名，在部属院校中位居第一。

(九) 研究生教育与学位制度

解放初期,我国已开始培养研究生。从 1951 年至 1978 年间,由于"左"的路线的干扰,在培养研究生工作中,出现了三次起伏(即 1952—1954 年、1957—1958 年、1966—1977 年)。十一届三中全会后,急需培养大量的高级专门人才,因此恢复和健全研究生培养制度就成为一项根本措施。1978 年 3 月全国科学大会提出,要大力加强培养研究生工作。1977 年 10 月,国务院批转了教育部关于高等学校招收研究生的意见,1978 年 8 月教育部颁发《高等学校培养研究生暂行条例(修改草案)》。1978 年我国恢复了研究生制度。医药学科开始招收研究生,包括中西医的基础、临床和药学以及公共卫生和预防医学等各门学科。

1980 年 2 月第五届全国人民代表大会常务委员会第十三次会议通过了《中华人民共和国学位条例》,从 1981 年 1 月 1 日起施行,规定学位分学士、硕士、博士三级。1980 年 12 月成立国务院学位委员会。1981 年学位委员会召开第一次(扩大)会议,通过了《中华人民共和国学位条例暂行实施办法》和《国务院学位委员会关于审定学位授予单位的原则和办法》两个文件。1982 年 7 月 17 日教育部颁发了《关于招收攻读博士学位研究生的暂行规定》。中国的学位制度从此正式建立了起来。

在国务院学位委员会的领导下,卫生部对申请单位进行了初审和复审工作,通过了医学类首批博士和硕士学位授予单位及其学科、专业和指导教师名单。其中有博士学位单位 34 个,学科、专业点 132 个,导师 201 人;有硕士学位单位 76 个,学科、专业点 667 个。1984 年 1 月经国务院审批,又公布了第二批博士、硕士学位授予单位名单。

1982 年 1 月,国务院学位委员会、教育部又下达了首批授予学士学位的 80 所高等医药院校名单,中山医学院榜上有名。

1984 年 12 月,我国出台《关于培养临床医学硕士、博士学位研究生试行办法》,中山医学院开始招收临床医学硕士、博士研究生。

(十) 发展外国留学生教育

中山医学院 1965 年以前主要接受来自越南、朝鲜民主主义人民共和国的留学生。1974 年恢复接受外国留学生,共接收来自柬埔寨、越南、巴基斯坦、几内亚、坦桑尼亚、马里等国的医学专业留学生 34 人。1977 年至 1987 年,中山医科大学共接收 29 个国家各医学专业留学生 208 人,主要学习医学、外科学、耳鼻喉科学、传染病学等专业。

十一、科研成果

1978 年 3 月 18—31 日在北京召开的全国科学大会上,表彰了一批科研成果。卫生部门获奖 335 项,其中中山医学院获奖的项目有:鼻咽癌的防治研究、角膜移植治疗失明、广东稻田尾蚴皮炎与裂体科吸虫、FB-2A 型反搏系统、中国吸虫区系调查和生态学研究、苯酚胶浆闭塞输卵管绝育法等23项。

1978年6月3—12日，卫生部为贯彻全国科学大会精神，召开了全国医药卫生科学大会，奖励了697项先进典型和优秀科技成果，其中中山医学院的"肺吸虫研究"、"麻风病的研究"、"断肢再植"、"鼻咽癌的放射治疗"等榜上有名。

至1985年，中山医学院获奖的科研成果尚有：内分泌研究室有关正常人、糖尿病人和肝脏病人共1085例的胰岛β细胞功能的临床研究，获83年卫生部科技成果乙等奖；眼科中心易玉珍副教授主持的青光眼组织化学及超微结构的研究，获卫生部84年科技成果乙等奖；脑外科研制的万能手术头架获科研成果奖；附属一院外科陈国锐教授等研究的甲状旁腺移植术获卫生部乙等奖。此外，附属三院唐英春讲师研究发现了我国"军团病"的一个新菌种；法医系用扫描电子显微镜鉴别生前及死后损伤的研究，居全国领先地位。

十二、实行对外开放

1978年以来，我国实行对外开放政策，开展国际学术交流，更好地吸收发达国家的医药科学成就，促进了我国医疗卫生事业与医学教育事业的现代化。

中山医学院积极选派优秀的教师、医生和管理干部到国外的高等医学院校、科研机构进行学习、考察，参加学术会议或进行科学研究。每年学校应邀出访考察、讲学、参加国际学术会议及受聘为对方客座教授的有六七十人。1978年以来出国留学进修的中青年骨干有130余人。这些在国外进修学习的留学人员，为祖国"四化"建设勤奋学习，刻苦钻研，充实了知识，开阔了眼界，活跃了思路，掌握了一些先进技术、实验手段和管理方法，了解了本学科的国际水平和发展趋势。不少学成回国的人员，在学校教学、科研、医疗、管理工作中成为骨干力量，发挥了重要作用。

同时，学院还组织开办讲习班、训练班、研讨班等，组织中外科技人员研讨交流，邀请外国专家教授来校讲学、参观、考察和参加科学研究，引进人才、资金、先进技术和设备。促进了教学、医疗和科研工作的发展。

此外，中山医学院广泛开展与港、澳地区和国外的学术交流活动，还与美、英、日三国的7所院校和港澳的一些院校、医院建立了友好关系，签订了友好合作协议或校际交流协议，这对学校医学教育的改革发展与师资素质的提高起了很大的促进作用。如中山医学院与美国北卡罗纳州晓林大学鲍曼格雷医学中心签订了友好合作协议；中山医学院卫生系与美国北卡罗纳州州立大学公共卫生学院签订了友好合作协议；中山医学院与日本九州大学、日本长崎大学签订了校际交流协议；中山医学院与美国南伊利诺大学医学院结为姐妹学院；中山医学院附属一院与澳门镜湖医院结为姐妹医院。

再有，中山医学院聘请一批知名的外国同行为名誉教授或客座教授。如聘请英国布尔斯托尔大学病理学系主任爱泼斯坦教授、美国夏威夷大学研究生院微生物学与热带病学前主任施钦仁教授、英国利物浦热带病医学院前院长吉利斯教授、香港养和医院胸外科主任卢观全教授等为名誉教授；聘请美国贝勒医学院林文杰教授、加拿大多伦多大学刘宗正教授、香港九龙圣德勒撒医院主任医师陈焕璋、香港养和医院荣誉主任医师梁智鸿、香港养和医院荣誉主任医师余宇康等为客座教授；聘请香港中文大学解剖学系高级讲师姚大卫、美国麻省鸟斯特州立学院健康医学系副教授施于凤等为客座副教授。

中山医学院的一些著名专家教授也在国际学术会议上崭露头角，如陈耀真教授、毛文书教授作为美国眼科第86届年会的国际贵宾出席了会议；郑惠国教授出席了美国芝加哥国际计划生育会议，并在会上宣读论文；校长彭文伟教授主持了西太平洋地区病毒性肝炎会议，等等。

十三、更名为中山医科大学前的中山医学院概貌

截止1985年6月20日中山医学院更名为中山医科大学以前，中山医学院已发展成为一所多层次、多专业、多形式办学的著名高等医学院校，是首批硕士、博士学位授予单位之一。设有医学、口腔、卫生和法医4个系以及放射学、麻醉学、高级护理、临床营养等专业（班），其中有11个博士专业、32个硕士专业、6个本科专业和4个专科专业。全校共有基础和临床教研室60个，3间综合性医院（附属第一、二、三医院）和2间专科医院（眼科医院、肿瘤医院）共有病床2000多张。学校属下的中山眼科中心是我国第一间从事眼科研究、提供眼科预防、医疗、教育服务的机构，其中眼科医院是全国最大的眼科专科医院。科研机构有肿瘤、眼科、生理、寄生虫、心血管疾病、预防医学等6个研究所，还有25个研究室和1个中心实验室。肿瘤研究所是世界卫生组织在我国的肿瘤研究协作中心之一。学校出版的期刊有《中山医学院学报》《国外医学内科学分册》《中华医学文摘》《中华肾脏病杂志》《中国神经精神疾病杂志》《显微医学杂志》《新医学》《家庭医生》《癌症》等，发行量90万册。全校面积38万5千9百多平方米，建筑面积30万平方米。校图书馆建筑面积有7436平方米，藏书40余万册，订有中外文期刊3000种。1985年国家拨款1590万元，其中教育经费934万元，基建投资656万元。

全校教职员工共有5000多人，其中教授、副教授354人、讲师538人。还有相当于讲师及讲师以上职称的技术人员300多人。在校学生近4000人，其中攻读硕士、博士学位的研究生393人，六年制本科生2549人，外国留学生48人，全日三年制专科班120人，夜大学四年制学生353人，进修生400余人。此外，还有附设卫生学校学生500多人。

中山医学院一贯重视教育师生坚持按严格的要求、严肃的态度、严密的方法进行基础理论、基本知识、基本技能的训练，培养良好的学风。重视开发学生智能，培养学生的自学能力、动手能力、创造能力，提高外语水平，以适应"四化"建设的要求。学校先后兴建了医学遗传学、核医学、康复医学、临床药理学、生物医学工程，临床流行病学等一批新兴和边缘学科教研室，注意学科新发展，开设新课程，更新教学内容，改进教学方法，使中山医学院的毕业生以基础扎实、适应性强、发展后劲大而著称。

中山医学院成立"革命委员会"的报道

第五章 经历『文革』及后继续向前发展（1966—1985）

20世纪80年代初中山医学院校门

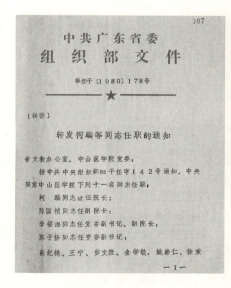

1980年，中共广东省委组织部转发柯麟等任职的通知

重新担任中山医学院院长的柯麟院长

1978级研究生毕业留影

1981年8月,中山医学院第二次教学大纲会议合影

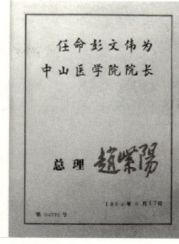

彭文伟院长任命书　　　　　　　　中山医学院学报
　　　　　　　　　　　　　　　　　（1983年）

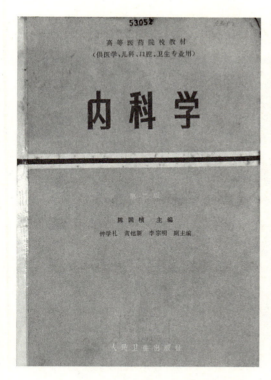

中山医学院陈国桢教授主编的高　　中山医学院主编的全国高等医药院
等医药院校教材《内科学》（第二版）　校试用教材《药理学》

第六章　中山医科大学医学教育的发展

　　1985年6月20日，中山医学院经卫生部批准正式更名为"中山医科大学"。1985年9月26日，邓小平为中山医科大学题写了校名。学校全面朝着"教育要面向现代化、面向世界、面向未来"的方向加紧改革和建设，进一步提高学校的教学、科研、医疗和管理的水平与质量，逐步把中山医科大学建设成为有研究生院和多个学院的现代化医科大学。本章主要记述1985—2001年期间医科教育各方面的情况，但在叙述在这一期间各单位情况时，为了完整表述，有的内容延续到2001年合校后。

中山医科大学正门

卫生部关于中山医学院更名为中山医科大学的批复　　　　邓小平题词

中山医科大学命名大会

中山医科大学建校132周年校庆

中山医科大学2000届毕业典礼

第一节 以改革开放为契机，稳步发展医学教育

80年代以来，我国高等医学教育的发展具备了较好的政策环境和经费支持。同时，国家加大了对教育的投入。1980年以来，国家拨给学校的教育经费和基本建设费用也呈逐年上升的趋势。1991年投入学校的教育总经费为2192万元，与1980年的828万元相比增长了一倍多。我国的高等教育进行了一系列改革和探索，高等医学教育也从恢复整顿阶段转入稳步发展时期。学校抓住这一契机，不断加快改革开放的办学步伐，争取世界银行贷款，增加教学投入，推进内涵建设，加强对外交流与合作，使高等医学教育的体系和结构逐步向比较合理的方向转变，努力为本地区经济建设和社会发展服务，开创了迅速发展的新局面。

一、本科专业设置的调整

1980年，根据高等医学教育事业的发展要与国民经济相适应的精神，教育部进行了专业结构和布局的调整，要求每一种专业都要做到"基础好一点，专业面宽一点，适应性强一点"（"三点"），并确立将15种专业正式列入国家高等医药院校的专业目录。卫生部在1981年1月召开的部属高等医学院校工作会议上，要求部属院校根据精简的原则，从实际出发，确定学校的任务、规模、专业设置、学制、编制（"五定"），在五年左右的时间内保持不变。学校根据"三点"要求和"五定"方案，在进行社会需求调查研究基础上，调整专业结构，挖掘办学潜力，努力开办新兴、短线的专业。1978年，学校设有医学、卫生、口腔三个专业，1979年，学校新设了法医专业，1984年设立了法医学系，1985年新办了医学营养系。至此，中山医学院共设4个系和2个专业（班），专业数增加到11种，覆盖了我国大多数医学专业，专业结构逐步趋于合理，在校生约3000人。其中医学系的医疗专业、口腔系的口腔专业、卫生系的卫生专业、法医系的法医专业授予学士学位，学制均为6年。根据广东经济社会发展与卫生事业的需求情况，学校采取多种办学模式，例如，以"前期趋同，后期分流"的形式在医疗专业、卫生专业中实行后期分流，以培养麻醉、放射、健康教育、妇幼卫生等专业急需的短缺本科专门人才。

1983—1992年专业设置统计表

年份\类别	博士专业	硕士专业	本科专业	专科专业
1983	7	23	5	1
1984	11	32	6	2
1985	11	32	6	4
1986—1988	23	40	7	4

续上表

年份 \ 类别	博士专业	硕士专业	本科专业	专科专业
1989	23	40	7	3
1990	25	43	7	3
1991—1992	25	43	7	3

二、公共卫生学院的建立和发展

公共卫生学院前身为1956年成立的卫生学教研室，1976年成立公共卫生系，1986年更名为公共卫生学院。中山医学院更名为中山医科大学以后，中山医学院卫生系正式更名升格为中山医科大学公共卫生学院。2001年10月中山医科大学与中山大学合并后，中山医科大学公共卫生学院更名为中山大学公共卫生学院。

公共卫生学院由4个系（预防医学系、医学营养学系、妇幼卫生学系、医学统计与流行病学系）、1个教研室（卫生管理学教研室）、1个中心（中心实验室）、3个行政部门（学院办公室、科教科、学生科）及预防医学研究所和卫生管理培训中心组成。

（一）师资队伍

在几十年的教学与科研工作中，公共卫生学院造就了一批国内外著名的预防医学专家，对我国预防医学事业的发展产生了重大影响。其中老一代专家有卫生统计学专家胡孟璇教授、营养学专家何志谦教授、劳动卫生与职业病防治专家周炯亮教授、卫生毒理学专家张桥教授、儿少卫生学专家邓桂芬教授、社会医学专家梁浩才教授、环境卫生学专家陈成章教授等。正在教学、科研和管理第一线发挥重要作用的专家有：数理统计学专家方积乾教授、骆福添教授、卫生毒理学专家庄志雄教授、营养学专家凌文华教授、卫生事业管理专家陈金华教授等。

公共卫生学院还拥有一支实力雄厚、年轻有为的师资队伍。全院共有教师62人，其中教授9人，占14.5%；副教授15人，占24.2%；讲师26人，占41.9%；助教12人，占19.4%。45岁以下教师52人，其中获博士学位者11人，占34.7%；获硕士学位者31人，占69.23%；博士生导师5人，硕士生导师18人。此外，公共卫生学院与美国、加拿大、芬兰、日本、新加坡和香港地区大学的有关学科建立了合作关系，聘请了名誉教授、客座教授共12人。同时还聘请了10多名国内预防医学与公共卫生领域的专家作为兼职教师。

（二）教学工作

公共卫生学院的本科招生专业有预防医学专业、医学营养和妇幼卫生专业方向，其中后两个专业为后期分流专业。学院为这3个专业开设专业必修课20门、专业选修课24门。此外，还承担了临床医学、口腔医学、护理学、医学影像学、麻醉学、视光学等非预防医学本科专业的预防医学课程的教学，共开设14门课程。

自1976年成立卫生系起，就开始招收预防医学专业本科生，2002和2003年两年每年招收预防医学专业本科生80名。至2004年6月，公共卫生学院共培养预防医学专业本科毕业生782人，并有在校生345人。

公共卫生学院预防医学专业的所有三级学科（流行病与卫生统计学、劳动卫生与环境卫生学、营养与食品卫生学、儿少卫生与妇幼保健学、卫生毒理学、社会医学与卫生事业管理）均有硕士学位授予权；还有4个博士学位授权点：流行病与卫生统计学、营养与食品卫生学、卫生毒理学、社会医学与卫生事业管理。至2004年6月，公共卫生学院有全日制研究生91人，其中硕士生74人，博士生17人。为更好地发挥研究生教育的优势，学院扩大研究型研究生和博士研究生的招生规模，并开展公共卫生硕士（MPH）的培养工作。2002年招收公共卫生管理硕士（MPH）129人，2003年招收79人，在全国各高校公共卫生学院中名列前茅。MPH的培养工作得到了全国同行的好评和国务院专业学位委员会的认可。

2000年以来，公共卫生学院获得部省级教学研究课题1项，校级教改研究项目22项；发表教学研究论文共39篇；获得省级优秀教学成果二等奖1项，校级教学成果1项；主编研究生规划教材1本、本科生新世纪规划教材3本、专科规划教材1本，参编各类教材20余本，另外还自编了一批教材，供学生选修课使用。

（三）学科与课程建设

公共卫生学院非常重视学科和课程建设，实行"成熟一个，发展一个，以点带面，促进整体水平"的发展。其中《医学统计学》先后成为校级精品课程和省级重点课程，《劳动卫生与职业医学》《环境卫生学》《营养与食品卫生学》《临床营养学》《儿少卫生学》等成为校级重点课程，卫生毒理学实验室成为广东省卫生厅"五个一工程"重点实验室。根据中山大学985项目建设规划，学院获得学校拨给的300万元专项经费，集中统一用于学科建设。具体实施项目之"实验中心建设"和"认知障碍儿童神经心理实验系统建设"两项已按原计划完成，仪器设备均已到位和投入使用，已启动开展各项工作；实施项目之"流行病学与卫生统计学研究与咨询中心建设"正在组织实施中。另外，在前期工作的基础上，后续拟开展的学院病原和免疫中心的建设计划已通过专家组论证，经费到位。

公共卫生学院获省部级成果3项；科研项目98项，其中国家级项目21项（杰出青年基金1项）、省部级25项、厅局级22项、校级9项、横向基金21项，总经费1601.64万元。以外，还获得CMB基金45万美元。2000年以来，在国内外各级学术期刊上发表论文217篇。

在第四、第五版预防医学专业全国规划教材的编写中，学院有26位专家进入18本教材的编委会，其中主编教材4本（张桥教授主编第四版《卫生毒理学基础》，方积乾教授主编第五版《卫生统计学》，凌文华教授主编第五版《营养与食品卫生学》，蒋卓勤教授主编《临床营养学》），副主编教材和配套教材 3 本。此外，许多专家教授是国内外一些预防医学领域杂志的主编、副主编或编委，还担任国家级、省级学会的理事长、副理事长、理事等，凌文华教授还被评选为亚太地区公共卫生学会常务理事。

1957 年 8 月 5 日中山医学院公卫班毕业留影

公共卫生学院大楼

公共卫生学院

三、本科教学计划和教学大纲的修订

学校于1984年前后、1989和1992年分别对本科教学计划进行了较大规模的调整，按照生物—心理—社会医学模式改革和优化课程体系，合并或减少必修课，增加选修课（如计算机、文献检索、医学心理学、英语提高课、自然辩证法、医学伦理学和临床药理学等），组织跨学科的新课程；减少周学时，增加学生自学和课堂讨论的时间；加强预防医学的教育，将大卫生观念引入基础医学和临床医学各课程的教学中；加强人文社会学科、信息技术等课程的教学，增加公共基础课的比重，积极推进理医结合，文医渗透。同时，实行"前期趋同，后期分流"的专业教育模式，拓宽专业口径。低年级加强基础教学，使学生有较宽厚的基础理论、基本知识和基本技能；高年级按不同的专业方向分流培养，或试行二次选择专业，改革"一次选择专业定终生"的制度。

在重新修订教学计划的同时，基础、临床各学科分别制订了教学大纲，根据专业培养目标和课程教学目标，注重"三基"（基础理论、基本知识、基本技能），以本学科在医学课程体系中的地位和作用，提出本学科教学内容深度和广度的要求，并注意基础学科联系临床和专业实际。

1989年临床医学专业课程分类时数表

课程类别	课程门数	课程学时
公共基础课	8门	1250
医学基础课	10门	1095
临床课	14门	1493
预防医学课程	3门	150
选修课	26门	3988
小计	61门	7976

四、教书育人，重视德育

1986年初，学校召开全校思想政治工作会议，提出了"团结、勤奋、求实、创新"的新校风。同时，学校开始实施兼职级（班）主任制度，由各教研室抽调93名教师任兼职班（级）主任。此外，大力组织学生参加社会实践活动，并将学生参加社会实践活动纳入教学计划。要求教师将思想政治教育渗透到业务知识的教学过程中，真正做到既教书，又育人。1987年4月，学校正式成立了思想政治工作研究会，通过了《中山医科大学思想政治工作研究会章程》，对新时期加强和改善思想政治工作进行了研讨和总结，学校还在全校师生中完成"九法一例"的普法教育，增强了师生员工的法制观念。1987年9月，卫生部属院校在学校召开思想政治工作研讨会，强调了三个必须：必须进一步端正办学指导思想，培养德智体全面发展的"四有"人才；必须改革思想政治工作的内容、形式和方法；必须抓住班主任和导师制度的重点，充分发挥教师教书育人的作用。校党委刘希正书记在中共中山医科大学第八次代表大会上的工作报告中，对过去5年学校的思想政治工作作了回顾性总结："党的十三届四中全会胜利召开，使学校思想政治工作开始有了新的起色。"

五、启动考试研究和质量监控

从20世纪80年代中后期开始，学校就强调课程考试是评价学生掌握知识和灵活运用知识能力的重要途径，也是引导教学和深化改革的重要手段。为加强教学质量监控，发挥考试的导向作用，教务处处长谭绪昌研究员等主持开展了考试质量的分析工作。

首先，控制考试的内容效度，促进学生智力的培养。通过对1986—1987年试题质量的分析，揭示了当时影响命题质量的主要原因：一是对专业培养目标和课程教学目标缺乏明确的层次要求，忽视了大学生的智能培养和学习活动的基本特征已不仅是为了掌握知识，而是由求学期向创造期过渡的特点，使学习效果的评判局限于低层次的教学目标；二是考试内容的层次分配不合理，未能明确知识、能力和智力三者的关系。为此，学校配合"自学为主"的教学改革试验，从1986年开始要求命题必须兼顾知识、能力和智力三方面，不但要重视对学生知识结构的评价，也要重视对学生的思维方法以及知识转化为能力的程度进行评价。学校借鉴国外医师资格考试和国内医学生业务统考试题的层次比例，规定各本科课程考试内容记忆、理解、应用三个层次各占1/3，基础课、临床课、形态学科和机能学科可有所不同，不同教学阶段的考核也可各有侧重。经过几年的努力，学校应用层次的试题比例由1986—1987年第二学期的22.4%提升到1988—1989年第一学期的33.98%。

其次，将过去的教师自行命题改为科学命题。通过设置合理的试题难度和区分度（一般要求难度控制在0.75左右，区分度不低于0.15），并规定试题3年内不得重复，以强化对考试结果信度的控制。学校制订了考试命题细目表，由本校医学教育研究中心将各系、各教研室的试题和学生考试成绩输入计算机，从标准差、方差、难度、区分度、信度等方面，共对100多万数据进行分析、筛选，显示好题率达60%以上，并将考试分析结果反馈给各系、各教研室，促进了各门课程试题质量的逐渐提高。

再者，从考试方法的合理运用入手，促进考试工作的科学化。1986年，学校提出要求：认知领域的总结性考核以多选题和论述题为主，多选题的题量不宜少于30道，占总分的30%~50%，使试题内容有良好的覆盖率；论述题分值比例不少于50%，以便考核学生分析综合和评价等较高层次的能力。

为使考试命题工作更为规范和制度化，学校于1986年出台了《学生学业成绩考核暂行条例》，对考试的各项重要指标和方法作出具体的规定，并要求做好试题质量的抽样分析。1986—1990年，学校提供了133门次课程考试质量的分析报告，在为教师提供反馈信息的同时也为进一步的考试质量监控提供了科学依据。1990年，学校有28门课程建立了题库，药理学教研室等还运用计算机储存、修改试题，完成试卷编制等工作。

六、开展七学制医学教育的探索

1988年，卫生部在北京召开全国高等医学教育工作会议，讨论高等医药院校改革与发展等问题，决定启动从高中录取优秀学生的七年一贯制教育，培养具有硕士水平的高级临床医学人才，以适应我国高等医学教育赶超世界医学科学技术发展的趋势。同年，经国家教委批准，学校作为全国15所首批试办七年制高等医学教育的学校之一，招收了七年制临床医学专业学生30名。在七年制高等医学教育的办学过程中，学校全面贯彻国家的教育方针，全面推进素质教育和创新教育，培养德、智、体、美全面发展、能适应"三个面向"需要的、具有坚实医学理论知识和熟练临床诊疗技能、有较强的临床实际工作能力和创新思维、具备较大发展潜力、达到临床硕士学位水平的高层次医学专门人才。

为实现七年制临床医学专业的培养目标，学校在学生入学后进行严格的分级考试，以确保七年制临床医学专业学生有较好的自然科学和外语基础，并参考入学前政治思想表现和高考成绩，进行德智体三方面综合评定，择优选拔七年制学生，按七年制教学计划实施培养。在整个教学过程中，进行严格的管理监控和淘汰选拔，通过知识、能力、素质等高层次、综合性的考核，激发学生的求知欲与上进心，确保教学质量。

为提高教学的起点，七年制学生单独开班，并在培养方案上体现精英教育的要求。学校1989年制订试行的七年制教学计划主要有以下特点：

（一）教学内容比五年制适当拓宽、加深，强调打下较广泛的人文社会科学和自然科学基础

增设新兴学科和边缘学科的课程，如临床生物化学、神经生物学等，使学生及时掌握学科发展的前沿动向。开设选修课，扩大学生知识面，如设置了逻辑学、运筹学原理与应用、卫生经济学、医学伦理学、分子生物学、行为科学、激光医学、物理医学与康复医学、DME、临床药理学、老年医学、优生学、科技写作等26门选修课。

为加强基础理论与临床实践的联系，学校不仅根据分段安排、逐步深化的原则，在前三个学年使学生较系统地掌握本专业的基础理论、基本知识和基本技能，并且在临床二级学科轮回实习的基础上，紧密结合临床实际，以器官系统或以问题为中心进行综合教学，以深化科学知识基础，使学生提高灵活运用基础理论指导临床实践的能力。

（二）强化外语教学，重视学生英语应用能力的培养

除奠定牢固的公共外语基础外，基础课程和专业课程均部分采用英语教材，逐步增加用英语授课的时数，使学生具有熟练阅读专业英语书刊能力和一定的听、说、写能力（达到大学英语六级的教学要求）。

（三）注重精选课堂讲授内容，为学生自学打下基础

专业课的教学提倡精减大课系统讲授时数，采用综合性专题讲授，实施床边教学、病例讨论等，培养学生科学的思维方法，启迪和活跃学生的临床思维，培养创造性思维和自学能力，坚持在临床实践中学习、巩固和深化临床实际工作能力。

（四）重视科学研究能力的训练

学校将科研能力培训纳入教学计划，要求整个教学过程中通过各种实验（尤其是综合性、探索性的实验课）和各种实习课强化科学实验的基本训练，使学生学会科学研究的基本方法，培养严肃的科学态度和严谨的科学作风；要求各专业基础课教研室有计划地为学生开设专题讲座和举办学术报告会；要求部分教研室组织学生成立学生业余读书小组和业余科研小组，指导学生查阅文献，撰写文献综述，加强科研设计、操作、观察能力的训练。从第七年开始，学校要求七年制学生在导师指导下结合临床实践开展研究，并写出毕业论文。

七、加强临床医学研究生的培养

早在1984年12月，我国已出台《关于培养临床医学硕士、博士学位研究生试行办法》。

1986年，国务院学位委员会、国家教育委员会和卫生部又联合颁发《培养医学博士（临床医学）研究生的试行办法》。该办法将医学类博士研究生培养分成两种规格：以培养科学研究能力为主者，授予医学博士学位；以培养临床实际工作能力为主者，授予医学博士（临床医学）学位。该办法于1987年起执行。为此，学校对研究生教育进行了相应的改革。如改变研究生教育偏重培养理论型科研人才的倾向，加强临床应用型人才的培养。经过1985—1990年的调整，将临床实验研究生与临床医学研究生的招生比例提高到2：3。在此期间，学校培养的研究生除留校工作外，分配在广东省的医疗与科研机构的医学博士、医学硕士共279人，占毕业研究生总数的31%，为广东省医学界输送了一批急需的高级医学人才。

八、成人教育与继续教育的发展

为了满足社会对医药人才的需求，中山医学院从1983年起努力改变单一的普通高等医学教育办学模式，实行多层次、多渠道、多形式办学，逐步扩大办学规模。一方面增设新的短线专业，另一方面积极举办成人教育与继续教育，对社会医务人员进行专业培训。根据广东经济社会发展的需求，分别开设全日制大专班、夜大学和专业证书班，设置急需的临床医学、医学检验、高级护理、放射、麻醉、医用电子技术、医用计算机等专业（班），学员全部面向广东。从1985—1990年的6年中共有627人获得大专学历，其中12人分别担任医院院长、科室主任、卫校校长；为广东培训教师、医护技术骨干2698人，并帮助基层医院开展新技术应用；还与广东省卫生厅联合开办了"广东省卫生管理干部培训中心"，到1991年已举办了4期市、县卫生局长培训班，培训学员101人。1991年4月，中山医科大学获卫生部批准成为首批接受高等医药院校国内访问学者的试点单位。

1983—1992年招收普通教育与成人教育各类学生统计表 （单位：人）

类别 年度	博士生	硕士生	本科生	夜大 本专科	成人 脱产科	总计
1983	—	84	380	105		569
1984	4	88	442	131	—	665
1985	15	183	487	228		913
1986	—	192	451	93		736
1987	14	193	418	—		625
1988	31	168	434	97	94	824
1989	31	168	394	58	58	709
1990	19	131	439	—		589
1991	46	132	450			628
1992	40	134	502	34	—	710

九、科研工作的加强

为提高学校教学、学术水平，多出人才及高水平成果，学校加强了科研工作的力度。1987年3月，彭文伟校长在学校科技工作会上指出，要提高对科研工作重要性的认识，强调科研工作是与学校作为国家重点医科大学的存亡和发展休戚相关的大事，把科研工作放在了学校发展的战略地位上。在这一思想指导下，学校相继讨论和出台了《中山医科大学科研突出贡献晋升奖励办法》《中山医科大学科技开发管理条例（草案）》，制定了加强科研工作的12条措施，增加了科研投入，壮大了科研队伍，抓好重点学科建设，增强了科研实力。

十、"七五"期间的主要成绩和"八五"计划与十年规划的目标任务

1991年6月26日，在中共中山医科大学第八次代表大会上，卢光启校长代表校行政领导，向第八次党代表大会作了关于中山医科大学"八五"计划和十年规划的报告。卢校长在报告中首先回顾了"七五"计划的执行情况：1985年6月，在学校首届教职工代表大会上提出了学校"七五"计划的设想。在1986年12月首届二次教代会上审议通过了学校"七五"计划。"七五"计划的主要指标已经完成，取得的成绩是显著的。"七五"计划提出的临床学院、卫生学院均已经建立，初步形成了医科大学下设立多院系的新格局。办学的层次和规模逐步理顺。研究生教育跃上了新的台阶，确立了在学校中与本科教育并重的地位。本科教育稳定规模，改变了院系专业较为单一的状况，调整了学制，试办了七年制，在深化教学改革，提高教学质量上努力探索，取得有益的经验。专科教育、进修教育、成人教育、留学生教育及附设中专教育也有了新的发展。附属医院已经卫生部批准增加编制病床383张；教学病床短缺的状况有所缓和。医院的活力明显增强，办院条件也有较大的改善。科学研究适应拨款制度的改革，"七五"期间，校内平均每年拨款超过100万元；校外争取的课题共307项，经费982.89万元。"七五"期间获奖成果169项，其中国家级奖5项，部委、省级奖69项，厅、局级奖95项。全校的基本建设，通过多种途径，五年间竣工面积达93456平方米。教职人员编制，人员的调入、选留、评聘、离退休制度逐步趋于健全。校办产业也有相当程度的发展。学校的管理和校风建设日益受到重视，教书育人、管理育人、服务育人的思想在教职员工中普遍增强，校风建设，包括教风、学风、医风的建设，普遍受到师生员工的重视，"一手硬、一手软"的状况开始改变。

关于学校"八五"计划和十年规划的主要目标和基本任务，卢校长提出，在学校的层次、院系和专业设置方面，"八五"期间，拟在学校设立3个博士后流动站，拟新建立研究生院、光华口腔医学院。本科专业保持现有7个专业，即在医科大学下建立3站（博士后流动站）、7院（研究生院、基础学院、第一临床学院、岭南医学院、第三临床学院、卫生学院、光华口腔医学院）、3系（法医系、护理系、医学营养学系）、7个专业：基础医学、临床医学（含五年制和七年制）、预防医学、口腔医学、法医学、护理学、医学营养学、2校（属大专的夜大学和属中专的卫生学校）。

关于招生规模目标，学校总体上稳定在1990年的水平上。研究生层次"八五"期间控制在1990年招生183人的年招生数不变，但增加了博士生层次的比例；"九五"期间，研究生年招生人数在183人基数上增加5%，加上博士后，在校生数共约为603人。本科生层次拟在1991—1992年，每年招生480人；1993—1995年，每年招生500人；1996—2000年，仍保持这个招生数，在校生为2560人。专科层次，1992年以前，考虑本科两个年级实习的压力比较大，暂不招生；从1993—2000年，每年招生稳定在60人，在校生从1995—2000年保持100人。同期的成人教育在校生保持在240～250人的水平（干部专修科90人，夜大学160～170人）。进修生保持1990年700人左右的水平（包括新开办的中华医学基金会进修基地每年招收15名国内访问学者的任务）。留学生保持在校生60～70人（包含在各层次学生数内），即每年接收12人左右。中专层次，1991—2000年期间，拟每年120人，在校生360人。

关于医院规模目标，"八五"期间，一院、纪念医学、肿瘤医院，保持现卫生部批准的编制病床不变，三院、眼科医院、口腔医院按卫生部已批准建设的基建任务分别增加病床120张、100张、60张及牙椅120张。即到1995年，医院共有卫生部编制病床2836张，另有地方编制病床170张；至2000年，病床总数增至3408张，全部为卫生部编制病床，即一院1100张、纪念医院800张、三院600张、肿瘤医院500张、眼科医院308张、口腔医院100张及牙椅150张，使在校本科生人数与本校综合性附属医院病床数的比例达到1∶1，专科病床与本专业（口腔）学生数也达到1∶1的要求。

关于学科与课程目标，"八五"末期，被确定为国家重点的学科，要首先达到能追踪国际先进水平，在国内居领先地位；到本世纪末，再争取有3～4个学科被确定为国家重点学科。要力争各主要学科都成为博士点，被批准为博士点的学科，应处于国内先进水平，并逐步争取在某些方面处于领先地位。学校已开设的各门课程，要有一半门数达到优秀课程的标准，并在全国同类课程中处于先进水平。

关于科研目标，"八五"期间，争取生物医学工程实验室成为国家重点实验室；争取眼科实验室、受体实验室为卫生部重点实验室；建立并争取卫生部批准承认热带研究中心、肾病研究所（已建立）、优生优育研究中心3个科研机构。"九五"期间建立并争取卫生部批准承认的科研机构拟为：消化疾病研究所、神经病学研究所、器官移植研究所。"八五"期间，争取负责主持承担国家的重大科研课题3～4项；"九五"期间4～6项。"八五"到"九五"期间，拟建立2个高科技产业基地，平均每年推广不少于1项社会效益和经济效益较高的科技项目。

何母刘太夫人楼　　　　　　　《中山医科大学学报社会科学版》

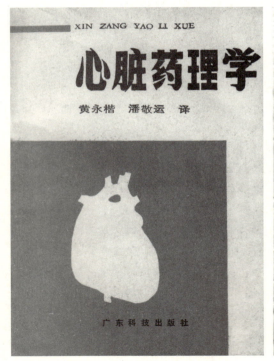

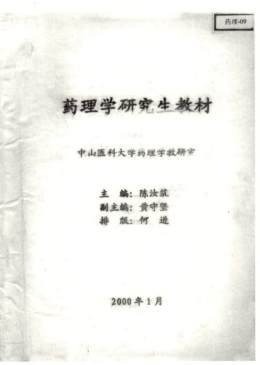

1988年，黄永楷、潘敬运译《心脏药理学》　　　2000年1月，陈汝筑主编《药理学研究生教材》

第二节　争创"211"工程，增强办学实力，探索创新型医学人才的培养体系

经过改革开放十几年来的建设与发展，学校在人才培养的规模和质量、医学科学技术与医疗卫生服务的水平等方面都有了一定的提高。1992年广东省高等教育工作会议制定了1993—2010年我省高等教育发展纲要，广东省于1992年启动了部省共建高校和争创"211"的系统工程，1993年国家教委颁布了《中国教育改革和发展纲要》，1994年卫生部和广东省政府联合发出《关于卫生部和广东省政府共同建设中山医科大学的通知》，这些重大举措，进一步深化了学校医学教育改革和发展，推动了学校办学水平和人才培养质量的提高。

一、开展校内综合改革

中共十四大明确提出建立社会主义市场经济体制的目标，这对高等教育的改革和发展带来了新的挑战，同时也提供了新的动力和机遇。市场经济体制的建立，必然要求高校在办学体制、管理体制、计划体制、投资体制、招生分配制度、人才培养、科学研究等方面进行相应的变革，使之与市场经济体制相适应。为此，中山医科大学展开了一场全校性的校内综合改革。

校内综合改革是一项复杂的学校办学体制自我完善的系统工程。校内综合改革的内容涉及管理体制、教育、科研、医疗、产业、后勤服务、职工住房、公费医疗、退休保险等方方面面。校党委卓大宏书记提出，要开展以教学、科研体制改革为主的主体领域改革。总的来说，学校在逐步实现办学体制形式多样、自主办学、面向社会、提高效益等方面，已制订出深化改革计划，主要措施包括：扩大招生规模，增加自费生、代培生招生名额，逐步在生源上形成一校两制；拓宽专业口径，后期定向分流，增设实用课程，适应市场需要，加紧培养卫生管理、卫生经济、麻醉、临床影像、妇幼保健、药学等方面的人才；加强学科建设，提高教育质量和科研水平，做好高层次人才的培养，加紧培养第二、三代学术带头人，充实及积蓄学术后劲；面向社会，走向社会，联合办学，近期内与顺德、连县等地联合办大专班；进行招生及分配制度改革，在一定范围内引入市场机制；大力发展校办产业，面向经济建设主战场，促进科研成果转化为生产力，同时增加学校创收，增强自我发展的经济实力；贯彻多渠道集资办学方针，包括争取社会各界和港澳人士捐资助学；加强党对学校工作的领导和党的建设，加强和改善学校的思想政治工作。

二、调整专业结构

1993年7月，国家教委颁布了重新修订的《普通高等学校本科专业目录》，对1988年的专业目录进行了很大的调整，拓宽了专业口径，增强了适应性，反映了我国的教育改革与高校专业结构的变化。该《专业目录》设10大门类，下设二级类71

个，504 种专业；其中医学门类下设二级类 9 个、37 种专业（含西医药 8 类 23 种），比 1988 年的原专业目录增加了护理学类。当年广东省设有本科专业的高等院校 28 所，共有专业点 356 个，其中医学类设 9 个学科，26 个专业点，含西医专业点 20 个。

在此阶段，中山医科大学设置学制 5 年制的基础医学、预防医学、临床医学、医学营养学、口腔医学、法医学、护理学 7 个专业，临床医学专业还设七年制。1996 年，学校经卫生部批准，在公共卫生学院增设了妇幼卫生专业（本科），使本科专业总数达到了 8 个。1998 年 5 月 8 日，学校成立护理学院。

三、部省共建，争创"211"工程

《中国教育改革和发展纲要》发布后，国务院提出了"211 工程"计划，面向 21 世纪重点建设 100 所左右的高等学校和一批重点学科，目的是力争在下世纪初有一批高校和学科、专业在教育质量、科学研究和管理方面达到世界较高水平，以迎接世界新技术革命的挑战。

为搞活办学机制，处理好政府与高校、中央与地方、国家教委与中央各业务部门的关系，提高高等学校的办学实力，广东省于 1992 年启动了部省共建高校和争创"211"的系统工程。

（一）借助部省共建和社会各界支持，教学和科研投入明显增加

1994 年 2 月，卫生部和广东省人民政府联合发出粤府 [1994] 22 号文《关于卫生部和广东省政府共同建设中山医科大学的通知》，部、省在全国医学院校中率先达成共建中山医科大学的协议。该协议的主要内容包括广东省财政增加对共建高校的投入，并对共建学校的专业和学科设置、人才培养等有统筹决策权。学校则努力为广东社会和经济发展培养更多高素质人才和提供优质的科技服务。

部省共建打破了条块分割和单一的学校隶属关系及投资体制，加强学校与地方政府的联系，使中山医科大学得到了广东省政府和其他多渠道的支持，优化了办学条件。从 1994 年开始，广东省政府对中山医科大学投入共建拨款 950 万元（1994 年 300 万元、1995 年 400 万元，另 1995—1996 年广东省还向肿瘤医院、眼科医院拨款 200 万元，广州市向眼科医院拨款 50 万元）。广东省根据"部委属院校与省属院校同样对待"的政策，每年给学校的重点学科、实验室建设、科研经费、博士后培养等经费超过 1000 万元。同时，广东省给予学校建设经费，"九五"期间每年 1500 万元；广州市政府在用地和资金投入方面也给予了大力支持。部省共建为学校入选"211 工程"行列奠定了坚实的基础。

同时，广东海外侨胞和港、澳同胞的爱国爱乡行动也是对学校医学教育的有力支持。改革开放以来，有数十人（包括何善衡、郑裕彤、曾宪梓、马万祺、陶开裕、林百欣、梁球琚、邱德根、刘永生、高伟文、胡志鹏、陈士贤等社会贤达、知名人士和校友）对学校争创"211 工程"十分关注和支持，先后捐资超过 1 亿元人民币用于学校的建设。

（二）争创"211"工程，提高办学水平

1993年《中国教育改革和发展纲要》发布后，国家提出了"211工程"计划，即面向21世纪重点建设100所左右的高等学校和一批重点学科，力争在下世纪初有一批高校和学科、专业在教育质量、科学研究和管理水平等方面达到世界较高水平，以迎接世界新技术革命的挑战。

在新形势下，学校的医学教育进入新的发展时期。1996年3月，学校召开正、副教研室主任，副高、副科以上干部大会。新任校长黄洁夫、党委书记许发茂就学校今后办学治校的基本思路作了重要讲话。黄洁夫校长提出学校今后的目标是：重建中山医的辉煌，将中山医建成具有南方特色的中国第一流医科大学。学校举行民盟、农工党、九三学社、致公党四个民主党派组织生活会，校领导许发茂、黄洁夫以及学校改革调研小组成员参加了会议，大家共商学校改革大计，推动学校发展。

学校争创"211"工程得到了广东省和卫生部等多方支持。1996年3月，黄洁夫校长陪同卫生部张文康副部长拜会了中共中央政治局委员、广东省委书记谢非，就共建中山医，推进中山医列入"211工程"部门预审等问题进行了积极的磋商。谢非书记表示积极支持学校进入"211工程"部门预审。1996年4月3日，全国人大副委员长吴阶平在珠岛宾馆接见了学校黄洁夫校长。黄校长向吴副委员长汇报了学校新一届领导班子带领全校师生员工深化改革，积极推进学校列入"211工程"部门预审的工作情况，并分析了学校现有的综合实力，所处地位优势和存在的不足之处。对于学校争创"211工程"的工作，吴副委员长给予了极大关注并表示将全力予以支持，勉励学校要边申报边建设。同年11月2日，学校经卫生部的批准，正式聘请著名医学家、中国科学院和中国工程院院士吴阶平教授为中山医科大学名誉校长。在聘请仪式上，黄洁夫校长向吴阶平院士敬呈了聘书。

经过不懈努力，中山医科大学于1996年6月向国家教委提出了进行部门预审的申请。1996年10月30日—11月3日，卫生部和广东省人民政府共同聘请的以中国科学院士、中国工程院院士吴阶平教授为主任委员的"211工程"部门预审专家委员会对学校"211工程"整体建设规划进行了认真的审议。评审委员会全体专家一致同意中山医科大学通过"211工程"部门预审，并建议卫生部和广东省政府报请国家教委将中山医科大学列入国家"211工程"总体建设规划。1997年底，国家教委宣布预审结果：中山医科大学滚动进入"211工程"，是广东省入选"211工程"的8所大学之一。

通过"211"工程的建设，学校改善了教学的软、硬件条件，增强了师资和科研力量，美化了校园环境，补充和更新了基础教学实验仪器设备，加强了课室、体育场馆等公共教学设施的改造与公共外语教学基地的建设，加强了网络与多媒体教学建设，建立了教学资源库，改造了多媒体课室，更好地发挥了教学资源的使用效益，完善了教学保障体系，促进了教学改革的深化和教学管理的科学化与规范化，增强了学校的综合实力，提高了办学水平和教育质量。1996年，根据国家教委公布的数据，

当年全国全日制普通高校 1038 所，经国务院正式批准为重点大学的有 98 所，中山医科大学位居重点大学前 50 名。

另据 1998 年 9 月 21 日《广州日报》报道，学校已成为当时全国考生心目中的首选入学的大学之一，录取分数并不低于清华、北大的要求。学校在全国各省的名气急升，1998 年在全国 15 个省市中招生，所有专业的最低录取分数，都高于当地重点线 40～50 分，生源质量与上海复旦大学不分上下，尤其是七年制的临床医学专业，录取分数线都在 800 分（标准分）以上，不亚于清华、北大最热门的专业。

中山医科大学 1996—2001 年投资拨款情况

年份	类别	国家拨款		地方拨款/万元	总计/万元
		教育经费/万元	基本建设/万元		
1996		3448	1210	—	4658
1997		3370	767	400	4537
1998		4109	1350	1220	6679
1999		5018	1500	1500	8018
2000		5044	1270	1300	7614
2001		7648	860	1300	9808

四、教学建设的加强和教学条件的改善

为积极适应扩招学生后确保教学质量的需要，学校利用创建"211"工程的机遇，集中力量加强教学基本建设，完善实验教学设施，增建公共教学场所，改进教学手段，使教学条件和教学环境得到了较大改善。

（一）建立现代化的实验教学平台

为强化实验教学，学校建立了基础医学教学实验中心并健全了科学合理的实验室管理体制，实现教学资源共享；补充和更新了基础教学实验室的仪器设备，改善了部分教研室、实验室的环境条件。该教学实验中心有一个独立的领导班子，其机构设置、人员配备、管理制度等方面既强调其相对独立性，又保持了与基础医学院有关教研室之间在实验教学方面的有机联系。学校还将一栋高达 19 层的大楼交付教学实验中心管理使用。该教学实验中心强调从功能上建设实验室，不再分具体的学科实验室，建成现代化实验教学大平台——四类功能实验室：形态科学实验室、生理科学实验室、化学科学实验室、综合教学实验室。

1998—2000 年，学校在深化机能学科实验教学改革的同时，投入 150 万元进行机能实验室的建设，充实各功能实验室的仪器设备，对残旧落后的仪器设备进行了更新换代。由于实验教学任务由各有关教研室与教学实验中心共同组织完成，教学实验

中心可以根据教学实际需要对各个实验室、实验仪器、实验技术人员进行统一的使用和管理，因而突破了教研室对实验仪器的"所有制"观念，打通了各专业、学科的界限，使学校能够从宏观上调控教学资源，避免资源分散，做到"化零为整"，实现资源共享，提高了实验室和仪器设备的利用率和管理效益。

此外，学校先后对病理学、寄生虫学、微生物学、诊断学等20多个教研室进行内部装修与水电工程等改造，使教师能在舒适的环境条件下进行工作。同时，学校对部分实验室投入专项经费，添置仪器设备，加强实验室建设。如：学校分三年投入72.43万元，用于建设两间新的语音实验室，使4间语音实验室平均每室每年可供31500人次使用700多学时，加强了学校的外语教学；人体解剖教研室添置了彩色电视机、投影机、演示仪、解剖学挂图等教学设备；生化实验室购置了电子天平、基因扩增仪、超低温冰箱、高速冷冻离心机等设备；诊断学实验室对实验台进行重新改造，同时购置了心电图机、腹部触诊电子模拟人等先进设备，为进一步提高实验教学质量打下良好的基础。

为加强高新技术的教学与研究，学校还于1998年建立了生物医学工程专业实验室，并投入20余万元建设该专业模拟电子技术类和数字电子技术类教学实验室，使该专业的实验教学得以顺利进行，并保证开出必不可少的教学实验项目。该室目前已完成1999级—2001级生物医学工程专业大专班的所有实验教学任务。

同时，学校开设了全天候开放的实验室，以增加学生动手操作的机会，使有限的教学时间、教学资源发挥最大的效用。同时加强对语音室、计算机室、露天体育场地等的规范管理，增加开放时间，提高周转率。

（二）启动公共教学场所的改造工程

从1998年开始，学校利用寒暑假的时间，先后维修大小课室20多间，完成老课室的桌椅、天花板、灯光、门窗、风扇、黑板、厕所等项目的翻新改造工程。2001年，学校加快了多功能教学楼的兴建，使医科共有大课室达17间，小课室28间，中课室8间，座位总数达7460位（含新教学大楼）。

扩招后，学校斥资扩建学生公寓，有效扭转了学生住宿紧张的局面，基本保证学生能在校内住宿。

体育场馆建设方面，学校4年共投资721.24万元对北校区运动场所进行全面建设与改造。原来的田径球场经改造成为四周全塑胶跑道、中间人造草皮的现代化田径球场；其他各球场品质亦得到很大改观。体育馆危房改造工程大大增加了体育场馆使用的安全性。北校区现拥有田径球场1个（内含足球场）、篮球场7个、排球场3个（与网球场混用）、游泳池1个、健身房1个、体育馆1个，运动场所总面积约为2.1万平方米。各个体育场地使用率均很高。

（三）加强教学手段的现代化建设

1998年，学校投资60万元购置手提电脑和便携式液晶投影机供授课使用。2001

年，在卫生部的资助下，学校改造了3间多媒体大课室（第1、第2、第7课室），另为4间课室加装多媒体设备。目前，医学多媒体课室已达33间（课室总数53间），所有多媒体课室均与校园网相接，可直接利用教学资源库或其他网上教学资源。医学专业使用多媒体授课率已接近100%。

多媒体教学资源库及CAI课件建设也取得一定的进展。学校于2000年建成医学教学资源库，库中电视教学片有607部，课件有225个，音频文件有159个，图片有9603张。目前医学教学网站注册用户有2047名。学校大力鼓励和支持教师从事教学多媒体课件的开发与研究，1998年以来，学校CAI立项项目合计155项，其中校级103项，省级以上52项。获省级优秀CAI项目奖励6项：《烧伤和冻伤》获1998年省级优秀CAI项目二等奖；《人体胚胎学》《体育基本理论》《泌尿男性生殖系统外科检查》获2000年省级优秀CAI项目三等奖；《肺炎的病理》获2002年省级优秀CAI项目三等奖；《肝胆病的诊断治疗》获2000年省教育厅三等奖。

五、建设高素质的师资队伍

为解决高校扩招后师资相对紧张的状况，学校积极采取相关措施，提高教师队伍的数量和质量。

（一）保持师资队伍的稳定

首先，在做好教师思想政治工作的同时推行岗位负责制。其次，补充新的师资力量，加强对新教师的培养，如实行新教师导师制、预讲制度等。再次，返聘部分有余力的退休教师上课。在教学手段方面，充分利用现代化教育技术、信息网络等教学资源，将部分课堂教学内容制作成多媒体课件并链接到校园网，减少课堂授课内容，减轻教师负担，强化学生自学能力的培养。

（二）建立新的分配激励机制

为提高教师教学的积极性，学校在推行岗位负责制的同时改革分配制度，制订了一系列奖励措施。例如提高教师奖励金的分值，真正体现多劳多得原则；在优秀教师的评选、教师的职称晋升等方面，也将教学质量的优秀程度、教学工作量多少作为重要指标之一，并出台了同等条例下教学系列人员优先晋升政策；拉开分配的差距，对承担重大任务、贡献大的人员给予专项津贴，对有突出贡献的教职工进行重奖，鼓励教师积极参与教学和科研。

（三）在职务聘任中引入良性竞争机制

为促进教师不断提高自身整体素质，学校出台了相关的竞争机制，优化师资结构。例如，打破高级技术职务终身制，采取浮动式的职务聘任制度；从1996年起对要求破格晋升高级职称的中青年教师试行"擂台"竞争形式，进行公开答辩和校内展示，使一批优秀的中青年教师脱颖而出；1997年5月，学校试行《中山医科大学关于优化研究生导师结构，建立竞争上岗制度的暂行规定》，将竞争机制进一步引入研究生导师的遴选过程中。

（四）多途径提高教师队伍的素质

学校采取多项措施提高教师队伍的素质，发挥教师在创新教学中的主导作用：

（1）构建"前后期教师互补教学"机制（如在人体解剖学课程开展由手术科医生主讲部分局部解剖学内容，组织内科医生参与病理生理学和药理学教学的尝试），拓宽教师的专业口径，提高教师的业务水平。

（2）对老中青教师有针对性地进行专业知识的滚动式培训，完善教师的知识结构，并通过"千百十工程"重点选拔和培养等措施，加大创新型教师的培养力度。1997年，学校有71名学术骨干被列入培养跨世纪人才"千百十工程"，其中包括国家级1人、省级6人和校级64人。

（3）举办"中青年教师教育理论培训班"，1997—2000年的三年间，共组织了600多名40岁以下的中青年教师接受教育理论的培训。

（4）制订《中山医科大学教学改革交流基金实施及管理办法》《中山医科大学教学改革研究基金管理办法》，设立教学改革研究等专项经费，每年组织教师参加校级教学改革研究课题、教学软件（CAI）开发研究课题以及校级优秀教学成果奖、优秀教学软件开发研究成果奖的申报、评审工作，极大地调动了教师参加教学改革研究的热情，激发其开展创新教育的积极性；

（5）定期举办"临床中青年教师讲课比赛"和"CAI课件讲课比赛"，推动教师改进教学方法，运用现代教育技术，提高教学质量。

1999年12月27日，李绍珍教授当选中国工程院院士，成为我国实行院士制之后的学校的首位院士，这对提高学校的知名度和师资的整体水平起到了积极的作用。

（五）积极引进国内外优秀人才

为促进学科发展，提高教育教学质量，学校抓住广东经济发展背景下增加科教投入、重视知识分子的机遇，积极创造良好的教学与科研环境，吸引一批国内外高素质的人才来校工作。

1997年6月，国家教委外事司副司长曹国兴一行3人来我检查近期集体留学回国人员的安排和工作情况，并与他们座谈。黄洁夫校长、古建辉副校长作了汇报。颜光美、张希、张成、曾益新、顾军、凌文华、林穗珍、高新、李全贞、张百萌、李林等参加了座谈会。曹副司长代表国家教委领导，对学校近期集体来校工作的留学人员表示亲切问候，对他们的这一行动给予充分肯定。他说：中山医大近期有这么多优秀的留学人员集体回国到校工作，这说明学校机制、环境好，校领导有魄力、有远见。这个事情，影响很大，这是我国留学史上史无前例的，不是一个壮举，也是一个创举。国家教委对此事很重视，这次批准给你们这批集体回国人民100万元基金支持，并要求卫生部、广东省各给100万元（共300万元），这300万元我们一定要落实。

他还鼓励回国人员继续保持饱满的热情，努力工作，并要发扬谦虚、谨慎、艰苦奋斗的作用，紧紧地团结学校教职工，为学校的建设作贡献。

1999年3月，学校附属一院、纪念医院、附属三院、肿瘤医院同时在国内外公开招聘学科带头人和临床骨干，引起社会的广泛关注，《羊城晚报》等媒体对此作了详细报道。

六、口腔医学院的建立与发展

（一）概况

光华口腔医学院初建于1974年，原名为中山医学院口腔系，1997年更名为中山医科大学口腔医学院。1996年底，中山医科大学口腔医疗中心正式更名为中山医科大学附属光华口腔医院。1997年，口腔医院新综合大楼正式启用，中山医科大学口腔医学系升格为中山医科大学口腔医学院，填补了华南地区没有口腔医学院的空白，并为今后在广东乃至华南地区形成以中山医科大学口腔医学院为辐射中心的学术圈打下了基础；同年建成了口腔医学实验中心，结束了口腔医（学）院没有自己的科研实验室的历史，大大改善了科研支撑条件，口腔医（学）院集医教研一体的模式正式确立。黄洪章教授、凌均棨教授相继任院长。1998年，黄洪章教授招收了口腔专业第一位博士研究生。2001年1月，广东省口腔医学会正式成立，挂靠于口腔医学院，由学院颌面外科专家黄洪章教授担任会长，凌均棨教授担任副会长，进一步巩固了口腔医学院在华南地区口腔医学学术活动中心和领头羊的地位。2001年10月，中山医科大学和中山大学合校后，学院和附属口腔医院正式更名为中山大学光华口腔医学院、附属口腔医院。2002年6月，成立了口腔医学研究所，和国际先进口腔医学院接轨的三位（医学院、医院和研究所）一体模式正式确立。2003年，口腔临床专业获得博士学位授予权，成为华南地区唯一的口腔专业博士点。同年，口腔专业通过了广东省重点学科的评审。2004年初，口腔医学专业获得校级名牌专业称号，并推荐参加广东省名牌专业的评选。全校口腔医学系统包括附属口腔医院以及附属第一、二、三、五院、肿瘤医院的口腔科，牙科综合治疗台总数近300台，病床数超过140张。其中附属口腔医院已发展成为华南地区首屈一指的集医教研为一体的现代化口腔专科医院，拥有根管显微镜、颞颌关节镜等国际先进水平的医疗设备，设有牙体牙髓病、牙周病、粘膜病、儿童牙病、口腔修复、口腔正畸、口腔预防、口腔种植、口腔颌面外科等临床专科和颞下颌关节疾病诊治中心、唇腭裂序列治疗中心、正颌外科中心等五个诊疗中心，开展了颅颌面恶性肿瘤根治术、镍钛机动根管治疗、口腔颌面部缺损联合修复等医疗项目。这为口腔医学教育的发展奠定了坚实的物质基础，口腔医学教育也进入了全面发展的阶段。

口腔医学院从1999年开始每年招收60名五年制本科生，2001年开始招收七年制学生。2003年底有在读本科生360多名（含七年制），硕士、博士研究生53名。并和香港大学牙学院达成了联合举办继续教育项目和共同培养正畸学博士等方面的协议。每年举办医疗学术讲座 20 余次，接收各科进修医生 230 余人次。

（二）师资队伍

口腔医学院师资力量雄厚，学术梯队合理。截止 2003 年底，有教师 116 人，其中教授 9 人（博士生导师 3 人），占 7.8%；副教授 36 人（硕士生导师 34 人），占 31.6%；讲师 45 人，占 39.5%；助教 26 人，占 23.9%。45 岁以下教师 92 人，占 80.7%，其中 23.6% 具有博士学位，51.8% 具有硕士学位。另有副主任技师 3 人，主管技师 12 人，初级技术人员 63 人。合计有专业技术人员 204 人。此外，聘请美国哥伦比亚大学、香港大学客座教授 11 名。

在口腔医学院的教师队伍中，有 12 位在中华口腔医学会各专业委员会中任副主任委员、常委、委员，11 位在广东省口腔医学会任会长、副会长、秘书长、副秘书长、常务理事、理事等职。3 位任卫生部规划教材编审委员会委员和国家医学考试中心命审题委员。2 位获广东省南粤优秀教师奖和教育部青年教师奖。4 位为广东省"千百十人才工程"校级重点培养教师。全体教师均能熟练阅读 1 门外文书刊和熟练应用计算机，22 名教师担任两门以上专业课的教学。高级职称教师上课率达到 100%。有 5 人负责国家自然科学基金项目，45 人负责省部级项目，49 人负责厅局级科研项目，3 人主持国际合作项目。

（三）教学条件

学校在北校区为口腔医学院配置 1 间课室，4 间实验室，生均课室使用面积约 0.45 m²，实验室 1.34 m²。口腔医学院自筹经费在附属口腔医院建成 1 间多媒体阶梯教室、1 间多媒体仿头模教室、1 间口腔修复学仿头模教室及 3 间临床课实验室。1999 年底，斥资数百万元的多媒体仿头模实验室正式投入使用，这个实验室将牙科仿头模教学与多媒体教学信息网络系统结合在一起，能够实现电脑网络、影像实时播放、电子黑板、屏幕监视、语音教室等功能。这一实验室的建成，大大提高了口腔专业学生的动手操作能力，也将加强口腔医学院作为华南地区口腔专业人才培养基地的地位。为了适应社会发展及口腔医学教育改革的需要，医院自筹经费约 769.5 万元购置万元以上的较大型仪器设备共 76 台用于本科实验教学及临床前教学，特设了 3 间大诊室，共装备 33 台进口、高质量口腔综合治疗台，供口腔医学本科生临床实习使用，为学生提供一流的工作环境和最先进的技术设备。并拥有一批与实验教学相配套的音像教材及 CAI 课件，多媒体教学全面普及。

口腔医学院除拥有附属口腔医院、附属一院口腔科、附属二院口腔科、附属三院口腔科等 4 个实力雄厚的口腔专业实习基地以外，还另有江门市人民医院、江门市中心医院、深圳市红会医院等 20 余个临床医学实践教学基地。

（四）科学研究

口腔医学院每年获得的省部级以上研究项目呈增长势头，2001 年以来获得的国家自然科学基金等科研经费共200多万元，获得国家级、省部级等医疗科研奖18项。目前承担科研项目共72项，经费合计430多万元。教师发表的学术论文数大幅上升，1999年以来在各级学术刊物上发表论文近500篇。一批标志性的学术专著，如由凌均棨教授等主编的《牙髓病学》《现代口腔颌面外科学》《口腔疾病诊疗手册》《氟与口腔医学》《口腔健康调查基本方法》等已经出版。卫生部口腔专业本科规划教材《牙体牙髓病学》、卫生部医学专业本科规划教材《口腔科学》、卫生部美容医学专业本科规划教材《美容牙科学》、卫生部教学影像教材《口腔局部麻醉牙拔除术》等也已问世。近三年全院教师获得部省级教学研究课题1项，校级教改课题31项，共发表教学研究论文13篇，获校级教学成果奖2项。

中山医科大学口腔医学院 光华口腔医院

口腔医院手术室

七、基础医学院的建立与发展

1998年3月，中山医科大学基础学院、法医学系、科研开发部合并组建成为中山医科大学基础医学院。中山医科大学基础学院成立于1986年，之前为中山医学院基础部。20世纪60年代，中山医学院基础部曾有过辉煌的一页，由多位国内外著名学者如陈心陶、梁伯强、秦光煜、林树模、许鹏程、罗潜、叶鹿鸣、许天禄、白施恩等教授创立发展起来的寄生虫学、病理学、生理学、生物化学、药理学、人体解剖学、组织胚胎学、微生物学等学科，在国内具有举足轻重的地位，研究水平处于国内领先地位。

基础医学院下设法医学系、生物医学工程系、检查医学系，包括20个教研室、11个中心（分子医学研究中心、计算机中心、教学实验中心、外语教研培训中心、法医鉴定中心、临床病理检测中心、病原生物学检测中心、心脑血管研究中心、科技开发中心）、2个研究所（中西医结合研究所、法医学研究所）、2个实验室（干细胞与组织工程研究实验室和蛋白质组学实验室）。全院有1个国家级重点学科（药理学）、2个省级重点学科（药理学、病原生物学）、1个博士后流动站、14个博士点、17个硕士点、3个一级学科博士点（基础医学、生物医学工程和中西医结合）。

中山医科大学和中山大学合并后，中山医科大学基础医学院更名为中山大学基础医学院，位于中山大学北校区（即原中山医科大学旧址）。

基础医学院具有一支结构合理、素质优良的师资队伍，有一批在国内外有一定影响力的教授。关永源教授、伍新尧教授是国务院学位评议组成员。全院有教职工430人，其中专任教师235名、教授38名、博士生导师23名、在站博士后研究人员18名。

基础医学院承担全校医科各专业（临床医学、麻醉学、影像医学、口腔医学、预防医学、法医学、护理学、生物医学工程、检验医学、康复医学等）全日制本科主要的公共基础课、医学基础课和部分专业课，成人教育本、专科的医学基础课，全校医科研究生和研究生课程班的基础课，基础医学研究生的专业课等教学任务。现为本科专业开设必修课30门、选修课36门。病理学、生理学、人体解剖学、药理学、组织胚胎学、寄生虫学等6门是省级重点课程，其中，人体解剖学和生理学是省级优秀课程。

在"科教兴国、教育强省"的形势下，基础医学院的研究生招生规模逐年扩大，2003年在读博士研究生149名，在读硕士研究生479名。同时有法医学系本科生、生物医学工程系本专科生、医学检验系本科生近300人，有临床医学和基础医学专业研究生课程进修班学生801人，有成人学历教育临床医学专升本学生569人，医学检验和医学影像专科学生113人。

基础医学院高度重视教学质量，教学改革成果显著，2000以来共获得国家级教学成果二等奖1项、省级教学成果奖7项；共获得教改课题126项，其中省级以上教改课题9项；主编卫生部规划教材3部，高教版规划教材3部。

1997年创建的"实验生理科学"课程，已走在全国医学机能实验课改革的最前列，被教育部列入"高等医药教育面向21世纪教学内容与课程体系改革计划"，获得了高等教育国家级成果二等奖和广东省优秀教学成果一等奖。

基础医学院科学研究和学科建设成绩显著，1998年以来，共获得各类科研项目262项（其中国家杰出青年基金1项、科技部攀登计划1项、科技部863项目2项、"973"分题项目3项、国家自然科学基金43项、国际合作项目1项、广东省自然科学基金团队项目3项、CMB基金4项、广东省重大领域突破项目1项）；总金额约人民币3771万元、美元87万元；获得厅局级以上成果奖26项（其中国家科技进步奖1项）。

国家级重点学科——药理学是我国首批博士点，神经药理、心血管药理的研究在国内外具有一定影响力，1998年以来获得国家及省部级以上科研基金1036万元。

省级重点学科病原生物学在疟疾、血吸虫病、肝吸虫病分子诊断、恶性疟原虫疫苗、机会致病原虫病、血吸虫病分子生物学及流行病学等方面有深入的研究。

基础医学院在科研成果转化为生产力方面取得较显著成绩，多项成果已转化为产品，部分已形成规模产业，如"妇康"卫生巾、复方血栓通等产品已产生较好的社会效益和经济效益。同时单独和合作研发多个国家新药，其中一项国家新药已获Ⅰ期临床批文。每年全院开发收入超过1500万元，在几年中投入500万元到学科建设，同时也为改善教职工福利提供资助。

2000年科技开发中心获得一项教育部科技进步一等奖（推广类），并获国家中医药管理局2000年度重点成果推广计划项目。

基础学院领导班子

八、护理学院的建立与发展

（一）护理学院的建立

经过认真的调研、论证和筹备，中山医科大学党政联席会议讨论决定，于1998年5月8日，在原中山医科大学护理系和原中山医科大学附设卫生学校的基础上组建中山医科大学护理学院，院址设在原卫校大楼。这是继北京协和医科大学、上海医科大学之后的全国第三所大学护理学院，发展目标定位于建设一个与学校在全国的地位相适应的、处于国内护理学科发展前列的护理学院。中山医科大学副校长汪建平教授兼任护理学院院长，尤黎明副教授任护理学院常务副院长。

护理学院设立大学部和中专部，职能是分别负责大学层次和中专层次的教学管理工作。学院设有院长办公室、教务科、学生科、培训科、总务科等5个职能科室；设有护理学基础、内科护理学、外科护理学、妇产科护理学、儿科护理学等5个教研室。1999年撤销培训科，设立继续教育科；2002年设立科研与研究生科；2003年总务科改为设备与总务科。随着高等教育的发展，1999年停止中专招生，2002年停止普通全日制大专招生。

护理学院成立后，全院以争取CMB的课题资助为主线开展工作。1998年底，综合性护理教育改革项目（A Pilot Program for Comprehensive Nursing Education in China）获得了CMB董事会的批准，专款资助199.9248万美元。该项目旨在建立护理学专业大学专科、本科、研究生教育三个层次的完整的护理教育体系。这个项目对我国护理教育的影响很大，因为CMB在中国资助的护理教育项目不多，该项目资助的强度是前所未有的。

（二）办学情况

护理学院成立后，根据卫生事业发展的需要和高等教育要坚持规模、结构、质量、效益协同发展的原则，我们把护理教育体系的层次结构定位在大学专科、本科、研究生教育，各层次的办学规模根据市场需求而定；在发展普通高等教育的同时，发展面向在职护士的继续教育。

1. 全日制本、专科教育

1998年，开设全日制专科教育，学制三年。首届招收护理专业学生45人，护理学（康复治疗）专业学生26人、1999年和2000年护理大专每届招生90人，康复治疗专业30人，2001年康复治疗专业停止招生，大专护理专业招生112人。根据广东省关于本科院校不办专科教育的规定，护理学专业专科从2002年起停止招生，最后一届全日制大专生于2004年7月毕业。从1998年至2004年，招收和培养了4届共425名专科生。

根据护理教学的实际需要并与国际护理教育接轨，从1999年级起，经过反复研讨和论证，将护理专业本科的学制由五年制缩短为四年制，并改革课程体系和内容，以办出护理专业的特色，使之明显区别于医学专业。当年起，由原护理系隔年招生15名改为每年招生30～80人，既缩短了培养人才的周期，又增加了培养高等护理人才的数量。

根据护理学专业具有医学、护理学和人文社会科学并重的特点，我院按照"加强人文，突出护理，重视社区，注重整体"的原则优化课程设置，把原五年制的16门医学基础课程减少为10门，加大专业课程和人文社会学科的比重，新开设护理教育学和护理研究等课程,同时仍保证学生有一年的时间在临床从事毕业实习,增强临床实践能力和综合素质的培养。改革后的课程设置体现了学生知识、能力、素质协调发展的原则。

自1985年开办护理本科专业,共培养本科毕业生182名,在校本科生191人。

2. 硕士研究生教育

护理专业研究生教育在我国尚处于起步阶段。经过积极的努力,学校于2000年被广东省学位委员会批准为护理学硕士学位授权点。尤黎明副教授、张振路主任护师、朱延力副教授、苏小茵副教授和张美芬副教授先后被批准为硕士生指导教师;汪建平教授2000年也作为护理学硕士生指导教师招收护理学硕士研究生。

2000年和2001年,各招收7名研究生,2002年和2003年,各招收9名,2004年将招收11名。

根据中山大学研究生院的要求,同时为了与国际护理学硕士研究生教育接轨,2003年学校护理学硕士研究生学制从全脱产3年制改为2年制。学分从34分改为30分,仍按临床医学科研型硕士学位培养。第1学年集中进行课程学习,第2学年进行教学实践和论文工作。

护理学博士点的计划与申报工作正在进行之中,争取2005年能招收博士研究生。

3. 成人继续教育

2000年7月,护理学院与广东省护理学会签订了协议书,为了更好地发展我省继续护理教育,双方同意在护理学院设立"广东省护理学会继续教育培训基地",由护理学院提供住宿和教学条件。

4. 合办造口治疗师学校

造口治疗师学校由护理学院与香港大学专业进修学院、香港造瘘治疗师学会联合主办,于2001年2月成立。这是中国内地第一所造口治疗师学校。该结业证书获世界造口治疗师协会认可。造口治疗师学校的成立,对我国培养造口治疗护理人才,更好地帮助造口者、失禁患者、创伤患者的治疗及康复,提高他们的生存信心和质量,促进国内护理专业水平与国际接轨均具有重要意义。已培养35名造口治疗师。

5. 主编和参编教材

护理学院主编和参编了国家级规划教材15种,其中朱延力副教授主编了《儿科护理学》(本科)第二版,尤黎明院长主编了《内科护理学》(大专第一版)、《内科护理学》(本科第三版)和《内科护理学实习手册》。

中山医学院护士学校校章

中山纪念博济医院护士学校员生合影

中大附院护校十五届毕业

中大医学院护士学校第十八届毕业同学留影

私立广东光华医科学院护士学校全体教职员生（1935年）

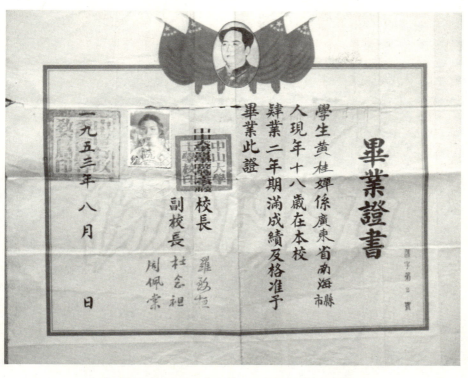

黄桂婵的中山大学医学院护士学校毕业证书

护理学院正门

护理学院侧面

九、大力开展创新人才的培养

从 20 世纪 90 年代开始，学校从创新教育所涉及的智力因素、动机因素、兴趣因素、个性因素等方面入手，对课程体系、教学内容、教学方式方法、教学手段、教学管理等诸环节进行较深层次的改革，为进一步完善创新医学教育机制提供了一定的理论依据和实践经验。

（一）开展教育思想大讨论，更新教育观念

"体制改革是关键，教学改革是核心，增加投入是前提，转变教育思想观念是先导。"教育思想观念渗透于教育工作的方方面面，并贯穿于教育工作的全过程。只有通过教育思想大讨论，转变教育思想观念，才能为深化教学改革、提高教育质量扫除思想障碍。

为使全校师生员工统一认识，认真贯彻执行教育部和卫生部有关转变教育思想观念的文件精神，进一步深化教育教学改革，提高教育质量和办学效益，学校于1998年至1999年组织了多层面的研讨会、座谈会，针对教育观、教学观、人才观和质量观等问题展开全校性的教育思想大讨论。教务管理和宣传部门充分发挥校报、墙报、

广播、动态信息等舆论工具在教育思想大讨论中的导向和激励作用，形成了浓厚的研讨气氛。陈汝筑副校长对教职员工作了有关转变教育思想，更新教学观念，深化教学改革的报告。各学院、系、部、教研室教师在认真学习有关文件精神的基础上，结合各单位的实际及校情、国情，以讨论会、辩论会等方式，围绕学校下发的主要提纲展开教育思想大讨论。

通过教育思想大讨论，广大师生员工更新了教育观念，形成了培养"宽口径、厚基础、重能力、会应用、求创新"，具有较强适应力和竞争力的医学专门人才的教改思路，确立了创新教育在学校深化教育改革、全面推进素质教育中的战略和中心地位。在实践中，学校以获取知识为基础，以开发智能为目的，以发展创新能力为核心，以提高综合素质为目标，通过课程体系与教学内容、教学方法与手段、教学管理等改革，努力构造创新教育体系，适应知识经济时代对高素质创造性人才的需求。

（二）拓展第二课堂，深化素质教育

学校举办了"人文社会科学系列讲座"（目前已举办了 35 期）等校园文化活动；支持和鼓励学生组建科研协会、计算机协会、英语协会等健康、活跃的社团组织；由学生会、校团委于每年校庆期间举办科技文化艺术节，组织开展学生业余科研论文报告会、书画艺术展等形式多样的活动，为广大学生提供一个能发挥自身特长，有利于孕育创新意识和创造性思维的时空条件和精神土壤。

在陈汝筑副校长、陈伟林副书记等校领导的直接指导下，学校教务处、学生处、团委联合举办了素质教育周活动，利用学术讲座、参加社会实践（如组织学生参加社区卫生保健服务，增强预防医学观念）等方式，让学生经受锻炼，增长才干，提高素质；通过德育与美育，使学生树立高尚的科学精神、科学态度与科学道德，激发学生的想象力和创造性的灵感。

同时，学校还出台了《加强对学生综合素质教育的措施》等文件，以使素质教育经常化、制度化。

（三）把科学研究引入教学过程

一是组建各种课外学习小组，指导学生参加各种形式和内容的学术活动，如听学术报告，参加校内或校际的学术交流和讨论等，使他们经常不断地受到浓厚的学术气氛的熏陶。

二是开展学生业余科研活动。从 1986 年开始，学校就开展了学生业余科研活动的早期试点，组织少数成绩优良、学有余力的学生建成业余科研小组，以项目自选或招标形式，在教师指导下选定科研课题，确定科研方法，或参与教师的科研课题组，通过查阅资料、考察实验条件，设计研究方案，进行科学研究并撰写综述或论文，旨在引导学生养成勤于思考、勇于开拓的良好习惯，提高学生的自学能力，巩固和深化所学知识，启迪学生的创造性思维。同时，学校加强了开展学生业余科研活动的激励机制，如对指导学生科研的导师计算相应的教学工作量，纳入其年度业务考核，以调动教师参与创新教学的积极性;并以选修课形式开展学生科研活动,对于成绩合格者授予科研培训的学分,激发学生的参与热情。

三是实施暑期学生科研培训计划(Summer Student)。该计划从1998年开始启动,由导师组织学生利用暑假时间参加临床学科、医学基础学科、自然学科和人文学科等领域的科研活动,使学生拓宽视野,活跃思维,培养学生的创新精神和实践能力。为确保学生科研活动有序、有效地开展,学校规定各教研室把辅导学生业余科研活动作为正常的教学任务,每年须制定指导学生科研活动的计划,指派专门老师负责落实此项工作;并制定《关于启动暑期学生科研(Summer Students)活动的实施办法》《中山医科大学学生业余科研管理手册》《中山医科大学学生业余科研活动基金管理办法》等,详细规定了学生科研工作的组织管理和课题申报、经费管理、奖励措施等。1995—2000年,共有医学生1917人次参加了325个课题的科研活动(包括学生业余科研和"Summer Student"),每期参与人数超过450人,科研项目数为80～100项/年。通过科研活动,学生运用课堂上学到的理论知识,独立设计出新颖的实验项目21项,获得了较为理想的实验结果;写出科研小论文、文献综述等共300余篇,其中公开发表的论文已达26篇,生理小组的6篇论文还被选送参加了中南地区第五届生理学会年会的学术交流。在1999年全国"挑战杯"大中学生展望新世纪主题设计竞赛中,学校有两名学生获得三等奖的好成绩;1999年全国大学生"挑战杯"课外科技作品竞赛中,获得了省级一等奖1项、二等奖2项,三等奖3项。"Summer Student"活动已逐渐成为校园教学和科研活动品牌项目。

学校的系列调查研究表明,将科研与教学有机融合,有助于克服传统实验课教学中学生按部就班,照方抓药,依样画葫芦,以简单实验操作验证现成理论,学生被动学习的弊端;有助于学生激发学习兴趣,熟悉科研工作规律,提高实验操作技能,培养学生发现问题、分析问题和解决问题的能力。问卷调查表明:多数学生认为各类学习小组和科研活动有助于后续课程的学习,对培养学生的科研思维和团队精神,增强沟通、协调能力,提高综合素质有较大的帮助。

(四)优化课程体系和教学内容,组建新的学科群

1. 调整教学计划和教学大纲,完善学生知识能力结构

学校坚持知识、能力、素质协调发展和综合提高的原则,先后两次较大规模地调整、修订各专业的教学计划和各门课程的教学大纲,对确保各专业的培养目标及各课程的教学目标起了较大的作用。同时,以医学科学发展的新知识、新技术、新成果充实教学内容,开设反映医学科学发展趋势和学科交叉融合的新课程,如分子生物学、医学遗传学等,把学生领到学科发展的前沿阵地。适当精减必修课学时,大量增设选修课(选修课的门数由1993年的24门增至目前的73门),拓展选修课的门类(开设人文社科类、自然科学类、医学基础类、临床学科类和各专业选修课),增设创造性思维方法、科研基本方法、科技文献检索、临床流行病学等与科研相关的选修课,充分发挥选修课在拓宽学生知识面,提高创新能力方面的作用。增设创造性思维方法、

科研基本方法、科技文献检索、临床流行病学等与科研相关的选修课，此外，增加和改进培养学生创新思维和创新能力的教学环节，并将近年学校培养学生创新能力的教学改革研究成果固化到人才培养方案中。

2. 教材建设再创佳绩

1998年8月，经全国高等医药院校临床医学专业教材评审委员会四届四次会议推荐，卫生部科教司批准，确定由学校叶任高教授主编《内科学》（第五版）、彭文伟教授主编《传染病学》（第五版）。这是学校继已故陈国桢教授1984年主编《内科学》（第二版）以后，再次成为《内科学》主编单位。彭文伟教授则是在主编第三、四版《传染病学》后连续担任该教材主编。上述两位教授担任第五轮主编有力地促进了学校教材建设工作的发展。1998—2000年，学校教师积极开展自编教材工作，更新教学内容，因材施教，取得良好成效。

1998—2000年自编教材出版情况

教材名称	作者	出版社	出版时间	使用对象
分子遗传学与基因工程	伍新尧	河南医大	1997年12月、1998年	研究生
高级病理生理学	杨惠玲等	科学出版社	1998年	研究生
激光医学	徐国祥	人民卫生	1998年	本科生
医用解剖学	姚志彬	中国医药科技	1999年	本科生
现代细胞与分子免疫学	林学颜	科学出版社	1999年	研究生
临床肿瘤学	万德森	科学出版社	1999年	本科生及研究生
医学细胞生物学	谭思光	广东高教	1999年	本科生
实验核医学与核药学	刘长征	人民卫生	1999年	研究生、本科选修课
肿瘤学	曾益新	人民卫生	1999年	研究生
哲学的思考	吴素香	陕西人民	1999年	本科生
病理学	宗永定	广东高教	2000年	本科生
基础分子细胞生物学	郭畹华	广东科技	2000年	研究生
医用物理学	谭润初	广东高教	2000年	本科生
医药信息技术基础	邹赛德	广东科技	2000年	本科生
人类营养学	何志谦	人民卫生	2000年	营养专业

中山医科大学获部级以上优秀教材奖情况

主编	教材名称	版别	出版社	获奖情况
陈国桢	内科学	2	人民卫生	1987年获国家教委第一届全国高等学校优秀教材奖
徐秉锟	人体寄生虫学	2	人民卫生	1987年获国家教委第一届全国高等学校优秀教材奖
徐秉锟	人体寄生虫学	3	人民卫生	1997年获国家教委普通高等学校国家级教学成果奖二等奖
祝家镇	法医病理学	1	人民卫生	1992年获国家教委第二届全国高等学校优秀教材奖一等奖
郭景元	法医学	1	人民卫生	1994年获卫生部第二届全国高等医学院校优秀教材奖

3. 以组建学科群的方式改革理论和实验教学

在医学基础的理论教学方面,学校从原来的12门课程组建为9个学科群,即:解剖学群、生理学群、病原生物学群、生物化学群、免疫学群、病理学群、药理学群、遗传学群和分子生物学群,加强了学科间的相互联系和渗透。《人体解剖学》确立了系统解剖—局部解剖—中枢系统解剖的三段式循环教学模式。1999年姚志彬教授主编的《医用解剖学》由中国药科出版社出版。在教学方法改革上聘请高年资临床医师参加解剖学实验教学,为学生开设专题讲座,积极接纳学生参加业余科研与暑期科研活动。《医学生理学》在教学内容上"三减三增",在教学方法上多样化,根据不同教学内容分别采用讲授法、讨论法、练习法、讲座法等,并建立探索性实验小班教学方法和开放性生理实验室,以培养学生的自学能力、科研思维与创新能力。

在医学基础的实验教学方面,学校打破学科界限,将生理学、病理生理学、药理学三门课的实验内容有机整合,重新组建为一门《实验生理科学》课程。该课程的教学时数由原来三门课150多的实验时数精减为72学时,分三个阶段进行教学:基础知识与基本技能实验阶段、综合性实验阶段、探索性实验阶段。经过96年级的试点,该课程教学在98年级全面铺开。经过三年摸索,逐渐形成了《实验生理科学》课程的框架结构与理论体系,并先后编写了三个版本的"实验生理教程"教材,同时建立了一套全面评价学生成绩的评估体系。实践证明,实验生理科学课程的开设,有利于加强学科间实验内容的融合,减少了实验内容的重复,优化了实验内容,精减了实验学时,增加了学生的动手机会,有利于培养学生的创新意识、创新精神与创新能力。这是一种类似硕士研究生科研培训的初步训练,为高等医学院校的实验课教学改革提供了先进经验。迄今,已有上海医科大学等10多所兄弟医学院校的专家到学校借鉴这种实验教学改革模式。该项改革为教育部和卫生部"面向21世纪教学内容和课程体系改革"的重点课题。2000年3月,"实验生理科学"课程得到教育部、卫生部的肯定,获得卫生部100万元和学校45万元的专项资助。"组建跨学科的实验生理科学"的研究成果逐步固化为学校一门重点培养学生的动手能力、分析与解决问题能力、创新能力的品牌课程。

同时，学校改革了临床医学专业《生化与分子生物学》等62个基础实验（共186学时），减少验证性实验，使主要机能学科综合性和探索性实验时数增至实验总时数的51.3%。

在医学基础的实验教学模块上，学校组建了4类实验室：形态学实验室（包括细胞生物学、组织胚胎学、病理学），机能实验室（包括生理学、病理生理学、药理学），化学实验室（包括生物化学、化学），病原生物学实验室（包括微生物学、寄生虫学、免疫学）。通过上述实验室的组建，加强了实践性教学环节，逐步完善了实验教学体系，实现了资源共享。

在临床实践教学改革方面，《诊断学》课程根据教学目的和教学要求，在化学诊断部分，删减部分在临床上已被基础操作取代的实验项目，同时加强这些项目的实验原理教学，并增加检验科见习，强调"三会"，即会开检查单、会看检查单、会分析检查结果；在物理诊断部分，开设病例分析课、临床病例问诊与讨论课。

（五）重视教学方法改革，融传授知识、培养能力与提高素质为一体

学校采用"大基础、多方向、后期分流"的人才培养模式上，即不同专业的学生实施相同的普通基础课和医学基础课教学，后期才进行专业分流，以加强基础课教学，增强学生的适应性和发展后劲。

在具体教学方法上，学校采取多种措施，提高学生的能力和素质：

（1）运用启发式的教学方法，要求大课讲授提一方面要突出重点，讲清难点，为学生自学打下基础；另一方面则要使学生领悟到某个理论、概念和规律的形成过程和实验依据，借以培养学生的科学思维方法，激发学生的创造性思维。

（2）在基础课教学阶段，创设问题情境，精心组织"以问题（疾病）为中心"的讨论式教学，培养学生独立思考及分析问题、解决问题的能力。如《医学微生物学》在教学中加强临床微生物学教学，采用临床问题引导法进行启发式教学，开展以病例讨论为基础的综合实验教学，同时增设课外自学活动。

（3）在临床教学阶段，定期开展病例讨论，加强实践性教学环节，训练学生的临床思维能力，提高临床工作技能。

（4）应用现代化的教学手段，建立智能化的多媒体教学信息网络，并在实习课中采用多媒体临床技能综合训练实验室进行辅助教学，增大教学信息量，提高教学效果。

（六）加强实践教学基地的建设，提高学生临床技能

实践教学基地是学生毕业前实际应用自己所学专业知识的场所，同时也是协助开展科学研究的场地。针对医学实践性强的特点，学校不断加强实践环节的教学，建立了一系列的临床教学和预防教学等实践基地，使学生接受较系统、全面的实践技能训练。

在20世纪90年代，广东高等医药院校的附属医院根据卫生部的文件要求加强医院建设，开展了创"三甲"医院的活动，到1993年，学校各个附属医院均通过了卫生部的专家评审，挂上了"三甲医院"的牌子。创"三甲"活动，有力地促进了附属医院全面提高教学意识和教学积极性，促进了医学教育质量的提高。1996年，学校吸收澳门镜湖医院为教学医院，发挥毗邻港澳的地理优势，拓展教学基地的建设。

1997年12月，学校正式成立口腔医学院。2000年，学校的口腔医学院建成国内首家多媒体仿头模实验室，将牙科仿头模教学与多媒体教学信息网络系统结合在一起，大大提高了教学质量。

1999年，学校召开临床教学医院教学工作会议，对以往临床教学基地建设及教学工作方面取得的经验进行总结。2000年，学校增纳铁路中心医院和东莞东华医院为临床教学医院、教学见习点及实习医院，使病床数增加700张左右，缓解了临床教学病床紧张的局面。

在公共卫生教学方面，学校将实践教学基地的建设视为加强本科教学的重要组成部分，在珠江三角洲地区建立起一批师资力量强、领导重视、设备精良、交通方便的实践教学基地，其中预防医学实践教学基地13个、妇幼卫生实践教学基地5个。

（七）结合医学教育特点，构建考试新模式

根据医学教育综合性、整体性、实践性强的特点，学校以培养学生的综合能力为核心，实行多种考试方式，加大考试内容和方式方法的改革力度，构建考试新模式。

1. 改革考试的内容和方式方法

在考试内容方面，要求减少"记忆"类试题，增加机能学科和临床学科试题中综合性、应用性试题比例，重视考核学生的综合分析、思维能力及应用知识能力，同时加强试题库的建设。1997年7月，学校教务处组织基础医学院11个学科的教师参加国家"九五"攻关项目——国家题库（基础医学部分）的建设，圆满完成任务。

采用新的考试方式和方法，如在实验生理科学和科研类选修课程的考试中，对学生的科研选题、实验设计、实验过程及结果、论文质量和答辩情况进行全面的检测。实行闭卷与开卷考试相结合，有条件的课程辅以口试，以培养学生的口头表达能力、应变能力等较高层次的能力，调动教师教学改革和学生自主学习的积极性。

2. 实行临床能力"三段考"

为加强对医学生专业知识和临床操作技能的综合培训和考核，学校在医学生专业学习阶段实行"三段考"：第一阶段考核在学生学完专业理论课程后进行，主要以闭卷笔试形式考核学生对知识的记忆与理解，试题以多选题和论述题为主，判断学生是否领会和掌握了这一阶段的理论教学内容。第二阶段考试是在学生完成临床见习后进行的实习医生资格考试，主要以简单的病例分析结合实际技能操作进行考核；未通过的学生不能进入临床实习。第三阶段考核是在完成各专科轮转实习后和毕业前进行的综合性考核，除考核学生应用基础理论、基本知识、基本技能灵活地解决临床实际问题的能力以及对危、急、重病作出应急处理的能力之外，还对学生与人共事、关心爱

护病人、与患者沟通等能力作出客观评价。其中，专业理论课、见习和实习的轮回转科考核由附属医院有关教研室组织；实习医生资格考试由各附属医院组织；毕业前的综合性综合考试由学校统一组织。

3. 实施临床技能多站考

为引导学生理论联系实际，学校借鉴国外医学院校的经验，建立了临床技能多站考核模式，在提高考试样本的标准化和内容效度的基础上，着重考核学生的临床思维、独立分析处理问题的能力，以培养学生的创新精神，促进学生知识、能力、素质的协调发展，增强学生的实际工作能力和社会适应性。

为引导学生理论联系实际，学校于1996年开始在四年级第二学期末的实习医生资格考试中采用临床技能多站考的模式。该考试模式在提高考试样本标准化和内容效度的基础上，着重考核学生的临床思维、独立分析处理问题的能力，以培养学生的创新精神，促进学生知识、能力、素质的协调发展，增强学生的实际工作能力和社会适应性。

首批参加多站考的是92级的30名学生和93级的154名学生。

临床技能多站考共设16个考站，考试内容以内科、外科、妇产科、儿科、神经内科的基本临床技能为主，全面考察医学生的临床能力。其中搜集病史3站，体格检查3站，分析临床资料、诊断处理5站，临床技术操作5站。每一考站是一个相对独立的模拟实践现场（如住院病房、治疗室或手术室），考站之间尽量相邻，并尽可能对考场进行封闭管理，以便考试按时换站以及对考试内容的保密。每站考试时间5分钟，每站安排学生2名，一名考生入站考试，另一名考生先在考站门口阅读该站考核项目的简要说明。由专职人员计时，铃响换站。每一考点的考试总时间为160分钟，共考核30名学生。

为提高考试的科学性，学校注重设计合理的考站和考试内容，使试题的难度、区别度适当。在多站考的病史询问及体检过程中，运用了标准化病人，一方面旨在统一考核标准，同时也在一定程度上缓解了临床带教病例不足的困难，在一般的临床技能如系统问诊、基本体检手法的训练以及医患交流技巧训练等方面具有一定的实用价值。

为使临床多站考顺利实施，临床学院组建了多站考试领导班子，组织考前动员及命题、审题工作。有关考试科室的教学主任、教学秘书及部分教学骨干承担主考任务，确保每一考站有一名主考教师在场。主考教师根据事先设计好的考试检校表对考生进行逐项评分，在时间允许的情况下指出学生的原则性错误。

从实际操作情况看，临床技能多站考试较好地解决了考核样本的标准问题，使考试内容统一，评分客观，学生成绩可比性强，取得了预期的效果。

十、采用多元化的人才培养模式

（一）因材施教，促进学生的个性发展

学校从1997年开始实施"特需学生辅导计划"，即对学习上有一定困难或心理

有某些障碍的学生，尤其是不太适应大学教学环境及教学方式方法的一年级学生，有计划、有重点地组织有关教师从培养健康的心理素质和改进学习方法等方面入手，帮助后进生迎头赶上。至2000年，"特需学生辅导计划"已帮助300多名学生不同程度地提高了心理素质和学业水平，深受师生的欢迎。

为实施因材施教，学校在英语教学中根据学生的英语水平进行分级（A、B、C三级）教学，大胆改变同级学生上相同英语课程的传统做法，改变过去"水平高的学生吃不饱，水平低的学生消化不了"的现象，并使优秀学生脱颖而出。从1981年开始，将少数专业基础和外语水平较高、综合素质较高的学生（到1999年止共有22个年级中的1320人）组建成英语医学班，采用英语教材，部分或全部以英语讲授和考核。此举使在校生大学英语四级水平测试的成绩明显高于全国重点院校的平均水平，且通过率呈逐年上升趋势。英语医学班由于教学效果好，培养出的毕业生基础理论扎实，知识面广，思维活跃，发展后劲较大，获得用人单位的普遍好评。

此外，学校还改革计算机等部分基础课程教学方式，实行分级教学，激发学生学习的主动性和积极性。

（二）共建眼科视光学系

自1997年起，学校加强对外合作交流，将教、医、研实力雄厚，在国内外享有盛誉的中山眼科中心作为培养基地，与美国视康公司共建眼科视光学系，制定了具有中国特色的眼科视光学专业的培养模式及教学计划，计划在五年内培养100名高素质的复合型眼科视光学医师，为我国南方医学人才市场注入新的活力，推动我国眼科视光学领域的预防保健、医疗及科研工作的发展，努力与国际水平接轨。

（三）联合招收博士研究生

1996年7月，学校与广东医学院达成协议，联合招收博士研究生，学生毕业时由学校发给毕业证书及授予学位。

（四）探索学分制改革

针对1995年广东省高校将适应科技发展和经济转轨需要，积极开展学分制试点、推广工作，实现人才培养的多模式化的新形势，学校组织了学分制教学改革的研讨，并于1994年学校教学工作会议上提出了《中山医科大学试行学分制的初步方案》（讨论稿），强调学校于1995年开始按"分段实施，稳步前进，逐步到位"的基本思路进行学分制改革，并在教学实践中逐步完善，努力建立适合中国国情、体现医科特点的学分制。

根据上述思路出台的学分制教学计划修订稿，一方面在保证主要课程教学的基础上，尽可能减少必修课程的门数和学时数，多开设选修课程，实行主辅修制，鼓励学有余力的学生选好学好辅修专业。另一方面，按"三少三多"（总学时要适当减少，课内讲授时数要适当减少，必修课比重要适当减少；选修课比重要适当增多，实践性教学环节要适当增多，课外自习时间要适当增多）的原则，对课程体系进行改革，努力把人才培养的灵活性与计划性有机地结合起来。在教学计划中，将课程分为必修课和选修课两大类，选修课又分为限制选修课（限制在一定范围内使学生选修的课程，按学科方向设定分组课程）和任意选修课（包括某些深入研究的课程和扩大知识视野的课程，按课程性质分若干组开设）两种。

十一、评建结合，建立教学质量保障体系

学校在优化教学质量策略的同时，综合运用现代教育评估和反馈调控的理论与技术，建立了教学目标系统、教学决策管理系统、教学资源建设系统、教学信息管理系统、教学质量评价与问题诊断系统、教学信息反馈与再评价系统、教学质量文化建设系统等，对教学工作实行全面、全程和动态的质量监控，推动质量管理的科学化、规范化、系统化，强化教师的质量意识和改革意识，使其不断更新教学内容，优化教学方式方法和教学手段，积极营造并维护健康有序、宽松和谐、开放高效、激励上进的育人环境，充分调动学生学习的主观能动性，使教与学处于相互协调的良性循环状态，促进教学质量的全面提高，最终实现培养基础宽、知识广、能力强、素质高，面向21世纪的创新型医药人才的教学目标。

学校从加强宣传、规范条例，落实组织机构，到执行决策、反馈控制等各个方面，实施全面、全程、动态的监督与评价，提升教学质量。如在校、院系和教研室各级机构实施了"一把手"工程，及时督导教学，诊断、协调施教过程中出现的问题。同时，学校从教和学两方面开展分析监控，提高教学互动性。

教学管理部门运用现代技术对日常教学进行科学化、规范化管理。学校为各院系教学与教学管理部门配备电脑、打印机、扫描仪等一批现代教学管理设备，保证教学信息反馈的时效性。启用课室摄像监控仪（其服务终端设在教务和保卫部门），对各主要课室的教学活动和考试现场进行实时监控，以便第一时间掌握各方面的教学信息，高效地维护教学秩序。

（一）加强教学质量保障的制度建设

学校通过强化政策导向，营造良好的质量文化氛围：①制定实施有关奖罚政策：颁布《关于严肃教学纪律、杜绝教学差错事故的规定》《教师教学质量评价暂行办法》《关于开展专家评价教师教学质量的实施办法》《中山医科大学校级重点课程管理及奖励办法》等文件，规范教学质量评价的组织工作，制定公平、合理的奖惩措施，提高广大师生的质量意识；②健全和完善规范化的教学和质量管理规章制度与配套措施：如制订《加强课程建设，开展课程评估》《教研室教学工作条例》《加强临床教学工作的规定》《中山医科大学本科临床教学工作暂行规定》《关于改革医学考试的通知》《教学督导制度》等，并结合各级领导检查教学制度、全额学生评价教师制度、同行评价与专家评价教师等多种形式，及时发现教学和质量管理中出现的各类问题并及时解决。

（二）建立健全教学质量保障的组织管理机构

学校成立参与教学决策论证的组织——校教学委员会：由主管教学的校领导担任委员会主任，由长期从事教学工作、具有丰富教学工作经验的专家和懂得教学工作、有管理专长的教学管理人员组成。其职能是指导、监督教学改革及监控全程的教学工作，对教学的宏观管理和决策的科学化发挥了重要作用。

为将教学和质量管理落到实处，学校建立了校、院系两级教学质量保障机构：教务处、各院系教学科分别作为学校、院系教学质量保障的组织机构，按照"人财物统一"和"责权利统一"的原则履行相应的教学管理职责。同时，成立各层次教学质量评价组织：由主管教学的领导、管理干部以及具有较高的学术造诣、教学经验较丰富的教师代表组成校教学质量评价专家组及各学院、系、部、学科的教学质量评价小组，形成教学质量保障活动的组织体系，加强对教学质量监控工作的组织领导，确保教学和质量管理活动的层层落实。

（三）实施系统、规范的教师教学质量评价制度，增强教师的质量意识

学校先后制订了教师教学质量评价系列量表和《关于开展专家评价教师教学质量的实施办法》，广泛地向教职员工和学生宣传开展教学质量评价的目的和作用，并组织成立了校教学指令专家评价组、各院系教学评价组、各学科教学质量评价组，加强对教师教学质量评价工作的组织领导，使该项工作能顺利开展。

学校应用"教师教学质量评价系统"，于1996—2000年共组织了93、94、95、96、97、98、99等7个年级约4300多名学生、143名专家对37门课程的1037名教师的授课质量进行评价，共计评价19.5万余人次，评价结果作为教师业绩考核的指标之一。实践表明，规范化的教学质量评价制度有效地引导教师全面贯彻党的教育方针，增强教书育人、为人师表的责任感，有利于增强教师的质量意识和改革、竞争意识，促进教学相长。随着教评活动的广泛开展，学生对教师授课质量的满意率呈逐渐上升的良好态势，教师参与教学改革与研究的积极性明显提高，有的学科还出现教师争着多上课的现象，取得了一批质量较高的教学成果。

（四）注重考试分析，加强考试质量的监控

为进一步提高考试的标准化程度，学校从认知领域考试的设计、命题方法、试卷组配、考试标准设置及考试分析评价等方面入手，深化考试改革，提高考试的信度和效度，力求真正发挥考试对学生的知识、技能和能力的区分和评定功能；引导学生正确理解和灵活应用医学知识、提高分析问题和解决问题的能力；使每份考卷成为知识型和能力型比例相对合理的试卷，充分发挥考试对教学的"指挥棒"作用，达到以考促教、以考促学的目标。学校应用计算机"考试质量分析系统"分析试题的难度、区分度、考试的信度和效度，1996—1999年分析了约50门次主干课程的20万份试卷，力求通过强化考核监控机制提高考试质量。统计表明，学校医科1998—1999学

年优秀和良好试题分别比 1997—1998 学年增加 2.64% 和 21.52%。

为使考试工作进一步科学化，学校组织举办多种形式的"教育测量学培训班"、"教育理论学习班"，帮助教师掌握教育测量学的有关理论和方法。同时，积极开展计算机试题库的建设，利用多年试卷分析反馈的信息，修改、筛选合适的试题入库，较好地保证了题库的试题质量。学校在参加国家试题库（基础医学部分）建设的基础上建立基础医学和临床医学计算机题库系统，促进教考分离。

（五）以评促改，加强课程建设

学校自1988年第一次开展课程评估以来，根据评估指标体系定期对各课程教学工作进行较为全面的检查、评估和总结。通过对教学基本条件、教学质量、教学管理与改革等方面的客观评价，使各教研室认清了课程建设中存在的问题，明确了课程建设工作的重点，也使各级领导、教师增强了教学意识，加大了对课程教学的投入。通过课程评估实现了自我调节，深化课程改革，提高课程教学质量的目的。此外，学校以召开重点课程评估经验介绍会等方式组织课程间的交流，拓宽了各教研室的工作思路，在各课程间形成了你追我赶、争创重点课程的可喜局面。通过对自评报告、专家评估报告、专家听课、师生调查等收集到的大量教学信息进行分析研究，明确影响教学的各种因素，也为学校对教学工作的宏观调节、微观指导和决策的科学化提供了依据。

1997年9月—1998年1月，学校教务处开展了必修课程评估工作，共有91门课程顺利通过评估，生物化学等10门课程被评为校级重点课程，统计学等4门课程上报广东省高教厅申报省级重点课程。

1993—1998年，广东各医学院校纷纷争创省级重点课程，共评出44门省级重点课程，其中中山医科大学有13门课程入选，其中校级重点课程亦由1996年的25门增至35门。通过多年的重点课程建设，学校课程教学进一步规范化，教学管理制度进一步完善，教学质量进一步提高，以教学研究和改革促进课程建设、形成课程特色已逐步成为共识，达到了以评促建，以评促改，以评促发展的目的。到2000年，学校已建成61门校级重点课程，3门被评为省级优秀课程，校级以上重点课程超过课程总数的60%，有效地提高了课程教学的水平和质量。

在教学质量保障体系建设的理论与实践研究过程中，学校的教学管理水平得到较大的提高。1999年，中山医科大学教务处被教育部授予"全国普通高等学校优秀教务处"荣誉称号。教学管理部门高品质的服务工作为学校教学的高质量提供了有力保障。

十二、培育本科教学成果

20世纪90年代，作为我国高等教育教学改革成果的集中体现——教学成果奖，越来越受到广大教师、教辅人员和管理人员的重视。广东省实施每4年评审奖励一次的制度。经过1989年、1993年和1997年3次评奖，广东省高等西医院校共获得了

45项省级以上教学成果奖。在这45项省级以上教学成果奖中，获国家级二等奖及以上的有8项，其中中山医科大学有5项。

在1989年全国首届优秀教学成果评奖中，广东高等医学院校（西医）有4项获奖，中山医科大学周文炳等的《培养眼科学高级人才，促进眼科教、医、研事业发展》、彭文伟等的《进行"自学为主"和"讲授为主"的对比试验，加强学生能力的培养和智力的开发》榜上有名，并同时获得广东省优秀教学成果奖。

1993年获得国家级奖的是：中山医科大学王庭槐等的《新型生理学实验课教学模式的建立和探索》、卢光启等的《发挥临床考试导向作用，促进学生临床能力提高》。

1997年获国家级奖的是中山医科大学徐秉锟的《人体寄生虫学（第三版教材）》。

2001年，学校又有一批教学改革研究项目获得了省级以上的教学成果奖：《创建跨学科、多层次生理科学实验课的研究》获国家级教学成果二等奖、省级教学成果一等奖，《人体解剖学课程体系的构建和提高教学水平的改革》获省级教学成果一等奖，《面向21世纪的《医学生理学》课程教学改革与实践》获省级教学成果二等奖。在教学管理改革方面，由教务处处长冯鉴强等完成的研究成果《创建现代高等医学教育教学质量保障体系的实践与成效》获省级教学成果一等奖；由教务处副处长颜楚荣等完成的《医学生临床能力综合评价研究》获省级教学成果二等奖。此外，《构建高等医学院校创新教育体制的实践与研究》获省级教学成果二等奖。

学校深化教学改革取得的成果，不但提高了学校的教学、科研、医疗和管理的水平和质量，而且在高等医学教育界产生了良好的辐射和示范作用。

十三、扩大招生规模

20世纪90年代，我国高等教育的发展正处在由"精英教育"转变为"大众教育"的转型期，即向高等教育大众化迈进的时期。1993年1月，省委、省政府颁布《关于加快高等教育改革和发展步伐的决定》，提出扩大办学规模，到2000年，普通高等教育在校生年递增8.4%，成人教育在校生年递增8.1%，通过挖掘办学潜力，走内涵发展为主的道路。

1999年6月召开的第三次全国教育工作会议，确立了"通过多种形式积极发展高等教育，到2010年使我国同龄人口的高等教育入学率从现在的9%提高到15%左右"的方针。这就意味着我国将在2010年步入高等教育大众化的行列。作为我国经济强省的广东，多年来国内生产总值（GDP）、财政收入、实际利用外资和进出口总额等指标位于全国之首，但教育发展却相对滞后。这不仅与我国经济强省的地位不相称，也与广东在21世纪保持高新技术产业在全国领先地位的要求不相适应。为早日摆脱教育发展滞后于经济发展的被动局面，争取早日建成教育强省，广东提出了到2005年同龄人口高等教育入学率达到16%的发展目标。

美国著名教育社会学家马丁．特罗（Matin Trow）于1973年6月提出：整个高等教育发展过程可划分为三个阶段：毛入学率低于15%为精英（Elite）教育阶段；

15－50%之间为大众化（Mass）教育阶段；50%以上为普及化（universal）教育阶段。马丁．特罗的这一"高等教育发展三阶段论"，作为衡量一个国家高等教育发展水平的重要指标，已为国际社会广泛接受。按照新的统计口径，我国1999年高等教育毛入学率为10.5%，仍处于精英教育阶段。据专家预测，到2010年我国高等教育毛入学率达到15%左右时，我国高等教育的总规模将达到1700万人，11年间净增规模700万人，平均每年增加63.6万人，平均增幅为6.36%。而广东1999年各类高等教育在校生数55.3万人，高等教育毛入学率仅9.9%，低于全国的平均水平，也低于1995年世界16.2%的平均水平。每万人口拥有在校大学生数为55.4人，在全国排行第十二位，也低于全国的平均水平。为加速实现高等教育大众化，广东计划在2005年高等教育毛入学率达到16%，各类高等教育在校生规模达到115万人，比1999年增加约60万人，平均每年增加10万人，平均增幅为18.2%，为全国平均增幅的近3倍。

1999年以来，经过几年的连续扩招，我国高等教育实现了超常规的跳跃式发展。到2002年，全国高等教育总规模达1600多万人，高等教育毛入学率达到15%；广东的高等教育毛入学率也于2003年达到15.3%，提前进入高等教育大众化阶段。北京、上海的高等教育毛入学率已突破50%，进入了高等教育普及化阶段。

从1999年开始，学校各类医学生的招生数也迅速增长，详见下表。

1993—2001年各类医学生招生数（人）

类别 年度	博士生	硕士生	本科生	专科生	夜大 本专科	成人 脱产科	总计
1993	50	188	504	188	—	98	1028
1994	46	172	502	36	59	37	852
1995	67	179	512	—	—	—	758
1996	65	178	600	60	—	60	963
1997	86	178	605	—	120	118	1107
1998	86	208	628	72	—	134	1128
1999	141	243	788	119	278	156	1725
2000	160	323	805	154	530	211	2183
2001	178	399	825	112	754	204	2472

十四、加快高层次医学教育和终身教育体系建设

（一）长学制医学教育实施新的教学计划

中山医科大学从1988开始启动七年制医学教育，在坚持"本—硕"连读的七年

制医学生中采用优秀师资和中英教材,进行高水平的精英教育。1995年6月9日—14日,由国务院学位办和国家教委高教司联合组织的七年制高等医学教育教学与学位授予质量检查团第三分团,对中山医科大学七年制医学教育进行了全面的检查和评估,34项检测指标经评估均合格。1997年3月,学校在总结经验的基础上变"五七分流"的七年制临床医学专业培养模式为"七年一贯制",强调"七年一贯,本硕融通,整体优化,注重素质,加强基础,面向临床"的特色。为适应医学模式的转变,学校积极探索开放式办学道路,促进文理医的互相渗透。根据教育部的七年制医学人才培养方案,1999年4月,中山医科大学与中山大学达成联合培养七年制医学生的协议,委托中山大学生命科学学院对中山医科大学的七年制学生进行为期一年的培养,依托综合性大学的文理科优势,强化自然科学和人文社会科学基础课程教学,着重培养学生的逻辑思维、科学素养、发现问题和分析问题的能力,拓宽学生的文理医基础,提高后续课程的教学起点,为学生在未来工作岗位上进一步学习和应用自然科学及人文社会科学知识,增强创新潜能创造条件。为此,学校修订和实施了新的七年制医学教育的教学计划。以下是1999年6月新修订的中山医科大学七年制临床医学专业教学计划的主要内容:

1. 培养目标

培养德、智、体全面发展、能适应"三个面向"需要的、具有较扎实的医学理论知识和较熟练的临床诊疗技能、具有一定的创新思维能力和较强的临床实践能力、达到临床医学专业硕士学位水平的高级临床医师。

2. 课程设置与学时数

共开设47门课程——大学英语362,体育144,毛泽东思想概论36,邓小平理论36,现代人生修养36,马克思哲学思想36,生态学原理36,高等数学54,物理学90,无机分析化学145,有机化学108,计算机应用基础90,现代生物学121,人体结构学266,临床生理学112,实验生理科学76,生物化学90,分子生物学54,神经生物学40,社会医学40,病理学130,医学病原学126,药理学72,医学统计学50,医学遗传学30,预防医学86,法律学基础36,医学文献检索与应用36,临床免疫学30,临床病理学30,诊断学204,中医学72,影像诊断学65,内科学231,外科学230,医学心理学40,儿科学120,妇产科学120,神经病学48,精神病学48,传染病学80,肿瘤病学80,耳鼻喉病学68,眼科学68,皮肤病学64,临床核医学32。此外,尚有临床专题讲座200学时,指定选修课200学时。

(1) 总学时数与周学时数:总学时数为4568,其中讲课2079,实验见习及讨论等2086。周学时数为23～29。

(2) 见习与实习:单科轮回见习30周;单科轮回实习40周(内科12周,外科12周,妇产科6周,儿科6周,选科4周、包括科研能力训练);定向二级学科104周(包括国家医师资格考试2周,定向三级学科26周,临床能力考核2周,毕业论文答辩2周)。

（二）研究生教育迈上新台阶

至1994年，学校已有硕士点36个，博士点20个。1996年有硕士点50个，在校硕士生447人；博士点25个，博士生205人。设有基础医学和临床医学2个博士后流动站。博士点覆盖以下学科：病理学、生物医学工程学、医学遗传学、生物化学、生理学、组织胚胎学、人体解剖学、寄生虫学、药理学、法医学、微生物学、免疫学、普通外科学、神经病学、眼科学、传染病学、肿瘤学、卫生统计学、胸外科、骨外科、泌尿外科、内科肾病学、内科消化学、内科内分泌学、妇产科学。到1996年已培养了硕士毕业生1733名，博士毕业生244名。1997年11月，学校的博士、硕士学位授权点全部顺利通过国务院学位委员会的评估。至2000年，学校招收博士生160人，硕士生323人，在校的研究生增加到1207名，其中硕士生780人，博士生427人。

1998—2000年招收各类研究生数（人）

年度 \ 类别	博士生	硕士生
1998	86	208
1999	141	243
2000	160	323

（三）继续教育取得新进展

1996年11月，中山医科大学通过卫生部成人教育评估，成绩优良；同年12月，中山医科大学正式成立成人教育学院。1999年3月，学校附属三院实行进修生导师制，对每个在临床进修半年以上的医师实行导师指导与集体指导相结合的培养方式，以提高临床进修教育质量。1999年5月，学校获得第一批卫生部《住院医师规范化培训合格证书》的颁发权，促进了继续医学教育的规范化发展。2000年，学校共获批准55项国家级继续医学教育项目，其中新申报项目36项，备案项目19项，这不仅使学校国家级继续医学教育项目位居广东省各单位之冠，也使学校这一工作步入国内同行的前列。

十五、加强科研工作，提高学术水平

中山医科大学通过打造一批具有较高学术地位的优势学科，创设良好的科研环境，加强科研工作，提高学术水平，为医学教育的进一步发展提供了保障。

（一）学科建设的水平得到巩固和提高

经过多年的努力建设，中山医科大学的眼科学、寄生虫学、内科肾脏病学（国家级重点学科）的总体水平居国内领先地位；神经病学和药理学属广东省重点建设学科，总体水平处于国内前列；普通外科学、法医学、病理学、传染病学、生理学、肿瘤学、生殖医学的学科总体水平处于国内先进地位，某些领域处在国内领先。学校具有卫生部眼科学、辅助循环、肾病临床研究3个重点实验室，并有广东省器官移植研究中心、广东省糖尿病防治研究中心、广东省病毒性肝炎防治研究中心等多个研究中心。

（二）科学研究取得新进展

学校从多方面调动广大教师、科研人员及临床医师开展科学研究的积极性，例如制定了具体的年度考核标准，突出了对各级别、各类别专业技术人员承担科研课题与发表论文数量与档次的具体要求，通过一系列奖励政策激励广大教师、科研人员及临床医师从事科学研究，使研究课题、科研论著与成果数量都有较大的增长。

《中国卫生年鉴1998》公布的资料显示，中山医科大学科技活动人员6050人，其中科学家与工程师4229人，居10所卫生部属院校的第2位。同时，学校在各类期刊上公开发表的论文逐年增多。据对国内CBM医学数据库检索，从1993年1月至1998年12月，广东6所西医院校共发表医学论文14435篇，其中中山医科大学（含5所附属医院）共发表医学论文6989篇，居各校发表论文数之首。1978—1998年，学校在国家核心杂志发表医学科研论文9909篇，国外杂志发表论文1278篇。据中国医学科学院出版的《中国生物医学文献数据库》光盘检索，1981—1998年中山医科大学公开发表医学论文情况是：1981—1992年为4193篇，1993—1994年为1388篇，1995—1996年为2384篇，1997—1998年为3217篇，合计11182篇。

1981—1998年中山医科大学公开发表的医学科研论文

年份	论文数
1981—1992	4193
1993—1994	1388
1995—1996	2384
1997—1998	3217
合计	11182

在科研项目和成果方面，1978—1995年，学校承担和完成厅级以上科研项目937项，获研究经费7000余万元；国家级科研项目267项，部委级科研项目400项。1978—1998年，中山医科大学共获得国家级科技成果奖15项，部委级科技成果奖153项，省级科技进步奖124项。1996年，中山医科大学承担课题1105项，当年投入人数1776人（两者均居10所卫生部属院校的第一名）；参加科研的研究生329人（居第三名）；当年拨入经费740.2万元（居第三位）；出版科技著作22部（居第三

位）；获奖 47 项，其中国家科技进步奖 2 项，占 10 所卫生部属院校国家 4 大奖项数（11 项）的 13.4%，居第三位，省（区、市）科技进步奖 6 项，地市级奖 24 项。

1982—1995 年中山医科大学获得国家自然基金项目及经费情况

时间	项目数	经费数/万元
"六五"期间	65	200.87
"七五"期间	89	245.50
"八五"期间	110	686.10
合计	264	1132.47

另据统计，"九五"期间（1996—2000 年）共获各类科学基金 1482 项，经费 10960.33 万元，其中国家级 170 项，经费 3525.1 万元；省部级 800 项，经费 5239.045 万元；厅局级 512 项，经费 2196.185 万元。获 CMB 基金 7 项，经费 519.1 万美元，折合人民币 4292.957 万元。"九五"较"八五"项目数的增长率为 255.7%，经费数的增长率为 508.88%，CMB 的经费数增长率为 60.24%。在这些项目的资助下，经过全校科技工作者的辛勤劳动，培养和稳定了一支较高素质的科研队伍，一批中青年科技工作者已成为骨干力量；研究条件明显改善，形成了一批具有优势和特色的学科与基地；科学研究实力有了大幅提高，取得了一批较高水平的原创性成果。在"九五"期间，学校共获得国家级科技奖励 6 项（二等奖 3 项、三等奖 3 项），省部级二等奖以上 58 项（一等奖 11 项、二等奖 47 项），而"八五"期间共获得国家级科技奖励 3 项（三等奖 2 项、四等奖 1 项），省部级二等奖以上 37 项（一等奖 4 项、二等奖 33 项）。可见"九五"期间学校科技成果获奖等级与数量比"八五"期间均有较大的提高，从而大大提高了学校的科技创新能力。

同时，学校在常见致盲眼病、大面积重度烧伤、常见遗传病的产前诊断、肝肾移植、肾功能不全综合治疗、鼻咽癌的早期诊断与综合治疗、缺血性疾病的无创治疗等方面已居于国内领先地位，某些方面达国际先进水平。科研水平的提高为更新教学内容，提高教学质量提供了基础。

十六、加强与国（境）外同行的交流及合作

1996 年 2 月 28 日—3 月 1 日，中山医科大学与澳大利亚新南威尔士大学在广州联合主办"首届西太平洋幽门螺杆菌国际学术会议"。1996 年 9 月，中山医科大学校长黄洁夫教授与香港大学医学院院长周肇平教授在香港共同签署关于两校开展合作研究、交换学者、信息交流以及互相培养学生等全面合作的协议。1996 年 10 月，中山医科大学与台湾中山医学院在广州签订了两校间学术交流、合作的协议，黄洁夫校长与台湾中山医学院董事长周汝川、校长蔡嘉哲代表各自学校在协议上签字。1997 年 1 月 20 日，学校黄洁夫教授被香港中文大学医学院外科学系聘为首届"曹光彪中国外科客座教授"。至 1997 年，学校传染病学专家彭文伟教授自 1981 年起已连续五届被

聘为世界卫生组织（WTO）顾问。1997年9月8日，学校眼科视光学系与香港理工大学视光学和放射学系签订了合作协议。颜光美副校长、眼科中心陈家祺主任与香港理工大学医疗社会科学院长胡志城教授等人参加了签字仪式。双方一致认为有必要进一步加强眼科视光学领域的教学、科研及临床培训等方面的合作，同意进一步发展共同感兴趣的合作项目，开展与视光学有关的科研合作，加强各种形式的学术交流等。

十七、参加"本科教学工作优秀学校"评价

教育部《关于进一步做好普通高等学校本科教学工作评价的若干意见》（教高[1998]2号文）中，明确提出要在高等学校全面开展本科教学工作评价，评价的形式有三种——合格、优秀和随机性水平评价。

优秀评价主要用于本科教育历史较长、基础较好、工作水平较高的学校。文件要求凡进入"211工程"重点建设的学校，均应进行申报，开展本科教学优秀评价。优秀评价的重点是三个方面：一是不断明确和端正学校的办学指导思想；二是学校的基本建设；三是进行教学改革，包括学校办出特色。

中山医科大学根据教育部文件的要求及考虑到本校本科教学的现状，于1998年9月将学校申请参加优秀评价的报告函告教育部高等教育司。随即将评优工作纳入学校重要的议事日程，全面规划、加强领导、研究对策，把创优工作与学校创建"具有南方特色的、国内一流的、在国际上有较高学术地位的医科大学"的奋斗目标相结合，加大硬件、软件的建设力度，争创特色，变压力为动力，力争学校顺利通过本科教学工作优秀评价。为此，采取了如下措施：

（一）召开中山医科大学创建"优秀学校"动员大会，在全校广泛深入开展评优的宣传活动。将"在高等学校中，培养人才是根本任务，教学工作是主旋律，提高教育质量是永恒的主题，教学改革是各项改革的核心，本科教育是基础"的思想作为学校工作的主导思想，把教育思想大讨论引向纵深，明确评优为政府行为，动员学校各方面全方位地为评优工作做好思想准备和舆论准备。

（二）成立中山医科大学本科教学工作优秀学校评估领导小组及办公室，同时成立中山医科大学创建"优秀学校"评估专家组，正式启动评优工作，为评优工作做好指导和协调。

（三）制订《中山医科大学创建本科教学工作优秀学校任务分配表》，各学院、系、部、各教研室按照指定的有关内容进行自身建设和自评，写出自评报告。

（四）建立各级领导分工负责制，全面落实评优项目责任到人。举行中山医科大学创建本科教学工作优秀学校任务书签字仪式，实施"一把手"工程。

（五）大幅度增加教学经费的投入，努力改善办学条件。

（六）陈汝筑副校长组织各院、系、部主管教学的领导听取了上海医科大学教务处徐忠处长有关上海医科大学评优情况的介绍，借鉴上海医科大学评优的经验，贯彻教育部"以评促改、以评促建、评建结合、重在建设"的原则，精心组织，积极备战，迎接评优。

（七）为及时了解学校各单位"创优"工作的进度、质量及存在的问题，促进"创优"工作的整改和提高，1999年12月—2000年5月，学校开展了"创优"工作的中期检查。由陈汝筑副校长带队，校评优办公室和评价专家组的有关人员先后深入基础医学院、岭南医学院、第一临床学院、第三临床学院、口腔医学院、公共卫生学院、护理学院、社科部等有关学院、系、部及教研室，依照《高等医药学校本科教学工作优秀评价方案（试行）》设置的10项评价要素（办学思想、教学条件、教师队伍、教学管理、专业建设、课程建设、实践教学、学风、教学效果、特色）、27个评价指标，进行实事求是的检查和评估。通过中期检查，找出不足与差距，制定重点整改措施和对策，力争顺利通过教育部对学校的评优。

学校"创优"工作的实践充分证明：各级领导重视、认识一致，是确保评价工作顺利开展的前提和保证；加大投入、着力建设是确保评价工作取得实效的基础和核心；要评建一体，重在"建"和"创"。

十八、附属医院医学教育的改革与发展

（一）附属第一医院

1. 概况

1985年6月，中山医学院改名为中山医科大学，院名改为中山医科大学附属第一医院。至1990年，附属第一医院占地面积5.93万平方米，医疗业务用房3.5万平方米，有病床1015张，工作人员1841人，其中卫生技术人员1383人。设有内、外、妇、儿、中医、五官、神经、皮肤、针灸、理疗等和各相应的功能检查室等29个科室。除普通门诊外，还开设70个专科门诊。主要设备有电子计算机X射线断层机（CT）、1000及600毫安X光机、高压氧舱、自动生化分析仪、人工肾、人工心肺机、B型超声波诊断仪、胎儿监护仪等。此后，陆续增购彩色B型超声波诊断仪、流式细胞仪、体外震波碎石机、电子内窥镜、螺旋CT机、超高速CT机（UFCT）、高场超导MRI机（1.5T）、双探头发射性计算机断层系统（SPECT）、数字减影血管造影机（DSA）、显微导航设备、日立7170型分析仪、美国雅培AXSYM免疫分析仪等。

2001年11月，原中山医科大学与原中山大学合并组建成新的中山大学后，医院更名为中山大学附属第一医院，院址位于广州市中山二路58号。

附属第一医院是国家重点大学——中山大学附属医院中规模最大、综合实力最强的附属医院，也是国内规模最大、综合实力最强的医院之一。为三级甲等医院，由院本部和黄埔院区组成。院本部位于广州市中心的东山区；黄埔院区位于广州市东部黄埔区的中心地带。医院的总占地面积为79138m^2，业务用房建筑面积达177447.24m^2，其中新建门急诊大楼面积68000m^2。附属第一医院是华南地区医疗、教学、科研、预防保健和康复的重要基地，素以"技精德高"在我国和东南亚一带久负盛名；黄埔院区是以骨科和创伤急救为重点的综合性医疗院区。

附属第一医院作为教学医院，承担了学校医学本科临床教学60%以上的任务。2004年，有博士学位授权点19个、硕士学位授权点30个，有在院研究生600多人，其中博士生210人，硕士生391人；有1个国家级继续医学教育基地（肾内科）、13个卫生部进修基地、2个临床研究所、6个临床研究治疗中心、13个临床研究实验室，其中肾脏病临床实验室是教育部、卫生部和广东省重点实验室。每年举办国家级继续医学教育项目25项以上，承担了中、高级卫生技术人员的进修培训任务，每年接受国内外进修、培训医务人员近1000人。由内科和神经科集体合作、以邝贺龄为主编的《内科疾病鉴别诊断学》一书，刊行76万多册；《内科急症治疗学》一书，刊行15万多册。两书成为教学医院的宝贵精神财富。内科和病理解剖教研室合办的临床病理讨论会（CPC），开我省先驱，吸引众多院外人士参加，对提高我省的医学教研水平有很大的帮助。

医院与美国、德国、澳大利亚、加拿大、日本、荷兰、瑞典、香港、澳门等20多个国家和地区的医院建立了学术交流和合作关系，特别是与美国加州大学、美国皇家儿童医院、美国麻省心脏中心、德国柏林心脏中心、瑞典隆德大学、荷兰卫兹兰登医院、日本东帮大学医学院、香港中文大学、澳门镜湖医院等建立长期友好合作关系。

2. 师资力量

2004年，附属第一医院院本部与黄埔院区共有在编职工2364人，其中卫生技术人员有2105人，正高职称104人，副高职称313人，中级职称689人；博士生导师58人，硕士生导师263人。其中有很多著名的专家、教授、学科带头人，如著名医学教育家、肾内科奠基人之一李仕梅教授，著名神经外科（脑外科）专家蔡纪辕教授（1913—2004），我国神经遗传病学奠基人刘焯霖教授，著名显微外科专家朱家恺教授，著名内分泌学专家、内分泌实验室创始人之一余斌杰教授，为肾病患者燃起生命之光的我国著名肾脏病专家叶任高教授，著名心脏外科专家孙培吾教授，著名神经科专家梁秀龄教授，著名生殖医学专家庄广伦教授等。

3. 教学工作

1988年以前，临床教学统一由中山医科大学临床学院统筹管理。1988年11月，中山医科大学撤销临床学院，成立第一、二、三临床学院，组织架构分别与三个附属医院成为统一体。附属第一医院院长（副院长）同时兼任第一临床学院院长（副院长），大大加强了临床教学的领导和人力、物力的投入，对提高临床教学的质量起了重要作用。

（1）本科生教育

1988年，医学院学制改为五年，第四年下学期开始为临床见习，第五年为临床实习。

随着医学教育的发展，学院招生人数逐渐增多，为保证临床医学教学工作的正常进行，原则上每个大班理论课人数为120～150人，小班实习人数一般为10人，不超过12人。一个临床实习生一般管6～10床，一个临床见习生一般管3～5床。内科基础、外科总论的实习病床一般在总病床内解决。

1988年11月第一临床学院挂牌后，先后成立了内科学、外科学、妇产科学、儿科学、神经科学、中医学、皮肤学、耳鼻咽喉学、诊断学、物理与康复医学、临床护理学、医学影像学等12个教研室，主要承担内、外、妇、儿、皮肤、神经、耳鼻喉科的见习、实习和内、外、妇、儿、神经科的实习；同时承担了内科学、外科学、妇产科学、儿科学、皮肤科学、神经病学、耳鼻喉学、诊断学的理论大课的教学任务。麻醉科本科教育自1984年开始招收第一届专业本科生（6年制），收到良好社会效益；1993后年每年招收麻醉专业本科生（5年制）。外科学与内科学于1992年和1994年分别被评为广东省重点课程。2004年，医院拥有3个国家级重点学科（肾内科、普通外科、神经科），8个广东省重点学科（肾内科、普通外科、神经科、妇产科、儿科、内分泌科、耳鼻喉科、泌尿外科）。

附属第一医院一直承担着学校60%以上的临床医学本科和七年制、视光学、麻醉学、影像学、护理学本、专科的临床见习和实习任务。2002、2003年临床实习医师各主要科目毕业考试成绩名列全校教学医院之首。2003年春夏"SARS"爆发时，附属第一医院不仅保障了自己的教学、科研工作正常进行，而且主动承担了兄弟医院附属第二医院呼吸内科的教学工作、附属第三医院整体见习教学工作，负责内、外、妇儿、神经等7门课程，102个本科生、研究生的见习、带教任务，保障了他们的教学任务顺利完成。2004年附属第一医院负责临床医学专业本科二个大班和7年制的临床课程教学及6个小班的见习和实习，全院共有见习、实习生364人，诊断学实习人数375人。

（2）研究生教育

附属第一医院的研究生教育是从1978年恢复研究生教育后开始的。1978年首次招收5名外科学硕士研究生，之后每年招收硕士研究生的人数和学科专业都在逐年增加：1988年招收59名硕士研究生，1998年招收62名硕士研究生，2003年招收147名硕士研究生。截止2003年12月，本院累计招收1366名硕士研究生，累计毕业842名。招生专业也发展到肾脏内科学、心脏内科学、呼吸内科学、消化内科学、血液内科学、内分泌内科学、风湿病学、普通外科学、骨-显微外科学、神经外科学、泌尿外科学、整形外科学、心胸外科学、小儿外科学、烧伤外科学、妇产科学、儿科学、神经病学、耳鼻喉科学、口腔科学、中医科学、皮肤科学、急诊科学、康复科学、麻醉科学、放射科学、核医学、生物医学工程、眼科学、临床检验学等，共有30个硕士学位授权学科、专业点，涵盖了整个临床学科。其中，物理医学与康复医学教研室是卫生部最早建立的康复医学教育培训基地和最先开设的康复医学硕士研究生培训点。从1995年开始招收留学生，2001年开始招收港澳生。2004年在院硕士研究生391人，在岗硕士生导师189人。

博士研究生从1986年开始招生，招生专业为普外科学、肾内科学、神经病学，分别成为我国第一批招收博士研究生的学科点之一，共招收6名博士生，以后逐年增加。2003年招收80名博士研究生。截止2003年12月累计招收562名博士研究生，累计毕业312名。招生学科专业也发展为肾脏内科学、内分泌内科学、呼吸内科学、消化内科学、心血管内科学、普通外科学、泌尿外科学、烧伤外科学、神经外科学、心胸外科学、骨-显微外科学、妇产科学、神经病学、生物医学工程、影像医学、儿科学、耳鼻喉科学、血液病学、临床检验与诊断学等19个博士学位授权学科、专业点。从1998年开始招收留学生，2001年开始招收港澳生。目前在院博士研究生210人，在岗博士生导师48人。

中山医科大学于1995年设立临床医学博士后工作站后，附属第一医院从1995年开始招收博士后，至2004年共招收37名，已出站25名，留院工作7名，在站工作12名。

（3）继续医学教育

附属第一医院的继续教育工作最初是由医院医疗行政管理部门具体负责。1985年底，附属第一医院成立教务科，继续教育工作归由教务科管理。1996年，附属第一医院成立继续教育科，主管继续教育工作。

继续教育科工作职责主要有五大方面：本院职工继续教育、本院职工《三基》培训考核、住院医师规范化培训、外来人员进修教育、申报与实施国家级和省级继续教育医学教育项目。

1）进修教育

附属第一医院的进修教育历史悠久，为全国各地培养了大批高水平的医学专门人才。如全国肾科医师高级进修班（原腹膜透析学习班）是全国最早以办班形式培养肾科医师人才的进修班，在全国有较高知名度。该班从70年代末开始举办，至2004年已举办了50多期，培养了全国肾科医师近1000人，这些人大多数已成为所在单位的学术带头人。此外，心血管内科危重病学习班（原心血管内科急症学习班）、急诊内科医师进修提高班、CT诊断进修班、神经内科进修班、妇产科进修班、小儿内科进修班、放射诊断进修班及普通外科、泌尿外科、骨科、器官移植外科、颅脑外科、腔镜科、呼吸内科、消化内科、内分泌内科、麻醉科等学科举办的各种学习班，吸引不少进修求学者。参加学习的学员来自全国各地，包括边远省份如西藏、内蒙古、新疆、宁夏等地。多年来，参加学习班人数达7756人。医院还派出教授到基层医院开展继续医学教育，为基层医院传授先进的医疗技术及新的医疗方法和知识。在实施继续教育时，编写了教材和讲义88种，并运用多媒体辅助教学手段，保证了学习班的教学质量。

随着进修教育的发展，对进修教育也不断地进行规范化的科学管理，制定了《进修管理条例》《进修手册》《进修生培训方案》及《进修生岗前培训制度》。进修生的招生录取也进行了改革，从考试录取改变为按个人的综合条件量化评分后择优录取，保证了进修生的录取质量。除了规范化管理外，于1997年开始了电脑网络信息化管理。进修生的资料档案以及从进修生报名开始到学习结业全部运用电脑流程化和网络化管理，使管理手段实现了信息化。

2）职工教育

附属第一医院从 1998 年开始，按照卫生部、人事部颁发的《继续医学教育规定（试行）的办法》及学校的要求，制定了《继续医学教育的实施办法》《关于参加继续教育学习的有关规定》等文件，指定各临床科室分工负责教学的科主任管理此项工作。各临床科室指定验证人进行学分验证，由继续教育科按照卫生部规定的学分授予办法严格进行学分管理。医院举办了各种高水平的学术讲座、国际交流会、研讨会、学习班，还根据各学科发展的需要，每年下拨 50 万元左右的教育经费，选派技术骨干外出进修、学习及开展《三基》培训考核工作和添置教学设备。

3）住院医师培训

附属第一医院自 1990 年开始实施临床住院医师规范化培训，按照卫生部及学校的培训方案要求，对本科毕业的住院医师进行为期五年的培训。规定凡本科毕业分配到本院工作的临床医师经规范化培训后才能晋升主治医师。整个培训分两个阶段进行：第一阶段（第 1—3 年）是二级学科层面的理论学习和相关科室轮转阶段。每个住院医师必须完成规定的相关科室轮转和经历相应的病种、病例、技能操作学习，参加学校统一组织的规定课程学习，第三年通过学校统一组织的理论、外语和临床技能考试合格及完成 1 篇综述后，为第一阶段培训合格。第二阶段（第 4—5 年）是在第一阶段合格的基础上，开始三级学科即专科培训，五年期满，完成规定的病种、病例、技能操作培训，通过学校统一组织的规定课程和理论、外语、临床技能考试，并在公开出版的医学杂志上发表 1 篇第一或第二作者的文章，才能取得卫生部统一印制的第二阶段《住院医师规范化培训合格证》及申报晋升主治医师。从 2002 年开始，硕士毕业的住院医师参加第二阶段的培训。从 1986 年到 2003 年，本院共有 302 名住院医师接受了培训。

医院从培训初期便设立了医院培训领导小组，由院长任组长、主管副院长任副组长，梅卓贤教授、陈述枚教授、曾群英教授、黄灿之副教授任组员。为了规范管理，1997 年 3 月医院制定了《住院医师规范化培训管理办法和暂行规定》。

1999 年，卫生部和国家学位办下发了关于住院医师规范化培训与申请临床医学专业学位研究生相结合的通知，这是对我国部分高等医学院校已经进行了近 10 年的住院医师规范化培训结果的肯定，同时也开辟了一条我国人才培养的新路子，节约了在住院医师培训过程中的多种浪费，受到普遍的欢迎和支持。附属第一医院自 1998 年至 2001 年有 26 位本科毕业的住院医师获得了这个机会。

（4）教学成果

自 1988 年 11 月第一临床学院成立以来，学院一直注重发挥高校附属医院的优势，不断进行教学改革和教学研究。1995 年中山医科大学开始设立校级教学改革研究基金。据不完全统计，从 1995—2003 年，附属第一医院共 128 人次获得 129 项校级、3 项省级、6 项卫生部教学研究课题（含 CAI 课件、电视电子教材课题）。从 1997 年开始，中山医科大学设立教学改革研究优秀成果奖。据不完全统计，从 1997—2003 年，附属第一医院共有 28 人次的教学研究成果获得 4 项校级一等奖，6

项二等奖，14项三等奖；1项厅级三等奖；1项国家级一等奖；1项教育部先进个人。主编或参编的教材有《临床神经病学》《神经系统遗传病的基础和研究发展》《内科学》（七年制教材）、《内科学》第五、六版《内科医学概要》《内科基本操作》《现代临床思维培养》《医学影像学》《中医学》第五、六版等11部。其中全国高等医学院校的统编教材《内科学》和《中医学》第五、六版分别是由叶任高教授和李俊彪教授主编。2002年《内科学》获得全国优秀教材一等奖。经过多年的发展，课程建设不断进步，计有4门省级重点课程：外科学、内科学、诊断学、神经病学等；6门校级重点课程：妇产科学、儿科学、放射科学、中医学、核医学、皮肤科学等；1门校级精品课程：内科学；3门校级创建精品课程：诊断学、神经病学、外科学等。从1988年始，共有17人、2个教研室（外科教研室、神经科教研室）获得省市级教学集体和个人奖励。

卫生部从1996年开始设立国家级继续医学教育项目。附属第一医院黄洁夫教授的《肝脏移植学习班》、庄广伦教授的《生殖医学讲习班》项目获得了我国首批认可的国家级继续医学教育项目。从1996年至2003年，附属第一医院被卫生部认可的国家级继续教育项目有109项、省级继续医学教育项目73项，省专项备案项目10项，校级专项备案项目28项。2001年卫生部设立"国家级继续医学教育基地"，肾脏内科获准为"国家级继续医学教育基地"，标志着附属第一医院的继续医学教育水平提升到国内领先地位。经统计，从1983—2003年，附属第一医院被认可的进修基地和继续教育项目共237项。从1995—2003年撰写和公开发表继续医学教育教学论文15篇，其中1997年霍笑娟、容中生的研究课题《运用规范管理的手段提高进修教学质量》获中山医科大学优秀教学成果奖三等奖。2000年詹文华教授被评为全国继续医学教育先进工作者。

4. 医疗工作

附属第一医院的临床科室有17个二级学科和37个三级学科，包括急诊科、内科（含呼吸、消化、肾、血液、内分泌、风湿6个专科），外科（含胃肠胰、血管甲状腺、颅脑、肝胆、烧伤、泌尿、普胸、小儿、整形、器官移植、微创、SICU 12个专科）、骨科-显微外科医学部（含骨科、显微手外科）、心血管医学部（含心内、心外、小儿心内、心脏介入、人工心5个专科）、妇产科（含妇科、产科、计划生育、生殖医学中心4个专科）、儿科（含呼吸、肾脏、血液、新生儿4个专业组）、神经科（含脑血管、遗传、老年性痴呆3个专业组）、传染科（含肝病专科）、中医科、皮肤性病科、眼科、耳鼻喉科、口腔科、康复科、麻醉科、针灸科等，其中肾内科、普外科和神经内科3个学科为国家重点学科，器官移植中心、生殖医学中心和骨-显微外科医学部成为本院学科建设的新亮点。此外，医院还设有特种医疗中心和高干综合科。医技科室有影像医学部（含放射科、核医学科、超声科3个科）、医学检验部、医学实验中心、药学部、内镜科、高压氧科、营养科、手术室、输血科、病理科等12个科室。广东省器官移植中心、广东省心脑血管病防治办公室、世界卫生组织（WHO）康复中心等社会医疗组织都设在该院。还有华南地区建立最早、规模最大的高压氧舱、规模庞大的血液净化治疗中心、全国规模最大的体外反搏治疗中心和腹膜透析中心，以及各种重症监护病房等，为抢救治疗各种危重病人提供了可靠的保证。

附属第一医院的规模和收治病人的总数在国内位居前列，开放病床2000张，年门、急诊量约212万人次，每年住院手术总例次达1.9万，出院人次3.7万，病床使用率达94%以上。

附属第一医院历史上曾多次率先在国内开展一些新项目，取得了令人注目的辉煌成就，有许多在国内处于领先水平，填补了国内医学界的一些空白。早在1957年3月，就开始施行切除肝脏手术。1965年，成功地施行中国第一例断指再植。1972年，在国内首次施行肾移植手术并取得了成功。1973年，在国内首先研制出第一台体外反搏装置并首例应用。1978年，在国内首创带血管甲状旁腺移植术成功。1979年，在国内首先应用不卧床持续性腹膜透析（CAPD）治疗肾衰。80年代，显微外科首创用淋巴管静脉管吻合治疗下肢淋巴静脉性所致水肿；泌尿外科首创使用乙酰异羟肟酸（AHA）液冲洗、溶解感染型结石；骨科研制成人工膝关节（带一段骨骼）应用于临床；心外科应用人工机械瓣膜施行瓣膜置换术等。1987年，世界第八例、中国第一例连体婴分离术成功，100%面积烧伤、其中96%为Ⅲ度烧伤的特重烧伤病人的抢救成功。医院充分发挥医疗技术力量雄厚的优势，不断采用各种新技术成功诊断、治疗和抢救了许多危重病例、疑难病例和罕见病例。1997年，抢救出生体重只有0.57公斤和0.6公斤的新生儿。1998年，行三足婴矫正手术；行婴儿先天性腹裂修补术、巨型血管瘤的切除、肾移植、肝移植、肝肾联合移植成功开展，肝移植和肾移植的例数和存活率均处于国内领先水平。1996年、2000年，国内首例第二、三代试管婴儿分别成功诞生。2001年，国内首例连头婴分离手术成功施行（被评为我国2001年卫生界十件大事之一）。2004年，亚洲首例多器官移植腹部脏器（切九换三）获得成功。

5. 科研工作

1999年以来，附属第一医院共获得国家科技进步二、三等奖，国家科委、卫生部、国家教委和省科委等各级科技进步成果奖60多项，承担各级科研课题559项，其中获得国家自然科学基金的项目数处于全国医院的前列，仅2002年度获国家自然科学基金就达15项。由附属第一医院主办的全国性学术会议不胜枚举，每年主办3~6次国际性学术会议。2004年，附属第一医院担任中华医学会各专科学组组长、学会常委、副主委以上职务和广东省各专科学会主任委员的专家有30多人。主办和承办了《中华肾脏病杂志》（1985年）、《中华显微外科杂志》（1978年）、《中华胃肠外科杂志》（1998年）、《中国神经精神疾病杂志》（1975年）、《影像医学与介入放射学杂志》（1982年）和《现代临床护理》（2002年）等6份国内有影响的医学专业杂志。从1985—2003年共有54人次获国家级、省部级科技成果奖。

截止2004年，在附属第一医院工作的博士后共主持承担的课题有：国家自然基金6项，省自然科学基金6项，中国博士后基金11项，厅局级基金3项，核心期刊发表论文论著50篇，SCI收录10篇，参与或主编专著8部。

中山一院旧门诊部

中山医科大学附属第一医院

何善衡楼

曾宪梓大楼

（二）附属第二医院

1. 概况

1985年6月，中山医学院更名为中山医科大学，医院更名为中山医科大学附属第二医院。同年11月，医院隆重庆祝建院150周年，卫生部陈敏章部长亲临宣读命名文件，医院名为"中山医科大学孙逸仙纪念医院"，附设的临床教学医院称为"中山医科大学岭南医学院"。2001年10月26日，中山大学与中山医科大学合并，医院命名为中山大学附属第二医院（又称孙逸仙纪念医院）。

经过几代人从事医疗、教学和科研的辛勤耕耘，附属第二医院逐步建成为一间医疗、教学、科研走在全省及全国前列的综合性临床教学医院。1987年至1999年，附属第二医院先后被评为"广东省文明医"、"全国卫生系统先进集体"、广州地区首家"三级甲等"医院、"广东省百家文明医院"、"广东省白求恩式先进集体"等。

1986年，附属第二医院派出首批医护人员前往澳门镜湖医院工作。1987年，与美国南伊利诺大学医学院及林肯纪念医学中心缔结为姐妹医院。此后，医院对外交流不断扩大，相继与德国埃森大学附属医院、香港明爱医院缔结为友好医院，与美国、澳大利亚、台湾长庚医院等国家和地区的同行保持友好往来，前后共聘请客座教授27名。

2. 教学工作

（1）组织机构

附属第二医院具备一支力量雄厚和临床经验丰富的教师队伍，共有13个教研室承担临床教学工作：内科、诊断学、神经科、外科、妇产科、儿科、麻醉科、耳鼻喉科、皮肤科、中医科、急诊科、放射科、核医学科。行政上设置教学办、教学科、研究生科、继续教育科等科室，统筹协调各层次的临床教学管理工作。医院有副院长分管教学工作。教研室有分管教学的副主任，并设有教学秘书、兼职班主任、教辅员。为加强临床教学管理，医院制定了中山医科大学岭南医学院本科临床教学工作管理条例。

（2）教学条件

医院房屋建筑面积共154488.42平方米，业务用房面积140771.4平方米，其中临床教学用地面积60000平方米（教学用地不包括南院）。有学生宿舍90间，可供450～540学生住宿，并有可容纳120人上课的课室2间，40人上课的课室2间，示教室17间（每间可供20多人上课示教），有容纳200多人讲座的会议厅2间。课室及会议室均有多媒体教学先进设备。图书馆面积830平方米，藏书共82100册，有12台计算机可供检索，并可与中山大学图书馆联网。

（3）教学任务

在广东地区，附属第二医院骨外科是第一个博士研究生点，第一个消化内科博士研究生点。有博士生导师21人，硕士点27个，硕士生导师115多人，并设有博士后流动站。自1978年恢复研究生招生制度后，至今已毕业硕士研究生共519人。1982

年开始招收博士生，至今已毕业博士生共 112 人。2003 年底，在学的硕士生 217 人，博士生 84 人，临床实习、见习的本科生、大专、中专生等约 500 人（包括临床医学、口腔、麻醉、营养、影像、生物医学工程、七年制学生、护理本科、大专护生等）。此外，还承担中山大学高等继续教育学院的教学任务，如河源卫校大专证书班、连州卫校大专生、广东省自学考试等，并承担广州医学院、广东药学院、中南大学湖南湘雅医学院、广州卫生学校等院校的部分临床实习任务。

附属第二医院有充裕的教学资源和严格的进修管理制度，吸引了大量进修生。近十多年来，为学校临床教学基地和全国各地及港澳地区培养了大批高素质医疗骨干约 3000 余人。医院积极申报继续医学教育项目，从 1997 年起至 2003 年，每年举办国家级继续医学教育项目 26 个，省级项目 16 个；共举办了 114 期继教班，近 4300 名学员参加学习。

（4）教学改革

在教育思想大讨论浪潮的推动下，为探索 21 世纪临床教学模式，培养高素质的临床医学人才，主管教学的副院长林仲秋教授总结出"创建岭南特色的临床教学管理模式"，并确立了"岭南"特色的总体思路：以岭南医学院的院史教育、孙中山先生爱国主义思想教育、严谨的院风和良好的医德医风教育作为提高医学生思想政治素质的切入点，培养学生的科学业务素质和基本操作能力；培养医学生科学的临床思维方法，独立分析问题、解决问题能力；以良好的人文氛围促进学生的身心健康成长；使临床教学管理与医院工作相接轨，保证学生学习全过程达到教学要求和教学质量的统一。为了更好发挥老教授的作用，医院推行了"名师带见习"制度，达到"一日为师，学生终身受益"的效果。根据教学大纲的要求统一教学内容，规范临床技能和操作，开展主治医师教学查房竞赛、学生书写完整病历竞赛、教学夜查房等等。统一规范了教学要求、安排、内容和方法，建立起一个完整的、可操作的临床教学管理体系。

附属第二医院率先在全校创立教学督导员制度，目的是为加强临床医学教育管理，督促各教研室和临床教师认真实施教学大纲，协助各教研室实施各种教学安排，完成各项教学任务，检查有关教学规章制度落实情况等。2001 年 10 月 9 日，黄洪章院长亲自为欧阳彬海、陈声乐、刘泽生、陈湘云 4 位退休老教授颁发聘书，聘请他们为岭南医学院教学督导员，并由欧阳彬海教授任督导小组组长。督导小组成为一支经常活跃在临床教学第一线的检查、督促、考核、评估临床教学工作的队伍，包括对教师讲课预讲和教研室集体备课情况，对实习生医疗文件书写及教师修改情况，教学查房、病例讨论等情况，及时发现问题，提出修改意见。同时，对教师考核、晋升、评优等项工作提出意见和建议，并定期对教学基地医院的临床教学进行演示和指导。

（5）重点（优秀）课程、教学先进集体和先进个人及教学成果

妇产科被评为省级重点课程；内科、外科、儿科、放射科被评为校级重点课程；外科学获校级优秀课程一等奖，内科、妇产科获二等奖；皮肤科、耳鼻喉科、核医学科、中医科、诊断学科被评为校级优秀课程。

内科学教研室被评为卫生部临床教学先进集体；外科学教研室被评为广东省先进单位；教学科评为校级多媒体辅助教学先进集体。

1991—2001年，有18位教职工被评为部、省、市级先进个人。获校级教学成果一等奖1项、三等奖4项。

3. 医疗和科研工作

附属第二医院技术力量雄厚，全院有职工1332人，其中教授49人，副教授135人。设有一级专业科室16个，二级专业科室27个，医技科室12个。其中消化内科、内分泌内科、骨外科、妇产科（计划生育与内分泌）、心血管内科为广东"五个一科教兴医工程"重点专科；妇产科、儿科、内科内分泌、口腔颌面外科、耳鼻喉科、外科泌尿等为省重点学科。此外，普通外科、小儿血液科、皮肤科为医院重点专科。全院开放床位1300张；年门诊量超过100多万人次；年出院病人1.8万人次。医院设备、设施先进，配有MRI、螺旋CT、ECT、DSA、彩色多普勒超声仪、碎石机、骨密度仪、自动化分析仪、直线加速器、热疗隐形超声刀、高压氧等。具有国内一流的手术室，部分手术室的洁净度达100级；现代化病房条件优越，环境舒适。

1999年，附属第二医院获得省、国家自然科学基金13项，并实现了国家级重大科研项目零的突破。2001年以来，附属第二医院的学科建设打了翻身仗，获得的省、厅级以上科研课题超出过去10年的总和。

孙逸仙纪念医院

孙逸仙纪念医院

岭南医学院

孙中山的孙女孙穗芳与孙穗芬女士来我院参加"孙逸仙纪念医院"命名仪式活动

1985年11月11日，孙中山孙女孙穗芳、孙穗芬到中山医科大学附属二院参加"孙逸仙纪念医院"命名仪式

（三）附属第三医院

1. 概况

附属第三医院是一所集医疗、教学、科研及康复、预防、保健于一体的"三级甲等"综合性医院和国家爱婴医院、广东省文明医院。

附属第三医院名称沿革表

日 期	名 称
1971年7月	中山医学院石牌门诊部
1973年4月	中山医学院第三附属医院
1985年6月	中山医科大学附属第三医院
2002年10月	中山大学附属第三医院

附属第三医院作为中山医科大学的第三临床学院，是一所多层次、多学科的临床教学医院。除承担学校的博士、硕士、七年制、进修生、本科、大专以及中专生的临床教学和博士后培养工作外，传染病学教研室和精神病学教研室还分别承担了全校从中专到研究生的传染病学、精神病学、医学心理学的全部教学任务。

附属第三医院每年招收研究生（含博士、硕士、七年制）50多名，博士后1~2名，进修生120多名，承担本、专科临床理论课共20多门，2200余学时。每年长期见习、实习的各类学生近300名（五年级实习生60多名，四年级医学、预防、妇幼专业本科见习生120多名，三年级大专生见习生60多名，三年级护理专业实习生50多名），短期见习、实习学生共1000多人（五年级传染病学实习420人，四年级传染病学、精神病学见习各450人，三年级诊断学见习160人，中医学见习80人）。

2. 组织机构与师资队伍

从1972—1988年，由学校医教处兼管各附属医院的教学。1988年6月成立中山医科大学第三临床学院并设立教学办公室，1991年成立科教科，1996年教学管理与科研管理分开，设置独立的教学科，主管本专科生、研究生教学管理工作。1993年成立继续教育科主管住院医师培训、进修生教学。2003年成立研究生科主管研究生教学。附属第三医院院长（副院长）兼任第三临床学院院长（副院长），一名副院长专职负责教学管理。

临床学院下设20个教研室，4个教研组（包括诊断学、传染病学、内科学、外科学、妇产科学、儿科学、精神病学、神经病学、耳鼻咽喉科学、皮肤性病学、中医学、医学影像学等教研室，眼科学、急诊医学、麻醉学、口腔医学教研组）。

2004年，附属第三医院有在编教职员工979人。教、医、研系列人员379人，具有正、副高级职称的教师147人，具有中级职称教师152人。具有中级以上职称教师占医、教、研系列人员的79%；其中具有硕士以上学位207人，占55%。其中博士生导师7人，硕士生导师62人。

1991—2001年，传染病学教研室和汤美安、姚集鲁等七位教师获得省级教学集体和个人奖励。

3. 教学工作

（1）本科生教育

附属第三医院承担临床医学专业本科一个大班（160人）临床课程的理论课教学、临床见习和实习教学；预防医学专业的临床课程讲授及见习教学；全校医科各专业本科生传染病学理论课、见习、实习教学；全校医科各专业本科生精神病学、医学心理学两门课程的理论课、见习教学；还有麻醉专业、医学影像专业、口腔医学专业的实习教学。1997年，诊断学教学从原来的参加部分中、英文理论课讲授发展为独立承担一个大班的理论课教学，2001年开始独立承担160名学生的诊断学实验课教学。传染病学教研室多年来还一直坚持用英语对七年制临床医学专业进行理论课、见习课教学。

（2）研究生教育

附属第三医院的研究生教育从1978年国家恢复研究生教育开始。1978年开始招收硕士生，1981年开始招收博士生。1984年以前共培养研究生（硕士生、博士生）16名，主要是传染病学专业。1985—1996年增加了内科学（消化、心血管、血液、风湿、呼吸）、耳鼻咽喉科学、神经病学、精神病学、放射诊断学、妇产科学、儿科学、外科学（小儿外科、普外、骨外）、皮肤性病学、眼科学、口腔医学等硕士点，每年招收硕士生人数也逐年增加到近 20 名、博士生 3～4 名。1997 年开始招收七年制硕士生。1997 年以后，又增加了病理学、康复医学、内科学内分泌、外科学（泌尿外、胸心外）、肿瘤学、中西医结合临床硕士点，耳鼻咽喉科学、肿瘤学、骨外科学等博士点，每年招收硕士生超过 30 名，其中七年制硕士生 6～9 名，博士生 7～8 名。

据统计，附属第三医院 1990—1994 年招收硕士生 57 名、博士生 9 名。1995—2000 年招收硕士生 123 名、博士生 20 名，其中七年制硕士生 20 名。2001 年共招收硕士生 46 名、博士生 6 名，其中七年制硕士 8 名。2002 年招收硕士生 40 名、博士生 16 名，其中七年制硕士 6 名。2003 年招收硕士生 50 名、其中博士生 15 名，其中七年制硕士生 7 名。2004 年，有博士学位授权点 8 个，硕士学位授权点 27 个；在岗博士生导师 13 名、硕士生导师 78 名；在读博士生 38 名、硕士生 128 名、博士后 6 名。

（3）继续医学教育

继续医学教育工作最早由医疗管理部门的工作人员兼管，1994 年，因医院创"三级甲等医院"的需要成立了"继续教育科"，任务是承担住院医师培训、院内业务学习及派出学习，主管人员是兼职的，由 1 名主管教学的副院长兼管。"三甲医院"评审后，继续教育科有了专门的工作人员并独立开展工作。1996 年初，医院的进修教育工作归属继续教育科主管，增加了 1 名工作人员，同时开始了国家级继续医学教育项目的申报工作。至此，继续教育科的工作包括：住院医师培训、进修教育、职工外出学习进修及院内学术活动、申报和举办各级继续教育项目学习班、职工学历教育的报考等。

1）住院医师培训

从 1991 年开始，学校按照卫生部的规定开始对住院医师进行为期五年的培训计划。到 2000 年，附属第三医院共有 145 名住院医师接受了培训。

2）进修教育

在医院发展初期，由于整体医疗水平所限，前来进修的人屈指可数，且绝大部分是到学科发展较好的传染病科。80 年代后期，医院的整体医疗水平有了提高，前来进修的人也逐渐多了起来（1986 年进修生 37 人）。到 1996 年，进修生的数目明显增多（94 人），且来源地也较前增加。1998 年后，继续教育科在进修教育的管理上更加完善，制定了一系列规定和采取有效措施，出台了进修生"导师制"，加之各临床科室努力提高进修教育质量，吸引了全国各地的人前来进修（1998 年 144 人，2002 年 223 人），使进修教育事业开始欣欣向荣。从 1986 年至 2003 年，共接受进修生 1794 人。进修教育作为宣传医院、扩大医院影响的一个方面充分显示出它的窗口作用。

3）职工教育

1998 年，学校开始实行继续医学教育学分制，极大地推动了医院的学术活动，由继续教育科和其他有关科室组织的学术活动明显地活跃起来，全院职工热切地希望通过学术讲座获得新的知识。不同学科的带头人栩栩生动的最新知识的介绍使人们的眼界大开，前来听课的人多的时候将近200人的讲学厅也容纳不下。1997—2003年，附属第三医院共组织学术讲座105次。

除了举办各种学术活动外，附属第三医院还根据各学科发展的需要，适时地派出人员参加各类学习班以补充和学习新理论、新知识。至2003年，外出进修76人，外出参加继续医学教育学习者459人。

医院领导始终把职工继续教育作为医院发展的不可缺少的动力，从2004年开始设立医学教育专项经费下发到各科室，发挥各临床科室在培养人才方面的积极性和主动性。

4）继续医学教育项目

附属第三医院的继续医学教育项目于1997年开始获得第一批5个项目。凡获准的项目意味着这个学科的综合水平在国内处于领先地位，它要求申报的项目必须符合新知识、新理论、新方法、新技术的四新原则。1998广东省开始了省级项目的申报工作，1999年学校开始了卫生部备案的校级项目的申报工作。至此，三级继续医学教育项目的申报作为常规每年申报1次。医院取得的各级继续医学教育项目逐年增多，学科的覆盖面也越来越广，从一个侧面显示了医院学科发展的程度。在举办项目学习班的办班形式上采取请进来、走出去的方式，有学科独自举办、与其他地区联合举办、与我院其他教学医院联合举办等形式。其中"内窥镜鼻窦外科学"项目从1997年以来共举办了9次，为了更好地传授新技术，甚至免费给贫困地区讲学，受到当地的欢迎。

通过举办这些项目学习班，促进了学科发展，有力地宣传了医院，许多人因此而认识了中山三院，并惊叹中山三院的发展速度。同时，也为社会培养了大批专业技术人员，使这些先进的知识和技术为更多的人所掌握，成为他们为广大人民群众解除痛苦的有力手段。

5）学历教育

历届领导均把学历教育作为提高人员素质的有力手段，从各方面鼓励和支持职工参加各层次的学历学习。1987年以来，共有180人完成了大专以上的学历教育，大部分中专毕业的人员也在接受大专学历教育。1990年以来，分配到附属第三医院工作的本科毕业的人员，通过参加全国统考、以同等学力申请硕士学位以及由学校单考录取为在职研究生等方式，共有72人取得了硕士以上学位。其中有的已经成为本学科的带头人，大部分成为本学科的骨干。

（4）教学改革与教学研究

1995年之前，因教学任务较少，教学改革和教学研究工作主要在传染病学、精神病学教研室进行。1995年，中山医科大学开始启动校级教学改革研究基金，1997年开始设立校级优秀教学成果奖，1998年附属第三医院开始设立院教学改革与管理研究基金，学校增设了多媒体电子教材研究基金，附属第三医院的教学改革和教学研究工作也随之取得了较大的发展。1995年以来获得卫生部医学视听教材一项，校级教学改革和多媒体视听教材课题49项，校级教学成果奖8项，撰写教学论文83篇，公开发表教学论文58篇。

（5）教材编写

附属第三医院传染病学彭文伟教授是全国高等医药院校本科教材《传染病学》第三版、第四版和第五版的主编。《传染病学》第四版曾获1993年全国优秀教材三等奖。从2000年7月至2004年2月出版的本、专科、研究生教材中，由附属第三医院彭文伟、姚集鲁、汤美安、杨绍基等主编，娄探奇、李源、江元森等参编的教材共17种。

（6）课程建设

经过30余年的发展，附属第三医院的课程建设不断进步，现有省级重点课程1门（传染病学），校级重点课程10门。2003年《传染病学》被批准为中山大学第一批创建精品课程建设项目。

4. 医疗工作

附属第三医院占地面积65823平方米，业务用房面积67614平方米。正、副高职称人员分别为37人及130人。开放床位865张，实际开放床位近千张。

医院诊疗科室齐全，其中传染病科在国内综合医院同类学科中规模最大，开放床位152张；是广东省重点学科；在病毒性肝炎的预防、诊断与治疗方面，尤其是在重症肝炎抢救和治疗上，具有显著的特色。经过非典之后，传染科医务人员进行了抗SARS临床与实验研究并取得显著成果。

耳鼻咽喉科是广东省重点学科，以鼻内窥镜外科学的基础及临床研究著称于全国，在治疗鼻窦炎、鼻息肉、鼻颅底和鼻—眼相关疾病方面达到国际先进水平和国内领先水平。

风湿病科是广东省重点学科，国内三大风湿病研究中心之一，在风湿热的实验诊断及发病机理的研究方面成果突出。

2004年，附属第三医院遴选出4个院内重点学科，这4个专科在广东省乃至全国医学界都具有一定的影响。①康复科围绕中风、颅脑外伤、脑瘫等疾病的功能障碍，先后开展了多项新技术、新项目。②泌尿外科以腔镜泌尿手术为医疗特色，手术种类齐全且起点高，在国内率先开展了腹腔镜下前列腺癌根治术、B超引导下经皮肾镜取石术等高难度手术。③精神心理科是广东省内规模最大、力量颇为雄厚的心理专科，是广东省精神疾病鉴定的定点单位。④骨外科在关节疾病的诊断和治疗方面处于广东领先水平。

此外，还有几个专科在治疗与研究方面也独具特色。如儿童发育行为中心是广东省内首家开展儿童行为障碍防治的专门机构，在儿童发育行为障碍的防治方面处于国内领先水平。皮肤性病科是华南地区唯一由卫生部认证的化妆品皮肤病诊断机构。口腔科门诊设有特诊室，实行会员制，满足对口腔保健和治疗有较高要求的人群。

2003年，附属第三医院顺利通过广东省器官移植技术准入的评审和验收，完成100多例肝移植手术，手术成功率达100%，病人完全康复率达98%；肾移植方面已开展国内首例手辅助腹腔镜亲属供肾移植术。

中山三院的开拓者

中山三院建院初期的门诊大楼

中山三院早期挂号处

中山三院建院二十四周年暨门诊大楼落成典礼

中山医科大学附属第三医院

中山三院被评为三级甲等医院（1995年6月）

（四）眼科医院

1. 概况

1983年，经卫生部批准，眼科医院被更名为"中山医科大学中山眼科中心"，副厅级建制，下设眼科医院、眼科研究所和防盲治盲办公室。1997年，中山医科大学创办的眼科视光学系设在中山眼科中心。2001年10月，中山医科大学与中山大学合并，中山医科大学中山眼科中心更名为中山大学中山眼科中心。

经过几代人的努力，眼科医院在建设规模、人员编制、病床数、医疗设备、医疗服务、学术水平、专业设置、人才培养等方面有了长足的进步。1989年，中山医科大学中山眼科中心的眼科学被国家教委审核批准为全国眼科学重点学科点。1990年，卫生部批准在中山眼科中心内成立卫生部眼科学实验室。1995年，眼科医院通过三级甲等医院的评选，成为国内首家眼科三级甲等医院，同年被评为广东省文明单位。1998年，眼科医院被广东省卫生厅评为"百家文明医院"。2000年，中山眼科中心被评为"全国卫生系统先进集体"和广东省"白求恩式先进集体"。2001年，经教育部、广东省科技厅和教育厅批准成立了相应的眼科重点实验室，中山眼科中心被评为"广东省行风建设先进单位"。2003年，中山眼科中心荣获"广东省先进集体"和"广东省文明窗口单位"荣誉称号。

2. 教师队伍

眼科医院拥有雄厚的师资力量。2003年，正高职称者有60人，副高职称者有118人，讲师8人，助教5人；博士生导师19人，硕士生导师48人。他们是国内眼科界的佼佼者，例如陈家祺教授是中华医学会第22届理事、广东省眼科学会主任委员、中华眼科学会角膜学组组长、俄罗斯自然科学院外籍院士；葛坚教授是中华眼科学会常委、中华眼科学会青光眼学组副组长、广东省眼科分会副主任委员；刘祖国教授是教育部"长江学者"特聘教授；杨培增教授是全国眼免疫学组组长、广东省千百十工程国家级学科带头人培养对象；刘奕志教授是中华眼科学会白内障学组副组长，广东省千百十工程国家级学科带头人培养对象。教师们治学严谨、备课认真、言传身教，深受学生的好评，得到上级的表彰。周文炳教授1989年被评为"全国优秀教师"；李绍珍教授1993年被评为"全国优秀教师"，荣获"南粤教书育人优秀教师特等奖"，1997年被评为"南粤杰出教师"，并获得获中美眼科学会"优秀服务、教育和科研特别奖牌"；陈家祺教授1991年被评为"广东省高校系统教书育人先进个人"，1994年被评为"南粤杰出教师"，2002年被评为广东十大"师德标兵"；葛坚教授荣获1997年"南粤教书育人优秀教师奖"；唐仕波教授1999年被评为"卫生部属学校德育工作先进个人"；杨培增1999年被评为"卫生部部属学校德育工作先进个人"，2001年被评为"全国模范教师"。

3. 教学条件

为了做好教学工作，眼科医院十分重视教学设备的更新换代，采用最先进的教学手段，使课程教学更显得生动活泼。现有教学专用设备包括：教学裂隙灯显微镜9

台，带录像系统裂隙灯显微镜1台，多媒体投影机4台，幻灯机4台，电脑3台，手提电脑3台，彩色电子复印白板1个，数码相机2部，录像机1部，实物视频展示仪1台，DVD机1台。为了加强教学效果，专门组织人力物力制作教学幻灯片、教学光盘和教学录像，并根据教学大纲的修订不断作出相应的调整和修改。

4. 教学工作

眼科医院承担着繁重的眼科教学任务，包括本科生、研究生、博士后、进修生、国内访问学者、国外留学人员等不同层次的教学工作。

眼科医院承担着学校医学本科生的眼科学教学工作，1993—2003年为大约5000名本科生授课，平均每年约500人。从1997年开始，眼科视光学系每年招20名本科生。

1981年，眼科医院成为眼科学硕士、博士学位授权单位，是我国最早招收眼科硕士和博士研究生的单位之一。1981—2003年共招收研究生443名，其中硕士260名，博士183名。招生规模逐年扩大，由80年代每年招收硕士生近10名、博士生2～3名，发展到每年招收硕士生约30～40名、博士生30～40名。

眼科医院每年招收进修生的人数也在逐年增长，1994—2003年共招收进修生1210人次，目前每年招收进修生已达200人。

中华眼科广州分会成立纪念照，前排左四是陈耀真

1965 年眼科医院

20 世纪 90 年代的中山眼科中心 17 层综合大楼

（五）肿瘤医院

1. 概况

肿瘤医院是教育部直属高校（原属卫生部）的附属肿瘤专科医院。截止 2003 年，肿瘤医院有教学病床 1000 张，年门诊量达 25 万人次，年住院病人 15000 人次，年手术量 9000 人次。医院设有鼻咽癌科、头颈外科、胸外科、腹外科、肝胆外科、妇瘤科、化学治疗科、放射治疗科、介入治疗科等临床科室及多个研究室；拥有双螺旋 CT、血管数字减影系统、病理图像自动分析系统、适形调强放疗系统、TPS 放疗计划系统、全自动基因测序仪、层流无菌骨髓移植等先进的医疗技术及设备；具有目前国际上治疗肿瘤所采用的各种手段，包括手术治疗、化学治疗、放射治疗、介入治疗、生物治疗、中医药治疗及多学科综合治疗等。肿瘤医院作为 WHO 癌症研究合作中心、国家抗肿瘤新药临床试验研究中心、国家重点学科、部、省重点实验室、全国研究生规划教材《肿瘤学》主编单位以及作为"十五"攻关、国家 863 和 973 计划、国家重点学科建设、科技攻关国家杰出青年科学基金、美国 CMB 科研基金、国家重点科技攻关和国家自然科学基金等国家级重大科研项目的负责单位，其临床与基础相结合的特色，浓郁而活跃的学术气氛，一流的技术设备以及充足的病源、齐全的病种，为肿瘤学教学提供了良好的基础及条件。建院以来，为全国各地培养了大批肿瘤学科专业技术人才，为我国肿瘤学教育事业作出了重大贡献。

2. 教学管理及师资队伍

医学教育是附属医院医、教、研三大主要任务之一。肿瘤医院历届党政领导班子把肿瘤学教学作为一项重要任务列入医院的议事日程。主管教学的副院长负责全面领导肿瘤学教学，对教学质量负有直接领导责任。医院设置医学教育管理部门教务科。教务科的职能是在主管教学副院长领导下，按照学校及医院制定的一系列医学教育工作制度，具体组织全院各层次肿瘤学医学教育任务的实施，包括本科生、七年制学生、研究生教育及继续医学教育等，负责教学过程管理，保证教学工作正常运转。肿瘤学教研室具体完成各项教学任务。

肿瘤医院拥有一支结构合理、德才兼备、素质优良的教师队伍。2003 年有博士生导师 12 名，硕士生导师 75 名；具有医疗、教学、科研系列职称的教师总数 316 名，其中教授级 28 名，副教授级 90 名，讲师级 116 名，助教级 82 名；具有博士学位教师 57 名，具有硕士学位教师 128 名；45 岁以下中青年教师占教师队伍总数的 83.2%。教师们撰写的被 SCI 收录的学术论文 70 余篇；获国家级科研成果 1 项，部、省级科研成果 17 项；被评为全国教育系统劳动模范并授予全国模范教师称号 1 名；南粤教书育人优秀教师 4 名。

3. 教学工作

（1）本科生教育

中山医科大学于 1980 年率先在全国高等医学院校本科生中开设了《肿瘤学》课程（必修课），其教学任务由肿瘤医院负责完成。肿瘤学的教学包括理论课、临床见习两部分;教学总时数80学时,其中理论课32学时,临床见习48学时,理论课与临床见习学时之比为1:1.6。每年参加《肿瘤学》课程学习的医学生约400多名,截止2003年,已有9000多名本科生学习了这门课程。

本科生《肿瘤学》课程教学目标一方面要求通过理论课教学,使医学生掌握肿瘤病因发病学、病理学的基本理论以及临床诊断的基本方法;掌握肿瘤的外科治疗、放射治疗、化学治疗的基本原则及其综合应用原则;熟悉鼻咽癌、食管癌、肺癌、乳腺癌、肝癌、胃癌、肠癌、子宫颈癌、淋巴瘤九大常见恶性肿瘤的临床表现、综合性诊断及治疗方法;了解肿瘤的预防战略措施。另一方面通过采取临床病例示教、临床病例讨论、病历采集书写、诊疗操作实践、参观诊疗设施等多种临床见习形式,使医学生将课堂理论与临床实践有机结合,巩固理论知识,开阔视野境界,初步培养临床思维能力。在教学中,注重基本理论、基本知识、基本技能的训练,强调树立全心全意为病人服务的宗旨。

(2) 七年制教育

肿瘤医院从1996年开始承担七年制教育肿瘤学临床定向实习培养任务,其临床业务培养目标要求掌握扎实的肿瘤学基础理论及系统的专业知识;掌握肿瘤学诊疗基本操作及技能,初步独立处理肿瘤学常见病、多发病,在上级医师指导下正确处理急、难、重症,临床技能初步达到肿瘤学住院医师规范化培训三年住院医师水平;掌握医学科学研究的基本方法和技能;结合临床实际完成硕士学位论文并通过答辩,获得肿瘤学临床医学硕士专业学位。

(3) 研究生教育

肿瘤医院于1978年开始招收培养研究生,1986年被国务院批准为肿瘤学博士学位授权点。至2003年,已招收博士研究生126名,硕士研究生350名,其中在读研究生220名。

肿瘤学研究生培养分为科研型与临床型两种类型,前者侧重于实验研究和科研能力的训练,培养肿瘤学高层次、高素质医学科学人才,授予肿瘤学医学科学学位;后者侧重于临床实际工作能力训练,培养肿瘤学高层次、高素质临床应用型人才,授予肿瘤学临床医学专业学位。

(4) 继续医学教育

1) 承办研修班。肿瘤医院从1995年起,受广东省人事厅及卫生厅委托,定期承办"广东省肿瘤防治高新技术研修班";通过专题讲座、诊疗技术或手术操作示教及专题讨论等为期1周的短期学习,指导我省中、高级肿瘤防治专业技术人员及时掌握肿瘤学科的新理论、新知识、新技术、新方法,了解肿瘤学科国内外最新进展,全面提高我省中、高级肿瘤防治专业技术人员的素质和水平,推动我省肿瘤防治事业的发展。

2) 承办"国家级继续医学教育项目"。从1997年开始,肿瘤医院承办了卫生部批准的"国家级继续医学教育项目"共19项,办班27次,参加项目学习的全国各地学员达2000名。项目范围涉及肿瘤诊断、治疗、护理、基础研究等各个领域,包括头颈部肿瘤、胸腹部肿瘤、妇瘤及肿瘤病理等方面内容。医院还定期举办各种大型的国际性、全国性、地区性、全省性肿瘤学术会议，通过各种不同的形式满足全国各地特别是周边地区肿瘤学科专业技术人员终身接受继续医学教育的需要。

3）住院医师培训。肿瘤医院从 1990 年开始对新毕业的住院医师实施住院医师规范化培训。培训内容包括临床能力训练、教学能力训练、科研能力训练、课程学习等各个方面，其中以临床能力训练为主，强调培养解决临床实际问题的工作能力，使住院医师成为具有坚实的肿瘤学基础理论及系统的专业知识，具有独立处理肿瘤学各领域的常见病、多发病和某些急、难、重症的诊疗能力，具有高尚的医德、精湛的医术、全心全意为病人服务的高水平、高素质肿瘤学临床医师。

4）进修生培训。从 1964 年起，肿瘤医院作为华南地区实力最强的肿瘤专科医院，不断吸引着全国各地、港澳地区乃至国外专业技术人员前来进修学习。迄今为止，已为全国各地培养肿瘤防治进修学员 3000 多名。

1980 年，肿瘤医院被卫生部批准为全国肿瘤学临床医师进修培训基地，每年承办一届"全国临床医师一年制肿瘤专科进修班"，至 2003 年已承办 22 届。每年进修班分别按照头颈外科、胸外科、腹外科、肝胆外科、妇瘤科、化学治疗科或放射治疗科等Ⅲ级专科办班，要求通过一年的系统进修培训，使进修生成为具有肿瘤学专业理论基础知识，达到肿瘤学Ⅲ级专科初年主治医师水平的肿瘤防治骨干。

此外，医院每年还招收各级、各类"个别进修"人员，进修时限为 3～6 个月，要求掌握肿瘤诊治的基本知识及操作，并可根据进修者的层次、水平及要求的不同制定相应具体的个性化培训计划，有针对性地提高进修者的肿瘤防治能力及水平。

华南肿瘤医院开幕典礼

参加华南肿瘤医院开幕典礼的领导和专家合影

肿瘤医院的住院楼

（六）口腔医院

见本章第二节第六点"口腔医学院的建立与发展"。

（七）附属第五医院

1. 概况

中山大学附属第五医院（珠海）的前身是于1992年10月31日批准立项的珠海市医疗中心。它位于珠海经济特区的香炉湾畔。2001年6月8日，中山医科大学与珠海市人民政府签订了《全面合作建设中山医科大学附属第五医院协议书》。协议将原珠海市医疗中心建设用地及其人、财、物全部移交给中山医科大学，建立直属的附属第五医院，并开展高等医学教育。中共中央政治局委员、广东省委书记李长春对中山医科大学异地办附属医院这一战略性改革与探索给予了充分肯定，并于6月13日明确指示："这是好事，符合资产重组、优化组合的精神，希望办好"。广东省高教厅、卫生厅等也分别发文同意建立附属第五医院。

经过几年的建设和发展，附属第五医院已成为一所在广东省及华南地区具有重要影响的大型综合性医院，科室齐全、设备先进、中西结合、服务优良、颇具特色。

医院总占地面积22万平方米，医疗建筑面积14万平方米，有欧陆建筑风格的门诊大楼、住院大楼、手术大楼、肿瘤治疗中心和舒适的招待所，建有世界先进、国内首创的浮力场，具有体能恢复、养生保健的作用。拥有先进完善的现代化医疗配套设施（有线和无线声像通讯系统、卫星电视接收系统、直升机救护、信息管理系统、办公自动化系统、医用气源系统）。医院环境幽静，环山临海，风景秀丽，堪称治疗疾病、康复疗养、预防保健的胜地。

附属第五医院是中山大学培养高层次医学人才的临床教学基地，承担着博士、硕士研究生和本科生的教学任务，同时还承担着多项国家级及省市级科研攻关项目。

2. 师资队伍

2004年，附属第五医院有职工1300人，其中副高以上专业技术人员200多名，博士生导师8名、硕士生导师14名；护士474人，其中副主任护师4人、主管护师38人。全院多数科主任及学科带头人都曾有在国外学习及工作的经历，多名教授在国内或国际医学专业领域成就卓著。

3. 医疗工作

附属第五医院设有46个科室，其中临床科室36个，医技科室7个，门急诊系统3个；有病床1300张，门诊可供4000人次每天使用。重点学科有肾内科、肿瘤科、呼吸内科、医学影像部、心内科、泌尿外科、普通外科、器官移植科；设有中心实验室、动物实验室、器官移植实验室、肿瘤实验室、肾脏疾病实验室、心血管病实验室、儿科实验室等研究机构；具有微观、微量分析检测能力，可进行病毒检测、分子生物学检测、基因诊断、组织细胞培养、药物代谢动力学分析、血药浓度监测、组织配型及流式细胞仪检测等。

医院装备有最先进的16层螺旋CT、核磁共振扫描仪、ECT、心血管数字减影造影机（DSA）、电子直线加速器、钴60放疗机、彩色多普勒超声仪、尿动力学检查仪、全套电子内窥镜及微创外科腔镜系列、国内外先进的超声刀及应用于各系统手术的水刀系统、流色细胞仪、逾百万每台的先进麻醉机、高压氧舱等大批国内外先进的医疗设备，并配有功能齐备的ICU、CCU、RCU病房，医疗设备总投资逾两亿元。

医院年门诊量58万人次，年收治住院病人16500多例，年手术10950例。医院能开展肾移植、肝移植、肝肾联合移植、造血干细胞移植、角膜移植、胰腺移植、断肢（指、趾）再植、体外循环心内直视手术、复杂先天性心脏病手术、联合换瓣手术、冠状动脉搭桥、人工心脏起搏器安装术、冠状动脉移动造影术、经皮冠状动脉成形术（PTCA）及支架置入术、先心病封堵术、巨大肝癌切除术、肝部分切除术（国内领先）、肾上腺嗜铬细胞瘤摘除术、全膀胱切除肠代膀胱术等各种高难度手术，并可进行经尿道前列腺电切、输尿管镜气压弹道碎石、胸腔镜、腹腔镜、胆管镜、宫腔镜等全套腔镜微创外科手术、肿瘤化疗及放疗（直线加速器、钴60、深部X线）及各种肿瘤介入治疗技术、白内障超声乳化并人工晶体植入术、准分子激光治疗技术等高难项目。肾活检及肾脏病理诊断技术是国际合作项目。

4. 交流与合作

附属第五医院积极开展多渠道的国内外交流与合作，国内外知名专家教授定期来院讲学，不断引进的新知识、新技术，极大地促进了医院学术水平的提高。先后与意大利米兰大学合作成立了国际病理诊断中心，与国际肾脏病学会合作成立了肾脏病研究中心，与新加坡NKF合作成立了国际透析护士培训中心，与美国康奈尔大学共同成立了国际肺癌早期行动计划，与欧洲康复医学联合体建立了康复中心合作关系。医院在保证做好为珠海市和省内人民健康服务的基础上，还为港澳台地区以及世界各地的患者和游客提供优质高效的医疗保健服务。

附属第五医院前身——原珠海市医疗中心建设初期

十九、与中山大学合并前的中山医科大学教育概况

2001年10月与中山大学合并以前,中山医科大学共设置8个学院、4个系、30个博士专业、52个硕士专业、9个本科专业、3个专科专业。共有专任教师428人,其中教授58人、副教授101人、讲师178人、助教63人、教员28人。各类在校学生数为7761人,其中博士生468人、硕士生952人、本科生3640人、专科生443人、夜大本专科生1686人、成人脱产班572人。招收各类学生2472人,其中博士生178人、硕士生399人、本科生825人、专科生112人、夜大本专科生754人、成人脱产班204人。各类毕业生共1290人,其中博士生136人、硕士生213人、本科生588人、专科生67人、夜大本专科生159人、成人脱产班127人。拨款总额为9808万元,其中国家拨给的教育经费7648万元、基建投资860万元、地方拨款1300万元。

第七章　新的中山大学成立及医学教育的新发展

　　2001年10月26日,原中山大学和原中山医科大学实现强强联合,成立了集文、理、医、科为一体的新的中山大学。教育部和广东省政府分别斥资9亿元和3亿元,推动新的中山大学的建设和发展。合校后,学校根据中国加入WTO及社会、经济、科技、文化、教育发展的新形势,密切联系广东实际,倡导"争一流,争第一"的竞争意识,努力建设"国际知名的,处于国内一流水平前列的,高水平的研究型综合性大学"。同时,采取一系列有效措施,进一步强化医科各专业和课程的建设工作,不断完善医学教育的教学质量保障体系,推进医学人才培养模式和教学管理体制等方面的改革,使医学教育以综合性大学为依托得到稳定和发展。

中山大学

中山大学北校区

中华人民共和国国务院办公厅

国办函〔2001〕55号

国务院办公厅关于中山大学和中山医科大学合并组建新的中山大学的复函

广东省人民政府、教育部、国家计委、财政部：

教育部、国家计委、财政部《关于中山大学、中山医科大学合并问题的请示》（教发〔2001〕39号）收悉。经国务院批准，现函复如下：

一、同意中山大学和中山医科大学两校合并，校名为"中山大学"。实行一个法人、一个领导班子、一个建制，并相应撤销原有学校的独立建制。

二、新的中山大学为教育部直属高等学校，原中山医科大学的教育事业费和基建投资的划转基数，由教育部商财政部、国家计委和广东省人民政府确定，有关中山医科大学附属医院及中专学校的划转等其他事项参照《国务院办公厅转发教育部等部门关于调整国务院部门（单位）学校管理体制和布局结构实施意见的通知》（国办发〔2000〕11号）规定的划转教育部管理学校的实施办法执行。

三、请按有关规定抓紧组织实施，认真细致地做好各方面的工作，把新的中山大学办得更好。

二〇〇一年十月二十二日

主题词：教育 学校 广东 函

抄送：中央办公厅。

(a)　　　　　　　　　　　　(b)

国务院办公厅关于中山大学和中山医科大学合并组建新的中山大学的复函

教育部关于中山大学、中山医科大学合并组建新的中山大学的通知

中山大学基础医学院党政领导班子成员、院长助理、院办主任和党务秘书于2002年9月的合影，身后楼房为基础医学院办公楼（现为中山大学医学博物馆）

医学图书馆

新教学楼

医学博物馆

北校区学生宿舍

一、新的中山大学医学教育机构的设置

原中山大学、中山医科大学合并组建成新的中山大学后,原中山医科大学所辖的相关单位作了如下调整:

1. 中山医科大学所辖各单位统一更名为"中山大学+单位名称",即:

中山医科大学附属第一医院更名为中山大学附属第一医院;

中山医科大学孙逸仙纪念医院更名为中山大学附属第二医院(又名孙逸仙纪念医院);

中山医科大学附属第三医院更名为中山大学附属第三医院;

中山医科大学中山眼科中心更名为中山大学中山眼科中心;

中山医科大学中山眼科医院更名为中山大学附属眼科医院;

中山医科大学肿瘤防治中心更名为中山大学肿瘤防治中心;

中山医科大学肿瘤医院更名为中山大学附属肿瘤医院;

中山医科大学附属光华口腔医院更名为中山大学附属口腔医院;

中山医科大学黄埔医院更名为中山大学附属第四医院(又名中山大学附属黄埔医院);

中山医科大学附属第五医院(珠海医院)(筹)更名为中山大学附属第五医院(又名中山大学附属珠海医院(筹));

中山医科大学公共卫生学院更名为中山大学公共卫生学院;

中山医科大学口腔医学院更名为中山大学光华口腔医学院;

中山医科大学护理学院更名中山大学护理学院。

2. 设立中山大学中山医学院,下设:基础医学部;第一临床医学部;第二临床医学部;第三临床医学部;肿瘤学部;眼科学系;法医学系。

二、加强质量文化建设,建设教学品牌

在校党委的领导下,学校医科师生充分利用"文、理、医"多学科的教学学术优势,从本地区的实际情况出发,创造性地贯彻落实教育部文件精神,启动"质量工程",取得了阶段性的成果,为提高中山大学的办学竞争力奠定了良好基础。

(一)突出本科教学的重要地位

合校后,学校始终将本科教学放在学校教学工作的基础性地位,密切联系广东省高等教育的发展情况,结合校情贯彻教育部《关于加强高等学校本科教学工作,提高教学质量的若干意见》(2001年4号文)的精神,制定本科教学的发展规划。

为使教职员工对新时期学校本科教学的工作现状、发展方向与思路有更深刻和清晰的认识,增强本科教学的责任感和使命感,学校于2002年上半年召开了全校本科教学工作会议。校党委李延保书记在会上发表了"本科教学的基础地位不可动摇"的讲话,强调大学的主要任务是培养各方面的拔尖人才、栋梁之材,要以科学的态度

追求"卓越"和"超越",不仅要将中山大学的本科教育办成广东最好的,而且应办成国内一流的;要树立现代大学精神,塑造高尚、高雅的文化品格;要有世界眼光和国际品位,开展多元文化的交流,积极主动地参与国际竞争,促进教育的国际化;倡导"以人为本"的办学理念,重视教师作用的充分发挥;要融入时代精神,通过改革教学模式、严格治教治学,培养学生具有健全人格、创新精神、创业能力。黄达人校长作了"关于素质教育的一些思考"的报告,阐述了素质教育的背景、意义、内容,对素质教育的认识以及实施素质教育的措施。徐远通副校长从适应我国高等教育的品牌化、国际化、信息化和生态化趋势入手,提出了建设中山大学高水平的本科教育体系的主要措施。

为了加快本科教学发展的步伐,学校于2002年12月6日再次召开本科教学工作会议。这次会议旨在全面深入贯彻中共十六大精神,进一步将各项工作落到实处;同时研讨在高等教育大众化形势下,适应严峻的就业形势的对策,以及评建结合,做好教育部组织的本科教学水平评估的准备工作。会上,校党委李延保书记强调要尊重教师,善待学生,动员全校师生员工在"四新"(即新思路、新突破、新举措,与时俱进,开拓创新型人才培养的新局面)上下一番工夫,使每一个中大人以对历史负责的态度,做好各项准备工作。同时,提出三点具体要求:一是要强化历史责任。一个学校的工作,最根本的是要让学生得到好的培养。要实现这一目标,各个环节的工作都要做好。在扩招过程中要保证质量。在保证教学质量时,除注意专业设置、教学内容以外,还要研究技术层面的问题。教务部门和财务部门要研究加强多媒体教学设施的建设问题。二是要提高学生适应国际化、信息化和严峻就业形势的能力,要研究提高学生的"附加值"问题,要设立柔性的学习机制,培养复合型的人才,使学生在校学习时,能够多一些选择。让学生在学校里增加"附加值",提高学生在社会上的竞争力,这是每个搞教学工作的人都应该考虑的问题。三是要下工夫研究专业改造的问题。此外,学校的国际化进程还要进一步加快,要从文化底蕴、综合实力、发展潜力上突出学校优势,吸引国内外的优秀生源。徐远通副校长传达了教育部周济副部长等在全国教育厅长会的讲话精神,并指出要认识医学教育特殊性等问题。

(二) 提倡教授上讲台

为鼓励教授参与本科教学,学校有针对性地出台了相应政策,要求课程负责人原则上由教授承担,在对课程建设、课程质量负责的同时还应为教师教学梯队的建设做出贡献;提高教授的本科教学工作量,要求各院系所有55周岁以下的教授职称的教师(包括博士生导师)每年都参与一定的本科层次的基础课、专业课和实践环节的教学(如医学院临床阶段的教学等),至少讲授一门本科课程或每学年承担本科教学的工作量不少于36学时,使本科生接受名师治学精神和学术风范的熏陶;七年制医学教育的师资原则上均应为具备教授以上职称的高年资教师;建立名师名课的资源库,应用现代化教育技术和网络技术,制作名师网络型课件,扩大本科生的受益面;鼓励知名教授和部分本科教学任务较轻的教授为本科生开设有关专题讲座和指导本科生开展创新实验或其他科研活动，营造良好的校园学术氛围，充分挖掘教授在本科教学中的潜力。整体上看，学校医科教授参与本科教学的情况呈逐步上升的良好态势，全校医科教授、副教授为本科生讲课的比例逐步提高。

（三）评选名师

为建设一支适应高质量教学要求的骨干教师队伍，学校还加强了师德建设，倡导严谨治学的好教风，要求教师在教书育人过程中以良好的思想作风熏陶学生，以优雅的人格魅力为人师表，克服浮躁及虚伪之风，塑造一批热心创新教育教学改革、教学学术水平高，教学效果好的"名师"。同时，宣传名师良师，开展"我心目中的良师"和"我爱我师"评选活动，树立第一线优秀教师的先进典型，弘扬"把知识力量化为人格魅力"的名师风范。2003年，学校评选出首批共9名校级教学名师，附属第一医院的梁力建教授、公共卫生学院的方积乾教授榜上有名。

（四）创建精品课程

为加强优秀课程的建设，加快教学改革步伐，提高课程教学质量，学校采取多种措施，努力建设精品课程，并制作高质量的多媒体课件，推进优质教育资源共享。医科院系通过评价活动挖掘特色、分析问题、研究对策，有力地推动了课程、专业和基地的教学改革与建设；2002年启动了首批精品课程建设工作，在不断提高课程教学质量，发挥优秀课程建设的示范和辐射作用的同时，也为推荐申报2003年教育部精品基础课程做好准备。

经过努力，学校《生理学》《人体解剖学》《药理学》《寄生虫学》和《传染病学》被评为校级精品课程，其中由王庭槐教授作为课程负责人的《生理学》和陈子琏教授作为课程负责人的《人体解剖学》入选2003年广东省精品课程。

（五）大力抓教材建设

2002年，教务处着手在全校范围内开展本科教学教材现状的摸底工作，根据调查数据建立了本科教材动态数据库，为全面铺开教材建设与改革提供依据。同时，医学教务处向学校申请专项教材建设基金以资助全国规划教材建设，并修订和规范全校各专业各门课程的教学大纲。此外，学校以课题立项、教材建设资助等形式支持编写、引进和使用先进教材，并举办麻省理工、斯坦福和哈佛等国外著名大学的图书联展，加强学习交流。

根据2002年教育部公布的数据，叶任高教授主编的《内科学》获全国普通高等学校优秀教材一等奖；曾益新教授主编的《肿瘤学》获全国普通高等学校优秀教材二等奖。

2004年4月，学校三位教授被聘为全国高等学校八年制临床医学专业规划教材的主编：《人体寄生虫学》（詹希美），《传染病学》（杨绍基），《眼科学》（葛坚）。

（六）设置新专业和建设名牌专业

根据教育部 2001 年 5 号文精神，学校在专业结构调整中，加大了新专业筹建和申报工作的力度，力求处理好质量与数量、近期效益与远期效益等方面的问题，加强专业教学的交叉、融合，优先发展 IT、生命科学、经济等适应我国加入 WTO 后新形势需要的专业，培养更多具有国际视野，熟悉 WTO 规则，适应国际交往需要的新型人才，以及大批掌握高新技术和能够直接为地方经济建设服务的应用型人才。2001年度，教育部批准学校增设生物医学工程、医学检验（五年）新专业；2002 年度，学校经教育部备案或批准设置的高等学校本科专业又新设了康复治疗学专业。2002年 8 月，学校的生物医学工程专业顺利完成首次招生任务，招收本科生 30 人。2003年 9 月，学校首次招收医学检验专业学生 30 人。2003 年度，教育部批复学校设置公共卫生事业管理专业。

为了建设一批人才培养质量高、社会声誉好的专业，发挥其积极的示范和辐射作用，以点带面地推进学校教学的总体水平，学校医科积极开展名牌专业的创建工作。2002 年，学校临床医学专业通过评估，入选广东省高等学校名牌专业行列。

三、"文、理、医"融合，培养全方位发展的医学人才

随着经济全球化的发展，社会对高校的人才培养提出了更高和更多元化的要求。实施"全人教育"，培养知识、能力、素质协调发展的复合型人才已成为新时期高等教育的重要价值取向之一。为促进医学生提高综合素质，增强在中国加入 WTO 和教育国际化背景下应对新挑战的能力，学校发挥综合性大学的优势，从课程设置和第二课堂等多渠道着手，逐步推动医学学科与其他自然学科、人文学科之间的交叉、融合，优化医学人才培养模式。

（一）优化课程体系和教学方案

2002 年，学校利用综合性大学学科齐全的优势，优化医学课程体系，开展了新一轮的教学计划调整工作，促进文理医学科的交叉渗透，并在医学类专业首次采用学分制。2002 年 1 月，主管本科教学的徐远通副校长在北校区外宾接待室主持召开本科教学指导委员会委员（北校区）扩大会议，与专家们一起认真讨论学校医学专业教学计划的新一轮修订及实施过程中所涉及的相关问题。教务处王庭槐处长，颜楚荣、张晓珠副处长，中山医学院关永源院长、王连唐副院长及各有关教研室的教学主任参加了会议。

经论证，医科各教学单位就医学课程设置的改革问题达成了共识：①我校医学课程体系的调整要与新世纪医学模式的转变相适应，在遵循医学教育自身规律的基础上，勇于打破学科间的壁垒，通过教学内容和教学方式方法的改革来实现医学学科间的有机融合，优化医学生的知识结构，增强医学生的创新潜能。②新的中山大学具备深厚的文化底蕴和多学科的学术研究氛围，在修订教学计划时应充分发挥综合性大学

的多科性优势，通过开设跨校区的选修课、名师讲座和优秀文化讲座等形式，促进文、理、医学科知识的相互渗透，为塑造基础扎实、知识面宽的复合型医学人才创造更广阔的教学空间。③结合我校当前的实际教学条件，科学、合理地配置资源，确保教学工作的高效运行，提高医学教育的教学质量。

（二）推进素质教育

为促进学生的全面发展，学校要求教师为人师表、教书育人，不仅传授知识技能，而且引导学生养成严谨求实的治学精神和高尚情操，形成积极向上的心理品格，在教学内容中渗透素质教育思想，将素质教育贯穿于课堂内外的教学全过程，并推出了跨校区名师讲座计划。2001年12月5日，校党委李延保书记在北校区举办了有关中山大学的历史与传统的首场学术讲座，并对学生提出的有关问题作了认真的解答。此后，从2001年12月份开始，学校每周举办一次名师讲座。截至2003年底，共组织了40期"文理医融合，拓宽视野"名师系列讲座。讲座内容丰富，形式生动，展现了新中大多学科融合的优势与特色，受到广大学生的热烈欢迎。此外，学校还举行了数学建模等学科竞赛和"校园科技创新节""文化艺术节"等校园文化活动，营造高品位的校园文化氛围，将人文素质教育与科学教育有机结合起来。

四、实施"三早"教学改革，推进创新教育

随着医学模式的转变，新世纪的卫生服务将逐渐由生理、医疗、技术和医院服务扩大到心理、预防保健、社会和社区服务，要求现代医学教育体系能促进学生完善知识结构，提高自身的能力与综合素质。为此，我校的医学教育不仅坚持"三基三严"的教学传统，要求教师以严肃的态度、严格的要求和严密的方法，注重对学生基础理论、基本知识和基本技能的训练，严把质量关，而且鼓励采用启发式教学、自主性学习和研究性学习的新模式，增加了综合性和探索性实验，改革大学公共英语教学模式、手段和考试方法，推进基于计算机的个性化英语教学，提高大学生的英语综合实用能力。在此基础上，我校实施了"三早"（即早期接触临床、早期接触科研、早期接触社会）的教学改革，推动创新教育的进一步发展。

（一）早期接触临床

基础课教学阶段的观摩教学是我校早期接触临床的重要方法。我校从98级开始在专业基础课教学阶段结合形态科学和机能学科的讲授内容进行"案例教学"，以某一类型病例为中心，由临床教师参与讲课或课堂讨论，结合实际对教学内容进行分析、讲解，或在医院门诊和病房巡视中进行病例示教，启发学生的临床思维。如组织学生在学完"肾脏的生理功能"后，到附属医院病房探访相关病人，获得对肾功能临床指标、肾炎病人体征、滤过膜功能、肾小球病变、少尿、多尿等抽象概念的感性认识。2001—2002年，我校又以临床医学专业、法医专业、护理专业1999级、2000级的各160名大学二年级本科生为教学对象，开展课间"预见习"。具体方法是在完

成《生理学》中"尿的生成和排出"章节的理论教学后，要求学生自主学习内科学泌尿系统和病理学肾脏疾病章节的内容，随后以每组40人为单位，利用2个教学单元时间进入附属医院肾病内科预见习，在带教医师指导下询问病史、检查相关体征、浏览病历和熟悉肾病相关实验室检查，之后由学生进行自由提问、讨论，带教医师予以点评和总结，使学生带着问题学习，将理论和实际有机联系起来。

为进一步推动早期接触临床的教学改革，中山大学教务处于2002年寒假组织2000级60名七年制学生带着校方证明到自行联系的医院，首次进行为期一周的假期"预见习"活动试点。同年暑假，我校又组织1999、2000级医学类专业的全体本科生深入基层医院，参与病区查房和旁听病例讨论，了解医院的运作方式、医生的工作性质和医患沟通等现实情况。

为规范早期接触临床的组织管理与质量监控，学校于每次活动前组织召开动员会，邀请基础学科的资深教师介绍预见习对未来临床学习和工作的促进作用，使学生认识预见习的意义和目的，并由临床医生向即将参加预见习的学生阐明活动的注意事项，如严格遵守医院的规章制度，处理好与医护人员和患者的关系等，尤其强调未学习《诊断学》课程的低年级学生不得直接参与医院的临床诊疗工作，避免引起差错与纠纷等。此外，还通过往届学生预见习成功事例的介绍，引导学生通过多看、多听、多想、多问，发挥自身的主观能动性。每次活动结束后，要求学生根据所接触病例的诊断和处理情况以及对医疗一线的感受写出见习报告，并请预见习所在医院的有关科室对学生表现予以评价和鉴定，为了解活动的效果、掌握存在的问题、找出解决的办法，提供客观的依据。

由于试点工作反响良好，我校于2002年开始将预见习活动在五年制本科生中全面铺开。至今参与人数已达5588人次，接触的内、外、妇、儿、神经科等病例1000余例，到访医院120余间，使学生更好地了解医院临床科室的运作，学习与患者沟通的技能，促进对学科知识的内化、融合，加强了基础与临床的结合，提高了社区保健的意识以及对医生职业的认识。我校医学生早期接触临床的活动引起了社会的关注，《南方都市报》以"近千名医学生参加早期接触临床活动"为题，报道了我校开展寒暑假预见习活动的改革情况和成效。

（二）早期接触科研

除设置科研型选修课（如医学文献检索、创造性思维、DME、科研设计等）外，学校采用多种形式和方法将教学与科研相结合，组织学生深入有关教研室、研究室、实验室、检验室等，早期接触科研活动，学生参与科研活动的规模逐步扩大。到2003年，累计有学生1500多人次、教师700多人参与了约600项学生科研活动，课题资助经费达到65万元以上，撰写科研论文、综述与实验报告近900篇，其中数十篇论文在国内正式学术刊物上公开发表或在各种学术会议上宣读。为促进各专业学生科研的经验交流，营造浓厚的学术氛围，我校举办了多次学生科研论文报告会，汇编学生科研论文集、并资助高质量的学生科研论文在有关刊物上公开发表，其中以我校医学生为第一作者在一级刊物上发表的论文有 20 篇。

(三) 早期接触社会

为加强学生综合素质的训练,提高学生服务社会、完善自我的能力,学校团委、学生处、教务处及相关部门联合组织与实施早期接触社会实践活动。主要包括以下三种形式:

(1) 通过组织"爱心奉献社会,知识服务人民"青年志愿者活动、文化科技卫生"三下乡"社会实践活动,开展义诊、扶贫等服务,以拓宽学生的知识面,加强爱国主义教育、法制教育、诚信教育和社会责任心教育,提高学生的综合素质。

(2) 组织学生走出校门,开展卫生情况普查及相关社会问题调研,从不同侧面培养学生的与人沟通能力、信息管理能力和自我评价能力。

(3) 教务处从 1998 年开始,组织七年制优秀学生赴三水、四会、揭阳、佛山等地区开展"地方病、流行病与传染病因素调查"的现场教学活动,使学生感受基层卫生服务需求,激发职业使命感。

(四) "三早"教学改革的实施效果

1. 总体结果

学校对此项活动的投入逐渐增大,经费逐年增加;广大师生对项目的认可程度日益有所提高,师生参与人数成倍增长;基础课教师参与积极性较临床教师明显为高;低年级学生较高年级学生参与积极性明显为高。

2. 各类研究开展情况

各年度中实验室操作类的课题占比例较高,平均为 44.25%;临床病例类的课题有逐渐增加的趋势;数据统计与预防类课题的数量总体不够高。

3. 学生满意度情况

部分问卷调查显示:

(1) 获准参加科研的学生占报名总数的 90%;

(2) 感觉计划对促进自身与人交往能力、实践能力有益的占 85.3%;

(3) 感觉科研能力和综合素质得到锻炼,对随后学习有帮助的占 89.9%;

(4) 认为学习兴趣有了提高的占 47.7%;

(5) 对整个科研的管理过程的满意率为 81.3%;

(6) 对教师带教工作的满意率为 86.3%;

(7) 认为参加科研活动后观察力、注意力等得到提高的学生有 78.3%。学生对科研的整体过程感到满意。

五、加强教学质量监控的制度化和组织建设

(一) 全面修订教学管理文件

新的教学管理文件注重质量监控环节,将激励与约束机制有机结合:①通过教师

工作规程、教师教学质量评估办法、教学督导员工作规程、本科毕业论文规定、推荐免试攻读硕士学位研究生工作规程等，对教师的教和学生的学进行过程和目标管理；②出台教学研究项目管理办法、教材基金建设管理办法和人才培养基地建设办法，加速培育省级、国家级优秀教学成果；③根据教育部关于调整专业结构的文件精神，制订新的本科专业设置管理规定；④出台"复合类"专业管理办法，完善转专业、副修和双学位管理制度，实施个性化的人才培养模式。

（二）成立新的本科教学指导委员会

2001年10月合校后，学校成立了新的本科教学指导委员会，由校长黄达人教授任委员会主任，校党委书记李延保教授、副校长徐远通教授、陈汝筑教授任委员会副主任，委员会委员由文、理、医学科的专家组成，其中医科组委员有：尤黎明、王庭槐、余学清、吴忠道、张志光、李刚、肖海鹏、陈汝筑、陈维清、林仲秋、姜文奇、梁力健、葛坚、潘敬运。

（三）成立医科督导专家组

学校成立了由14位专家组成的医科督导员小组（见下表），定期到医科各教研室及珠海校区七年制临床医学专业班听课，充分发挥督导专家的作用，指导学校的课程、专业建设，建立教师教学电子档案库，加强教师课堂教学状况评估，提高教师的教学质量意识。

医科督导专家组名单（补充）

教研室	督导员姓名	教研室	督导员姓名
物理学	谭润初	附属三院传染病	肖杰生
社科部	蒋英梦	附属一院神经内科	黄如训
人体解剖学	唐廷勇	营养学	何志谦
生物化学	马涧泉	病理学	熊敏
生理学	潘敬运	附属光华口腔医院	米乃元
附属一院外科	陈国锐	体育	吴声洗
附属二院外科	黄洪铮	英语	秦德庄

六、突出规范意识和质量意识，加大临床教学基地建设力度

2000年以来，学校各教学医院进一步加大了对本科教学的投入：①广州铁路中心医院等安排专用经费建设教学硬件等，积极迎接我省教学医院评审；②不少教学医院能协调好教学和医疗的关系，精心选派优秀教师充实教学工作第一线，如广州市第一人民医院在教学资源非常紧张的情况下仍支持我校开展诊断学基础课程的教学；

③各教学医院不同程度地加强了教学质量监控,将教学业绩与奖惩挂钩作为常规工作来抓。各教学医院涌现出一批教书育人的优秀兼职教师,仅2001年度就有91名校外优秀教师,他们为临床实践教学付出了辛勤的劳动。

经过各教学医院教师的辛勤努力,临床教学取得了一定的成绩:2001届586名毕业生如期毕业,深受用人单位欢迎,一次就业率达到99%。毕业生临床能力综合考试成绩略高于往年(合格率为100%),其中广州市红十字会医院实习生团体总分名列全校第一,表明教学医院的教学水平有了较大程度的提高。

为增强与教学医院的沟通,提高中山大学临床教学的质量,我校于2002年元月召开了广州地区教学医院兼职教师联谊会。校领导对此十分重视,校党委书记李延保教授、副书记兼副校长陈玉川教授,副书记陈伟林研究员,主管教学的副校长徐远通教授亲自到会指导。李延保书记在大会上做了重要发言。他代表学校向各临床教学单位的领导及教师对医学教育作出的贡献表示感谢,同时介绍了新中大成立和建设的情况,强调新中大非常重视医科的特色,在发扬医学教育的传统优势的基础上将增进与各教学医院的联系,不断提升医学教育的教学质量。省人民医院副院长曾国洪教授作为兼职教师代表在会上发言,表示各教学医院将以原中山大学和原中山医科大学的强强联合为契机,充分利用综合性大学的优势,进一步把临床教学工作抓好抓实。

2002—2003年,学校增纳揭阳市人民医院、潮州市人民医院为教学医院。到2004年,我校附属和教学医院已增至36家,均为二甲以上的医院,其中三甲医院有16家,校内附属医院7家,校外教学医院29家(见下表),为提高我校的临床教学质量提供了扎实的平台。

为提高临床带教的质量意识和规范意识,学校定期组织附属一院教学经验丰富、教学效果好的资深教授到校外教学医院进行示范教学。2003年,医学教务处还得到学校信息与网络中心教育技术部支持,制作了37个临床教学课件,供校外教学医院开展示范性教学。

校外教学医院基本情况

序号	医院名称	医院类型	医院等级	序号	医院名称	医院类型	医院等级
1	肇庆市第一人民医院	综合	三甲	16	广东省人民医院	综合	三甲
2	江门市人民医院	综合	二甲	17	广州市红会医院	综合	三甲
3	江门市中心医院	综合	三甲	18	广州市第八人民医院	专科	二甲
4	台山市人民医院	综合	二甲	19	广州市胸科医院	专科	二甲
5	开平市第一人民医院	综合	二甲	20	广州市东山区人民医院	综合	二甲
6	顺德中西医结合医院	综合	二甲	21	广州市精神病医院	专科	三甲
7	顺德市第一人民医院	综合	二甲	22	汕头市中心医院	综合	三甲
8	惠州中心医院	综合	三甲	23	容奇医院	综合	二甲

续上表

序号	医院名称	医院类型	医院等级	序号	医院名称	医院类型	医院等级
9	东莞市人民医院	综合	三甲	24	海珠区联合医院	综合	
10	中山市人民医院	综合	三甲	25	广州铁路中心医院	综合	三甲
11	新会市人民医院	综合	二甲	26	东莞东华医院	综合	二甲
12	佛山市第一人民医院	综合	三甲	27	澳门镜湖医院	综合	
13	深圳市红会医院	综合	三甲	28	揭阳市人民医院	综合	二甲
14	粤北人民医院	综合	三甲	29	潮州市中心医院	综合	
15	深圳宝安区人民医院	综合	二甲				

七、中山大学医学部（中山大学中山医学院）的组建和医学教学管理体制的改革

合校后，新一届校领导班子十分关注和支持医学教育的改革与发展，2003年初，学校为了加强医学教育的整体性建设和管理，由校党委李延保书记带队，对国内的浙江大学、复旦大学、华中科技大学和四川大学等综合性院校的医学教育管理体制进行了深入的调研和考察，为学校医学教育的长远发展和规划提供依据。并在广泛征询我校医科教职工意见的基础上，结合校情出台了《中山大学医学部（中山大学中山医学院）、基础医学院组建方案》和《中山大学关于加强医学教学管理的若干意见》（中大组〔2003〕20号文）。

（一）中山大学医学部（中山大学中山医学院）的组建

根据中大组〔2003〕20号文件的精神，我校于2003年7月成立中山大学中山医学院、中山大学医学部，实行两块牌子一套建制，下设基础医学院、公共卫生学院、口腔医学院、护理学院、药学院、7个临床学院以及中山大学医学教学指导委员会（含基础医学教学指导组、法医学教学指导组、预防医学教学指导组、护理学教学指导组、药学教学指导组等）、中山大学临床教学指导委员会（含内科学教学指导组、外科学教学指导组、妇产科学教学指导组、儿科学教学指导组、神经病学教学指导组、肿瘤学教学指导组、眼科学教学指导组、耳鼻喉科学教学指导组、口腔医学教学指导组、皮肤病学教学指导组、影像学教学指导组、麻醉学教学指导组、诊断学教学指导组、康复医学教学指导组等）、中山大学医疗纠纷咨询委员会、中山大学医学伦理委员会、中山大学医院管理委员会、中山大学药事管理委员会、中山大学临床医学考试委员会、中山大学住院医师规范化培训领导小组、中山大学护理委员会等医学专业委员会（组）。

新的管理体制规定，医学部（中山医学院）是在学校的统一领导下，行使学校

对医科各单位教学、科研、医政、医师培训等工作的领导、组织、协调和相关管理职能，负责学校各部处在北校区延伸机构的协调工作，全面负责临床医学专业学生的管理等，对外代表中山大学医科教育。为加强医学教育改革发展的管理与研究，我校成立中山大学医学教务处（简称医教处）和中山大学医学教育研究中心（国家医学教育发展中心，简称医研中心）。

医学教务处的主要职责是：

（1）接受学校教务处的宏观指导，负责在医科各学院、附属医院组织落实学校部署的各项教学工作；

（2）负责全校医科各学院本科教学工作的统筹和协调，做好五年制和长学制临床医学等专业的教学组织管理工作；

（3）负责全校医科基础教学、临床教学建设的规划、建设、检查、评估等工作；

（4）协助学校做好医科教师、带教医生晋升教学系列专业技术职务的教学业务考核工作；

（5）负责医科各教学、专业指导委员会（组）秘书处（组）工作。

医研中心的主要职责是：

（1）承担医学教育科学研究、医科教育规划、论证及政策研究工作，开展医学教育理论培训，为医学教改研究提供咨询服务；

（2）承办《医学教育》内刊。

新组建的基础医学院设置三个系：法医系、医学检验系和生物医学工程系。

新的管理体制的建立，为进一步强化医学基础和临床教学的联系、医学教育的教学改革和发展创造了良好的制度环境。

（二）医学教学管理体制的改革

为进一步明确医学教育的办学指导思想和发展规划，加强学校医学教学管理工作，建立一套高效运行、适应现代高等医学教育规律的教学体制和运行机制，更好地发挥医学基础和临床教学人员的积极性，达到培养基础扎实、知识面宽、能力强、素质高、适应21世纪需要的德智体全面发展的高级医学专门人才的办学目标，《中山大学关于加强医学教学管理的若干意见》就加强我校医学教学管理提出了十四条意见。

1. 医学教学管理的改革应遵循以下三个原则：

（1）学校统一领导和全局性原则。强化学校的统一领导和全局性观念的目的是将医科教育管理和学科建设等纳入学校的整体规划，使医学教育的办学规模和定位，医学人才培养目标以及医科学科建设适应学校的办学思想和定位，更好地发挥综合性大学的资源优势，提高人才培养的质量。

（2）医学教育的整体性原则。整体性是医学教育的重要特点，要在学校的统一领导和规划下，建立一套科学规范、高效运行、适应现代高等医学教育规律的教学体制和运行机制，加强医学教育的整体规划，加强医、教、研的统一结合，加强医学教学管理的统一协调，加强基础医学和临床医学教学的协调衔接。

（3）医学教学管理机构的权威性和可操作性原则。要根据学校统一管理的要求和医科教育的特点，强化医学教育管理的权威性和可操作性。

2. 新中山大学的成立，为医学教育提供了一个较大的发展空间，有助于深化医学教育改革，推动医学的学科发展和办学质量的提高。但医学教育具有学制长、课程多、师生比高、教学投入大、前后期知识渗透强、职业性、整体性和实践性强等特殊性。为加强医学教育的管理，提高医学办学质量，决定成立"中山大学医学部（中山医学院）"，全面统筹和协调医学教育管理、医学科研和医政等工作，并将不断完善医学教育的管理体制和运行机制。

3. 学校将成立医学本科教学工作指导委员会，为医学教育发展规划、专业设置、学科建设、医科人才培养规模、目标和教学计划等重大问题予以论证和提供决策咨询，并根据授权进行决策。

4. 学校将进一步健全医学教学管理机构的功能及相应的保障机制，保证各学院特别是临床学院教学主管院长和系、所、教研室主任行使对教学工作管理和协调的职责权限，强化教学工作的中心地位，以利于教学工作的开展。

5. 临床教学是医学教育的重要组成部分，是提高医学人才培养质量的关键。为保证临床教学工作的顺利进行，学校将在相关的附属医院成立临床学院，临床学院院长由附属医院院长兼任，以强化各附属医院的临床教学管理功能，并逐步健全和完善医院专业技术人员从事临床教学的相关措施，激励医务人员从事临床教学的积极性。

6. 附属医院（临床学院）院长必须承担提高临床教学质量和改善临床教学条件的责任。学校将建立《中山大学附属医院（临床学院）临床教学工作评估体系》，定期对各附属医院（临床学院）的临床教学工作进行评估检查。各附属医院（临床学院）要想办法、多渠道筹集经费，用于临床教学水平的提高和实验条件的改善。并将临床教学工作的评估结果作为考核附属医院（临床学院）院长的主要指标之一。

7. 随着近几年医科学生的扩招和临床进修生数量的增加，使临床教学资源显得较为紧张，对医学生的临床见、实习教学的开展造成较大压力。为此，学校拟采取以下相应措施予以解决。

（1）提高医科教育的层次，加快建立八年制临床医学教育的研究和规划。现阶段，根据我校的实际情况和我校的办学定位，将适当扩大长学制（七年制）临床医学教育规模，逐年减少至最后停办五年制临床医学本科教育，严格控制医科学生的招生人数。

（2）扩大教学医院数量，加强教学点医院的教学人员的培训，包括学位或文凭教育。逐步提高基地教学医院的实习教学经费，以利于提高基地教学医院的责任感，协助做好我校医科学生的临床实习教学工作。

（3）为缓解临床教学资源相对紧张和短缺的问题，学校要求各附属医院要认真研究与论证本院的临床教学资源容纳量，在不影响学校医学生临床教学的前提下适当考虑招收临床进修生。同时，提高临床进修生的门槛，逐步将临床进修生纳入我校临床研究生课程班的教育。

（4）为解决医学生临床操作机会少的问题，学校将加快临床技能实验室和标准化病人群体的建设，采取辅助手段强化医学生的临床技能训练。

（5）根据临床医学专业学生的特点，针对临床医学生实习与考研、就业等时间上的冲突，在保证临床实习质量的前提下，建立相应的机制和政策，鼓励临床学生报考研究生，提高我校医科学生的考研录取率。

8. 要充分发挥综合性大学的教学资源优势，采取措施加快医学各专业公共基础课程教学的整体规划和安排。

9. 加快医学基础学科中心性实验室的建设与改造，使我校医学基础学科实验室的建设达到教育部本科教学工作评估指标中的 A 级标准，以满足学生进行设计性、综合性医学实验的要求。

10. 学校将加快进行医科教学人员的专业技术职务岗位设置和聘任，明确各岗位的职责和任务，建立合理的专业人才竞争机制，建设一支高素质的医科教师队伍。

11. 医疗工作和医学教育均注重临床实践和临床经验的积累，而附属医院教学人员的临床素质和能力对医学生培养及质量尤为重要。学校将在制定临床教学人员的聘任政策中，提出对临床教学人员的临床素质与能力的要求，提高对聘任人员的临床理论和临床实际工作能力考核的比重。

12. 加快制定教师教学质量评价结果与教学岗位的聘任和津贴相结合的激励政策，提高医科教学人员的教学水平。

13. 进一步完善医学理论考试的规范化管理，强化临床实践能力的训练，建立教师教学质量评价体系，完善医学教育监控机制的建设，保证医科教学质量的稳步提高。

14. 为理顺学生管理模式，加强不同年级学生之间的交流沟通，增强学生和校友的归属感。原则上各学院（医院）学生由所在学院（医院）管理；临床医学专业学生归中山医学院管理，并从现行的按年级横向管理改为纵向管理，即根据具体情况分若干临床医学专业系（非教学系），各系由不同年级组成，配备专职学生管理干部。

医学部

中共中山大学委员会
中山大学文件

中大党发〔2003〕17号

关于成立新的中山大学中山医学院、中山大学医学部等的通知

各基层党委、党总支，各学院、实体系，各直属单位，各附属单位，后勤集团，产业集团：

经研究决定：

一、撤消现中山大学中山医学院，组建中山大学基础医学院；

二、成立新的中山大学中山医学院、中山大学医学部，实行两块牌子一套建制。

附件：中山大学医学部（中山大学中山医学院）、基础医学院组建方案

— 1 —

(a)

附件

中山大学医学部（中山大学中山医学院）、基础医学院组建方案

为了加强医学教育的整体性建设和管理，经研究，决定组建中山大学医学部(中山大学中山医学院)和中山大学基础医学院，撤销原中山医学院建制。

一、医学部（中山医学院）

1. 医学部（中山医学院）是在学校的统一领导下，行使学校对医科各单位教学、科研、医政、医师培训等工作的领导、组织、协调和相关管理职能的学校行政管理机构；负责学校各部处在北校区延伸机构的协调工作；全面负责临床医学专业学生的管理等。

学校授权医学部（中山医学院）对外代表中山大学医科教育。中山大学医科各学院、附属医院的干部、人事、财务、外事、设备、学科建设、研究生教育、高等继续教育（医师等在职培训除外）、学生管理以及党、团、工会等均按现行管理模式运行，必要时，根据学校授权或委托，医学部（中山医学院）可予以配合。

中山大学医学部（中山医学院）实行两块牌子，一

— 3 —

(b)

套建制。

（一）管理架构

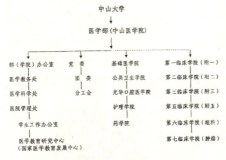

（二）医学部（中山医学院）职能部门的主要职责

1、部（学院）办公室 〔全称：中山大学医学部（中山医学院）办公室，简称：医学部办〕

（1）承担学校党办、校办对北校区的延伸管理职能，接受学校党办、校办的工作指导；

（2）授权协调学校各部处在北校区延伸机构的有关工作；

（3）负责本部的行政、党务、信息、信访等日常事务工作；

— 4 —

(c)

（4）负责做好本部各处室之间的协调工作。

2、医学教务处 〔全称：中山大学医学教务处，简称：医教处〕

（1）接受学校教务处的宏观指导，负责在医科各学院、附属医院组织落实学校部署的各项教学工作；

（2）负责全校医科各学院本科教学工作的统筹和协调，做好五年制和长学制临床医学等专业的教学组织管理工作；

（3）负责全校医科基础教学、临床教学建设的规划、建设、检查、评估等工作；

（4）协助学校做好医科教师、带教医生晋升教学系列专业技术职务的教学业务考核工作；

（5）负责医科各教学、专业指导委员会（组）秘书处（组）工作。

3、医科科学处 〔全称：中山大学医科科学处，简称：医科处〕

（1）在医科各学院、医院组织落实学校科研的各项工作部署，统一协调医科科研工作的规划、政策等有关工作；

（2）负责学校医科科研计划的制定与实施，医科研究课题的组织与申报工作；

（3）负责医学各类基金的管理、督促与检查。

— 5 —

(d)

4、医院管理处〔全称：中山大学医院管理处，简称：医管处〕
(1) 负责校属医疗机构的各类医政管理事务；
(2) 负责住院医师、进修生和医学类非学历教育培训的组织、协调工作（原高等继续教育学院职能）；
(3) 协助学校做好临床医生晋升专业技术职务等的业务考核工作；
(4) 负责各医药委员会秘书处工作。

5、学生工作办公室〔全称：中山大学中山医学院学生工作办公室，简称：中山医学工办〕
(1) 接受学校党委学生工作部（学生处）的宏观指导与协调；
(2) 负责五年制临床医学专业和长学制临床医学专业及影像医学、麻醉学等专业的学生管理工作。七年制临床医学专业6-7年级阶段的学生管理工作，由各相关附属医院协助中山医学院学生工作办公室共同做好。

6、医学教育研究中心（国家医学教育发展中心）〔全称：中山大学医学教育研究中心，国家医学教育发展中心，简称：医研中心〕
(1) 承担医学教育科学研究、医科教育规划、论证及政策研究工作，开展医学教育理论培训，为医学教改研究提供咨询服

— 6 —

(e)

务；
(2) 承办《医学教育》内刊。

7、部（学院）党委、团委、分工会
部（学院）党委、团委、分工会是学校党委领导下的二级组织，在学校党委、团委和工会的领导和指导下，按学校的有关规定和机关的章程开展工作，包括对本部（学院）各处、室、中心教职员工的党、团、工会组织和临床医学学生的党团组织的领导和管理。

二、基础医学院
基础医学院是学校的二级学院，下设法医系、生物医学工程系、检验医学系和相关的医学基础学科教研室等。负责本院的教学、科研、党政管理、学生管理等工作；负责全校医科本专科学生和研究生的基础医学课程教学工作；接受研究生院的委托，协助研究生院做好医科研究生的课程成绩管理等相关工作；负责一年级科研型研究生的日常管理工作等。全校性公共课教学逐步剥离，归学校相关学院统一安排。

三、相关的医学专业委员会
中山大学医学教学指导委员会
　　基础医学教学指导组　　　法医学教学指导组
　　预防医学教学指导组　　　护理学教学指导组

— 7 —

(f)

　　药学教学指导组　　等
中山大学临床教学指导委员会
　　内科学教学指导组　　　耳鼻喉科学教学指导组
　　外科学教学指导组　　　肿瘤学教学指导组
　　妇产科学教学指导组　　眼科学教学指导组
　　儿科学教学指导组　　　麻醉学教学指导组
　　神经病学教学指导组　　影像学教学指导组
　　诊断学教学指导组　　　康复医学教学指导组
　　皮肤病学教学指导组　　口腔医学教学指导组　等
中山大学医疗纠纷咨询委员会
中山大学医学伦理委员会
中山大学医院管理委员会
中山大学药事管理委员会
中山大学临床医学考试委员会
中山大学住院医师规范化培训领导小组
中山大学护理委员会　　　等

— 8 —

(g)

关于成立新的中山大学中山医学院、中山大学医学部等的通知

中山大学文件

中大组〔2004〕21号

关于医学部办公室内部机构设置的通知

各基层党委、党总支，校机关各部、处、室，各学院、实体系，各直属单位，各附属单位，后勤集团，产业集团：

经研究决定，医学部办公室下设秘书科和综合科。

二〇〇四年九月十六日

主题词：内部机构　设置　通知

中山大学校长办公室　　　　　　2004年9月17日印发

责任校对：黄小华

关于医学部办公室内部机构设置的通知

八、继续办好七年制医学教育，探索更高层次的八年制医学教育

（一）扩大七年制医学教育的规模

2002年，我校在举办七年制临床医学专业14年的基础上，增办七年制口腔医学专业，首批招生30人，2003年扩招至60人。2003级七年制临床医学专业和口腔医学专业的学生192人首次赴中山大学珠海校区进行为期一年的学习。

（二）推进双语教学

七年制临床医学专业根据自身特点开展多种形式和层次的双语教学试验，如中文为主，辅以英文板书；英文教材，中文授课；英文教材，英语授课；部分课程还实行全英语教学。为提高教师英语教学的能力，我校基础医学院还于2003年下半年开始聘请外籍教师，举办了中青年教师双语教学培训班。

（三）接受教育部七年制医学教育评估

2002年12月，教育部评估专家组进校，对我校七年制医学教育进行现场考察评估。中山大学党委副书记、副校长陈玉川教授代表学校作了七年制医学教育的自评报

告。专家组通过审阅材料，对学生宿舍、饭堂、图书馆、课室、实验室、附属医院等进行实地考察，召开教师、学生和管理干部座谈会，对学生的理论知识和临床能力进行考核，较为全面地评估了我校七年制医学教育的情况。评估后，专家组向我校黄达人校长、陈玉川副书记兼副校长及陈汝筑副校长等反馈了评审意见，对中山大学七年制医学教育在办学指导思想、深化改革和增加投入等方面的成绩予以肯定，并表示同意中山大学通过教育部七年制高等医学教育教学评估。

（四）做好八年制医学教育的论证和申报工作

随着社会发展、经济增长、科技进步和人民群众卫生服务需求的增加，社会对医学人才培养质量的要求越来越高。教育部和卫生部颁发的《中国医学教育改革和发展纲要》提出了"高等医学教育在坚持现行学制的基础上，逐步扩大长学制教育，并在实践中进一步规范医学教育学制"的目标。为培养适应21世纪医疗卫生事业需求、有较强国际竞争力的高水平医学人才，加快研究型大学的建设，我校在总结七年制医学教育经验、成果的基础上积极探索"本—硕—博"连读的八年制临床医学专业博士学位教育（以下简称"八年制教育"）培养方案。黄达人校长以及徐远通、汪建平副校长等对我校医科八年制教育的论证和申报工作予以高度重视。

从2002年开始，学校就组织有关医学专家对新中山大学开办八年制教育的可行性及课程设置等问题进行论证。经过多次讨论，我校多数专家就举办八年制教育的可行性问题达成了共识：一方面，八年制教育与我校制定的"高水平研究型大学"的建设目标相吻合，顺应了广东地区经济社会和医疗卫生事业的发展对高水平、高层次医科毕业生的需求不断增长的趋势；有助于我校保持高等医学教育良好的发展势头，并尽快与国际医学教育接轨；有助于我校抢占优秀生源市场，培养和塑造医学界的名家名师，树立知名的人才品牌，提高办学品位，增强整体办学效益。另一方面，我校具备开办八年制教育的有利条件，如具有多年长学制高等医学教育（七年制医学硕士学位教育）的丰富经验；有综合性大学的多学科背景，浓厚的人文科学、自然科学氛围；有雄厚的师资力量；具备部省共建后的强大经济支撑以及面临港澳、地处华南经济发达地区的地缘优势。同时，我校专家还围绕八年制的培养目标和发展规模、培养模式和课程体系的设计、加强八年制教育保障制度等问题提出了建设性意见，例如借鉴国际医学教育的先进经验，围绕知识、技能、态度、行为等培养目标合理设置课程，在公共基础教育阶段进一步加强与文理科的融合，拓宽学生的自然科学与人文科学基础，引入以问题为中心等教学模式，使八年制学生成为具有熟练的临床能力、较强的创新和发展潜力以及国际竞争能力的高层次临床医学人才。

2003年11月28日，汪建平副校长率领由医学教务处、医学教育研究中心等组成的工作组赴美国、加拿大考察长学制医学教育的课程设置及教学改革的状况，并向美国中华医学基金会（CMB）的有关负责人汇报了我校长学制医学教育课程体系改革的思路和措施。通过此次调研，我校考察组还了解到美国、加拿大部分高等医学院校在拓宽学生知识基础、加强前后期教学联系等方面的改革举措，为借鉴国外办学的成功经验，申办八年制教育创造了条件。

2003年底，医学教务处、医学教育研究中心根据学校的部署进一步研制八年制医学教育的具体培养方案，为2004年夏季首批招生100人和其后的八年制教学工作做好准备。

鉴于举办八年制的院校不再招收七年制学生和临床研究生，在八年制开办之初，七年制将与八年制并存一段时期，直至被逐步取代。我校对已招收的七年制学生采取稳妥负责的态度，认真完成培养计划，保证教学质量，直到完成过渡。

九、参加全球医学教育最低基本要求评估，推进医学教育与国际接轨

"全球医学教育最低基本要求"（Global Minimum Essential Requirements in Medical Education，GMER）是由美国纽约中华医学基金会（China Medical Board of NewYork, Inc. CMB）的附属组织国际医学教育委员会（Institute for International Medical Education, IIME）负责制定和在全球高等医学教育界组织实施的评估项目，旨在评估世界各地医学院校毕业生核心的或最低要求的能力素质，这在世界医学教育评价历史上是前所未有的。并首先选择在我国进行试点，即按照"全球医学教育最低基本要求"对我国8所一流医学院校（北京大学医学部、复旦大学医学院、中山大学中山医学院、四川大学医学院、中南大学湘雅医学院、西安交通大学医学院、协和医科大学、中国医科大学）的毕业生进行学习结果评价。徐远通、陈汝筑副校长代表学校出席了CMB召开的八校校长联席会议，并表态决定参与GMER评估。

"全球医学教育最低基本要求"是世界各地医学院校所培养的医生都必须具备的基本素质。包括7个领域：

（1）职业价值、态度、行为和伦理；
（2）基础医学；
（3）沟通技能；
（4）临床技能；
（5）群体健康和卫生系统；
（6）信息管理；
（7）批判性思维与研究。

每个领域又包含若干指标，共有60个指标。这7个领域、60个指标，几乎涵盖了医学教育的方方面面。CMB理事长M. Roy Schwarz博士把这60个指标（包括知识、技能、态度）称为60种能力。

CMB理事长、IIME主任和来自各国的相关专家对来自我国8所一流医学院校的有关领导以及基础医学教育专家、临床医学教育专家、医学教育管理和研究专家等进行了"集中培训"，通过在北京、上海、成都等地举办四期workshop（研讨班）的方式集中进行，旨在研讨实施GMER的目的、要求、步骤与措施等，并着重对MCQ（多选题考试）、OSCE（客观结构性临床考试或多站考试）和Observation（观察）等三种主要的测评方法进行技术培训，并在此基础上由中外专家共同形成一套用上述三

种测评方法进行考核的考题以及评价方案，为下一步骤由八校各自举办的"分散培训"打下基础。由于"集中培训"的对象本身将是培训者，他们在下一步骤的"分散培训"中将承担培训者的任务，因此，"集中培训"又称为"对培训者的培训"（training of trainers）。我校派出陈汝筑、王庭槐、张玲、潘敬运、张友元、宋光辉、肖海鹏、王劲松等参加了集中培训。

2003年10月，我校顺利完成国际医学教育委员会联合我国教育部、卫生部组织实施的"全球医学教育最低基本要求"评估项目在中山大学的实施计划，并获得IIME项目负责人和观察员的一致好评。

此次评估采用多选题考试（MCQ），客观结构化临床能力考试（OSCE）与平常观察（observation，要求每位学生同时有3位教师观察员对其进行为期3个月的观察评估）的形式，对全国8所一流医学院校的长学制学生进行考核和评估。我校97年级七年制临床医学专业的29位学生代表中山大学接受了考核和评估。本次评估方式多样、客观，可比性强，评估意义深远，评估结果将直接影响中山大学医学教育在国际及国内的声誉与地位。为保证该项目顺利实施，推动医学教育的进一步发展，我校成立了"中山大学全球医学教育最低基本要求评估工作领导小组"，由汪建平、陈汝筑、徐远通副校长任组长，中山医学院丁纪平书记和余学清副院长任副组长，负责组织相关单位有计划、有步骤地开展迎评工作。同时学校还成立了"中山大学全球医学教育最低基本要求评估工作职能小组"，负责迎评工作的具体实施，收到了较好的效果。

学校以迎评为契机，加强全球医学教育质量标准的教育，促使教师更新教学思想，提高评估技能。2003年6月，我校组织召开87名教师观察员培训会议，由医学教务处王庭槐处长介绍"全球医学教育最低基本要求"评估的背景、意义、内涵；并请医学教育研究中心张友元副主任为教师观察员，逐一剖析21条观察指标的内涵及讲解评分方式。通过培训，使各观察员进一步明确了评估的内容和标准，从而能较好地根据学生的临床工作表现作动态的评价，对提高平常观察评估结果的客观性、准确性，减少评估误差起到了积极的作用。同年9月，医学教务处王庭槐处长、医学教育研究中心张友元副主任先后赶赴我校附属第一、二、三院、肿瘤防治中心和眼科中心等教学医院，开设有关全球医学教育最低基本要求评估理论的专题讲座，引导师生员工正确认识此次评估的目标和方法，真正从考核和评估工作中找出存在问题，改进教学工作，提高教学质量。

学校以这次评估为机遇，开展标准化病人的培训工作。2003年6月中下旬，医学教务处组织了一批从事基础和临床教学的教师赴原华西医科大学学习如何培训临床技能辅导员（又称标准化病人，能够扮演病人并充当评估者）及组织实施客观结构化临床能力考试（又称多站考试）。这些教师学成返校后即着手于6—9月开展标准化病人的招募与培训工作。经过病例记忆、观摩真实病人、模拟病例接诊等系统培训和多轮严格考核，在面试入围的候选者中选取了首批17位标准化病人参加本次评估。标准化病人的运用是当前国际医学教育用以缓解临床教学资源不足和医患关系矛盾的改革趋势，我校标准化病人队伍的组建与培训为我省临床医学教育改革做出了有益探索，也为充分挖掘潜力，提高我校临床医学实践教学的质量奠定了良好基础。

根据全球医学教育最低基本要求的评估指标，我校于2003年7—9月就职业价值、态度、行为、伦理、沟通技能、信息获取与分析等领域的水平对参评学生实施了三个月的连续观察。10月16—17日，参评学生先后参加了150道多选题的测试（由IIME命题，考核医学生的基础知识）和15个项目的客观结构化临床能力考核（结合病例考察学生的临床思维与操作技能）。亲临考场的IIME特派观察员万学红教授对我校考核评估工作的细致安排和有序进行予以了高度的评价。

至2003年底，我校顺利完成"全球医学教育最低基本要求"评估项目，并获得项目负责人和观察员的一致好评。CMB主席Dr. Schwarz和国际医学教育组织项目专家Dr. Stern等对我校学生在该项目评价中的综合表现以及考核效果表示满意。评估数据表明，我校学生在专业知识、基础知识、临床技巧以及交流技巧等方面表现良好，综合素质在8所同时参加考试的学校中名列前茅；但在预防保健、信息管理、科学思维和人群健康等方面尚须进一步加强训练。总体上看，"全球医学教育最低基本要求"评估使我们及时了解了国际医学教育的发展动态，为进一步完善了我校医学人才培养的教学计划、课程体系、教学内容、教学方法和考核方法，举办更高层次的长学制医学教育创造了条件。

十、参与《中国医学教育管理体制和学制改革研究》课题的研究

2003年，教育部将医学教育改革列为重点工作，提出设立《中国医学教育管理体制和学制改革研究》课题的意见。全国高等医学教育学会在调研工作的基础上，申报了课题研究立项报告，经教育部审核，批准《中国医学教育管理体制和学制改革研究》正式立项，并委托全国高等医学教育学会组织进行课题研究。

该课题分为四个子课题：
（1）"医学教育管理体制与运行机制研究"；
（2）"医学教育学制与学位研究"；
（3）"医学终身教育体系研究"；
（4）"医学教育质量保证体系研究"。

为加强对此项研究工作的领导与管理，课题设领导小组，组长、副组长由教育部、卫生部领导担任。课题组成员经专家推荐、学校申报、学会审核确定。我校医学教务处王庭槐处长、医学教育研究中心张友元副主任参加了课题组，分别参与"医学教育管理体制与运行机制研究"和"医学教育学制与学位研究"子课题的研究工作。

十一、以本科教学水平性评估为契机，增强办学实力

教育部组织的本科教学工作水平性评估是对高校办学水平的一次重要检验，对教学工作有着重要的促进作用。我校在努力改革探索、加快教学发展的基础上，本着

"以评促建，以评促改，评建结合，重在建设"的原则，以积极进取、志在必得的备战姿态，加强宣传、深入动员，在进一步加强教学软件和硬件建设，强化教学督导等质量保障机制的同时，有意识地发掘、培育和固化特色成果，通过教学管理的科学化和规范化，促进医科教学工作水平的提升。

2003年4月1日，学校专门召开医科教学工作会议，校党委李延保书记向各与会人员介绍了学校目前对2004年教育部大学本科教育教学工作水平性评估的迎评准备工作情况（下称水平性评估），强调评估工作对推动高等学校整体教育水平的良性发展非常有益，各部门务必高度重视、密切配合，并坚持评建结合，及时梳理教学中存在的问题，及时理顺教育思想，全力以赴挖掘教学特色，适应时代发展的要求，形成新的本科教学规范体系，打造"人无我有、人有我优、人优我新"的教学新"亮点"。

2003年9月25日上午，中山大学教育教学评估中心与医学部联合召开了医学本科教学工作水平评估动员大会。出席会议的有徐远通副校长、汪建平副校长及医学部领导余学清教授、谢富康教授、医学教务处王连唐副处长、教育教学评估中心何振东、周慧明副主任及其他工作人员。基础医学院、卫生学院、口腔医学院、护理学院、药学院各教研室主任以上党政领导和相关人员共约70多人参加了会议。我校副校长兼医学部主任汪建平教授在会上指出："好的医科教育都在综合院校，而一所好的综合院校必定有好的医科教育。昨、前两天广东省和卫生部医科211工程验收专家组来校工作，他们对我校的重点学科建设、临床工作是满意的，认为我校临床医学强而基础医学弱。我们要再创辉煌，就须做好人才引进工作。"徐远通副校长强调，两校合并的成败在于医学教育是否发展提升。我们在看到所取得成绩的同时，要重视在人才培养方面，特别是基础人才培养方面存在的差距。我们要发挥综合性院校的优势，在学科渗透、交叉、使用尖端科技方面做出成绩。评估是目前流行的做法，我们与国际也有交流。"以评促建、以评促改、评建结合、重在建设"，强调过程的评估方式是具有中国特色的。结果不是第一位的，评的过程很重要。教育部要求全国所有高校5年内要接受评估，我们要从现在起用3年时间准备，迎接2006年教育部的评估。徐副校长以广东省中医药大学和黑龙江大学接受教育部评估的例子，对我校医学本科教育如何做好迎评准备，加强教学文档资料的建设，以及培养和训练学生思维能力等问题作了指示。

会后，基础医学院、卫生学院、口腔医学院、护理学院、药学院按照学校的部署，先后开展了本科教学工作水平的自评工作。学校评估中心组织评估专家小组对上述单位进行了逐一检查，通过听取自评报告、考察办学条件、查看资料、随机听课、召开教师、学生座谈会，发放调查问卷，全面了解各有关单位本科教学的情况，帮助各相关院系在总结经验和特色、查找问题的基础上积极整改。

十二、以市场需求为导向，开展多形式的研究生教育

学校根据医疗卫生市场对人才需求水平不断提高，以及强化继续教育、建立终身

教育体系的要求，从 2002 年开始，增设了临床医学硕士研究生课程班（包括内科学、外科学、妇产科学、儿科学、眼科学、耳鼻咽喉科学、皮肤病与性病学、急诊医学、影像医学与核医学、康复医学与理疗学、药理学专业）和基础医学硕士研究生课程班，包括人体解剖学与组织胚胎学、生物化学与分子生物学（医学方向）、病原生物学、免疫学、病理学与病理生理学、遗传学、法医学、生物医学工程专业）。此外，学校还开展了公共卫生硕士（MPH）教育。2003 年广东省总共有 124 人报考中山大学公共卫生硕士（MPH），报考人数居全国前列，实际录取 75 人，生源主要来自医院、疾控中心、防疫站、监督所、检疫局、学校和卫生局。

同时，学校还开设了医药卫生高科技管理 EMBA 学位教育。2003 年 9 月 30 日，中山大学医药卫生高科技管理 EMBA 学位项目举行开学典礼。参加开学典礼的嘉宾中，有教育部吴启迪副部长、校党委李延保书记、广东省卫生厅和广东省社会与劳动保障厅等政府主管部门的领导。此外，美国加州大学伯克来分校的代表、香港原卫生署署长、香港中文大学医学院院长李绍鸿教授以及岭南（大学）学院董事会的代表也专程远道赶来，出席了开学典礼。汪建平副校长、原中山医科大学校长卢光启教授等作为此项目的学术委员会成员参加了开学典礼。企业界、新闻界也有很多人作为嘉宾出席了开学典礼。

本次中山大学医药卫生高科技管理 EMBA 学位项目招生引起了市场的热烈反应，实际报名的学员人数、学员管理职位的层次远远超出了预期水平。经过预选、面试和笔试等严格的程序，该项目最终录取了 100 名学员。其中 69% 来自医院系统；16% 来自医药或医药流通企业；15% 来自医药管理部门。学员 50% 为医院的院长、副院长，其中，来自三甲医院的院长、副院长占总学员人数的 41%。具有硕士以上学位的学员占学员总数的 34%，其中，具有博士学位的学员有 16 人。学员中，还有广东省抗"非典"的一等功臣、二等功臣多名。

十三、药学院的建立

（一）概况

中山大学药学院是原中山大学和中山医科大学两校合并后于 2002 年 6 月成立的第一个新学院。学院以中山大学生命科学学院药学系为基础，整合了中山大学生命科学学院、化学与化学工程学院以及医学院有关药学科学研究的资源，以中山大学的综合力量为依托组建而成。2003 年 3 月 1 日，中山大学药学院隆重举行了挂牌仪式暨院士论坛（这一天被定为药学院的院庆日）。院长为中科院院士陈新滋教授；常务副院长为黄民教授。

药学院下设 8 个实验室（生药学与天然药化实验室、药物化学与药物分子设计实验室、药剂学与制药工程实验室、中药与海洋药物实验室、药物分析与质量评价实验室、药理与毒理学实验室、药物代谢与药动学实验室、微生物与生化制药实验室）、3 个研究所（中山大学临床药理研究所、中山大学药学院药物化学研究所、中山大学药学院天然药物与中药研究所）、4个中心（中山大学药学院医学化学教研中心、中山大学药学院药物研究与开发中心、中山大学药学院实验中心、中山大学药学院继续教育中心）及2个挂靠单位（中山大学实验动物中心、中山大学生物技术研究所）。拥有实验场地2780平方米，实验开出率达到100%。实验设备总值2124.6万元，其中万元以上的较大型仪器设备共200余台，总额达1634.56万元。

（二）师资队伍

药学院初步建立了一支职称结构合理、年轻化、高学历的师资队伍，基本可满足教学与科研的需要。有教职工95人，其中专任教师58人，包括教授8名，占13.8%；副教授17名，占29.3%；讲师25名，占43.1%；助教8名，占13.8%。从年龄结构来看，主要特点是年轻化，发展潜力较大，45岁以下的中青年教师46人，占80%。从学历层次来看，拥有博士学位和在职攻读博士学位的共有39人，占2/3。

（三）教学工作

1. 本科教育

本科招生专业为药学专业。开设专业必修课10余门，专业选修课10多门，其中包括生药学、生物技术制药、药物化学、天然药物化学、药理学、药物分析学、药剂学、药事管理与法规、波谱分析、分子生物学、生物药剂与药代动力学、临床药理学、中药药理学、药学英语、中药药理学等。在新的课程体系（2003年）中，基础课程设置突破按一级学科设课的框架，除公共课程外，跨越生物、化学、医学、管理学与经济学等6个一级学科设课，有关课程主要涉及6个学院（药学院、化工学院、生命科学学院、基础医学院、管理学院与岭南学院）。2004年本科生人数共有四个年级的321人。低年级（1～2年级）安排在珠海校区学习。

2. 研究生教育

在大力发展和创新药学专业本科教学的同时，药学院也十分重视药学各专业硕士与博士研究生的培养。研究生的招生规模在保证质量的前提下稳步增长（02级硕士生2人；03级硕士生19人，博士生10人；04级硕士生25人，博士生14人）。在校全日制研究生有70余人，其中硕士生50人，博士生24人。为更好地发挥研究生教育的优势，药学院扩大了研究型硕士研究生和博士研究生的招生规模（拟于2005年将硕士生招生规模扩大到40人）。研究生教育也逐步走向国际化，与其他国家和地区的院校保持紧密联系。药学院与香港理工大学合作培养研究生的计划已经启动，一批高素质的研究生已经加入到联合培养的进程当中。与国外大学的联系也在不断的拓展，已经有博士生作为访问学生在法国等各名校进行研究。招生规模、培养质量和对外交流的齐头并进，必将使药学院的研究生教育更上一层楼。

3. 成人教育

药学院成立以后，大力发展成人教育，陆续开办了以下不同层次和类型的成人继续教育项目，为医院、学校、制药企业、医药公司等在职人员提供优质的高等教育服务，致力于为地方经济和社会发展培养药学人才。

(1) 2003、2004年药理学研究生课程进修班：72人。
(2) 第一期医药行业工商管理高级研修班：45人。
(3) 第一期医院管理高级研修班：40人。
(4) 2004年药学专业成人学历教育本科班：61人。
(5) 国家医学继续教育项目。

4. 教材建设

本院教师近期编著的教材共有10本。其中，《生物化学》荣获全国普通高等学校教材二等奖。该教材自2000年出版以来，短短3年时间，已发行六次，为国内许多普通高等学校所采用。在自行编写教材的同时，也注重其他教材的合理选用。本院目前所选用的各种教材基本上是最新或最有影响力的名作。

5. 教学研究

药学院在教学改革和研究方面取得了一定的成绩。建院以来共发表教研论文10篇，出版及自编教材10本，获得4项教学研究项目和2项教学成果奖。M＆M实验教学模式获中山大学实验教学改革成果二等奖（题目：药学专业M（M本科实验教学模式改革，2002年12月）。

（四）科研工作

截止2004年，药学院共获得科研项目71项，其中国家级8项，省部级10项，厅局级28项，校级11项，横向基金14项，发明专利2项。在国内外各级学术期刊上发表论文84篇。仅2003年就获得科研基金1600多万，高级职称人均金额、人均项目，名列全校前列。

药学院

十四、制订新的医学类专业本科教学计划

为适应21世纪高等教育在质和量上的发展，适应培养高素质人才的需要，中山大学教务处根据《中共中央国务院关于深化教育改革，全面推进素质教育的决定》、教育部《关于加强高等学校本科教学工作提高教学质量的若干意见》和《关于做好普通高等学校本科学科专业结构调整工作的若干原则意见》文件精神，以"拓宽基础，重视创新，提高素质，强化能力"为原则，在总结以往医学教育实践经验的基础上，对原有本科医学教育实行学分制改革，于2002年6月制订了与新的医学教育形势相适应的教学计划。

新的医学类各专业的教学计划，在人才培养目标上，坚持以邓小平同志"面向现代化、面向世界、面向未来"的教育指导思想为指针，把孙中山先生的办学理念与新时期培养高质量医学人才的要求密切相结合，以强化素质教育和培养创新人才为核心，培养符合社会主义现代化建设需要的、德智体美全面发展的"四有"新人；在培养模式上，推行医学课程学分制改革，建立副修专业、双专业、双学位修读计划，充分发挥综合性大学文、理、医相结合的优势，把提高文化品位和培育健全人格有机结合，突出创新精神、实践能力与创业能力的培养，增强人文素养和科学素质教育，以培养适应高层次科学研究的专业型基础性人才和适应社会经济与卫生事业发展急需的复合型应用型人才；在课程体系上，体现出合校后学科门类齐全的优势和资源共享的特点，深化专业建设和课程体系的内涵与外延，促进医学学科与非医学学科的交叉与综合，把基础与临床、传统与创新、共性与个性、综合性与专业性结合起来，形成"宽基础、新结构、强特色、高质量"的医学专业课程体系。

2003年8月，中山大学医学教务处在总结2002年教学计划实施经验的基础上，修订了2003年医科各专业（包括七年制临床医学专业、七年制口腔医学专业、五年制临床医学专业、五年制法医学专业、五年制麻醉学专业、五年制医学影像学专业、五年制医学检验专业、四年制生物医学工程专业、四年制康复治疗学专业、五年制预防医学专业、五年制预防医学（营养）专业、五年制预防医学（妇幼卫生）专业、五年制口腔医学专业、五年制眼科视光学专业、四年制护理学专业）本科教学计划，从2003级开始正式施行。

2003年医科各专业教学计划的修订，在选修课设置方面作了较大的调整，特别设立素质教育选修课程模块，并分四大类：①自然科学与现代科学技术；②社会科学与行为科学；③人文科学与艺术；④生命科学与医学。为学生根据兴趣、爱好构建多元的知识结构提供了机会。

（一）中山大学五年制临床医学专业教学计划

1. 培养目标

本专业培养面向21世纪，适应我国社会主义现代化建设和医疗卫生事业发展需要的，德、智、体全面发展，具有较扎实的医学基础理论、基本知识和基本技能，具

有创新精神的高素质临床医师。

2. 课程设置与学时数

共开设43门课程——军事教育3周+28、政治理论Ⅰ190+70、外语272、体育136、计算机基础112、高等教学56、基础化学84、有机化学90、医学物理学84、细胞生物学70、人体结构学266、生化与分子生物学108、生理学90、病理学130、医学免疫学36、医学微生物学70、药理学90、病理生理学54、预防医学60、分子医学实验63、医学统计学与流行病学90、诊断学204、内科学232、外科学232、儿科学124、妇产科学124、神经病学48、传染病学80、就业指导18、医学伦理学36、医学导论20、医学史20、实验生理科学90、人体寄生虫学56、医学遗传学36、中医学80、医学影像学88、医学心理学36、精神病学48、肿瘤病学80、耳鼻喉科学66、眼科学66、皮肤性病学66。

3. 总数时数、周学时数与总学分数

总学时数为3997，周学时数为21～33。总学分数为255。

4. 见习与实习

单科轮回见习30周，其中内科学6周、外科学6周、妇产科学3周、儿科学3周、神经病学1周、传染病学2周、就业指导1周。毕业实习48周，其中内科12周、外科12周、妇产科6周、儿科6周、神经科2周、传染科2周、选科6周、预防实践2周。

（二）中山大学五年制法医学专业教学计划

1. 培养目标

本专业培养面向21世纪，适应我国社会主义现代化建设和加强社会主义法治建设需要的，德、智、体全面发展，具有扎实的医学基础理论知识和系统的法医学理论知识及基本技能，能胜任各种类型的法医学鉴定工作的，具有创新精神的高素质法医师。

2. 课程设置与学时数

共开设51门课程——军事教育3周+28、政治理论Ⅰ190+70、外语272、体育136、计算机基础112、高等教学40、基础化学84、有机化学90、医学物理学84、细胞生物学70、人体结构学266、生化与分子生物学108、生理学90、病理学130、医学免疫学36、分子医学实验63、医学微生物学70、药理学90、病理生理学54、诊断学204、内科学232、外科学232、儿科学124、妇产科学124、法医毒理学40、刑事侦察学60、法医毒物分析56、法医人类学40、法医病理学238、法医临床学140、司法精神病学42、法医物证学252、就业指导18、医学伦理学36、实验生理科学90、人体寄生虫学56、医学遗传学36、预防医学总论20、医学统计学50、法律学基础32、法医学概论54、医学影像学88、医学心理学36、传染病学32、神经病学24、精神病学72、肿瘤病学32、耳鼻喉科学66、眼科学66、皮肤性病学18、法医专业英语20。

3. 总学时数、周学时数与总学分数

总学时数为 4535，其中讲课 2465，实验见习及讨论等 2070。周学时数 21～33。总学分数为 264。

4. 见习与实习

单科轮回见习 24 周，其中内科学 6 周、外科学 6 周、妇产科学 3 周、儿科学 3 周、精神病学 2 周、耳鼻喉科学 2 周、眼科学 2 周。临床实习 12 周，其中内科 6 周、外科 3 周、妇产科 3 周。毕业实习 20 周。

（三）中山大学五年制预防医学专业教学计划

1. 培养目标

培养适应我国新世纪现代化建设和医疗卫生事业发展的需要，德、智、体全面发展，符合国际医学教育人才培养标准，具有较扎实的预防医学基础理论、基本知识生防治技能，能从事疾病预防控制，促进人群健康、开展卫生监督等工作，具有创新精神和能力的高素质公共卫生医师。

2. 课程设置与学时数

共开设 46 门课程——军事教育 3 周 + 28、政治理论Ⅰ 190 + 70、外语 272、体育 136、计算机基础 112、高等教学 56、基础化学 84、有机化学 90、医学物理学 84、细胞生物学 70、人体结构学 266、生化与分子生物学 108、生理学 90、病理学 130、医学免疫学 36、医学微生物学 63、分子医学实验 63、药理学 72、病理生理学 45、诊断学 144、卫生分析化学 80、内科学 168、外科学 168、儿科学 100、妇产科学 96、传染病学 84、卫生统计学 100、劳动卫生与职业病学 110、流行病学 90、儿少卫生学 60、环境卫生学 110、卫生毒理学基础 50、营养与食品卫生学 110、就业指导 18、医学伦理学 36、实验生理科学 90、人体寄生虫学 56、中医学 40、医学影像学 72、皮肤病学 32、医学心理学 36、精神病学 20、神经病学 48、社会医学与健康教育 36、行政秘书与公文写作 36、卫生法规与监督学 50。

3. 总学时数、周学时数与总学分数

总学时数为 4051，周学时数为 24～31。总学分数为 252。

4. 见习与实习

单科轮回见习 16 周，其中内科学 4 周、外科学 4 周、妇产科学 2 周、儿科学 2 周、传染病学 2 周、神经病学 2 周。临床实习 16 周，其中内科 4 周、外科 4 周、妇产科学 4 周、传染科 4 周。毕业实习 20 周。

（四）中山大学五年制口腔医学专业教学计划

1. 培养目标

本专业培养面向 21 世纪，适应我国社会主义现代化建设和医疗卫生事业发展需要的，德、智、体全面发展，具有较扎实的口腔医学基础理论知识和较熟练的医疗技能，能从事口腔疾病的诊治、修复和预防工作，具有创新精神的高素质口腔医师。

2. 课程设置与学时数

共开设49门课程——军事教育3周+28、政治理论Ⅰ190+70、外语272、体育136、计算机基础112、高等教学56、基础化学84、有机化学90、医学物理学84、细胞生物学70、人体结构学266、生化与分子生物学108、生理学90、病理学130、医学免疫学36、医学微生物学63、药理学72、病理生理学45、预防医学总论20、分子医学实验63、医学统计学50、诊断学144、内科学92、外科学92、口腔医学导论20、口腔解剖生理学72、口腔组织病理学76、颌面影像诊断学40、牙体牙髓病儿童牙病学146、牙周粘膜病学62、口腔颌面外科学206、口腔修复学208、口腔预防医学32、口腔正畸学60、医学伦理学36、实验生理科学90、人体寄生虫学56、医学遗传学36、儿科学44、传染病学44、医学影像学60、耳鼻喉科学46、眼科学44、皮肤性病学44、口腔材料学32、口腔微生物学28、口腔临床药物学20、口腔医学英语20、口腔仪器设备学20。

3. 总学时数、周学时数与总学分数

总学时数为3917，其中讲课2080，实验见习及讨论等1837。周学时数为24～31。总学分数为266。

4. 实习

临床实习10周。毕业实习48周，其中口腔内科16周，口腔颌面外科16周，口腔修复科16周。

（五）中山大学四年制护理学专业教学计划

1. 培养目标

本专业培养面向21世纪，适应我国社会主义现代化建设和医疗卫生事业发展需要的，德、智、体全面发展，掌握较系统的医学及护理学基础知识和基本技能，具有从事临床护理、护理管理、护理教育和护理研究基本能力的高素质护理人才。

2. 课程设置与学时数

共开设38门课程——军事教育3周+28、政治理论Ⅰ154+60、外语272、体育136、计算机应用基础72、高等数学40、医用化学96、人体解剖学96、生物化学72、生理学90、医学免疫学30、医学微生物学70、药理学72、临床营养学36、健康评估96、护理导论与护理学基础198、内科护理学234、外科护理学162、妇产科护理学100、儿科护理学100、护理管理学36、就业指导18、组织胚胎学48、实验生理科学40、病理学54、病理生理学50、医学统计学50、护理心理学32、护理伦理学24、中医科护理学54、眼耳鼻喉科护理学54、精神病护理学36、皮肤病护理学36、护理教育学36、康复医学与护理36、护理研究36、社区护理学36、老年护理学36。

3. 总学时数、周学时数与总学分数

总学时数为2926，其中讲课1808，实验见习及讨论等1118。周学时数为23～30。总学分数为205。

4. 实习

毕业实习48周，其中内科12周（含护管1周），外科9周、妇科4周、产科4

周、儿科4周、监护室3周、急诊科4周、手术科4周、外科门诊2周、社区2周。

十五、附属第六医院

中山大学附属第六医院·广东省胃肠肛门医院（简称中山六院），是一所集医疗、教学、科研、预防和康复保健等为一体的大专科强综合医院，至2010年，拥有两个院区（员村院本部和瘦狗岭北院区），占地面积4.3万平方米，建筑面积16万平方米（含建设中的医疗综合大楼）。全院共有职工1046人，教授、主任医师、副教授、副主任医师共76人，编制床位1000张，开放床位502张。

中山六院前身为广州市第六人民医院，始建于1965年，2007年2月9日成建制移交中山大学，同年6月6日挂牌成立。医院一直坚持"以患者为先"理念，致力于营造政府放心、社会受益、患者满意的以胃肠肛门专科为特色的现代化综合医院，走"大专科、强综合"的发展道路，实现"胃肠强院扬名中华，学科齐全福祉当地"。医院医疗质量得到了政府、社会和患者的一致认可，医疗业务工作取得显著成效。与2006年相比，2010年门急诊量增长53.7%，住院人数增长230.4%，手术例数增长249.0%，平均住院日减少3.24天；在开放床位比2006年增加两倍的情况下，现病床使用率达91.8%。

中山六院是全国结直肠肛门外科学组组长单位、全国中西医结合学会大肠肛门病专业委员会后任主任委员单位，是卫生部《结直肠癌诊疗规范》制订组长单位，并参与了痔、肛裂、肛瘘诊疗指南的制订。胃肠肛门专科拥有"广东省胃肠肛门医院"、"中山大学胃肠病学研究所"和《中华胃肠外科杂志》三大发展支柱，学科带头人汪建平教授是中华医学会外科学分会结直肠肛门外科学组组长、《中华胃肠外科杂志》主编、《外科学》本科教材副主编、美国外科学院院士、中华医学会理事、广东省医学会副会长、广东省胃肠外科与营养支持学组组长、亚洲造口康复治疗协会理事及中国区主席。医院根据疾病特点细分胃肠肛门学科群，建立了五个专门收治胃肠肛门疾病的病区，设置胃肠肛门专科床位301张。技术团队能解决食管、胃、小肠、结直肠、肛门等外科领域的重大、复杂和疑难病例。直肠癌保肛术、保护性功能居全国领先水平，食管、胃、小肠、结肠等疑难复杂恶性肿瘤综合治疗效果显著，肛门良性疾病、盆底功能性疾病中西医结合治疗国内一流。同时，医院主办的《中华胃肠外科杂志》影响因子在普通外科系列杂志中排名第2，获中华医学会2010年度编辑出版质量评比第4名。中山六院各临床科室齐全，开设14个二级学科和41个三级学科。生殖中心拥有国内最优秀的生殖医学及妇科内分泌技术团队，康健影像检验中心提供集健康咨询、检查、诊断、教育和管理一体化的预防保健服务，还设有盆底研究中心、生物反馈治疗中心、临床听力中心、围产医学中心等国内高水准的检查和治疗机构。拥有128排螺旋CT、彩色B超、全自动生化检测仪、骨密度检测仪等大型检查设备。

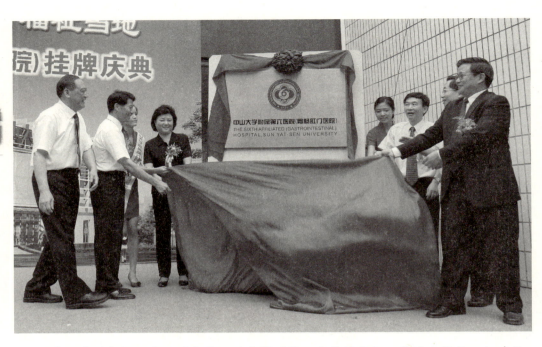

雷于蓝副省长、陈国副市长、姚志彬厅长、郑德涛书记、黄达人校长、汪建平院长为中山大学附属第六医院（胃肠肛门医院）揭牌

2002年12月14日，中山大学附属第五医院正式开业

第八章 中山大学医科新的布局与发展

原中山大学与原中山大学合并为新的中山大学后,学校医科经过十几年的整合改革,展现了新的布局与发展。

一、合校十年来的医科概况

中山大学医科经过合校后十年的调整改革,持续向前发展,展现出综合大学医科新的布局形态与发展成果。

(一)中山大学医学部

中山大学于2003年7月成立医学部。医学部在学校的统一领导下,负责履行北校区管委会的职能,负责医学科研、医院管理和医学教学宏观管理工作,协调医学各院系、各医院及学校在北校区的各延伸部门的工作。

医学部下设医学部办公室,协调、统筹医学教务处、医学科学处、医院管理处。医学部办公室承担学校党办、校办对北校区的延伸管理职能,接受学校党办、校办的工作指导;授权协调学校各部处在北校区延伸机构的有关工作;负责医学部的行政、党务、信息、信访等日常事务工作及各处室之间的协调工作。

医学教务处负责在医科各学院、附属医院组织落实学校部署的各项教学工作;负责全校医科各学院本科教学工作的统筹和协调及与医学教学相关的工作。

医学科学处负责组织落实学校在医科各学院、医院科研的各项工作部署,统一协调医科科研工作的规划、政策等有关工作;负责学校医科科研计划的制订与实施,医科研究课题的组织与申报工作;负责医学各类基金的管理、督促与检查。

医院管理处负责校属医疗机构的各类医政管理事务,对学校附属医疗机构实行规划、组织、协调和服务;负责做好卫生系列晋升专业技术职务的业务考核工作。

(二)医学教育

至2011年9月,中山大学医科各学院及附属医院现有专任教师约15000人,其中高级职称约1600人,90%以上拥有中级或以上的职称,博士生导师400余人,硕士生导师1000余人。目前医科有中国科学院院士(含双聘)3人,国家级教学名师4人,国家"千人计划"科学家5人,教育部部长江学者奖励计划特聘教授4人,教育

关于调整部分医学教育机构的通知

部部长江学者奖励计划讲座教授 2 人,卫生部有突出贡献中青年专家 20 人,国家级教学团队 3 个。

在医科必修课程中,已获入选国家精品课程 12 门。学校医科有 22 本教材入选普通高等教育"十一五"国家级规划教材,有 31 本医科教材列入卫生部"十一五"规划教材。学校建有国家级实验教学中心 2 个,从而成为同时拥有医学基础类和临床技能类国家级实验教学示范中心的 4 所高校之一。学校医学临床教学资源丰富,在 8 所直属附属医院的基础上,新增非直属附属医院 7 所,临床医学专业的教学基地医院达 26 所。

学校医科对外交流日益增多,已与美国哈佛大学、美国加州大学三藩市分校(UCSF)、美国印第安纳大学与普度大学(IUPUI)、英国牛津大学医学院、加拿大多伦多大学、瑞典 Linkoping 大学、德国杜伊斯堡-埃森大学、台湾大学、台湾中山大学、台湾中央大学、香港大学、香港中文大学等港澳台高校,以及国内的吉林大学、浙江大学、山东大学建立了长期的交换生合作关系。同时还邀请外籍教授走上学校的本科医科课程讲坛,逐步建立国际先进的办学理念和教育模式对接的教学体系。

学校医学教育不断深进,重视课程创新和学生实践能力的培养。学校坚持"早期接触临床、早期接触科研、早期接触社会实践"的"三早"医学教育模式,定期组织面向临床医学教学基地的"三新"(新思想、新理念、新方法)医学教育培训,每年组织富有医学特色、统称"三赛"的教学比赛,即中山大学医科中青年教师中英文授课大赛、临床教师床边教学技能大比武、实习生技能大比武。开展临床考试三段考,严格控制出口。学校为教育部国家大学生创新性实验计划项目资助高校之一,至今已获 50 多项资助,深化教学改革,注重教育理念的更新和教学方法的改项目能激发学生主动学习和创新学习。通过各种措施逐渐形成了"早、正、严、实"的临床教学指导原则,确保教学与时俱进、不断提高。

学校医学教育成果显著。2008 年,教育部本科评估专家组对学校学生进行考核,成绩优异，认为学校医学生"综合素质高、临床能力强"。学校医学生参加全国第十一届"挑战杯"竞赛、两届国家级大学生科技创新大赛活动共获特等奖1项、一等奖3项、二等奖1项、三等奖1项、优秀奖2项。2011年学校医学生队伍在由教育部、卫生部联合主办的第二届全国高等医学院校大学生临床技能大赛总决赛中荣获特等奖。近五年来，经我校本科毕业的学生参加国家执业医师资格考试，考试成绩连续五年名列全国前三甲，通过率超过90%，高出全国通过率约30%。近六届医科毕业生就业率也相当喜人，总体就业率超过98%。

2011年5月，我校喜获第二届全国高等医学院校大学生临床技能大赛总决赛特等奖

（三）医科科研

"十一五"时期是在我国科技发展史上有着重要意义和深远影响的五年，也是我校科研发展开创新局面、取得新成就的五年。在"985"工程和"211"工程建设发展契机之下，学校以学科建设为主题，开拓进取，充分发挥医科学科优势，形成了内分泌与代谢病、肾病、神经病学、普外、眼科学、耳鼻咽喉科学、肿瘤学、卫生毒理学、药理学等重点学科和优势研究领域。

学校医学教育不断深化教学改革，注重教育理念的更新和教学方法的改进，重视课程创新和学生实践能力的培养。学校坚持"早期接触临床、早期接触科研、早期接触社会实践"的"三早"医学教育模式，定期组织面向临床医学教学基地的"三新"（新思想、新理念、新方法）医学教育培训，每年组织富有医学特色、统称"三赛"的教学比赛，即中山大学医科中青年教师中英文授课大赛、临床教师床边教学技能大比武、实习生技能大比武。开展临床考试三段考，严格控制出口。学校为教育部国家大学生创新性实验计划项目资助高校之一，至今已获五十多项资助，该项目能激发学生主动学习和创新学习。通过各种措施逐渐形成了"早、正、严、实"的临床教学指导原则，确保教学与时俱进、不断提高。

科研经费不断增长。"十一五"总批准经费10.32亿元，平均年增长率28.32%。获国家自然科学基金资助经费逐年增长，2010年获国自然资助经费达9024万元，批准和到位经费平均年增长率达28.17%和34.67%。

承担国家重大项目的能力不断增强。"十一五"期间获得973计划（含重大科学研究计划）课题20项，其中作为首席科学家承担的项目4项；国家自然科学基金杰出青年基金7项、重点项目28项；863计划项目25项，其中作为组长单位承担863计划重大研究项目1项；国家传染病和新药创制科技重大专项项目20项；国家科技支撑计划项目4项；卫生部临床学科重点项目32项、公益性行业基金5项。

科技奖励硕果累累。"十一五"获得国家科学技术进步二等奖4项，省部级一等奖19项。中山眼科中心杨培增教授主持完成的"葡萄膜炎发生及慢性化机制、诊断和治疗的研究"、附属第一医院余学清教授主持完成的"肾小球疾病免疫发病机制及治疗干预系列研究"、肿瘤防治中心马骏教授主持完成的"基于现代影像技术的鼻咽癌综合治疗研究及应用"和中山眼科中心葛坚教授主持完成的"青光眼临床诊治模式的转变"获得国家科技进步二等奖。

杰出人才亦不断涌现。现有中国科学院院士3名（含2名双聘院士），教育部"长江学者奖励计划"特聘教授4名，国家"千人计划"引进人才5名，国家杰出青年科学基金获得者19人，教育部创新团队3个，首批广东省引进创新科研团队1个。

"十一五"期间，发表SCI论文总数2864篇，年增长率28%，5年内共发表影响因子在5分以上论文267篇，10分以上论文12篇。附属二医院宋尔卫教授课题组关于非编码RNA调控乳腺癌干细胞生物学特性的研究结果以论著的形式发表于2007年的《Cell》（影响因子29）。翁建平教授牵头联合全国九家医院内分泌专家对胰岛素治疗2型糖尿病进行多中心随机对照临床研究，其结果于2007年发表在国际临床医学权威杂志《The Lancet》（影响因子28.6）。曾益新院士科研团队与新加坡科学家合作，发现了3个新的鼻咽癌易感基因位点，并确认人类白细胞抗原（HLA）基因与鼻咽癌发病风险有关，该研究成果发表于2010年的《Nature Genetics》（影响因子34.28）。

科研平台建设成绩突出，新增国家级科研平台1个（眼科学国家重点实验室）、省部级科研平台8个及一批厅局级科研平台和校级科研机构。至此，医科共有国家级平台3个，省部级实验室（工程技术中心）19个，厅局级实验室（工程技术中心）10个，为科学研究的开展提供了有力支撑。

学校医学科技工作的指导思想仍然是："国家需求，国家任务，国际水平"，结合医科特色，谋划未来科研工作的发展，进一步加强人才、科研储备，打造新的优势,提升承担重大科研任务的能力。

(四) 医疗工作

附属医院是中山大学医科的重要组成部分,承担医科临床教学、医疗及科研任务。共8家附属医院,5家是综合医院,3家是专科医院;其中三级甲等医院6家,包括附属第一医院、孙逸仙纪念医院、附属第三医院、附属眼科医院、附属肿瘤医院、附属口腔医院,并于2009年3月起成为卫生部与广东省共建共管的医院。

中大附属医院在华南地区医疗卫生系统具有较大的影响力。近年来充分发挥高校的综合优势,加强与地方政府合作,积极协助地方政府及卫生主管部门优化整合区域卫生资源,附属医院新建院区增多,规模不断扩大,门急诊人数及住院人数逐年攀升。现有病床总数为9523张,2010年总诊疗总量达1108万人次,年住院病人量29.42万人次。

我校附属医院学科设置齐全,技术力量雄厚。至今已有21个临床专科入选国家重点临床专科,包括附属一院的重症医学科、消化内科、妇科、产科、麻醉科、病理科、专科护理专业、耳鼻咽喉科、手外科、心脏大血管外科、心血管内科、内分泌科和血液内科,孙逸仙纪念医院的内分泌科、口腔颌面外科专业和地方病科,附属三院的内分泌科,附属肿瘤医院的胸外科、附属口腔医院的牙体牙髓专业、口腔颌面外科专业和口腔修复专业。

附属医院积极参与国家公立医院改革,加强内涵建设,优化服务流程,大力推行预约诊疗服务,提高服务水平;促进以电子病历为核心医院信息化建设,推进临床路径管理,深入开展优质护理服务,促进医疗服务质量的持续改进与提高;推行检验检查结果互认,方便群众就医。在抗击"非典"、甲型H1N1流感流行、低温雨雪冰冻灾害及"5·12"汶川地震和玉树地震等中,附属医院积极组织医疗队或采取及时到位的应急处理,圆满完成了各类紧急医疗救治任务。

我校附属医院充分利用医学人才队伍优势和技术优势,积极发挥大型公立医院的作用,热情投入到卫生对口支援工作中,圆满完成卫生部支援西部地区农村卫生工作项目、广东省卫生系统对口支援项目、卫生下乡活动以及县级医院骨干医师培训等项目;卓有成效地完成各项援疆援藏医疗任务,先后派送多名医学专家到新疆自治区和西藏自治区驻地工作服务;此外,各附属医院还主动与医疗水平欠发达地区卫生行政部门和医院联系,根据他们的实际需要,与他们建立长期对口帮扶关系,提供全方位对口帮扶服务。

(五) 中山医学院

"中山医学院"最早得名于1957年,其源头可以追溯到1866年成立的中国最早的西医学校——博济医学堂。经过多年发展,中山医学院在学科建设、科学研究、人才培养、实验室建设等方面均处于国内同类学院前列。目前的中山医学院主要负责临床医学和法医学等本科专业,以及基础医学硕士、博士研究生专业的办学,与各临床医院协同培养上述专业的多层次人才。在基础医学领域，中山医学院学科门类齐全，基础条件优越，学术力量雄厚，具有强大的教学、科研和成果转化能力。

中山医学院目前是中山大学最大的学院之一，位于北校区，现有临床医学前期教学和管理员工 350 人，其中专任教师 178 人，教授 52 人。有十几名教师获得重要奖项或被列入重要人才计划，其中包括"长江学者"特聘教授、国家"千人计划"引进人才、国家杰出青年基金获得者、国家级高校教学名师、全国百篇博士优秀论文指导教师等。在读全日制本科学生 3335 人、硕士研究生 310 人、博士研究生 190 人、各层次成人教育学生 3000 多人。拥有基础医学、生物学、中西医结合和生物医学工程等 4 个一级学科博士授权点，以及 2 个博士后流动站。药理学和病原生物学为国家重点或重点（培育）学科，基础医学为广东省重点一级学科，中西医结合基础为广东省重点二级学科。"热带病防治研究"和"干细胞与组织工程"两个实验室为教育部重点实验室，并建成了生物安全三级实验室。

经过多年学术凝练，形成了以热带病防治与病原生物学研究、神经科学研究、心血管疾病基础与防治研究、肿瘤基础研究、疾病基因研究、干细胞与组织工程、法医鉴定技术等为特色优势的学科格局，并在各二级学科中铸就了一批高水平的科学研究和人才培养平台，在若干研究领域形成了较为鲜明的学科特色。

2006 年以来，学院共获得各类科研经费 2.5 亿元；获国家 973 首席项目 1 项、课题 5 项，国家 863 课题 8 项，国家重大专项平台及课题 8 项；获国家自然科学基金项目 118 项，其中国家杰出青年基金项目 1 项、重点项目 7 项；获省部级科技奖励 9 项；共发表 SCI 收录论文 326 篇。

中山医学院继承和发扬了"三基三严"优良教学传统；创立了医学人文教育新体系，追求素质培育、知识传授与技能训练协调发展，推行全人教育；实施国际化办学战略。近年来，积极推进教学内容、教学方法和课程体系的改革，引入了以器官系统为中心以及以问题为中心（PBL）的教学方法，开设更多综合性、设计性实验课程、拓展性课程和前沿性科研讲座，初步建成了一个以学科领域为中心的纵向板块、以器官系统为中心的横向板块，及贯通基础与临床教学的 PBL 板块相结合的课程体系，课程改革走在全国前列。2007 年开始实施的研究生课程体系改革，大幅减少课程门数，增加科学实践时间，注重探讨式多元化教学，贴合科研需求扩充科学视野，成功构建了高质高效的研究生课程体系。教育质量一直稳居国内前列，具有鲜明的办学特色和良好的品牌效应，在国内外享有很高的社会声誉。毕业生"基础理论好，动手能力强，综合素质高，发展后劲大"，受到海内外医疗卫生机构普遍认可和欢迎，遍布全国各地的大型高等级医院或主流教学科研机构，许多毕业生还在东南亚和北美地区从事医疗或科研工作。

学院拥有 7 门基础医学领域国家级精品课程：生理学、人体寄生虫学、药理学、人体解剖学、法医病理学、实验生理科学和病理生理科学；拥有临床医学、法医学两个国家级特色专业；拥有基础医学、临床技能两个国家级实验教学示范中心；拥有基础医学、实验生理科学两个国家级教学团队；拥有《病原生物学》和《传染病学》

两门国家级双语教学示范课程。近五年主编了 10 多部规划教材。2006 年获"全国百篇优秀博士论文" 1 篇。

随着学术水平的提高，学院的学术交流日益活跃，近几年主持召开了多次国际学术研讨会，如"第一届亚太血管生物学会议"和"细胞凋亡中的钙信号学术研讨会"等。2011 年 7 月，承办了美洲华人生物科学学会第十三届国际学术研讨会。

中山医学院与哈佛大学、耶鲁大学、约翰斯·霍普金斯大学、印第安纳大学、密西根州立大学、牛津大学、香港大学、香港中文大学、香港科技大学、香港理工大学、台湾中山医学大学、台湾高雄医学大学等国际名校建立了密切的合作关系，开展了一系列合作研究与教学活动。与香港大学组建成立"粤港传染病监测联合实验室"，成为全国新现与未知病原发现与确认的指定牵头实验室之一。

学院积极推进医学教育的国际化，近五年，引进全职教师 20 多人，聘请外籍教师 40 多人次前来授课及培训，初步建立了一支具有国际视野的全英教学队伍，形成了一套英语授课品牌课程群。选派了 40 多名研究生到国外名校联合培养，已招收攻读 MBBS 全英教学本科留学生三届 200 多名。学院主办的教育部重点对港教育交流项目"粤港澳医学生暑期联合夏令营"已经连续举行三届，汇聚了来自香港大学、香港浸会大学、香港城市大学、澳门科技大学、台湾大学、北京大学、复旦大学、中山大学等大学的医学生进行文化交流和志愿服务。临床专业本科生与英国布里斯托大学医学院学生建立了多年的交流合作关系，共同开展了 11 期"北塘计划"活动，促成近百名英国 Bristol 医学院和 Leeds 医学院的本科生到粤东开展暑期英语夏令营活动。

中山医学院以科学发展观为指导，以培养高素质创新型医学人才为根本，以学科建设为龙头，全面提高医学教育质量和学科建设水平，努力建设成为立足广东、面向全国、辐射东南亚，在国内稳居一流医学院前列，在国际上有一定知名度的医学院。

中山医学院

（六）公共卫生学院

公共卫生学院以下设有系、室和研究机构：预防医学系、营养学系、妇幼卫生学系、医学统计与流行病学系、卫生管理学系、实验教学中心；预防医学研究所、卫生管理培训中心、卫生信息研究中心、流动人口卫生政策研究中心；还设立学院办公室、学术与教务工作办公室、学生工作办公室、开发与培训工作办公室等行政部门。学院现有在职教工93人，其中教授18人，副教授18人，讲师23人，党政管理人员10人，教辅人员19人。专职教师中有博士生导师16人，硕士生导师20人，校外硕士兼职导师39人。

学院目前设置预防医学五年制本科专业，包括预防医学、预防医学（卫生事业管理）、预防医学（营养）、预防医学（妇幼卫生）专业方向，其中预防医学（卫生事业管理）、预防医学（营养）、预防医学（妇幼卫生）专业方向均采取后期分流的方式。此外，开设预防医学（医学心理）、预防医学（营养）辅修专业。预防医学为广东省名牌专业、教育部第三批高等学校特色专业建设点，本专业培养的人才具有厚基础、宽知识、强能力和发展后劲足的共同特点，近几年学生就业率一直保持在95%～98%之间，许多毕业生已经成为广东省乃至全国公共卫生与预防医学、卫生事业管理等相关机构的中坚力量，在各自的工作岗位上作出了突出的贡献。目前在校本科生696人，全日制研究生370人，其中博士生67人，硕士生303人（含全日制MPH学生61人）；在读的MPH（单证）专业学位研究生272人。至今为止，共培养本科生2216人，培养研究生1157人（其中博士学位获得者93人，硕士学位获得者1064人）。

公共卫生学院大楼

学院主持国家"十一五"科技重大专项传染病防治项目1项，国家杰出青年基金2项，国家自然科学基金重点项目3项，科技部科技支撑计划项目1项。据不完全统计，近5年来学院获得部省级科研成果5项，包括教育部自然科学一等奖1项，中华医学科技二等奖1项，广东省科技进步一、二、三等奖各1项。主持各级科研项目280余项，其中国家级项目51项，部省级51项，科研总经费达6282.33万元。此外，还获得CMB基金，经费达55万美元；在国内外各级学术期刊上发表科研论文578篇，其中SCI收录论文近100篇，获评"全国百篇优秀博士论文"1篇。

学院注重发展与国内外的学术交流以及科研合作，与美国、芬兰、加拿大、香港等的公共卫生教育与科研院所建立了合作关系。聘请了名誉教授、客座教授共29人，还聘请了近50名广东省卫生领域的一线专家为学院的兼职导师。重视教学基地建设的同时，通过讲学和研究生联合培养的形式，全面提高人才培养的质量。

（七）光华口腔医学院

光华口腔医学院初建于1974年，原名为中山医学院口腔系，1997年更名为中山医科大学口腔医学院，2001年中山医科大学与中山大学合并为新的中山大学，为纪念中国人坚持自主医权而创办的第一所西医学院——广东光华医学院，定名为"中山大学光华口腔医学院"。

学院是我国教育部直属重点高等院校口腔医学院。近10年，学院遵循口腔医学院、口腔医院、口腔医学研究所"三位一体"国内外先进口腔医学院校办院模式，在教学、医疗、科研等方面取得了长足进步，获口腔医学一级学科博士点、口腔医学专业学位博士点、博士后科研流动站、卫生部口腔专科医师培训基地、广东省重点学科、广东省高等学校名牌专业、广东省高等学校本科特色专业、《牙体牙髓病学》国家精品课程。

学院师资力量雄厚、学术梯队结构合理，现有教师165人，其中有博士生导师19人、硕士生导师53人；国际牙医师学院院士（ICD）5人；中华口腔医学会副会长1人，各专委会候任主委、副主委、常委23人；广东省口腔医学会名誉会长1人、会长1人、副会长2人，各专委会主委、副主委18人；"百人计划"引进人才6人，全国百篇优秀博士论文获得者1人，教育部新世纪优秀人才2人。学院学科设置齐全，设有牙体牙髓病学、牙周病学、口腔粘膜病学、口腔颌面外科学、口腔修复学、口腔正畸学、口腔种植学、儿童口腔医学、口腔预防医学、口腔生物学、口腔组织病理学、口腔解剖生理学、口腔影像诊断学、口腔药物学、口腔材料学、口腔设备学、口腔医学导论、口腔医学和口腔医学美学19个教研室，其中口腔颌面外科为亚洲口腔颌面外科专科医师培养试点基地、中华口腔医学会口腔颌面外科专科医师培训基地。学院已形成包括博士、硕士、七年制本硕、全日制五年制本科和非全日制专科、专升本等完整的学位教育体系，同时承担国家级、省级医学继续教育项目。每年招收博士生、硕士生和本科生200余人，现有博士生38人、硕士98人、七年制学生201人、五年制本科生281人、成教学生286人。学院拥有国际一流的教学平台，率先引进国外先进教学设备，建设了多媒体仿头模实验室，并在省内建成11个口腔医学临床实习基地，为培养学生的临床实践和科研能力提供优越条件，每年以良好的教风、学风和教学质量向国内外输送大批优秀毕业生、留学生、进修生等各类口腔医学专业人才。根据中国科学评价研究中心发布的《2008—2009、2009—2010年中国研究生教育评价报告》显示，中山大学在口腔医学研究生教育排名中连续两年位居全国第五。

光华口腔医学院是华南地区口腔医学学科建设的重要基地，该院不断优化学科发展布局，扩大和充实学术梯队，完善科研管理运行机制，加快科研平台建设，2002年成立中山大学口腔医学研究所，2007年创办《中华口腔医学研究杂志（电子版）》。近5年共承担国家科技支撑计划项目（含分课题）3项、国家自然科学基金项目35项、卫生部临床学科重点项目4项、省部级项目101项、其他各类项目67项，科研经费合计2717.1万元；发表学术论文861篇，其中SCI收录129篇，主编学术专著19部，参编卫生部规划教材等专著32部，获省部级科学技术奖6项，学科综合实力稳居全省首位，并已跻身国内前列。

作为华南地区口腔医学对外交流的重要窗口，学院积极开展国际合作与交流，先后与美国、加拿大、日本、英国、瑞典、丹麦、澳大利亚和香港等10多个国家和地区的口腔医学院校和口腔医学社团组织建立学术合作交流关系，聘请客座教授16人。每年邀请著名专家学者，多次举办大型国际和地区性学术会议，成为国内外学术交流的重要平台，为促进国内外口腔医学合作与交流和推动我国口腔医学事业的发展做出了积极的贡献。

光华口腔医学院

（八）护理学院

护理学院于1998年5月8日成立，是在原中山医科大学护理学系和中山医科大学附设卫生学校的基础上组建的。中山医科大学护理学系始建于1985年，是国内第一批、华南地区最早开展高等护理教育的学校。中山医科大学附设卫生学校于1953年成立，其前身是始创于1913年的广州博济医院（现为中山大学附属第二医院）高级护士职业学校和始创于1925年的中山大学医学院附属医院（现为中山大学附属第一医院）护士助产学校。中山大学护理教育历经1998年的办学历程，培养了大批优秀护理专业人才。

学院现有在编教职工32人。其中专职教师20人，教师中高级职称者13人，中级职称者5人；5人获博士学位，11人获硕士学位。专任教师中有博士生导师1人、硕士生导师7人。此外，有兼职硕士生导师2人，还聘请了5位来自香港、新加坡和美国的知名护理学者担任客座教授。

学院一贯重视学科建设，自1998年护理学院成立以来，护理学专业办学层次不断提高，招生规模逐年扩大。经过多年的探索和锐意改革，已建立护理学专科、本科和研究生教育3个层次，普通教育和成人教育两种类型构成的多层次综合性护理教育体系。2000年我院开始招收护理学硕士研究生，2004年开始招收护理学博士研究生。根据护理教育的实际需要并与国际护理教育接轨，从1999年级起，将护理学专业本科的学制由五年制缩短为四年制，并按照"加强人文，突出护理，重视社区，注重

护理学院

整体"的原则优化课程设置和培养过程，体现学生知识、能力、素质的协调发展。从2003年级起，护理学硕士研究生学制由三年制缩短为两年制，在缩短培养周期的同时，学生的培养质量一直得到广泛认可。2005年，护理学专业成为广东省高等学校名牌专业；2010年，护理学专业被教育部批准为第六批高等学校本科特色专业建设点。

开办高等护理教育20多年，学院已培养本科和专科毕业生万余名，博士研究生6人，硕士研究生119人（含同等学力获得硕士学位12人）。现有全日制在校本科生295人，在校硕士研究生59人、博士研究生14人。

学院为满足在职护士提高学历层次的需求，稳步发展成人教育，已开办了夜大学、自学考试、远程教育等多种形式的学历教育，包括大专和专升本两个层次。现有在校夜大本、专科生1493人，在读远程教育学生2823人。此外，还开办了研究生课程进修班（包括护理学、ICU、肿瘤专科护理研究生课程班）、造口治疗师学校，其中，中山大学造口治疗师学校成立于2001年，由中山大学护理学院、中山大学肿瘤医院、香港造瘘治疗师学会和香港大学专业进修学院联合办学，是我国第一所规范化培养专科护士——造口治疗师的学校，结业证书获得世界造口治疗师协会认可，开办10年已为全国各级医院培养造口治疗师141名。

近5年，学院教师共承担美国中华医学基金会（CMB）教研和科研项目4项，卫生部、教育部、省厅级科研项目20多项，校级教学研究项目20多项，共有在研经费2000多万元；获得全国卫生职业教育研究发展基金课题成果一等奖1项、广东省护

2009年7月2日，黄达人校长向护理学院首位护理学博士毕业生郑晶表示祝贺

理学会第二届科技奖二等奖1项，广东省教学成果二等奖1项、中山大学教学成果一等奖3项；教职工先后在国内外期刊以第一作者或通讯作者发表学术论文210多篇，其中在SCI收录期刊发表6篇；主编和参加编写了国家级规划教材15种，其中《内科护理学》本科第四版入选教育部2007年度普通高等教育精品教材。在CMB的资助下，从2007年开始，由学院主持，CMB资助的国内8所重点大学护理学院参与，进行了"中国医院护理人力资源研究"和"中国护理教育资源现状及趋势研究"的两项研究，研究成果分别为国家和各地区卫生、教育行政部门以及我国护理教育发展规划提供科学决策的依据。

学院先后与美国、澳大利亚、泰国、香港、澳门等地的护理院校建立了友好合作关系，与美国俄勒冈卫生科学大学、香港大学和澳大利亚巴腊德大学、新加坡义安理工学院等大学签订了正式合作与交流协议。学院每年选派优秀本科生和研究生赴香港大学和香港玛丽医院参观学习1～3周，从2007年开始选派博士生赴美国俄勒冈卫生科学大学访问学习半年。在长期和广泛的国际合作与交流中，我院逐步与国际护理教育接轨。

（九）药学院

药学院是原中山大学和中山医科大学两校合并后于2002年6月成立的第一个新学院。学院以中山大学生命科学学院药学系为基础，整合了中山大学生命科学学院、化学与化学工程学院以及医学院有关药学科学研究的资源，以中山大学的综合力量为依托组建而成。

药学院自成立以来，坚持以高标准、高起点要求自身。著名中国科学院院士陈新滋教授担任药学院名誉院长，他对未来的定位提出了明确的目标："用五到十年的时间，成为中国一流的药学院"。为实现这一目标，学院一直致力于学科建设，积极引进各类教学和科研人才，加强各种硬件建设，不断完善各种规章制度，充分调动教职员工积极性，努力营造学院文化。现已在师资队伍建设、人才培养、科研和新药研发等方面取得了显著成绩。

学院教职工86人，其中教师61人，实验技术人员17人，行政人员9人。教师中教授22人，副教授24人，讲师15人。博士生导师23人，硕士生导师47人。师资队伍中有4人入选教育部新世纪优秀人才支持计划，先后有16人被列为"广东省千百十工程"培养对象；1人享受政府特殊津贴；荣获"广东省南粤优秀教师"、第十届"挑战杯"全国大学生课外学术科技作品竞赛"优秀指导教师"、第九届"挑战杯"广东大学生课外学术科技作品竞赛"优秀指导教师"等光荣称号，2010年获广东省科学技术奖一等奖、教育部高等学校科学研究优秀成果奖（科学技术）二等奖等奖项。

2006年1月，学院成为华南地区高校中唯一获得药学一级学科博士学位授予权的学科，博士点覆盖了药理学、药物化学、生药学、药物分析、药剂学、微生物与生化药学等6个二级学科；2007年9月，药学院获人事部批准设立药学（一级学科）

博士后科研流动站。学院下设 8 个专业实验室，拥有 III 期 985 建设平台 1 个（华南新药创制科技创新平台），省部级工程中心 4 个，校级研究机构若干。

学院现有在读全日制本科生 477 名，硕士研究生 326 名，博士研究生 126 名。成人高等学历教育专升本学生 193 人，研究生课程班 62 人。本科生招生规模为每年 120 人，研究生招生规模呈稳步增长态势。学院于 2008 年 7 月启用位于大学城的建筑面积为 2.3 万平方米的药学大楼。学院非常重视实验室科研条件建设，现已购置仪器 4910 件，总价值逾亿元。其中 10 万元以上用于药学科学研究的大型贵重仪器 146 台。学院推行中心实验室"统一管理，资源共享"的政策，保障仪器设备的正常、高效运转。建院 8 年来，药学院共承担纵向科研项目 340 余项，其中，6 个项目获得国家重大新药创制专项资助，多个合作申请项目获得立项。获得欧盟第 7 框架项目、2 项 863 项目、2 项 973 分题、2 项科技部国际合作项目、国家自然科学基金重点项目、重点专项、重大研究计划、培育项目及多项国家基金委国际合作项目支持，承接横向开发课题及合作开发项目 440 余项，累计到位经费约 2.1 亿元，学院人均科研经费一直位居全国药学院校前列；发表学术论文 1100 多篇，其中 SCI 收录论文 450 余篇；获得授权专利 80 项；获得多项省部级科技进步奖及自然科学奖；已列项的新药研发项目 10 余个，其中 1 个治疗糖尿病的二类新药"糖脉交泰"已启动 III 期临床并向企业实现前期转让。

学院成立至今，共邀请美国、英国、法国、加拿大、日本、瑞士、澳大利亚、香港等地 200 余人次的国内外专家前来交流讲学。每年师生出国参加学术会议交流人数约 40 人次，有力地促进了学术交流及科研合作。2010 年共派出学生 6 人赴美国匹斯堡大学、奥斯汀大学、得克萨斯大学、水牛城大学、美国国立卫生研究所（NIH）等知名高校及政府部门攻读博士或联合培养博士。

学院主办或承办多项大型国际学术会议、全国性学术会议和国际交流活动，包括：2003 年 3 月"中山大学药学院挂牌仪式暨院士论坛"；2004 年"精细化工与药物合成国际研讨会"；2007 年 5 月与澳大利亚悉尼大学合作，成立"中国－澳大利亚中医药研究中心"；2007 年 10 月，与美国华海药业签订了共建"创新药物制剂联合实验室"的协议；2007 年 11 月，学院参与组织召开了中山大学－瑞士诺华"如何进一步提高广东省的新药开发和临床研究能力"学术研讨会；2008 年 9 月，学院承办了"第十一次全国临床药理学学术大会"；2009 年 10 月 10 日，学院主办了首届"国际工业药学与临床药学研讨会"；2011 年 9 月，承办国际药物代谢学会联合学术会议。

为进一步提升药学院的国际地位和知名度，学院紧紧抓住整体搬迁大学城这一契机，2008 年下半年起开展内容丰富、形式多样的"药学前沿大讲坛"系列学术报告或讲座，邀请国内外知名专家、学者及企业家代表举办学术报告，目前举办逾 100 场次，内容涵盖药学学科各个领域，使师生获益良多。

学院的总体发展目标是：以创新药物研究为龙头，组建与国际接轨的公共技术平台；借助学校的整体力量，将药学院办成具有国内先进水平，某些领域在国际上有较大影响的科学研究与高层次人才培养基地，特别是培养创新药物的团队和人才；使药学院成为广东省和全国的药物（新药）研究、开发与评价中心及药学人才培养基地。

药学院

（十）附属第一医院

中山大学附属第一医院（简称中山一院）始建于1910年，为国家三级甲等医院和国家爱婴医院，是华南地区医疗、教学、科研、预防保健和康复的重要基地。

中山一院由院本部、黄埔院区和东山院区三个院区组成，占地面积约8.5万平方米，建筑面积约20万平方米。现有在编职工4500多人，其中正高职称219人，副高职称490人。开放病床2484张，年门、急诊量约400万人次，年住院病人8.3万人次。长期以来，医院充分发挥医疗技术力量雄厚的优势，不断采用各种新技术成功诊断、治疗和抢救了许多危重、疑难和罕见病例，如：国内首例肾移植、断趾再植、连头婴分离手术及第三代试管婴儿诞生，国内首例、世界罕见胸腹主动脉瘤、升主动脉夹层动脉瘤腔内治疗的成功实施，亚洲首例肝肾联合移植、首例多器官移植的成功实施等。为我国医疗界填补了许多空白。

中山一院长期承担着全校医科40%～50%的临床教学工作量，教学基础设施及师资力量均排在各附属医院之首。近5年新增国家级精品课程2门；培育出国家级教育名师1名、广东省高等学校教学名师2名、宝钢优秀教师3名、南粤优秀教师4名；梁力建教授为负责人的外科学教学团队在2010年被评为国家级教学团队。

中山一院学科基础雄厚、覆盖面广，具有强大的学科交叉优势。学术队伍中现有博士生导师121人，硕士生导师252人，其中"国家杰出青年基金"获得者3名，"珠江学者"2名，国家级"千百十人才"1名，省级"千百十人才工程"入选者10名。

近5年，医院共获得国家科技进步奖、省部委以上科研成果奖26余项；承担各级科研课题1032项，共获得经费16717.46万元，处于全国医院的前列。其中国家"863"计划3项，国家"973"计划课题2项，国家杰出青年基金1项，国家自然科学基金面上、青年项目148项；承担教育部创新团队1项，科技部国际合作项目1项，卫生部行业基金2项，卫生部临床重点学科基金6项。此期间每年发表的论文、论文被引用和SCI收录数量呈现明显增长，位居全国医院前列，其中以第一作者单位发表SCI期刊论文共686篇。目前拥有5个国家重点学科——内科学（肾病、内分泌与代谢病）、外科学（普通外科学）、神经病学和耳鼻咽喉科学；4个省部级重点实验室（卫生部辅助循环重点实验室、卫生部肾脏病临床重点实验室、广东省肾病重点实验室、广东省重大神经疾病诊治研究实验室；以及2个临床研究所，6个临床研究治疗中心和14个临床研究实验室。

医院重视国际交流与合作，已与美国、瑞典、澳大利亚、加拿大、意大利、日本、荷兰等20多个国家和地区的医院和科研机构建立了学术交流与合作关系。多年来与UCLA医疗系统高层互访，开展多方面合作；自2006年起与约翰·霍普金斯大学医学院在临床研究和联合举办国际学术会议等方面加强合作与交流；2010年与美国德州大学西南医学中心建立医教研全方位战略性合作伙伴关系。

中山一院

（十一）孙逸仙纪念医院

中山大学孙逸仙纪念医院（又称中山大学附属第二医院，简称孙逸仙纪念医院）创建于1835年，伟大的革命先驱孙中山先生曾以"逸仙"之名在此学医并从事革命运动。孙逸仙纪念医院开创中国西医史上许多第一。改革开放以来，孙逸仙纪念医院持续快速发展：是广东省首家"三甲"医院，多次获得"全国医药卫生系统先进集体""广东省百家文明医院""广东省白求恩式先进集体"等荣誉称号。

孙逸仙纪念医院共有三个院区，一个门诊部，包括院本部、南院区、增城院区及南校区门诊部，占地面积约8万平方米，建筑面积约15.6万平方米。现有职工约3775人，其中正高级职称100人，副高级职称263人。医院年开放床位2140张，年门诊量超260万人次，年住院手术例数逾3万台，年出院病人逾6万人次。孙逸仙纪念医院承担学校医科本科专业临床教学部分的理论、见习、实习等教学工作。在研究生教学方面，我院现有博士生导师57人，硕士生导师151人。我院导师指导的李延兵、于风燕的学位论文分别被评为2008年、2009年广东省优秀博士论文；2011年于风燕的学位论文更获评全国百篇优秀博士学位论文。

孙逸仙纪念医院现有长江学者2人，国家自然科学基金杰出青年基金获得者1人，教育部新世纪优秀人才4人；国家级学会主任委员、副主任委员5人；省级学会会长、主任委员11人。医院建立有效的人才培养机制，先后启动"逸仙优秀医学人才计划""博济优秀医学人才培养计划"；同时积极引进各类优秀人才，共引进中山大学"百人计划"6名，其中2名已成为教育部新世纪优秀人才。

近5年，孙逸仙纪念医院实施"以凝练学科方向为核心，以实验室平台和临床研究基地建设为基础，以引进人才和青年人培养为根本，以对外交流合作为外延"的工作思路，科研工作取得了喜人成绩。研究成果"MicroRNA对成瘤性乳腺癌干细胞"干性"的调控作用研究"，发表于影响因子为29.887的Cell杂志，该文章入选2008年度"中国高等学校十大科技进展"；另一研究成果"CCL18 from tumor associated-macrophages promotes breast cancer metastasis via a novel chemokine receptor"以Featured Article形式发表在影响因子为25.288的知名国际科学期刊《Cancer Cell》上。医院每年获得的科研经费稳步增长，承担国家级重大重点项目能力大幅提升。近5年共获得科研项目749项，总金额超过1亿元，其中包括17项国家级重大重点项目。近5年医院共获省部级科技进步一等奖2项，二等奖10项，三等奖10项；共发表以孙逸仙纪念医院为第一完成单位的SCI论文300余篇。2009年，医院成立"广东省脊柱脊髓疾病科研中心"；同年，医研中心顺利通过广东省普通高校重点实验室评审，获批"恶性肿瘤基因调控与靶向治疗"重点实验室；2011年医院成立乳腺肿瘤医学部暨树华乳腺癌研究中心。

孙逸仙纪念医院注重加强对外学术交流，与国内外知名大学及先进实验单位保持密切的长期合作关系。其中代表性合作的大学美国哈佛医学院、美国匹兹堡大学、美国新泽西州立大学脊髓损伤实验室、德国艾森大学医学院、法国国家医学科学与健康研究所等。

孙逸仙纪念医院

（十二）附属第三医院

中山大学附属第三医院（简称中山三院），始建于1971年，是卫生部直管的综合性三级甲等医院、国家爱婴医院、广东省文明医院、全国医院文化建设先进单位、全国卫生系统先进集体、全国卫生系统抗非先进集体、全国卫生系统医德建设先进集体、全国卫生系统思想政治工作先进单位、全国教育系统抗震救灾先进集体。

中山三院拥有天河和萝岗（岭南医院）两个院区，总占地面积14.7万平方米，建筑面积22.2万平方米，拥有病床数约2200张。医院截止到2011年7月底，在职员工2970人，其中医疗技术人员2404人，高级职称325人，中级职称481人。日均门急诊量在7000人次左右。2010年全院年门急诊量193万人次，出院人次3.7万人次，住院手术例数2.4万人次，较2006年增长54.49%，平均住院日下降至11.8天。医院学科门类齐全，专科特色明显。普外科、内分泌科、神经科、肾内科、耳鼻咽喉科属于国家级重点学科；内分泌科为国家临床重点专科；肝移植科、感染性疾病科、肝病专科属于广东省医学重点专科；肝脏病学科是医院的龙头学科，已形成涵盖肝脏内科、肝脏外科、重症监护、肝脏影像与介入治疗、肝病实验室等多学科综合诊疗和临床科研的强势学科群；风湿内科、骨外科、泌尿外科、介入血管科、精神科、康复科等，不但在广东省、华南地区享有盛誉，在全国均有一定影响。作为中山大学医学教育的主要临床教学基地，医院拥有临床医学硕士点 34 个，博士点 26 个，博士流动站 1 个，专科医师培训基地 19 个，硕士生导师 132 人，博士生导师 38 人，并于 2006 年通过国务院学位办公室临床医学（一级学科）博士点评估，承担着多学科的本科生、研究生以及全国各地进修生的临床教学任务。传染病学是国家精品课程、国家双语教学示范课程。传染病学、性医学、皮肤性病学、康复医学、精神病学、诊断学、妇产科学是中山大学精品课程。医院拥有省部级重点实验室 3 个（广东省肝脏疾病研究重点实验室、基因疫苗教育部工程研究中心和国家中医药管理局细胞分子生物学三级实验室），省级科研中心 4 个，国家药物临床试验机构（8 个专业组）；主办和承办了《新医学》《器官移植》及《中华腔镜泌尿外科杂志（电子版）》等国家级杂志。近 5 年累计科研经费总数 10350.62 万元，较前五年显著增加；发表了 SCI 论文 258 篇，其中影响因子大于 5 的有 7 篇。获得省部级科学技术奖 9 项，其中一等奖 3 项，二等奖 2 项。

医院配备有 MR、DSA、CT、CTPET、乳腺 X 光机、彩色多普勒诊断仪、骨密度仪、大型生化自动分析仪，以及中央重症监护系统、百级层流手术室、人工肝支持系统等一批代表世界先进水平的医疗设施。此外，医院还实行数字化、信息化管理，建立了信息管理技术系统，其中包括医学影像和检验数据传输系统、电子病历系统、自动化办公系统等。

中山三院

（十三）中山眼科中心

中山眼科中心前身是岭南大学医学院、中山大学医学院、光华医学院的眼科组成的华南医学院眼科教研组，组建于1953年。1965年，移至现址正式建成中山医学院眼科医院。1983年，成立"中山医学院中山眼科中心"，副厅级建制。1985年6月更名为中山医科大学中山眼科中心，2001年10月，更名为中山大学中山眼科中心。2006年，科技部正式批准中山眼科中心建设眼科学国家重点实验室。

中心占地面积超过8900平方米，建筑面积超过3.5万平方米。现有职工757人，其中高级职称120人，中级130人，初级368人。患者来自海内外，年门诊量58万人次、住院病人2.5万多人次、年手术量达3.4万多例。

中山眼科中心下设眼科医院、眼科研究所、防盲治盲办公室和眼科视光学系，是集眼科医疗、科研、教学、防盲治盲和保健为一体的现代化多功能眼科中心，以规模大、专业人员多、专业齐全、整体学术水平高、仪器设备先进著称，是中国唯一的眼科学国家重点实验室的依托单位。现任眼科中心主任、眼科医院院长、眼科学国家重点实验室主任为葛坚教授。眼科医院是国内首家眼科三级甲等医院，有12个专业科室和12个辅助科室；眼科研究所有11个专业实验室。角膜病、白内障和青光眼专科被列为广东省医学重点专科。每个专科已形成了自己的医疗和科研特色。角膜移植、准分子激光角膜屈光矫正手术、角膜形态学、白内障的手术治疗、葡萄膜视网膜炎发病机制系列研究、青光眼和视网膜玻璃体疾病的诊治居国内领先地位，部分领域达国际先进水平。

中心师资力量雄厚，是我国培养眼科人才的重要基地之一，承担研究生的教学、医疗和指导科研以及国内访问学者、国外留学人员、进修生、本科生等不同层次的教学任务。现有博士研究生导师31人，硕士研究生导师36人，眼科学为首批国家重点学科，是我国可招收眼科硕士和博士研究生最早的单位之一。近年来，中心每年招收博士研究生、硕士研究生和七年制硕士研究生70多人（在学研究生人数216人）、进修生100多人。从1997年开始，中山医科大学创办的眼科视光学系设在中山眼科中心。眼科视光学系每年招收20～30名本科生。

近年来，中山眼科中心不断加大对学科建设的投入，对研究所、动物实验中心和图书信息中心进行了改建装修，添置国际上最先进的大型科研仪器设备，硬件设备步入国际眼科先进行列，动物实验室可开展国际水准的前沿性动物实验。眼科学已凝练成六大主要研究方向：①角膜和眼表疾病研究；②眼病流行病学研究；③视功能保护和视觉科学；④白内障的发病机理和防治研究；⑤玻璃体视网膜疾病研究；⑥常见眼科遗传性疾病的分子遗传学研究。

中心承担国家重大科研项目的能力不断增强。2007年以葛坚教授为首席科学家的《我国重要神经性致盲眼病的发病机制和防治研究》项目获国家重点基础研究发展规划项目（973计划）批准立项，资助金额达2750万元，这是我国眼科学界获得的首个国家973计划立项资助的科研项目。近5年来，中心获得的科研经费达3200

万元,包括国家级课题45项(其中国家高技术研究发展计划2项,"十五"国家科技攻关计划2项,国家自然科学基金创新群体项目1项、国家杰出青年基金2项、国家自然科学基金37项)、国际合作课题10余项、省部级课题103项、厅局级课题43项。1996年以来获科技成果奖80多项,其中国家科技进步奖8项、省部级成果奖50项。2007年在SCI收录期刊上发表文章45篇,2008年跃升至69篇,2009年达77篇,2010年达78篇。

中心的防盲机构与世界卫生组织、美国国立眼科研究所、美国约翰·霍普金斯大学威尔玛眼科研究所、英国伦敦大学Moorfields眼科医院、海伦凯勒国际防盲组织等国外机构合作,每年派出医疗队,曾深入到广东各县市、乡镇,开展查盲防盲治盲工作、进行眼病的流行病学调查、培训基层眼科医生,深受基层群众和医务人员的欢迎及国际眼科同行的好评。近年来,防盲办进一步努力在广东省的阳江、阳春以及惠东等农村地区开展白内障扶贫复明项目,每年有2000多名白内障患者直接在项目中受惠。

中心十分注意开展国内外的学术交流和国内外单位的友好往来,举办大型的国内外学术研讨会(我国首次国际眼科会议、多届国际性临床眼科学术会议、第28届国际临床视觉电生理学术会议、第一届亚太视觉科学大会、第一届亚洲白内障研讨会、第十二届亚非眼科大会、第九届国际近视眼研究大会、第十八届国际眼科研究大会、玻璃体视网膜疾病国际论坛、第七届亚太青光眼学术会议等),邀请海内外专家参加会议或讲学。中心也经常派人参加在境外举行的国际学术会议。通过开展国内外学术交流,使医务人员从中及时了解到眼科学发展的新动向和新技术,有利于业务水平的提高。中心与境外(如美国、英国、荷兰等国家)11间大学、医院和研究所建立了友好合作关系。国外专家也到中山眼科中心进行国际间的科研合作。

眼科中心

（十四）肿瘤防治中心

中山大学肿瘤防治中心（又称中山大学附属肿瘤医院）是国内规模最大、学术力量最雄厚的集医疗、教学、科研、预防于一体的肿瘤学医教研基地之一。中心由1964年建立的原"华南肿瘤医院"与原中山医学院肿瘤研究所联合组建而成，1999年肿瘤学被评为广东省重点学科，2001年被评为国家重点学科，同年成立国内首家抗肿瘤药物临床试验研究基地（GCP中心）。2005年获评华南肿瘤学国家重点实验室。2008年GCP中心获得国家药监局（SFDA）Ⅰ期抗肿瘤药物临床试验机构资格认定，2009年4月，中心升格为副厅级单位。2009年12月，中山大学肿瘤防治中心地下放疗中心落成，成为亚洲最大的放疗中心。2010年我中心成为"广东省肿瘤规范化诊疗指导中心"，华南生物治疗基地在我中心正式挂牌。

中心占地面积约2.3万平方米，建筑面积9.5万平方米。现有职工约1700人，其中高级职称人员259名，中国科学院院士2名，博士生导师52人，硕士生导师102人，在读研究生400余人。中心收治的病人来自全国各地及东南亚地区，拥有病床数1076张，2010年门诊量逾40万人次，出院人数约3.8万人次，手术7800余例，医疗业务量居全国肿瘤专科医院前列。年接诊的肿瘤新病例1万多人，占广东省肿瘤新发病例的20%。设有鼻咽科等30个业务科室和7个职能处室。

中心为患者施行肿瘤综合治疗，其中鼻咽癌诊治水平及5年生存率达国际先进水平，食管癌、肝癌、肺癌、大肠癌、淋巴瘤及妇科癌瘤等的诊治居国内领先地位。特色医疗项目包括防癌体检（各色套餐）、单病种多学科综合门诊、肿瘤靶向个体化治疗、适型调强放疗、呼吸门控的PET-CT检查、肿瘤微创治疗（腔镜、射频消融）。

近5年，我中心进一步完善了医科本科生、研究生、进修生、住院/专科医师等各种不同层面教学培训对象的教学大纲、培训方案等教学指导资料的建设，教师教学目标更加明确；同时开展各项教学改革，进一步提高了教学质量。加强师资队伍建设，2009年曾益新院士荣获首届"中山大学三育人标兵"；我中心教师在学校的中、英文授课大赛中，共获得一等奖2项，二等奖3项，三等奖2项；在临床教师床边教学技能大赛中，获得一等奖2项，二等奖2项，三等奖5项。我中心主编的《临床肿瘤学》本科生教材、《肿瘤学》研究生教材分别获批教育部、卫生部高等学校"十一五"国家级规划教材。

肿瘤研究所是我国较早建立的癌症防治研究机构，在研究肿瘤的发病机理和肿瘤诊断治疗的同时，侧重于全面开展鼻咽癌的防治研究工作。华南肿瘤学国家重点实验室2011年通过了科技部基础研究管理中心组织的评估，鼻咽癌诊治实验室被省科委确定为广东省重点实验室，肿瘤相关基因与抗肿瘤药物研究室被教育部确定为重点实验室。依托于中山大学肿瘤医院和华南肿瘤学国家重点实验室的中山大学肿瘤资源库于2001年12月启动，现已成为国内最大的肿瘤资源平台之一。

"十一五"以来，我中心在科研方面取得了重大进展，获省部级以上基金332项，包括"973计划"首席1项，"973计划"课题5项，"十一五"863重点专项1

项,"十一五"863 项目 5 项,"十一五"国家科技攻关项目 1 项,国家自然科学基金重点项目 5 项,"十一五"重大新药创制项目 1 项等;在 SCI 收录期刊发表论文数逐年攀升,共发表 SCI 收录论文 326 篇,其中包括 Nature Genet,J Clin Invest,J Clin Oncol,Hepatology 等国际知名杂志,作为第一作者单位发表影响因子 10.0 以上的论文 7 篇,5.0 以上的论文 55 篇;获国家科技进步二等奖 1 项(2009 年),中华医学科技奖一等奖 1 项,高校科学技术奖一等奖 1 项,广东省科学技术奖一等奖 2 项,申请专利 28 项,获授权 8 项,主编专著 8 部。

中心是世界卫生组织癌症研究合作中心。2003 年与美国著名的 M. D. Anderson 癌症中心结为姐妹医院,与瑞典、日本、法国、英国等世界先进的癌症防治机构亦有合作和交流。与美国哈佛大学、瑞典卡罗林斯卡大学合作申请并获得美国 NIH 基金资助。合作方瑞典 Karolinska 医学院 IngemarErnberg 教授获 2006 年度中国国际科学技术合作奖及 2007 年度国家友谊奖,中心主任曾益新教授 2010 年荣获瑞典卡罗琳斯卡医学院颁发大银质奖章。2009 年本中心被广东省科技厅授予广东省医学领域唯一的国际合作基地。

肿瘤医院大楼

（十五）附属口腔医院

中山大学附属口腔医院是卫生部部属专科医院、卫生部广东省共建共管医院。该院前身中山医科大学口腔医疗中心成立于1988年，1996年更名为中山医科大学附属光华口腔医院，2001年定名为中山大学附属口腔医院。

医院占地面积3137平方米、建筑面积16556平方米。医院设施齐全、技术力量雄厚，拥有口腔综合治疗台375张，开放病床86张，开设15个临床科室和7个辅助科室。目前，牙体牙髓病科、口腔颌面外科、口腔修复科、口腔正畸科、口腔种植科、口腔黏膜病科、儿童口腔科以及颞下颌关节疾病、口腔颌面——头颈肿瘤、唇腭裂序列治疗、颌面部整形整容等专科门诊已达到国内外先进水平，其中牙体牙髓病科为广东省医学重点专科。2011年，牙体牙髓病科、口腔颌面外科、口腔修复科获评为国家临床重点专科。医院拥有一支高学历、富有临床经验的人才队伍，共有教职工585人，其中高级职称79人、中级职称116人，80%以上医生具有硕士、博士学位，90%以上拥有主任医师、副主任医师和主治医师职称。医院不断改善就诊环境，引入现代化管理模式，为患者提供优质高效的医疗服务。1998年始全面实施"一人一机一灭菌"的口腔专科医院感染控制措施，成为卫生部口腔医院感染控制南方示范单位。2000年在国内口腔专科医院中率先开通

采用的"一卡通"医院信息管理系统，应用现代化计算机系统（CIS），实现了挂号、诊疗、处方、收费、预约的网络化管理，2004年被评为广东省首批医疗卫生信息化示范单位。2004年建成社区医疗服务示范点口腔医院东院，2007年荣获广东省首批医保信用等级"AAA"级定点医疗机构和"新农合"定点医疗机构，2009年被评为第16届亚洲运动会定点医院和卫生部、广东省人民政府共建共管医院，2010年在广州CBD新区建立珠江新城口腔医疗门诊部，开展高端口腔医疗服务。"十一五"期间，全院门诊量2723744人次、急诊量9149人次、出院人数6244人次、平均住院日11.4天。

医院积极推广各类临床新技术、新材料，设置根管显微镜、光活化消毒仪、牙周治疗仪、锥型束CT、CAD/CAM等先进的口腔医疗设备，开展显微镜下根管治疗、口腔颌面部肿瘤的免疫细胞治疗、计算机辅助设计及制作修复、儿童口腔无痛麻醉治疗、自锁托槽直丝弓矫治等临床新技术。大力开展医学继续教育工作，每年向国内外输送优秀的毕业生和培养大批专科进修医生。医院还重视口腔医学基础与临床研究，近5年共承担国家科技支撑计划项目（含分课题）3项、国家自然科学基金项目35项、卫生部临床学科重点项目4项、省部级项目101项、其他各类项目67项，科研经费合计2717.1万元；发表学术论文861篇，其中SCI收录129篇，主编学术专著19部，参编卫生部规划教材等专著32部，获省部级科学技术奖6项。广东省口腔医学会挂靠该院，确立了以医学会作为全省口腔医学学术交流中心的地位。

医院积极开展国际合作与交流，先后与美国、加拿大、日本、英国、瑞典、丹麦、澳大利亚和香港等10多个国家地区的口腔医学院校和口腔医学社团组织建立学

术合作交流关系，聘请客座教授16人。每年邀请著名专家学者，多次举办大型国际和地区性学术会议。

中山大学附属口腔医院

（十六）附属第五医院

中山大学附属第五医院（简称中山五院）位于珠海市。医院的前身是1992年珠海市政府批准立项的珠海市医疗中心。2001年由珠海市人民政府移交原中山医科大学建设直属附属第五医院，同年10月正式更名为中山大学附属第五医院。

中山五院占地面积22万平方米，建筑面积14万平方米。建有门诊大楼、住院大楼、医技楼、肿瘤治疗中心，拥有先进完善的现代化医疗配套设施。现有教职工近1500人，其中正高职称41名，副高职称127名，博士生导师5名，硕士生导师52名。2010年医院年开放床位1300张，年总诊疗人次达51.5万人次，出院人次达2.9万人次，住院手术例数达1.1万人次。医院临床学科齐全，多数学科在本地区具备很强的实力。中山五院是中山大学培养高层次医学人才的临床教学基地之一，肩负着研究生、本科生的教学任务，还承担许多国家级及省市级科技项目。医院有较强的临床教学和科研能力，设有中心实验室、动物实验室、肿瘤研究室、肾脏疾病研究室等学术研究机构，具有微观、微量分析检测能力，可进行病毒检测、分子生物学检测、基因诊断、血药浓度监测、组织配型及流式细胞仪检测等。医院是珠海市首家经SFDA批准的国家药物临床试验机构。2007年医院获卫生部专科医师培训试点基地，2010获广东省首批专科医师（普通专科）培训基地，2011年获广东省全科医学教育临床培训基地。

医院多名教授在专业领域成就卓著。目前有中华医学会各专科学会委员4人，省级医学会各专科学会主任委员3人，省级医学会各专科学会副主任委员、常委、委员40余人。现有博士点5个，硕士点23个，390名医生中，博士42人，硕士158人，此外，目前在职攻读博士26人，在职攻读硕士35人。

近年来，中山五院获得各类科研基金立项共计10类263项，其中，国家级10项

（含国家自然科学基金4项），省部级30项（含广东省自然科学基金4项，广东省科技厅科技计划项目17项），厅局级152项。获珠海市科技进步一等奖1项，三等奖4项。以第二完成单位获广东省科技进步三等奖1项，发表学术论文1200余篇，近年来SCI收录论文达28篇。

中山大学附属第五医院

（十七）附属第六医院

中山大学附属第六医院·广东省胃肠肛门医院（简称中山六院），是一所集医疗、教学、科研、预防和康复保健等为一体的大专科强综合医院，拥有两个院区（员村院本部和瘦狗岭北院区），占地面积4.3万平方米，建筑面积16万平方米（含建设中的医疗综合大楼）。目前，全院共有职工1046人，教授、主任医师、副教授、副主任医师共76人，编制床位1000张，开放床位502张。

中山六院前身为广州市第六人民医院，始建于1965年，2007年2月9日成建制移交中山大学，同年6月6日挂牌成立。短短的四年时间迅速发展至现有规模。医院一直坚持"以患者为先"理念，致力于营造政府放心、社会受益、患者满意的以胃肠肛门专科为特色的现代化综合医院，走"大专科、强综合"的发展道路，实现"胃肠强院扬名中华，学科齐全福祉当地"。

历经近四年努力，医院医疗质量得到了政府、社会和患者的一致认可，医疗业务工作取得显著成效。与2006年相比，2010年门急诊量增长53.7%，住院人数增长230.4%，手术例数增长249.0%，平均住院日减少3.24天；在开放床位比2006年增加两倍的情况下，现病床使用率达91.8%。

中山六院是全国结直肠肛门外科学组组长单位、全国中西医结合学会大肠肛门病专业委员会后任主任委员单位，是卫生部《结直肠癌诊疗规范》制订组长单位，并参与了痔、肛裂、肛瘘诊疗指南的制订。胃肠肛门专科拥有"广东省胃肠肛门医院""中山大学胃肠病学研究所"和《中华胃肠外科杂志》三大发展支柱，学科带头人汪建平教授是中华医学会外科学分会结直肠肛门外科学组组长，《中华胃肠外科杂志》主编、《外科学》本科教材副主编、美国外科学院院士、中华医学会理事、广东省医学会副会长、广东省胃肠外科与营养支持学组组长、亚洲造口康复治疗协会理事及中国区主席。医院根据疾病特点细分胃肠肛门学科群，建立了五个专门收治胃肠肛门疾病的病区，设置胃肠肛门专科床位301张。技术团队能解决食管、胃、小肠、结直肠、肛门等外科领域的重大、复杂和疑难病例。直肠癌保肛术、保护性功能居全国领先水平，食管、胃、小肠、结肠等疑难复杂恶性肿瘤综合治疗效果显著，肛门良性疾病、盆底功能性疾病中西医结合治疗国内一流。同时，医院主办的《中华胃肠外科杂志》影响因子在普通外科系列杂志中排名第2，获中华医学会2010年度编辑出版质量评比第4名。

中山六院各临床科室齐全。自挂牌以来，从国内外著名医院引进或调入各类人员60余人，开设14个二级学科和41个三级学科。生殖中心拥有国内最优秀的生殖医学及妇科内分泌技术团队，康健影像检验中心提供集健康咨询、检查、诊断、教育和管理一体化的预防保健服务，还设有盆底研究中心、生物反馈治疗中心、临床听力中心、围产医学中心等国内高水准的检查和治疗机构。拥有128排螺旋CT、彩色B超、全自动生化检测仪、骨密度检测仪等大型检查设备。

近四年来，中山六院发表学术论文数量和质量不断提升，越来越多的科研课题成功立项，承担各类科研项目100余项，仅胃肠肛门领域学术团队承担研究项目就有60余项。2010年医院获批科研经费是2007年的27倍，科研经费快速增长反映了六院医教研的快速同步发展。其中汪建平教授团队的"直肠癌保功能手术提高患者生存质量的系列研究"与兰平教授团队的"结直肠炎症与肿瘤的基础与临床系列研究"则分别荣获2007年度及2011年度广东省科技进步一等奖。2010年胃肠病学研究所继被评定为广州市重点实验室后，又被评为广东省重点实验室。

医院与国外多个著名的胃肠疾病中心建立了长期友好的双边交流和合作关系，旨在包括诊疗技术、科学研究和学术活动等各个方面与国际先进保持同步，并不断创新，把国际最先进成熟的理念和技术应用于国内患者，提高医院的医疗水平和服务质量。医院主办了2009年"欧亚结直肠外科会议"并获得好评；结直肠肿瘤的临床与基础研究方面，中山大学胃肠病研究所（在中山大学附属第六医院内）是与华盛顿大学合作建立的转化医学研究机构，并与美国MD Anderson癌症中心建立持续合作关系。目前，六院与诺贝尔奖获得者亚利桑那大学Lee Hartwell教授合作共建中国唯一的"结直肠癌个体化治疗中心"，具备先进齐全的实验室设备，制定个体化治疗策略，以避免患者接受无效治疗，进一步降低患者医疗卫生费用；在炎症性肠病方面，中山六院与美国克利夫兰医院消化病医院及其炎症性肠病中心在联合培养博士研究生方面有多年的合作历史，每年共同出资举办"中美胃肠疾病高峰论坛"，建立了较为全面的临床及科研交流；还与日本大肠肛门病中心-高野病院合作建成国内首家盆底疾病研究中心；另外，中山六院设有"结直肠国际交流项目"，以及"新加坡合作项目"派送我国青年外科医生出国进行临床培训。

中山六院

二、2014年中山大医科教育概况

2014年，中山大学医学教学机构设有中山医学院、公共卫生学院、护理学院、光华口腔医学院、药学院5个学院。设置本科专业12个，有硕士学位授权一级学科8个，博士学位授权一级学科8个。设有临床医学一系（长学制）、临床医学二系、麻醉学系、医学影像学系、康复治疗学系、医学检验学系、眼科视光学系、法医学系、生物医学工程系，公共卫生学院下设医学统计与流行病学系、预防医学系、营养学系、妇幼卫生系、卫生管理学系。2014年，医科各教学研究单位研究生毕业1319人（博士442人，硕士877人），入学1493人（博士490人，硕士1003人），在校4844人（国家任务博士1250人，硕士2370人；委托培养博士374人，硕士87人；自筹经费博士4人，硕士399人）。医科各教学单位全日制本科生毕业901人，入学1040人，在校（国家任务）4941人。

2014年度中山大学医学教学机构领导及任职时间：

副校长	汪建平（12月免）
副校长、医学部主任	黎孟枫
副校长	余敏斌（6月任）

附录 大事记

（△表示具体日期不详）

清道光十五年（1835 年）
美国公理会传教士伯驾在广州新豆栏街丰奉行 7 号（即今广州十三行）开设眼科医局，该局是博济医院的前身。

1836 年
关韬在眼科医局接受伯驾的训练，成为中国学习西医第一人。关韬于 1856 年任福建清军五品军医，此为我国军队任用西医之始。

同年，我国第一例割除乳癌手术，由眼科医局伯驾施行。

1838 年
伯驾会同裨治文与郭雷枢 2 人发起组织的中国医药传教会（Medical Missionary in China）在广州成立。此为中国境内第一个西医药学术团体。

1844 年
伯驾在眼科医局施行了中国首例膀胱取石术。

1847 年
伯驾在眼科医局首次应用乙醚麻醉施行外科手术。此为中国第一次使用醚剂（ether）麻醉（美国摩尔吞 1846 年发现醚剂）。

1848 年
伯驾在眼科医局首次应用氯仿麻醉施行外科手术，此为中国第一次使用氯仿（Chloroform）麻醉（英国辛姆森 1847 年发现氯仿）。

1850 年
伯驾在眼科医局开始了病理尸体解剖术。

1851 年
合信翻译西医书籍《全体新论》中文版，系国内第一种医书译述，此后与嘉约翰开始了长达 23 年之久的有系统的编译，如《西医略论》《内科新说》《妇婴新说》《西药略释》《眼科撮要》等。

1855 年
美国传教士医生嘉约翰接办眼科医局。

1859 年

眼科医局改名为博济医局。

博济医局开始翻译西医书籍,最先出版《发热和疝》。

1861 年

博济医局米勒(Miller)医师为肿瘤患者拍摄照片,是我国第一张医学照片,亦为中国照相之始。

1862 年

中国第一个留学欧洲习医者黄宽,回国后参加博济医局的医疗、教学和管理工作。黄宽 1857 年毕业于苏格兰爱丁堡大学获医学博士学位,1860 年在广州完成了中国第一例胚胎截开术(碎胎术)。

1865 年

博济医局在创办 30 周年之际,筹建国内最早的教会西医院校——博济医学堂,开班首届招生 8 名,学制 3 年。

1866 年

博济医局正式定名为博济医院(英文称广州医院,The Canton Hospital)。是中国近代第一所西医医院。

1875 年

博济医院开展中国首例眼疾手术。

首次以氯仿麻醉施行剖腹切除卵巢囊肿术。

1879 年

博济医学堂录取广州真光书院 2 名女学生,为我国培养女医生以及男女学生同校之始。其中 1 名女学生张竹君毕业后成为我国最早的知名女西医。

1880 年

博济医院创办我国最早的西医药刊物——《西医新报》,揭开了现代中国医学杂志的第一页。该刊每季一期,用中文出版,美国传教医师嘉约翰主编,发行 2 年后停刊。

1886 年

民主革命先驱孙中山先生以"逸仙"之名就读于博济医学堂,并开始从事革命活动,使之成为中国民主革命的策源地。

博济医院的 6 位医生集资,委托旅美华侨罗开泰,在广州仁济西路怡和街开设全国第一家华人西药房——泰安大药房。

1892 年

博济医院开展了中国首例剖宫产术。

1897 年

博济医学堂学制改为 4 年。

1899 年

11 月,美国女医生富玛丽(Mary Fultan,1862—1927)在广州西关存善大街长老会礼堂赠医所创办中国第一间女医校——广东女子医学校。

1899 年

博济医院院长嘉约翰退休，由该院美籍医生关约翰（John M. Swan）接任院长。

1901 年

广东女子医学校建成女医院首座楼房，以捐款建楼的美国纽约布鲁克林教堂的牧师载维·柔济（David Gregg）的名字，命名为柔济医院（即今广州市第二人民医院）。

1901 年

博济医院购置我国第一台 X 光机。

1902 年

美国人士夏葛（E. A. K. Hackett）先生捐款，在逢源中约建设广东女子医学校新校舍，为纪念捐款者，女医校以夏葛命名，称广东夏葛女医学校。

博济医学堂建设独立校舍，命名为南华医学校。

1904 年

广东夏葛女医学校开办看护使学校，美国人端拿（Charles Turner）女士捐款购地建楼，便命名为端拿看护使学校（Turner Training School For Nurses，又译特纳护士学校）。学制两年，开设的科目主要为：第一年有人体学、功能学、卫生学、药科学、护病初级、医院规矩、看护礼法；第二年有卷带缠法、产科护法、揉捏法、小儿护法；第三年有料理大割症、割症之先后护理、五官护理法、剖腹护理法等。

1908 年

广东光华医学堂及广东光华医院先后成立，确定学制 4 年；郑豪为校长，陈衍芬为教务长兼医院院长。

1909 年

2 月 15 日，在当时担任博济医院院长的美国医学博士——达保罗先生，创办广东公医学堂，学制四年。

光华医学堂在谢恩里开办女子学校。

广东公医学堂监督（相当于校长）为潘佩如、教务长为达保罗（美国人），教员 9 人。

广东公医学堂租借长堤理事会铺地以作为医校，购买紧邻天海楼以建医院。当时有课教室三间，还有理化学实习室、组织学病理学微生物学实习室。

1910 年

光华医学堂开办的女子学校与男校合并上课。

1911 年

广东公医学堂教务长改为雷休。

南华医学校因学生罢课停办。

1912 年

广东光华医学堂更名为私立广东光华医学专门学校。

广东公医学堂在广州河南鳌洲分设女医院校。

1915 年
特纳护士学校学制改为 3 年。

1916 年
广东公医学堂建造附属第一医院。
11 月 25 日，广东公医学堂举行新院校建设奠基仪式。

1917 年
广东公医学堂学制改为 5 年。

1918 年
广东公医学堂（今中山二路）百子岗新院校落成。

1919 年
博济医院嘉惠霖（William Cabdung）医师主办的《博济月报》出版。

1921 年
广东省省长公署划拨先烈南路的墓地和尚岗作为光华医学堂扩张之地。
私立广东光华医学专门学校扩建新校和学制改为 5 年。
夏葛女医校改名为夏葛医科大学，学制由 4 年延长为 6 年，预科 1 年，本科教学 5 年，其中第 5 年实习。

1924 年
8 月，广东公医学堂改称广东公立医科大学，学制 6 年。

1925 年
7 月 1 日，广东公立医科大学并入国立广东大学。

1926 年
国立中山大学医科学院改称医科，不分系。
4 月，国立中山大学医科采用德国学制。

1927 年
国立中山大学医科聘德国巴斯勒（Basler）教授为主任，成立生理学研究所；聘德国道尔曼斯教授为主任，成立病理学研究所；聘德国教授古底克（Kutiker）为主任，成立细菌学研究所。

1928 年
10 月，国立中山大学成立解剖学研究所。安得莱苏（Andresen）博士为主任。
私立广东光华医学专门学校改名为私立广东光华医科大学。

1929 年
2 月，国立中山大学聘德国推平跟大学教授范尔鲍来校任药物学教授。
南京民国政府正式校准光华立案名为私立广东光华医学院，学制 6 年。
3 月 10 日，夏葛医科大学董事会召开董事会议，决定从 1930 年起将学校移交给中国人办理，由王怀乐医师出任校长，并向国民政府教育部申请立案。
8 月，国立中山大学医科建立新的药物教室，并成立药物研究所，以德国范尔鲍教授为主任。

1930 年

7月23日，博济医院的全部财产和所有权由广州医学传道会（Canton Medical - Missionary Society 移交给岭南大学校董事会。

1931 年

3月27日，南中国博医会在中山大学医科附属一院举行，会上宣读的10篇论文，本校有6篇。

秋季，中山大学医科实行学院制时改称医学院。医学院不分系，采用学年制，学制6年。

1932 年

白施恩（微生物学家，建国后任中山医学院教授）首创使用鸡蛋培养基诊断白喉杆菌的方法，被国内外许多实验室采用，国外命名为"白氏培养基"，载入美国《都兰氏医学辞典》。同年，钟世藩（儿科学专家，1946年后任岭南大学医学院教授）用抗肺炎球菌血清平板鉴定肺炎球菌型别的实验，为近代琼脂免疫扩散试验的先驱，对肺炎球菌分型鉴定方法做出贡献。

12月，夏葛医科大学定名为私立夏葛医学院，同时废预科，兼收男生。学制改为本科6年，实习1年，共7年。

1933 年

6月27日，在国立中山大学大礼堂召开《"生物是中子发生"抑"生物能自然发生"问题》的辩论会上，朱洗教授就罗广庭教授的《生物自然发生之发明》一书提出诸多质疑。7月20日、24日、27日，《国立中山大学日报》连载朱洗教授撰写的《罗广庭博士的真面目》一文，针对罗的观点进行了四五个月的实验，证明没有自然发生生物，全面解剖了罗的错误学术观点与治学态度。

1934 年

李挺回国接事，被聘为，中山大学医学院教授。

1935 年

教育部委托中大病理学研究所代办培养全国病理学人员师资进修班。

刘祖霞任中山大学医学院院长。

11月2日，孙逸仙博士纪念医学院筹备委员会成立，由孙科任主席，为"孙逸仙博士开始学医及革命运动策源地"纪念碑揭幕和医学院大楼（现址博济楼前座）举行奠基仪式。

11月2—8日，中华医学会以博济医院为中国西医学术发源地，特在博济医院举行第三届全国代表大会，以示庆贺；岭南大学编印了《广州博济医院创立百周年纪念册》。

11月，在中国病理学微生物学会第二届年会上，公推中山大学医学院梁伯强教授为大会主席，并且选他为下一届两名执行委员之一。

1936 年

2月15日，国立中山大学医学院生理研究所主任梁仲谋教授承担广州市生理卫生展览会，特制图多幅，并陈设有兴趣的实验多种。

7月1日，夏葛医学院正式将行政和设备移交给岭南大学，改称为夏葛医学中心。

9月，岭南大学正式设立孙逸仙博士纪念医学院，简称岭南大学医学院。医学院共有5个系：解剖系（包括组织学和胚胎学）、物理学系（包括生物化学）、细菌学系（包括寄生虫和病理学）、药理学系、公共医疗系。一切规章制度均遵照教育部颁发的章程办理，定学制为本科5年，实习1年，共6年。

12月，国立中山大学医学院病理研究所主任梁伯强教授，被行政院卫生署聘为全国医师甄别考试委员会委员。

博济医院易名为"中山纪念博济医院"。

谢志光（临床放射学家）首先提出髋关节后脱位的特殊投照位置，被称为"谢氏位"。

1937年

1月，行政院卫生署聘国立中山大学梁伯强教授为热带病学讲习班特别讲座。

3月11日，纪念医学院大楼（即今博济楼前座）全部竣工。院前竖立纪念碑，碑文曰：孙逸仙博士开始学医及革命运动策源地。

4月1—4日，国立中山大学解剖学研究所潘士华教授应邀参加日本全国解剖学会。

4月1—8日，国立中山大学病理学研究所助教杨简赴上海参加中华医学会第四届全国大会，宣读了梁伯强、杨简、王典羲等撰写的3篇学术论文。

5月10日，《国立中山大学日报》载，《本校代办病理学师资进修班，第三次成绩报告昨寄教育部》，其成绩是杨简医师论文两篇及病理解剖报告44例，王典羲医师论文及病理解剖报告41篇。同月，教育部核准4月份上报的中山大学研究院硕士学位考试委员会。

岭南大学陈心陶教授（寄生虫学家）在曲江发现了血吸虫的中间宿主——钉螺，并提出消灭钉螺的措施，为以后的血吸虫病防治做出贡献。同年，汤泽光首次在中国发现钩端螺旋体病。

梁伯强任中山大学医学院院长。

1938年

光华医学院先行迁至香港开课，因此学校又遭受重大创伤，几乎全被损毁。

11月4日，日军迫近广州，孙逸仙博士纪念医学院迁往香港。

1940年

国立中山大学医学院迁设在乐昌县城。医学院不分系，设有5个研究所，即生理学、药物学、病理学、解剖学、细菌学。另在乐昌设一间附属医院。

1941年

12月8日，香港沦陷。孙逸仙博士纪念医学院内迁到韶关。

1942年

中山大学研究院增设医科研究所，该所仅设病理学部。所主任梁伯强教授兼病理学部主任。

1942年夏天，粤北霍乱流行，国立中山大学医学院康乐会特请细菌学研究所主任黎希干教授于6月14日向附属医院医务人员和全学院学士演讲《霍乱预防接种及防疫问题》。接着，组织该院学生参加乐昌防疫队工作，校医院同时购进大批伤寒霍乱预防针，从5月24日至6月23日，为本校师生员工和乐昌县民众进行霍乱预防免费注射。

1943年

2月9日，国立中山大学医学院设宴庆祝梁伯强教授来校任教11周年。

5月，在重庆举行第六届中华医学大会，国立编译馆同时开会审查医学名词，国立中山大学梁伯强是该馆委员，出席参加两会，并带去病理学研究所、病理学部和细菌学研究所论文10篇。

1944年

4月2日至4日，国立中山大学医学院院长李雨生教授特为当地儿童举办免费健康检查，并于16日至18日，免费为当地儿童接种疫苗。

1945年

光华医学院恢复门诊，并开始收容病人。

1946年

春季，光华医学院恢复招生。夏季，和尚岗的校区修建了一座教学楼。秋季，光华医学院迁来和尚岗上课。

孙逸仙博士纪念医学院全面恢复教学工作。

1947年

9月，国立中山大学医学院复办生理、细菌、解剖、药物4个研究所。

光华医学院迁址和尚岗后，建生物微生物学馆一座。

1948年

光华医学院恢复高级护士学校。

光华医学院建化学馆一座。

1949年

光华医学院建药理学馆一座。

1950年

1月20日，中国人民解放军广州市军事管制委员会主任叶剑英、副主任赖传珠发布命令：刘璟为中大医学院院长。

光华医学院建动物室一座。在战乱时被拆平的4层木楼原址重新建为2层木楼。

广东光华医学院开设牙科学。

1951年

岭南医学院秦光煜教授和胡正祥教授、刘永教授编写并出版了我国第一部以国内资料为主体的《病理学》巨著。

1952年

9月13日，光华医学院经省府正式批示宣布改为公立。

陈心陶提出了针对华南地区特点的一整套从控制流行到消灭血吸虫病的战略计划和综合治理措施，使广东省成为我国第一批达到基本消灭血吸虫病，并能巩固下来的省份，受到国际上医学界人士的关注和赞赏。

陈耀真教授的《梅氏眼科学》译著由中华医学会印刷出版，解决了国内眼科教材方面的燃眉之急。

广东光华医学院开设公共卫生专修科。

全国院系调整，国立中山大学医学院划出，与岭南大学医学院组成华南医学院。

1953 年

8月12日，中山大学医学院与岭南大学医学院正式合并，命名为华南医学院，成立院务委员会，杜国庠任主任。

受卫生部的委托，从该年起举办全国眼科医师进修班，在承担学院本科生教学的同时，培训为期一年的进修医生。

1954 年

8月，光华医学院并入华南医学院。并入时光华医学院有职工104人，学生324人，学制5年。

开始招收外国留学生。

柯麟为华南医学院首任院长。

1955 年

梁伯强当选为中国科学院学部委员。

林树模教授组织广东省生理科学工作者成立了中国生理科学会广东省分会。

5月，周寿恺教授代表中华医学会前往苏联参加眼科专家费拉托夫院士80寿辰大会，并在会上介绍我国眼科学研究的一些情况。

8月，陈耀真教授开始招收和培养我国第一批眼科学研究生。

1956 年

华南医学院改称广州医学院。

受9月30日国家卫生部发函（卫人字第820号）委托，中共广东省委文化教育部12月1日下文（教发字486号）认定我校谢志光、梁伯强、陈耀真、陈心陶、林树模、秦光煜、钟世镇、周寿凯8位为一级教授，另有15位二级教授。师资实力时为全国高等医药院校之首。

中山医学院附属第二医院成立了肿瘤科。

1957 年

2月，广州医学院第一次党员代表大会召开。

3月，为纪念孙中山先生，广州医学院改称中山医学院。

1958 年

中山医学院附属第一医院成立肿瘤科。

创办"中山医学院湛江分院"。

1960 年

中山医学院被评为全国64所重点大学之一。

1961 年
中山医学院被定为卫生部属全国重点高等医科院校。

1962 年
陈耀真教授担任我国第一部全国高等医学院校通用教材《眼科学》主编。

秦光煜教授首次发现界线类麻风内脏病变，被国际著名麻风病理学家誉为"创造性工作"。

1964 年
1964 年 4 月，华南肿瘤医院与肿瘤研究所成立。谢志光任院长，梁伯强任所长。

秦光煜教授《网织细胞增生症或不白血性网织内皮细胞增生性疾病的本质》一文发表，在我国首次阐明了该病的临床表现、病理形态特点和分类及与各种相关疾病的鉴别诊断，统一了对本病本质的认识，提高了我国病理学界和临床医生的诊断水平和治疗效果。

1965 年
中山医学院创办的我国首间眼科医院建立。

1966 年
"文革"开始，中山医学院院长兼党委书记柯麟和党委第一副书记刘志明被省委撤销党内外一切职务。

6 月 20 日，中山医学院文化大革命领导小组成立。

1968 年
工人毛泽东思想宣传队和解放军毛泽东思想宣传队进驻学院，对学院实行军事管理。

9 月 27 日，成立中山医学院革命委员会。

1969 年
5 月 7 日，中山医学院在广东省博罗县石坳村举办一年制的"新医班"。

1970 年
3 月，成立"五七"干校，大批干部下放。

6 月，中山医学院招收 600 名两年制的医疗培训班和 200 名一年制的护士培训班。

12 月，中山医学院招收 600 多名 3 年制的工农兵大学生。

1971 年
7 月，在中山医学院石牌门诊部的基础上筹建中山医学院附属第三医院。

1974 年
中山医学院建立"连县分院"。

中山医学院筹建口腔医学系。

1975 年
中山医学院建立"石坳分院"、"梅县分院"。

1976 年
中山医学院开办口腔系、卫生系、药学系。

1977 年
中山医学院医学本科按国家统一考试，学制五年。

1978 年
中山医学院被教育部确定为全国 88 所重点大学之一和全国 4 所重点医学院校之一。

学校恢复研究生招生。

附设护士学校复办。

学校取消了"石坳""连县""梅县" 3 个分院。

1980 年
4 月 3 日，中央任命柯麟为中山医学院院长，建立起党委领导下的院长负责制，党委副书记李福海主持党委工作。

学校取消了药学系。

广东省生理学会成立，林树模教授德高望重，当选为名誉理事长。

学校医本科改学制 6 年。

1981 年
中山医学院成为首批有权授予博士、硕士、学士学位的单位之一，设有医疗、卫生、口腔、医学基础和法医等专业。

1982 年
1 月，国务院学位委员会、教育部下达了首批授予学士学位的 80 所高等医药院校名单，中山医学院榜上有名。

1983 年
在陈耀真教授和夫人毛文书教授的共同倡导下，卫生部批准在广州中山医学院成立我国第一个集高等教学、临床医疗、前沿研究和防盲治盲多种功能于一体的眼科中心——中山眼科中心。该中心下设眼科研究所、眼科医院、防盲治盲办公室三个机构。该中心的成立，成为我国眼科学跟踪国际上本学科前沿水平的重要基地。陈耀真担任该中心的名誉主任。

1984 年
中山医学院成立新的领导班子，党委书记刘希正，副书记卓大宏，院长彭文伟。

中山医学院建立医学教育研究中心、电教中心、医学英语培训中心和"DME 咨询委员会"。

中山医学院开始招收临床医学硕士、博士研究生。

1985 年
6 月 20 日，中山医学院改称中山医科大学。中山医学院附设护士学校改称中山医科大学附设卫生学校。

6 月，"全国医学教育评价和改革讨论会"在我校召开。

中山眼科中心在广州召开了国际眼科学术会议，暨祝贺陈耀真教授回国执教 51 周年，眼科医院建院 20 周年。这是在中国首次召开的国际性眼科学术会议。

建国后首批药理博士生在我校毕业。

陈国桢等培养出我国第一位消化内科博士生。

9月26日，邓小平同志亲笔为"中山医科大学"题写了校名。

12月3日，广东省委批准中山医科大学试行校长负责制。

1986年

4月，在美国召开的美国视觉与眼科学研究会上，来自世界各地的眼科专家们以敬羡的心情，一致通过授予自己祖国的眼科事业奋斗半个多世纪的陈耀真以"功勋奖"（Recognitionaward）。

学校成立基础学院、临床学院和卫生学院。

1987年

8月20日，中山医科大学护理系正式成立。

1988年

学校本科学制改为5年，在临床医学专业试办7年制。

1990年

3月10日，我校邀请，英国皇家医院威尔士大学医学院法医学研究所教授、国际法学主编Brnard Knight到我校讲学，并被聘为我校法医学客座教授。

3月14日，国纽约中华医学基金会主席索耶博士到我校考察，彭文伟校长、卓大宏副校长等会见了外宾。

4月9日，全国医学教育培训班开学典礼在学校举行。

4月23日，墨西哥总统顾问奥尔特加博士到我校参观，彭文伟校长会见了外宾。

5月25日，由广东省卫生厅和我校联合开办的广东省卫生干部培训中心第一期卫生局长、处长学习班结业典礼在我校举行。

8月8日，卫生部任命卢光启为中山医科大学校长，卓大宏、朱家恺、谭绪昌、古建辉为副校长。中山医科大学恢复为党委领导下的校长负责制。

11月5日，陈伟林任学校校长办公室主任。程铭光任学校研究生处处长。张庆荣任学校科研处处长。唐廷勇任学校教务处处长。陈勇任学校保卫处处长。袁凯瑜任学校科研处处长。

11月11日，学校举行建校124周年暨校友会堂落成典礼。庆典在新落成的校友会堂举行。

12月1日，李桂云任基础学院院长，潘敬运、陈炳生、文剑明任基础学院副院长。

谭绪昌兼任学校国家医学教育发展中心、医学教育研究中心主任，张友源任副主任。

1991年

1月14—15日，卫生部教育司、中华医学会视听教育学会在学校召开"医学视听教材规划工作会议"，卫生部教育司副司长周东海到会并讲了话。

1月23日，颜光美作为受国家表彰人员的代表在北京召开的表彰大会上，受到时任中共中央总书记江泽民、国务院总理李鹏的接见。受表彰人员有：被国家教委、国务院学位委员会授予"有突出贡献的中国博士、硕士学位获得者"称号的颜光美副教授、冯鉴强讲师和葛坚讲师；被人事部授予"作出突出贡献的回国留学人员"称号的黄洁夫教授。

3月4—10日，卫生部在学校举行"医药卫生科技成果扩大应用工作研讨会"。来自全国各地各有关方面的134位代表参加了会议。卫生部长陈敏章在会上讲了话。我校领导刘希正、朱家恺、谭绪昌等参加了会议。

4月26日，美国南伊利斯诺州大学护理学教授Norma Wylie来我校进行为期一月的访问讲学。她被聘为学校护理系客座教授。

4月29日，苏丹驻华大使安沃尔·艾·哈蒂来我校参观访问。哈蒂大使还看望了在我校的苏丹留学生。

7月17日，傅祖植任中山医科大学副校长。

8月27日，广东省委和卫生部党组同意我校卓大宏、王绵宁为副书记，由卓大宏临时主持党委工作；郑少达、曹晓东为纪委正、副书记。

9月23日，柯麟同志因病在北京逝世，终年91岁。

11月10日，学校在校友会堂举行建校125周年暨柯麟同志医学教育思想报告会。校党政领导、海内外校友和在校师生员工共650人出席了会议。

12月21日，在广东省科协四大上，学校彭文伟教授被选为省科协副主席。

1992年

2月20日，中山医科大学知识产权培训中心成立。张庆荣兼任中心主任。

3月26日—4月7日，全国高等医学院校统编的《环境卫生学》（第二版）定稿会在我校卫生学院举行。

3月29日，陈伟林任中山医科大学校长助理。

5月22—23日，中华医学会广东分会营养专业学会第二届年会暨学术交流会在我校举行。何志兼教授在年会上当选为广东营养专业学会第二届委员会主任委员。

5月31日，学校香港校友会成立。刘永生任理事长。

6月16日，中华医学会广东分会视听教育学会成立暨首届医学视听学会在我校电教中心召开。我校电教中心主任吴志澄当选为主任委员。

7月2日，应国家教委邀请，非洲十国教育官员来华考察团一行10人来我校友好访问。

8月24日，日本琉球大学医学部永盛肇先生到我校法医系参观并进行学术交流。

10月15日，卓大宏任中山医科大学党委书记，免去其副校长职务。

10月29日，国际著名专家、美国乔治·华盛顿大学医学院心血管内科美籍华人郑宗锷教授，来我校讲学并被聘为我校内科学客座教授。

11月2—7日，美国南伊利诺斯大学医学院、林肯纪念医学中心代表团一行33人来访，参加"第四届心血管疾病国际研讨会"，并参观了我校附属一院、孙逸仙纪念医院。

11月3日，我校口腔系与香港大学牙医学系、香港牙医学会共同举办的学术研讨会在我校举行。

12月12—16日，卫生部临床医学研究生研究课题协作组会议在我校召开。

12月13日，我校眼科中心举行"郑裕彤博士国际眼科培训中心"正式启用揭幕仪式。

12月28日，许宗祥任中山医科大学校长助理。

12月30日，黄洁夫任中山医科大学副校长。免去朱家恺中山医科大学副校长职务。

1993年

3月29—4月2日，卫生部部属高等学校座谈会在我校召开。会议由卫生部副部长湖熙明主持。

4月25日，我校举行"何母刘太夫人实验大楼"奠基典礼。大楼由香港何善衡慈善基金会捐资2000万港元兴建。

5月22日，我校首次招收临床医学、口腔医学、预防医学、法医学等专业的免试保送硕士生。

9月4日，我校王庭槐教授等人完成的"新型生理学实验课教学模式的建立和探索"荣获1993年度国家优秀教学成果二等奖。

10月6日，医学信息统计处理研究室成立。基础学院人体解剖学研究室更名为脑研究室。计算机应用研究室成立，邹赛德任主任。

10月9—10日，卫生部部属卫（护）校医学教育研讨会第二届学术年会在我校召开。

11月8—12日，美国中华医学基金会在我校举行"高级护理教育发展计划"学习班课程专题研讨会。

1994年

1月12日，学校在球琚堂召开首批七年制导师会议。校党委副书记王绵宁、副校长谭绪昌出席会议并分别作了讲话。

2月22日，校长卢光启、校党委副书记王绵宁在球琚堂与澳门镜湖医院副院长梁志辉、谭锡勋商谈有关毕业生事宜，并取得一致意见。

△ 卫生部和广东省人民政府联合发出粤府〔1994〕22号文：卫生部和广东省政府共同建设中山医科大学。

3月22日，卫生部正式批复，同意在学校建立"卫生部辅助循环重点实验室"，并聘任郑振声为实验室主任，兼任学术委员会主任。

学校彭文伟、梅骅、黄洁夫等三位教授参加了在北京举行的中华医学会第21次会员代表大会，会上我校副校长黄洁夫教授当选为第21届中华医学会副会长。

4月1日，学校肿瘤防治中心庆祝肿瘤医院、肿瘤研究所成立三十周年庆祝大会在校友会堂隆重举行。中央政治局委员、广东省委书记谢非、省长朱森林、省常委会主任林若、卫生部部长陈敏章、副部长孙隆椿等同志为庆祝大会题词致贺。

4月7日，我校与新加坡大学召开首次EMB培训联合委员会会议。经过双方的共同磋商、审核及对国内申请者的认真甄选，确定了首批受训学者名单。

4月8日，卫生部党组下达干部任免决定：许发茂任中山医科大学党委副书记兼副校长，樊筑生任中山医科大学纪律检查委员会书记。

4月23日，由学校口腔系与美国哥伦比亚大学临床牙周科主任、牙种植专科主任王大源教授合办的"中山－庆瑞口腔种植研究中心"正式成立。

4月8日，由香港何善衡基金会捐资2860万港元兴建的"何善衡楼"奠基典礼在我校附属一院隆重举行。

5月19日，中共广东省委同意补增黄洁夫同志为中山医科大学党委常委。

7月8日，学校在球琚堂举行卫生部第三批国内访问学者结业典礼。校党委副书记王绵宁出席了大会。

8月26日，学校成立中山医科大学药物开发中心，赵香兰同志任该中心主任。

10月17日，经校务会议决定成立：第一临床学院诊断学基础教研室，岭南医学院诊断学基础教研室，第三临床学院诊断学基础教研室。

11月7日，WHO驻华代表Gee博士在卫生部和省卫生厅有关人员陪同下前来我校考察校WHO癌症合作中心和康复中心。

1995年

1月19日，广东省委副书记、省保健委员会主任张帼英到我校，慰问我校参加省保健专家组的专家、教授。

3月8日，国务院学位办公室副主任、国家教委研究生工作办公室副主任谢桂华到我校检查工作。

经卫生部批准，我校卫生学院将于1996年与香港促进资源中心联合开办健康教育高级进修班。

4月4日，人事部专家司司长、国家博士后管理委员会办公室主任庄毅，由广东省人事厅专家处处长、省博士后管理委员会办公室主任谭发同志陪同，到我校考察指导工作。

5月23日，省民政厅正式批准我校成立"广东柯麟医学教育基金会"。

5月27日—6月5日，由学校卫生统计学教研室方积乾教授牵头主编的医学研究生统计学教科书《医学统计学与电脑实验》定稿会在学校召开，这是由学校主编的第一部研究生教材，也是我国第一部为研究生编写的医学统计学教材。

6月，经学校校务会议决定，学校成立急诊医学教研室，挂靠岭南医学院。黄子通任该教研室主任。

7月10日，校务会议研究决定，成立中山医科大学教学中心实验室，由基础学院管理。吴伟康同志兼任教学中心实验室主任。

10月4日，经学校校务会议研究决定，独立设置中山医科大学学位评定委员会办公室，定为正科级单位，挂靠研究生处。

11月11日，为期两周的中山医科大学科技节在学校大礼堂隆重开幕。

由广州市荣誉市民，香港著名实业家、银行家和慈善家何善衡博士捐资2200万港元在学校兴建的何母刘太夫人中心实验楼举行落成剪彩仪式。

12月3—15日，学校附属中山眼科中心与澳大利亚皇家外科学院合作举办为期两周的眼整形、肿瘤学习班。

1996年

1月25日，经卫生部党组研究决定，许发茂任中山医科大学党委书记，黄洁夫任中山医科大学校长兼党委副书记。

△ 为加强器官移植研究工作的联合和协作，广东省科委批准依托学校成立"广东省器官移植研究中心"。

3月6日，学校召开正、副教研室主任，副高、副科以上干部大会。新任校长黄洁夫、党委书记许发茂就学校今后办学治校的一些基本思路作了重要讲话。黄校长提出学校今后的目标是：重建中山医的辉煌，将中山医建成具有南方特色的中国第一流医科大学。

3月7日，经学校党委常委会议决定，王庭槐同志任校长办公室主任。

3月26日，黄洁夫校长陪同出差广州的卫生部张文康副部长前往广东省委，拜会了中共中央政治局委员、广东省委书记谢非同志，就共建中山医，推进中山医列入"211工程"部门预审问题进行了积极的磋商。谢非书记表示积极支持学校进入"211工程"部门预审。

4月3日，全国人大副委员长吴阶平在珠岛宾馆接见学校黄洁夫校长。吴副委员长在听取了学校新一届领导班子带领全校师生员工深化改革，积极推进学校进入"211工程"部门预审的工作情况汇报后表示，他将全力支持中山医进入"211工程"部门预审。

6月5日，经卫生部党组研究决定，陈玉川任中山医科大学党委常委、党委副书记；颜光美、许宗祥任中山医科大学副校长、党委常委。

7月23日，学校正式成立中山医科大学网络中心，归属校办管理。宋罗盟同志任该中心主任。

9月9日，中山医科大学校长黄洁夫教授和香港大学医学院院长周肇平教授在香港共同签署了两校关于开展合作研究、交换学者、信息交流以及互相培养学生等全面合作的协议。

9月11日，学校决定，设立公共卫生学院卫生毒理学教研室。

18—20日，学校召开第四届教代会第二次会议，学校党委领导许发茂、黄洁夫、陈玉川、古建辉、傅祖植、颜光美、许宗祥、樊筑生等，职工代表425人，列席代表93人，特邀代表38人出席了会议。许发茂书记主持了会议，黄洁夫校长在会上作了"开拓奋进，再创辉煌"的工作报告。

9月20日，学校成立"211工程"部门预审工作领导小组，校长黄洁夫担任组长，副组长为许发茂、古建辉、陈玉川、傅祖植、颜光美和许宗祥等校党政主要领导同志。小组下设行政组、学科组。

9月22日，全国人大副委员长吴阶平院士在深圳迎宾馆竹园厅接见了学校黄洁夫校长等学校党政主要领导。吴阶平副委员长仔细听取了黄洁夫校长关于近期工作和争创"211工程"工作的汇报。他对于学校争创"211工程"的工作给予极大关注，勉励我们要边申报边建设，并答应参加11月初学校的"211工程"部门预审或整体规划论证。吴副委员长还欣然应允黄洁夫校长代表学校聘请他担任学校名誉校长的请求。

10月3日，我国首例通过单精子卵母细胞注射受精技术妊娠成功的女婴在附属一院降生。

10月9日，学校黄洁夫校长、王庭槐主任参加第一届海峡两岸医学教育研讨会。

10月21日，海峡两岸两所同以孙中山先生名字命名的高等医学院校——中山医科大学（广州）和中山医学院（台湾）在广州中山医科大学举行签订两校间学术交流、合作的意向书仪式，中山医科大学（广州）校长黄洁夫、中山医学院（台湾）董事长周汝川及校长蔡嘉哲代表各自的学校出席。

经卫生部审定，同意学校公共卫生学院增设妇幼卫生专业（本科）。

10月30日—11月3日，卫生部和广东省人民政府共同聘请的以中国科学院士、中国工程院院士吴阶平教授为主任委员的"211工程"部门预审专家委员会，对学校"211工程"整体建设规划进行了认真的审议。评审委员会全体专家一致同意中山医科大学通过"211工程"部门预审，并建议卫生部和广东省政府报请国家教委将中山医科大学列入国家"211工程"总体建设规划，标志着学校向建设国内一流、国际知名的医科大学的宏伟目标迈出了坚实的一步。

11月10日，在学校校友会堂举行了建校130周年庆祝大会。全国政协副主席马万祺，卫生部副部长张文康，广东省委副书记张帼英，广东省委常委、副省长卢钟鹤，原广东省人大常委会主任林若，孙中山先生的孙女孙穗芳女士，国家教委、部、省、市的有关负责人，港澳知名人士，德国、美国、日本、加拿大、瑞典、澳大利亚、新加坡、香港、澳门等国家和地区的友好人士，友好院校负责人，国内数十所兄弟院校的领导出席了大会。黄洁夫校长首先讲话，他代表全校一万多名师生员工对前来出席庆祝大会的校友、嘉宾和各级领导、各界人士表示热烈的欢迎。张文康副部长、张帼英副书记、卢钟鹤副省长分别代表卫生部、广东省委和广东省政府在大会上讲话，充分肯定了学校在我国医疗卫生事业上做出的重要贡献。

举行柯麟院长纪念铜像揭幕仪式。

△ 中山医科大学通过卫生部成人教育评估，成绩优良。

12月9日，经广东省科委同意，"广东省病毒性肝炎临床与实验研究中心"挂靠学校附属三院，由姚集鲁教授任中心主任。

12月25日，学校成立中山医科大学成人教育学院。温春光同志任成人教育学院院长。

学校成立中山医科大学校友工作办公室，其日常工作委托校长办公室领导，王庭槐同志任校友会秘书长，黄伯源同志任校友工作办公室主任（副处级）。

△ 学校校长黄洁夫教授、关永源教授分别被评定为人事部、卫生部一九九六年有突出贡献的中青年科学技术管理专家。

1997年

1月1日，学校批准实施《基础学院校内津贴发放管理暂行规定》和《基础学院教辅人员管理暂行规定》。

1月5—8日，国家教委高教司组织的"国家试题库（基础医学部分）审题会议"在学校召开。颜光美副校长出席了会议。

3月19日，学校七年制临床医学专业培养模式由"五·七分流"改为"七年一贯制"。

3月24日，学校召开首次教材建设工作会议。颜光美副校长到会并讲话。学校教材建设委员会宣布成立。

△ "五一"前夕，学校黄洁夫校长荣获中华全国总工会颁发的"五一劳动奖章"。

△ 学校附三院传染病学专家彭文伟教授被世界卫生组织（WHO）聘为WHO急性细菌性疾病专家顾问组成员。自1981年起，彭文伟教授已连续5次被聘为WHO专家顾问组成员。

△ 经广东省科委批准，广东省病毒性肝炎临床与实验研究中心、广东省新药（抗感染类）临床试验研究中心两个科研机构在学校附属三院挂牌。

5月7日，学校批准试行《中山医科大学关于优化研究生导师结构，建立竞争上岗制度的暂行规定》。

7月 △ 学校教务处组织、领导基础医学院11个学科的教师参加国家"九五"攻关项目——国家题库（基础医学部分）的建设，圆满完成任务。

△ 广东省病毒性肝炎研究攻关协作组在学校成立，姚集鲁教授担任组长。这是我省卫生系统唯一的科技攻关协作组。

8月2日，学校附属中山眼科中心用了近两年时间编写的大型眼科参考工具书《眼科手术学》由人民卫生出版社出版。

9月9日，学校正式启用中山医科大学校徽。

1997年9月—1998年1月，学校教务处开展必修课程评估工作，91门课程顺利通过评估，生物化学等10门课程被评为校级重点课程，统计学等4门课程上报广东省高教厅申报省级重点课程。

10月17日，学校正式启用校旗。

△ 在国务院学位委员会对前4批（1992年以前批准）博士、硕士学位授权点的合格评估中，学校25个博士点、50个硕士点，全部顺利通过。

11月25—26日，校顺利通过了由卫生部和广东省联合举行的"211工程"重点建设项目立项评审。正式立项的学科有眼科学、内科学（肾脏病学和传染病学）、神经病学、肿瘤学、普通外科学、人体寄生虫学、药理学、分子医学8个学科。

12月3日，学校获卫生部批准组建"卫生部医药生物工程技术研究中心"，聘请李全贞教授为中心主任，学校副校长颜光美教授为工程技术委员会副主任。

△ 学校正式成立口腔医学院。

12月19日，中共广东省委批复，同意学校第九届委员会选举结果。黄洁夫任党委书记，陈玉川、陈伟林任党委副书记，樊筑生任纪委书记。

12月23日，全国人大常务委员会副委员长、"两院"院士、学校名誉校长吴阶平应邀为学校广大师生作了一次精彩的临床经验讲座。学校所有校领导出席了讲座，一些兄弟院校也派代表前来听讲。

△ 国务院决定设置临床医学专业学位，制定了《临床医学专业学位试行办法》，学校是临床医学专业学位首批试点单位之一。

1998年

1月20日，学校校长黄洁夫教授被香港中文大学外科学系授予"曹光彪中国外科客座教授"称号。他是首位获此殊荣的中国外科专家。

3月18日，学校隆重举行基础医学院成立大会，陈玉川副书记郑重宣布了学校关于基础学院、法医系、科技开发部合并，成立基础医学院的决定，并宣布了基础医学院党政新领导班子的组成人员。关永源同志任基础医学院院长兼党委书记。

△ 经中国生物工程开发中心和生物领域专家委员会审核，学校分子医学研究中心主任顾军教授、曾益新教授的"鼻咽癌样本的收集"、中山眼科中心张清炯教授"眼遗传病样本的收集"两个课题分别获国家资助5万元。这是学校科研项目第一次列入国家863计划，实现了学校又一个零的突破。

4月7日，法医学系重组：法医临床教研室合并到法医病理教研室，法医毒物分析教研室合并到化学教研室，保留法医物证教研室，并成立了中山医科大学法医鉴定中心。

4月9日，中共卫生部党组决定：药理学教授、原基础学院院长陈汝筑和一院外科教授、副院长汪建平任中山医科大学副校长。

△ 学校附属肿瘤医院推行新的治疗模式"单病种首席专家制"，这一制度在国际上尚无先例。

5月，由中华医学会主办、中山医科大学承办的《中华胃肠外科杂志》创刊，刊号为ISSN1671-0274，CN44-1530/R，王吉甫教授任总编辑。

5月8日，学校在原护理教育和附设卫生学校中专护理教育的基础上正式成立护理学院。

5月13日，我国著名医学教育家、著名内科学专家、一级教授，广东省第五、六届人大常委会委员，原中山医学院副院长、广东省科学技术协会副主席、国务院学位委员会医学科学评议组成员、卫生部高等医药院校医学专业教材编审委员会委员，全国高等医药院校《内科学》教科书、《中国医学百科全书消化系统疾病分卷》和《内科理论与实践（症状学）》主编陈国桢教授，因病逝世。享年90岁。

6月2—4日，应美国哈佛大学和麻省理工学院的邀请，以著名泌尿外科专家吴阶平院士为团长的中国医学代表团访问了美国哈佛大学、麻省理工大学和麻省总医院。吴阶平院士和学校校长、肝胆外科专家黄洁夫教授被哈佛大学医学院聘为"外科学"客座教授。

6月6日，黄洁夫教授前往斯坦福大学访问，并被聘为客座教授。

6月26日，学校家庭医生医药有限公司开业，关勋添任董事长兼总经理。该公司是校产业集团有限公司与广东省医药公司合作经营的。在卫生部属院校中，学校是第一个开办医药公司的医科大学。

7月6日，外文教研室和英语培训中心合并为外语教研培训中心。

8月，△经全国高等医药院校临床医学专业教材评审委员会四届四次会议推荐、卫生部科教司批准，确定由学校叶任高教授主编《内科学》（第五版）、彭文伟教授主编《传染病学》（第五版）。这是学校继已故陈国桢教授1984年主编《内科学》（第二版）以后，由叶任高教授再次担任《内科学》主编。彭文伟教授则是在主编第三、四版《传染病学》后，连续担任该教材主编。

9月，△经国务院学位委员会、教育部、卫生部等单位联合批准，学校成为首批临床医学博士专业学位试点单位之一。

10月9日，学校口腔医院口腔颌面外科唇腭裂系列治疗中心、颞下颌关节疾病诊治中心及正颌外科治疗中心举行成立挂牌仪式。

11月20日，学校"211工程"重点学科建设正式启动。在重点学科中实施"课题负责人制"。这是学校在全国高校中率先推行的重大改革举措。

11月22日，我省游宁丰副省长带领人事厅厅长游国经等一行7人来到学校视察博士后工作。游副省长对学校的博士后工作给予了充分肯定，并表示今后将继续大力支持学校博士后工作，将拨出一定经费扩建博士后公寓。

△卓大宏教授连续第9次被世界卫生组织聘为"世界卫生组织康复专家咨询团成员"，他是我国唯一担任此职务的康复专家。

12月5日—1999年2月，学校校长、肝胆外科教授黄洁夫亲自主持了病危的全国人大常委曾宪梓的抢救工作，创造了医学奇迹。

12月8日，学校法医学系在职博士研究生胡丙杰荣获第三届"中国大学生跨世界发展基金·建昊奖学金"特等奖，在北京人民大会堂受到全国人大副委员长许嘉璐、全国政协副主席周铁农等的接见。

12月21日，学校人体解剖学、病理学、神经病学、寄生虫学4门课程通过省级重点课程评估。

12月22日，学校召开"中山医科大学互联网主页建设及计算机2000年问题会议"，会议由校办主任王庭槐教授主持。黄洁夫校长出席会议并作了重要指示，王主任就两个问题作了具体布置，网络中心宋罗盟主任、曾海标工程师讲解和介绍了学校主页建设方案和计算机2000年问题的解决方案。

△由学校寄生虫学教研室黎家灿教授主编的《中国恙螨》1998年荣获第十一届中国图书奖，这是国家图书最高奖。

△在"纪念广东省科学情报事业创建40周年"评选活动中，由《家庭医生》

编辑部和校图书馆合办的《医学信息荟萃》荣获广东省科学技术情报优秀成果二等奖。

1999 年

1月17日，中山医科大学湖南校友会成立，湖南医科大学博士生导师黎杏群教授当选为校友会会长。

27日，纪念医院举行"林百欣医学研究中心"揭幕仪式，由学校党委副书记陈玉川和林百欣先生的代表林建名先生揭幕，黄洪章院长作了讲话。

2月25—28日，学校肿瘤防治中心受卫生部教材办委托举办了全国统编研究生《肿瘤学》教材编审会。该教材由学校肿瘤防治中心主任曾益新教授主编。

2月26日，学校眼科中心陈家祺教授荣膺首届"全国百名优秀医生"称号。该活动由中华医学会、中华医院管理学会、健康报社联合主办。

3月12日，校党委办公室与校长办公室、校团委与学生处（学生工作部）合署办公。合署后，其机构名称、领导岗位和工作范围职能仍保留，干部工作分工和人员安排统一调配，以加强工作联系和集中领导。

3月13日，经校党委常委会议研究决定，王庭槐同志任中山医科大学校长助理。

3月23日，学校顺利完成了"211工程"重点学科建设研究课题的评审工作，整体资助44人，启动资助17人。

△ 学校附属三院实行进修生导师制，对每个在临床进修半年以上的医师实行导师指导与集体指导相结合培养，以提高该院临床进修教育质量。

4月9—11日，在北京召开的中华医学会第二十二次全国会员代表大会上，黄洁夫校长再次当选中华医学会副会长。

4月13日，肝胆胰外科国际学术交流会在学校附属一院召开。

学校与中山大学就联合培养七年制临床医学硕士生正式达成协议。中山大学郭斯淦副校长、学校陈汝筑副校长分别代表双方学校在协议书上签字。

4月17日，学校成立学生记者站。

5月14—20日，应阳明大学张心湜校长邀请，学校党委副书记陈玉川教授、副校长汪建平教授率师生代表团一行27人友好访台。

△ 黄洁夫校长分别与各医院第一负责人、各学科带头人和课题负责人签署"211工程"重点学科建设子项目计划任务书。

△ 学校获得第一批卫生部《住院医师规范化培训合格证书》的颁发权。

6月1日，护理学院女子群舞《感悟五四》代表学校参加广东省电视台举办的题为"壮志朝阳"的大型文艺晚会。校党委副书记陈玉川、护理学院和校团委领导及学校部分学生观看了演出。

6月4日，学校病原生物学诊断中心成立。这是基础研究与临床医疗研究互相结合探索临床基础合作的新路子，为学校科研成果转化为生产力探索出行之有效的途径。

6月13—14日，黄洁夫校长应邀访问香港大学，与港大郑耀宗校长联合签署了

《香港大学中药及天然药物国际研究计划合作备忘录》，以共同研究和开发中药、天然药物。

6月18日，孙逸仙纪念医院与香港明爱医院举行缔结友好医院签字仪式

公共卫生学院举行庆贺周炯亮教授从教46周年暨学术研讨会。学校师生及来宾100多人出席了研讨会。

6月22日，学校附属一院成功治疗一右位心伴三支腔静脉异位回流入左心房女童。该手术在全国尚属首例。

学校孟悛非教授和尤黎明副教授分别被聘为今年新成立的卫生部医学影像学专业教材评审委员会委员和护理专业教材评审委员会委员。

8月，△ 在全国名牌综合大学在广东扩招的情况下，学校招生再传佳讯，保持了报考人数有增无减，高分段人数只多无少的好势头，报考学校第一志愿上线的考生数在全国各省区都超过了招生数。

9月2日，陈玉川副书记、许宗祥副校长带领有关部处负责同志巡察校园，认为学校秋季开学准备工作已完成，由于扩招所带来的新增学生吃住问题也得到妥善安排。

9月4—8日，学校肺癌研究中心主任，三院院长吴一龙教授当选为新一届的全国肺癌专业委员会主任委员。

8日，学校附属三院儿童发育行为中心正式挂牌成立。

9月12—13日，应澳门医务界的邀请，学校黄洁夫校长、王庭槐助理参加了澳门医务界庆祝澳门回归暨中港澳三地"医学伦理与卫生政策"研讨会和澳门"千人庆国庆晚会"。

△ 学校附属一院神经科刘焯霖教授捐出10万元，设立"刘焯霖神经科学奖学金"，以鼓励从事神经科专业学习品学兼优的本科生与研究生。

△ 学校纪念医院血液内科采用大剂量环磷酰胺治疗重型再障性贫血获得成功，据检索，这种治疗方法在亚洲尚属首例。

10月13日，学校举行创建本科教学工作优秀学校任务书签字仪式。校党委书记、校长黄洁夫等主要党政领导以及各学院、中心、部、处等附属单位的党政"一把手"出席了签字仪式。

10月27日，广东省卢钟鹤副省长率广东省及广州市领导在黄洁夫校长的陪同下，视察了学校达安基因诊断中心。

10月—11月底，学校开展执业医师资格认定工作。

11月4日，学校举行纪念谢志光教授诞辰年暨病理学研讨会。

11月5日，学校中山眼科中心举行陈耀真教授诞辰100周年纪念活动。

11月6日，学校隆重举行以"发扬中山传统，再创世纪辉煌"为主题的建校133周年庆祝大会暨师生运动会。广东省副省长卢钟鹤等领导出席了大会并致辞。在庆祝大会上还举行了美国世纪精英投资公司赞助700万元装修校运动场、雅兰集团有限公司赠送给学生价值133万元的床褥捐赠仪式。

学校举行与黄埔区政府共建中山医科大学黄埔医院签约仪式。

11月10日，旅美58届校友、美东校友会理事长雷尚斌受聘学校图书馆名誉馆长。

11月27日，学校李绍珍教授当选中国工程院院士，成为我国实行院士制之后的学校首位院士。

2000年

1月3日，广东省高教厅召开中山医和中大两校负责人会议，商讨有关两校合并意向问题。

1月21日，生理学教研室王庭槐教授、设备处陈仲本处长作为特邀代表出席省属高校实验室建设工作交流会，其经验介绍获得与会者好评。

1月21—23日，学校与广东省卫生厅、香港医管局联合举办全国首届生存质量学术会议。

△ 学校附属第一医院神经科黄如训教授被聘请担任《中国现代科学全书》《临床医学》16分卷《神经病学》主编。

△ 香港人士梁钟素琴女士将她遗产中的300万港元捐献给学校护理学院。

3月15日，学校召开创建本科教学工作优秀学校中期检查工作汇报会，校评优办公室主任王庭槐教授主持了会议。

3月17日，广东省委副书记、广州市委书记黄华华与副市长林元和以及市科委等部门负责人在学校黄洁夫校长、许宗祥副校长的陪同下视察了学校达安基因诊断中心，重点考察荧光定量PCR项目研制开发情况。

3月22—25日，美国中华医学基金会（CMB）主席Dr. Schwarz到学校进行访问。

△ 学校开展的新课程"实验生理科学"得到教育部、卫生部的肯定，获得卫生部100万元和学校45万元专项资助。

4月7日，学校药品临床研究培训中心举行"国家药品临床研究基地"授牌仪式。

4月14日，学校在中山市第一人民医院设立的"中山医科大学临床医学博士后流动站中山市人民医院科研基地"举行挂牌仪式。学校党委副书记陈玉川、广东省人事厅副厅长何锦胜、中山市副市长姚志彬等出席了仪式。

4月23日，我国首例第三代试管婴儿降生于学校附一院。

△ 中山医科大学新疆校友会在新疆医科大学成立，买尔旦·买买提当选为会长，吐尔逊为副会长，艾克拜尔为秘书。

△ 学校2000年共获批准55项国家级继续医学教育项目，其中新申报项目36项，备案项目19项，这不仅使学校国家级继续医学教育项目位居广东省各单位之冠，也使学校这一工作步入国内同行前列。

△ 学校口腔医学院建成国内首家多媒体仿头模实验室，将牙科仿头模教学与多媒体教学信息网络系统结合在一起，大大提高了教学质量。

5月19—21日，由学校《中国实用外科》杂志主办，中山医科大学附属一院承办的 2000 年中国普通外科杰出中青年学者论坛在广东珠海举行。全国人大常委会副委员长吴阶平院士任大会名誉主席，学校黄洁夫校长任大会主席，数十名普通外科杰出中青年学者参加了会议。

5 月 25 日，学生公寓因特网开通暨第一届杏林杯学生个人网页大赛开幕。仪式由校长助理王庭槐教授主持，黄洁夫校长、陈汝筑副校长等出席了开幕式。

5 月，由中华医学会主办、学校编辑出版的《中华显微外科杂志》被科技部列入国家级火炬计划项目。

6 月 26 日，学校党委召开全校副处以上中层干部大会（部分老干部代表参加），党委书记、校长黄洁夫在会上传达了有关学校与中山大学合并问题的文件和精神。

6 月，△"广东省循证医学科技中心"依托学校成立，具体研究工作由广东省科技厅管理。

7 月 17 日，学校召开了申报国家重点学科动员大会。会议由陈汝筑副校长主持，他传达了教育部、省教育厅有关今年申报国家重点学科的会议精神。黄洁夫校长在会上作了动员报告。

7 月 26 日，经中共广东省委批准，学校党委副书记陈伟林同志兼任附属一院党委书记。

8 月，△ 经省人民政府同意，中山医科大学法医鉴定中心为省政府指定医学鉴定单位之一。

9 月 29 日，以省人大常委、省人大科教文卫委员会副主任、原省社科院党组书记、副院长张难生为组长，省考试中心副主任杨寿连为副组长的省委派驻学校的"三讲"教育巡视组一行 7 人进驻学校。这标志着学校"三讲"教育的全面展开。

10 月 8 日，学校附属一院泌尿外科与腔镜外科联手成功为一右肾癌患者施行了手铺式腹腔镜下根治切除手术。经检索证实，手辅式腹腔镜技术应用于泌尿外科在国内属首例。

11 月，△ 广东省教育厅公布了首批 35 门省级优秀课程。学校的人体解剖学、医学生理学、传染病学三门课程榜上有名，将获省教育厅专款支持。

12 月 11—13 日，在北京召开的全国继续医学教育工作会议上，学校被评为全国继续医学教育先进单位。学校附属第一医院院长詹文华教授被评为全国继续医学教育先进个人。

12 月，△ 由学校传染病学专家彭文伟教授主编的《现代感染性疾病与传染病学》一书正式出版。该书是由国内 27 所著名医学院校、科学研究和医疗机构 164 名从事基础学科与临床医学专家联合编写的，是新中国成立以来出版的第一部从不同角度阐述感染性疾病和传染病的大型专著。

2001 年

1 月 15 日，由学校肿瘤防治中心筹建的国家级抗肿瘤药物临床试验研究中心通过了科技部有关领导及专家组的验收，这是我国第一家通过验收的国家级抗肿瘤药物临床研究中心。

1月17日，学校召开"三讲"教育总结大会，学校全体党政领导、党委常委、巡视组全体成员、全校副处级以上干部、正教授与离退休副处以上干部等共290多人参加了会议。陈玉川副书记宣读了学校"三讲"教育整改方案；党委书记、校长黄洁夫同志代表学校"三讲"教育领导小组在大会上作"三讲"教育总结报告，巡视组副组长杨寿连同志代表巡视组在会上宣读了对学校"三讲"教育的评价意见。

2月14日，在广东省政协八届四次全会上，学校的省政协委员汤美安教授、胡学强教授当选为本届政协常委。至此学校共有6人担任此职，原已任省政协常委的是陈汝筑、方积乾、胡品津、苏祖兰四位教授。

2月27日，广东省口腔医学会正式成立，该学会挂靠学校口腔医学院，黄洪章教授当选为会长。

4月13日，中山医科大学造口治疗师学校第一届造口治疗师结业典礼隆重举行，这是我国内地第一批造口治疗师结业。

4月27日，纪念医院在白天鹅宾馆举行赎回岭南楼1～7层签字仪式，医院黄洪章院长和香港丽新集团董事长林百欣先生分别在协议上签字。

5月23日，中共中央政治局委员、广东省委书记李长春同志视察了学校黄埔医院，对黄埔医院一年多来的改革成绩给予了充分肯定，并对医院的体制改革和发展做出重要指示。

6月2日，纪念医院隆重举行"庆祝郑惠国教授90大寿、从医从教65年，潘国全教授80大寿、从医从教52年，何秀琼教授80大寿、从医从教53年，邝健全教授70大寿、从医从教45年"活动。这四位教授均为我省著名的妇产科专家，是我省妇产科和纪念医院妇产科的创始人，在省内乃至全国均享有盛誉。

6月8日，学校黄洁夫校长和珠海市市委副书记、市长方旋分别代表中山医科大学和珠海市政府正式签订全面合作建设中山医科大学附属第五医院的协议书。珠海市政府将位于香洲港湾大道西侧的珠海医疗中心的用地、地面建筑物及配套设施永久无偿提供给中山医科大学；中山医科大学承诺，2002年在珠海建成中山医科大学附属第五医院，并力争在3～5年内，将它建设成为国内一流、国际知名的综合性医院。

6月12日，纪念医院"生殖医学中心"成立仪式在中山楼12层举行，校党委副书记陈玉川，医院领导黄洪章院长、王荣新书记、林仲秋副院长参加了仪式。

6月13日，中共中央政治局委员、广东省委书记李长春同志对中山医科大学异地办附属第五医院这一战略性改革与探索给予了充分肯定，并明确指示："这是好事，符合资产重组、优化组合的精神，希望办好"。

6月15—17日，由中华医学会眼科学会青光眼学组主办、中山眼科中心承办的"庆祝周文炳教授从教50周年暨80寿辰青光眼学术研讨会"在广州市华泰宾馆召开。

6月18—20日，护理学院尤黎明副教授被聘为全国高等医药院校护理学专业第三轮本科规划教材《内科护理学》主编，并由学校主持召开了第三版《内科护理学》的编写人会议。

6月24—29日，由中华医学会与美国哈佛医学院、麻省理工学院共同举办的

"21世纪东西方卫生保健展望"学术会议在美国波士顿举行。学校黄洁夫校长以中华医学会副会长和中国代表团副团长的身份参加了会议，并做题为"临床研究——从实验室到临床"的演讲和"二十一世纪的医学科学、卫生体制改革展望"的报告。

6月25日，学校实验动物中心被科技部确定为"十五"规划重大项目投标单位。

△ 由学校孙逸仙纪念医院急诊科黄子通教授主编的《岭南急诊医学杂志》和纪念医院外科区庆嘉教授主编的《岭南现代临床外科》两杂志分别获得国家统一刊号，正式在国内创刊并公开发行。

7月21日，学校卓大宏教授、王庭槐教授和张旭明教授被聘为澳门镜湖护理学院首批客座教授。

9月2日，李长春书记又为黄埔医院题词："坚持科技创新、体制创新、制度创新，努力创办一流水准的医院"。

9月21日，学校申报的国家重点学科初评通过率100%，申报并通过初评的重点学科为：病原生物学、内科学（肾病）、神经病学、外科学（普外）、眼科学、肿瘤学、药理学。

△ 今年为柯麟院长诞辰100周年，全国政协副主席马万祺先生为柯麟百年赋诗一首，澳门特别行政区首长何厚铧先生也专门为此题词。

10月11日，央批准李延保同志任合并后的中山大学党委书记。

10月17日，国务院决定，任命黄达人为合并后的中山大学校长。

陈玉川、刘美南、陈伟林、李萍同志任合并后的中山大学党委等副书记；刘美南同志任合并后的中共中山大学纪委书记（兼）。

陈玉川（兼）、徐远通、颜光美、许宗祥、陈汝筑、汪建平、许家瑞、李萍（兼）、杨晓光为合并后的中山大学副校长。

10月26日，中山大学和中山医科大学强强合并组成新中山大学的合并大会在广东省政府礼堂隆重举行。

教育部与广东省人民政府重点共建中山大学、华南理工大学协议签字仪式在广东省人民政府迎宾厅隆重举行。中共中央政治局委员、广东省委书记李长春出席了签字仪式，教育部部长陈至立与广东省省长卢瑞华在协议上签字。

10月28日，召开合校后第一次党委常委扩大会议，研究决定了合并后的中山大学的一系列重要问题。确定了中山大学校级党政领导的分工；确定校庆日、校训、校歌的方案；决定合并后的中山大学三个校区的名称，分别命名为广州南校区、广州北校区、珠海校区；决定设立中山大学中山医学院，以基础医学院为基础逐步完善，原中山医科大学各单位更名为中山大学各单位；决定整合原两校机关部处，并讨论了各机关部处中层干部的任命，确定了原两校1943年以后出生的副处级以上机关干部的工作岗位；决定"集中一批"，即党委系统、校长办公室、财务与国资管理处作为首批集中办公的单位到广州南校区开展工作，决定"稳定一批"，即原来负责的工作，在合并后仍然负责原工作，决定"纵向到底"，即各单位自行研究三个校区的协调工作。

11月5日，12时10分，一对1岁零4个月脑部相连的连头婴在学校附属第一医院接受分离手术获得成功。这是我国首例连头婴分离手术并获得成功，也是世界上罕见的连体双胎畸形分离手术获得成功。

11月10日，刚刚合并组成的新的中山大学在北校区外宾接待室隆重举行纪念柯麟同志诞辰100周年座谈会。

11月10—11日，中共中央政治局常委、国务院副总理李岚清同志在国务院副秘书长高强、国家经贸委主任李荣融、科技部部长徐冠华、教育部副部长吕富源、广东省副省长李鸿忠等领导的陪同下先后视察了学校珠海校区、广州北校区和南校区。

12月3日，学校召开医学教学座谈会，就合校后医学教育发展的问题进行了讨论。李延保书记、徐远通副校长、新任教务处长王庭槐教授、颜楚荣副处长和中山医学院的20多位教师参加了会议。

12月5日，校党委李延保书在北校区举办了有关中山大学的历史与传统的首场学术讲座，并对学生提出的有关问题作了认真的解答。

2002年

1月7日，黄达人校长来到药品临床研究基地办公室，认真听取基地领导和专业代表的工作汇报。

1月18日，附属第二医院南院隆重开业。

1月28日和2月6日，二院骨外科刘尚礼教授、黄东生副教授、郑召民副教授和李春海博士先后为两位腰椎间盘突出症患者施行了国内首次人工髓核置换术。

2月1日，在北京人民大会堂举行的国家科学技术奖励大会上，学校理工学院许宁生教授和眼科中心陈家祺教授等人的两项科研成果《金刚石及其相关薄膜的场致电子发射特性和机制》《治疗性角膜移植的系列研究》分别获国家自然科学奖二等奖和国家科学技术进步奖二等奖。

2月22—23日，中山大学2002年发展战略研讨会在珠海校区召开，教务处王庭槐处长向大会介绍了教师队伍建设方面的工作情况。

3月22日，"中山大学附属第二医院华南疝外科治疗培训中心"在南院正式挂牌，二院黄洪章院长、南院沈慧勇院长、《中国实用外科》杂志社社长田利国同志等出席了挂牌仪式并为"中心"揭幕。

2月26日，学校党委李延保书记等到二院进行调研，黄洪章院长、王荣新书记及黄子通副院长陪同李书记参观了医院院史展览、医研中心、ICU及门诊、病区。

4月12日，在西安召开的全国地方病跨世纪优秀科技人才培养工作总结交流暨成果汇报会上，我校医学院的吴忠道教授荣获卫生部疾病控制司颁发的"全国地方病跨世纪优秀科技工作者"称号，并在大会上作了发言。

4月27日，由香港太平绅士、香港大学医学院骨科学教授周肇平先生捐资设立的"骨科学奖学金"颁奖以骨科学知识竞赛的形式在北校区永生楼4楼讲学厅隆重举行。

4月28日，由我校肿瘤防治中心主办的第一届广州国际肿瘤学会议在该中心新建的医疗综合大楼第 23 层国际会议厅拉开帷幕。诺贝尔医学奖获得者、美国 Fox Chase 癌症中心荣誉教授 Blumberg 博士，中国医科院副院长陈竺院士，卫生部副部长黄洁夫教授，校党委书记李延保教授，广东省卫生厅黄庆道厅长，原中山医科大学校长彭文伟教授，肿瘤防治中心主任曾益新教授等出席了开幕式并分别致祝贺词。

4月29日，附属一院成功进行世界"第二老人"肝移植。

10日，在第四届高等教育国家级教学成果奖颁奖大会上，我校中山医学院实验生理科学教改获国家级二等教学成果奖。

5月15日下午，中山大学附属第二医院南校区门诊部成立大会在永芳堂讲学厅举行。学校李延保书记、汪建平副校长出席了大会。

5月20日，香港立法会议员、香港医学会会长劳永乐医生带领香港医学界友好访问团一行25人到我校访问。访问团在北校区受到汪建平副校长、中山医学院关永源院长的迎接，并在有关人员陪同下参观了附一院、肿瘤防治中心和眼科中心。

6月，△成立两校合并后的第一个新学院——中山大学药学院。

8月，中山大学生物医学工程专业首次招生。

△ 中山大学首次招收医学检验专业学生。

9月18日晚，"卢光启教授70寿辰暨教书育人49周年庆祝会"在陵园西路东风大酒店隆重举行。校党委书记李延保，中山医学院院长关永源、党委书记郑垣零，组织部副部长李建超以及医学院全体党政负责同志出席了生理学教研室为原中山医科大学前校长、博士生导师卢光启教授举办的祝寿会。

9月21日，广东省微创外科学会成立大会暨学术研讨会在广州召开，经大会讨论决定，本届学会主任委员由我校附属一院微创外科谭敏教授担任。

3日，德国爱森大学来我校临床学习的一行5人圆满结束学习返回德国。

10月6—12日，来自全国各地高校的医学统计学、统计学以及应用数学专业的老师、学生70多人聚集在公共卫生学院，参加由该院医学统计学与流行病学系主任导师方积乾教授主持的"现代医学统计学讲习班"。

11月3日上午，光华医学院（原中山医科大学三大前身之一）94周年华诞庆典在我校光华口腔医学院、附属口腔医院八楼讲学厅隆重举行，光华医学院各届校友、嘉宾近两百人出席了庆典活动。校党委副书记、副校长陈玉川教授、李萍教授出席了大会。

11月10日，我校附属第一医院双喜临门：新门急诊大楼启用暨黄埔院区挂牌。

11月23日，中山大学肿瘤防治中心迎来了38周年院庆，高25层的医疗科研大楼也正式落成起用。广东省副省长李兰芳、中华医院管理学会会长曹荣桂、黄达人校长到会祝贺。

11月29日，中共中央政治局委员、广东省委书记张德江在省委常委、秘书长蔡东士和省委常委、副省长李鸿忠及广东省教育厅厅长郑德涛的陪同下来我校视察和调研。这是张德江书记到广东任职后的第一次调研。

12月3—6日，中华口腔医学会颞下颌关节病学专业委员会成立大会在我校光华口腔医学院召开，并同时举办国家级和广东省继续教育培训班。

12月14日，我校附属第五医院举行开业典礼，中共中央候补委员、卫生部副部长黄洁夫，校党委书记李延保，珠海市市长王顺生以及省卫生厅、教育厅、科技厅等有关部门负责人出席了开业剪彩仪式。

12月21日，中山医学院科教工作会议在三水召开，学院领导、各教研室负责人、博士生导师等80人参加了会议。黄达人校长、陈玉川副书记副校长出席会议并作了讲话。

12月25日，中山大学医学生早期接触临床实践总结暨动员大会于在北校区校友会堂隆重举行，北校区01级全体同学参加了大会。大会由教务处处长王庭槐教授主持。李延保书记、徐远通副校长出席会议并发表讲话。

2003年

1月18日，我校第二、第三附属医院开始收治"非典型肺炎"患者。

1月24日，我校附属一院刘焯霖教授、中山医学院蒋玮莹研究员、杜传书教授、眼科中心王宁利教授荣获2002年中华医学科技奖。

△ 中山医学院召开科教工作会议，黄达人校长、陈玉川副书记副校长出席会议并作了讲话。

2月1日起，接触过患者的医务人员相继出现被感染发病情况。

2月18日下午，学校召开了医疗、行政、学生、后勤等有关部门负责人会议，李延保书记、陈玉川副书记兼副校长、陈伟林副书记参加会议并部署工作。出台《关于做好三个校区非典型肺炎防治工作的通知》，成立学校防治工作领导小组，小组下设救治咨询指导专家组、病原学检测专家组、流行病学调查处理指导小组，各附属医院也成立相应机构。

2月20—23日，中山大学"2003年发展战略研讨会"在珠海校区举行。本次会议的主要议题是：二级学院的设立与管理、八十周年校庆筹备工作、广州大学城建设及学校的跨越式发展。会议分别由党委书记李延保、校长黄达人、党委副书记兼副校长陈玉川主持。

2月23日，在抗"非典"中，我校附属二院司机范信德以身殉职。

2月28日，2003年中瑞生命科学论坛在肿瘤防治中心国际会议厅举行，广州市副市长林元和等人在开幕式上致辞。

我校眼科中心刘祖国教授等人完成的"角膜形态及全角膜厚度的系列研究"课题荣获2002年度国家科技进步二等奖，刘祖国教授代表课题组参加了在京召开的国家科学技术奖励大会。

3月1日，中山大学药学院挂牌仪式暨院士论坛在南校区小礼堂隆重举行，黄达人校长和王宁生教授分别作了讲话。

3月5日，为加深同学们对非典型肺炎的认识，进一步提高防范呼吸道传染病的能力，校医学科学处联合中山医学院微生物学教研室和公卫学院流行病学教研室，在北校区举办了学术报告《非典型肺炎的病原与诊断》和《呼吸道感染的预防》，受到同学们的欢迎。中午，陈玉川副书记兼副校长召集北校区有关部门负责人开会，布置了进一步加强防治"非典型肺炎"的措施，同时要求学生处、研究生院、教务处、团工委、留学生办等有关部门要深入基层了解情况，通报信息、稳定思想。并建立及时报告制度。

3月8日，我校是全国首批公共卫生硕士教育试点单位之一，于今日在北校区新教学楼举行首届公共卫生硕士研究生开学典礼。

3月10日，校党委副书记、副校长陈玉川与有关部门负责人一起来到附属二院和三院，慰问战斗在第一线的医务人员，并发放了慰问金。

3月14日，教务处相继出台了《中山大学应对SARS事件教学教务管理规程》和《中山大学教学与教务管理部门预防控制非典型肺炎工作指引》。

3月20—22日，附属一院召开2003年医院工作会议，黄达人校长到会并作重要讲话。

2月28日下午，校党委在南校区小礼堂召开全国人大、政协会议精神传达与座谈会，陈玉川副书记主持会议。

△ 我校肿瘤防治中心曾益欣教授等的项目《鼻烟癌分子遗传学研究》入选"2002年度中国高等学校十大科技进展"。

△ 我校附一院肾内科、神经内科、器官移植外科、生殖医学专科，附三院耳鼻吼科、眼科医院角膜病专科、白内障专科、肿瘤医院鼻咽癌科、放射治疗科九个学科成为广东省医学重点专科。

4月1日，为提高我校的医学教育质量，促进医学教育的发展，在北校区召开了新学期校区教学工作会议，徐远通副校长主持该会议。教务处王庭槐处长、肖海鹏副处长，教育教学评估中心何振东副主任和化工学院施开良教授分别就相关专题作了建设性提议，教务处、评估中心的负责人和北校区各学院、附属医院主管教学的院长、教学科科长及部分教研室主任参加了会议。

4月21日，冲锋在抗击"非典"最前线被感染的我校附属三院传染科党支部书记、主任医师邓练贤不幸殉职。

4月25日，黄达人校长致信院、系、医院领导鼓励我校专家为战胜"非典"做出科学贡献。

4月28日，广东省追认为抗击非典型肺炎而牺牲的我校邓练贤、范信德为革命烈士。

△ 学校党委召开学习胡锦涛对我校附属三院邓练贤同志不幸殉职作出重要批示座谈会。

5月1日，中央组织部追授邓练贤"全国优秀共产党员"称号。

5月12日，学校防控非典型肺炎指挥部总指挥、校党委李延保书记主持召开防控非典指挥部会议。

5月13—14日，校防控非典指挥部总指挥、校党委书李延保书记两次到附属三院召开有关防治非典的座谈会。

5月20日，附属第一医院小儿外科与肝胆外科联手，为一未满1岁、不幸得癌症的幼儿成功施行了胰十二指肠切除术。这是我国首例为未满1岁婴幼儿施行如此高难度获得成功的外科手术。

6月6日，校党委李延保书记与徐远通副校长在教务处王庭槐处长、肖海鹏副处长的陪同下，与附属一院教学科科长宋光辉教授、心血管专家陈国伟教授、呼吸科专家谢灿茂教授及医学调研小组成员等一行11人，前往中山市人民医院进行教学检查与医学调研活动。

7月1日，由雕塑大师曹崇恩创作的邓练贤烈士塑像在附属三院揭幕。校领导李延保书记、陈玉川副书记副校长、李萍副书记副校长、陈汝筑副校长、汪建平副校长出席了揭幕仪式。

7月4日，学校决定成立新的中山大学中山医学院、中山大学医学部，实行两块牌子一套建制，下设基础医学院、公共卫生学院、口腔医学院、护理学院、药学院、七个临床学院。

7月6—10日，美国著名科学家、"基因治疗之父"French Anderson博士率美国生物科学家代表团到我校肿瘤防治中心访问，受聘为中山大学名誉教授，并与肿瘤防治中心建立了多个合作项目。

7月17日，中山大学附属第三医院荣获全国卫生系统抗击"非典"先进集体称号；谢灿茂、王深明、张治贤、黄洪章、赵婉文、王景峰、张扣兴、王荣新、韩玲等9人荣获全国卫生系统抗击"非典"先进个人称号。

7月21—23日，由凌均棨院长、曾融生副院长和林换彩院长助理等组成的中山大学光华口腔医学院代表团访问了香港大学牙医学院，双方签订了关于口腔医学继续教育和作培养博士研究生的两份协议，标志着两学院间的合作翻开了新的一页，建立起正式的合作关系。

7月26日，附属第一医院肾内科全体人员和来自全国各地的肾内科知名专家代表、有关医学专家共500多人欢聚广州花园酒店国际会议中心，庆祝著名内科学和肾脏病学专家、我国肾脏病学创始人之一李士梅教授90诞辰，同时庆祝他一手创建的附一院肾内科创立40周年。

7月29日，香港理工大学在香港举行仪式，授予我校眼科中心主任葛坚教授"香港理工大学视光学及放射学系名誉教授"称号。是第一位华人获得这一殊荣。

8月13日，徐远通副校长在医学教务处王庭槐处长、肖海鹏副处长的陪同下，与附属二院教学科科长、外科学专家陈声乐教授等一行7人，前往惠州市中心人民医院检查临床教学，并与实习生进行了亲切座谈，就如何提高临床教学质量的一些新思路进行了部署。

8月23—24日，受广东省人民政府委托，以母国光院士为组长的验收专家组对我校"九五""211工程"建设项目（原中山医科大学部分）进行了整体验收。验收专家组通过听取黄达人校长的总结报告、审阅有关材料、实地考察、召开学科带头人和中青年学术骨干座谈会等方式进行验收。经过近五年时间的建设，我校"九五"

"211 工程"建设项目（原中医科大学部分）已圆满完成，在重点学科建设、公共服务体系和基础设施建设方面都取得了突出成绩。

9月1日，2003级七年制临床医学专业和口腔医学专业的学生192人首次赴中山大学珠海区进行为期一年的学习。

9月4日，北校区医学教学督导员新学期第一次工作会议顺利召开。会议由医学教务处王庭槐处长主持，王连唐副处长、肖海鹏副处长与13位医学教学督导员出席了会议。

9月5日，主管教学工作的徐远通副校长在北校区主持召开了新学期各医科学院的教学院长会议。医学部（中山医学院）丁纪平书记兼副院长，医学教务处王庭槐处长、王连唐副处长、肖海鹏副处长，以及基础医学院、公共卫生学院、护理学院、各附属医院的教学院长出席了会议。

9月25日，中山大学教育教学评估中心与医学部联合召开了医学本科教学工作水平评估动员大会。

9月26日，美国M. D. Anderson癌症中心院长John Mendelsohn教授率专家代表团一行五人前来我肿瘤防治中心，与中心签订了缔结姊妹医院的协议。省人民政府副秘书长江海燕和我校汪建平副校长出席了签字仪式，并表示热情祝贺。

9月28日，附属第三医院肝脏移植中心正式成立，并与一周内成功开展了5例肝脏移植手术。

9月30日，中山大学医药卫生高科技管理EMBA学位项目举行开学典礼。

△我校于9月下旬制订了《2003—2004年中山大学传染性非典型肺炎防治工作方案》。

△医学教务处王庭槐处长、医学教育研究中心张友元副主任先后赴附属一、二、三院、肿瘤防治中心和眼科中心等教学医院，开设有关"全球医学教育最低基本要求"评估理论的专题讲座。

10月5日下午，CMB办公室组织我校该项目的部门负责人及专家与Dr. Wojtczak进行了深入会谈。会议由陈汝筑副校长主持．国际医学教育委员会（IIME）负责人Dr. Wojtczak检查了我校全球医学教育最低基本要求的迎评工作情况，并对我校的组织准备工作表示满意。

10月17—20日，由郑振声教授等研制开发的具有独立知识产权及国际领先水平的医疗仪器——"体外反搏器"成了2003武洽会上耀眼的亮点，也成为粤鄂两地媒体追踪报道的热点。

△我校陈汝筑教授等人完成的"实验生理科学创新教育的探索与实践"，通过了教育部组织的新世纪高等教育教学改革工程项目验收。

△国际医学教育委员会（IIME）负责人Dr. Wojtczak检查了我校全球医学教育最低基本要求的迎评工作情况，并对我校的组织准备工作表示满意。

△中山大学顺利完成国际医学教育委员会（IIME）联合我国教育部、卫生部组织实施的"全球医学教育最低基本要求"评估项目在中山大学实施计划，并获得

IIME 项目负责人和观察员的一致好评。

△ 由我校达安基因公司研制成功的"新型冠状病毒核酸扩增（PCR）试剂盒"，最近获得国家食品药品监督管理局颁发新药证书和批准试生产。这是全国首个获得生产批准文号的通过漱口液检测非典病毒的试剂盒。

11月11日，2003学年第一学期医科中期教学检查工作会议在北校区召开。会议由医学教务处王庭槐处长主持，徐远通副校长到会并讲话，各医科院系及教研室的教学负责人、教学秘书、教学科科长等60人参加了会议。

11月17日，医学教务处召开七年制医学教育公共基础课教学协调会，就如何进一步提高教学质量、加强教学管理与落实教学计划进行了深入的探讨。

11月18—20日，第五届国家辞书奖颁奖大会在上海举行，我校附属肿瘤医院王晓鹰主持编写的《中山英汉医学辞典》荣获本届国家辞书奖一等奖。这是我校历年来医学出版物所获得的最高奖项。

11月23日，汪建平副校长带领医学教务处、医学教育研究中心、基础医学院、护理学院有关领导访问美国、加拿大，对医学教育进行考察和调研。

△ 美国中华医学基金会项目顾问 David Stern 教授对我校进行友好访问，并考察了我校长学制医学教育教学改革的进展。医学教务处处长王庭槐教授、尤黎明院长通报了我校医学教育改革情况，受到了基金会专家的肯定。

12月7日，附属五院顺利通过省医疗技术准入评估专家对肝肾移植的评估。

12月17—19日，由我校中山医学院法医学系发起、组织和主办的首次"全国亲子鉴定理论和实践研讨会"在广州华泰宾馆成功举行。广东省司法厅、广州市司法局的领导和有关负责人出席了此次会议。我校陈玉川副书记、副校长到会祝贺并发表了讲话。

12月20日，附属一院著名肾病专家叶任高教授逝世。

12月26日，我校2003年教育技术工作会议在小礼堂召开。徐远通副校长出席会议并作了讲话。

基础医学院、微生物学教研室纪念白施恩教授诞辰100周年暨学术报告会在北校区新教学楼举行。到会的有广东省微生物学协会理事长郭俊、基础医学院副院长刘先国等。

12月29日，我校首次组织公共基础教育阶段的学生进入临床学习。医学教务处处长王庭槐出席了2003级医科各专业新生及2002级七年制医学专业的学生共千余人接受预见习培训动员大会，正式启动2004年预见习的培训计划。

△ 由公共卫生学院方积乾教授主编的英文专著《Advanced Medical Statistics》最近由新加坡 World Scientific 出版发行。

△ 我校2003年7月申报的热带病防治研究实验室获准为立项建设的教育部重点实验室。

2004年

1月2日，一院召开了2004年医院工作（黄埔院区建设专题）会议，汪建平副校长到会并作了讲话。

1月5—6日，在我校中山医学院微生物学教研室举办"SARS实验室检测培训班"。

1月6日，曾益新教授等人完成的《鼻咽癌分子遗传学研究》荣获2003年中华医学科技奖一等奖。

1月9日，附属一院在广东大厦国际会议厅举行了中山大学耳鼻咽喉科医院成立暨中山大学耳鼻咽喉学科建设研讨大会。广东省卫生厅有关负责人，汪建平副校长，以及学校各附属医院和广东省内各大医院耳鼻咽喉科的专家近300人参加了这次大会。我国鼻内窥镜微创外科学创始人、耳鼻咽喉科专家许庚教授任耳鼻咽喉科医院院长。

△ 附属第三医院风湿病学科古洁若教授首次在国外最具影响力的风湿病杂志《关节炎和风湿病》及 J Rheumatol 和 Rheumatology 上发表系列文章。该研究成果获国家自然科学基金委杰出青年基金（100万元资助）。

△ 王庭槐教授主编的全国高等学校医学规划教材《生理学》第一版由高等教育出版社出版发行，全国人大副委员长、两院院士吴阶平为该书作序。

2月4日，上午我校召集医科科研院长进行座谈，紧急研究部署我校在禽流感防治研究方面的科技攻关工作。颜光美副校长主持会议，黄达人校长到会并讲话。

2月18—21日在珠海校区召开的"中山大学2004年发展战略研讨会"的重要议程：（20日）研讨"加快学校国际化发展"专题。陈玉川副书记、副校长主持会议，医学教务处王庭槐处长代表医教处报告了关于加快我校医学教育国际化的初步总体构想。

△ 附属三院主编《传染病学》第六版国家级规划教材于近日出版。它显示我校传染病的教材编写已处于国内领先水平。

3月11日，我校2004年教学工作会议在小礼堂举行。徐远通副校长主持大会，黄达人校长、陈汝筑副校长、许家瑞副校长到会讲话，全校文理医科有关院系和职能部门的负责人近百人出席了会议。医学部余学清副主任、医教处王庭槐处长介绍了我校医学类长学制培养方案和课程设置的基本框架，强调八年制医学教育是精英型教育，突出基础深厚、临床能力强、科研潜力大等培养特色。

3月26日，著名雕塑家魏小明创作的巨型雕塑——"人间天使"在中山大学北校区揭幕，中山大学李萍副书记副校长，广州市人民政府、中国企业家杂志社的有关领导和捐赠雕塑的企业家代表出席，中山大学医科学生代表参加揭幕仪式。揭幕仪式由汪建平副校长主持。

4月3日，护理学院2000年级赴港学习交流的本科学生6人启程前往香港大学护理系、香港玛丽医院，进行为期三周的护理本科课程课堂教学和临床实习的观摩学习。

△ 我校世界卫生组织康复合作中心主任卓大宏教授接到世界卫生组织西太区办事处主任尾身茂博士（Dr. Shigeru Omi）来函通知，谓我校康复医学教研室已再次被

WHO 指定为世界卫生组织康复合作中心，合作期限为 4 年，从 2003 年 7 月 15 日至 2007 年 7 月 14 日。

4 月 10 日，在北校区南门庄严雄伟的孙中山先生铜像下，中山大学第一届医学节开幕仪式暨"爱的奉献"——健康快车进社区启动仪式在这里举行。本次活动为期近两个月（四月上旬至五月底），开展"思想政治与道德修养""专业学习与技能培训""科学技术与创新创业""文化艺术与身心发展"和"社会实践与志愿服务"等五个专题活动。

4 月 12 日，李延保书记、喻世友副校长和产业集团李永乐总经理一行到中山大学达安基因股份有限公司考察。

4 月 18 日，位于东圃大马路的中山大学附属口腔医院东院开始试营业。

4 月 26 日，美国中华医学基金会（China Medical Board of New York, Inc.）主席 Dr. Schwarz 和国际医学教育组织项目专家 Dr. Stern 来到我校北校区，就去年十月份我校七年制医学生参加 GMER 项目评价的结果作了专题汇报，并向学校以及各学生颁发成绩证书。会议由陈汝筑副校长主持，国际合作与交流处、医学教务处、医学教育研究中心有关负责人出席会议，参加该项目评价工作的各医院专科教授、医生及 97 级全体七年制医学生也参加了会议。

5 月 6—8 日，由附属一院主办的卫生部医学继续教育项目"海峡两岸三地骨科学术研讨会暨骨科新技术学习班"在广州举行。

5 月 14—16 日，"全国第四届老年性痴呆与相关疾病研讨会暨老年性痴呆国际讨论会"在附属第一医院举行。这是一次国内老年性痴呆学界的基础研究和临床科研最高水平的具有国际权威性的研讨会。

5 月 20 日，由我校承办的第四届全国高等护理教育学术研讨会在广东大厦国际会议厅开幕，来自全国的护理教育学界的专家、学者参加了研讨会。

5 月 26 日，由王深明副院长和刘小林副院长带队，各部门负责人一行 20 多人前往东校区门诊部现场勘察。在筹建工作组会议上，詹文华院长、颜楚荣副书记传达了校领导的要求。

26 日下午，我校七家附属医院负责人在肿瘤防治中心现场联名签署承诺书，代表所在医疗机构及其医护人员向社会公开作出 10 项服务承诺。广东省卫生厅党组书记、副厅长黄小玲，广东省纪委常委、省纠正行业不正之风办公室主任巫颂平，广东省人民政府纠风办副主任肖燕池，中山大学校长黄达人，党委副书记兼纪委书记刘美南，副校长徐远通、汪建平等出席。附属七家医院的党政领导与医护人员代表 200 余人参加了服务承诺发布会。

5 月 28 日，附属第一医院器官移植中心与胃肠外科联合手术，为一位胰腺囊腺癌合并多发性肝转移的女患者成功地实施了腹部多器官移植手术。这是亚洲首例、全球为数不多获得。

7 月 9 日下午，中山大学 80 周年校庆附属医院车辆捐赠仪式在小礼堂举行。陈玉川副书记、副校长主持了捐赠仪式。

△ 国家统计局组织的第七届全国统计科研优秀成果奖评选活动近日落下帷幕，中山大学公共卫生学院方积乾教授与美国加利福尼亚大学陆盈副教授主编的《现代医学统计学》与"Advanced Medical Statistics"（中、英文版，华夏英才基金支持出版）获得专著类一等奖。今年4月份，该著作已获得广东省第五次统计科研优秀成果专著类一等奖。

8月，△ 我校首批招收八年制临床医学专业学生100人。

8月，附属二院影像医学部主任孟悛非教授主编的"全国高等学校医学规划教材"之一——《医学影像学》由高等教育出版社出版发行。

9月，△ 我校2004级生物医学工程专业1个班（32人）、公共卫生事业管理专业2个班（64人）的学生共96人，首赴广州大学城中山大学东校区学习。

9月12日，由附属第五医院邹和群院长、朱孔军书记带队的医院领导班子赴澳门中联办、镜湖医院以及澳门科技大学考察，并代表中山大学附属第五医院、中山大学中西医结合研究所与澳门科技大学签订了联合培养中西医结合硕士、博士研究生协议书。

△ 附属一院神经科张成教授与附属二院小儿科黄绍良教授、方建培教授，广州市血液中心肖露露教授合作，为一位患有假肥大型肌营养不良症（DMD）患者进行了异基因脐血干细胞移植治疗。

△ 2004年度国家自然科学基金评审结果近日揭晓，我校医科共有70项获资助，合同金额达1408.8万元，年度资助项目数和经费数均创我校医科历史纪录。

11月11日，中山大学医学博物馆揭幕仪式在北校区举行。陈玉川、刘美南、汪建平等校领导以及北校区各单位领导、医科各学院领导、各附属医院领导、医学博物馆筹备办全体成员、国内外回校参加校庆的校友、医科各学院部分师生等参加了揭幕仪式。

11月12日，上午10时，庆祝孙中山先生创办中山大学80周年大会，在广州中山纪念堂隆重举行。中共中央政治局常委李长春、国务委员陈至立和国家教育部发来贺信。中共中央政治局委员、广东省委书记张德江，国家有关方面负责同志张保庆、黄淑和、彭清华、李刚、王今翔、卢瑞华，广东省委、省人大、省政府、省政协负责同志黄华华、卢钟鹤、陈绍基、蔡东士、钟阳胜、梁国聚、朱小丹、许德立、王珣章、姚志彬，广州市市长张广宁，国家有关部门及广东省老领导甘子玉、林若、李灏、端木正，全国人大常委、校友曾宪梓先生，香港律政司司长梁爱诗女士，孙中山先生的长孙孙治平先生，诺贝尔奖获得者丁肇中先生、布拉姆伯格先生，以及国家各有关部委、广东省、广州市的有关领导，各兄弟院校、兄弟单位领导，境外友好大学校长，两院院士，驻穗各国领事馆总领事，社会各界友好人士，中山大学海内外校友、教师、学生代表，共3000多人出席了庆祝大会。大会由中山大学党委书记李延保教授主持。中山大学校长黄达人教授代表全校师生员工致词。张德江书记代表中共广东省委、广东省政府，向中山大学的师生员工和全体校友表示热烈的祝贺。教育部副部长张保庆代表教育部高度评价了中山大学80周年来的发展历程，希望中山大学成为一所学科结构更加合理，综合实力更强，更能适应21世纪高素质创新人才培养和科技发展趋势要求的世界知名高水平大学。国内兄弟院校代表、国外院校代表也先后致辞，对中山大学80周年校庆表示祝贺。校友、教师代表及学生代表也在大会上发言，表示继承光荣传统，创造中山大学更加美好的未来。

2005年

1月6日，医学继续教育中心由高等继续教育学院划归中山医学院（医学部）管理。

1月25日，△由中山大学肿瘤防治中心黄文林教授主持的国家863高科技计划课题——重组人内皮抑素腺病毒注射液（Ad–rhE），获得重大进展，在该课题的资助下开发的抗肿瘤国家I类新药E10A获得国家食品药品监督管理局（SFDA）的批准即将进入I期临床试验。

2月23日，来自附属一院、生科院的专家学者共300多人下午在一院十七楼学术厅出席两院首场合作研究学术报告会。

3月22日，在附属第三医院成立中山大学肝脏病医院，陈规划任院长。

3月24日，中山大学肝脏病医院揭牌暨肝脏病大楼奠基仪式在附属第三医院举行，省政协副主席、卫生厅厅长姚志彬和黄达人校长等出席，社会各界及新闻媒体等300多人出席奠基仪式。

3月28日，我校三项科研成果获得国家科技进步二等奖，分别是：计算机应用研究所罗笑南教授主持的"掌讯通"移动数据终端的软件集成系统、达安基因诊断中心何蕴韶教授主持的核酸扩增（PCR）荧光检测试剂盒研发及产业化、附属一院陈规划教授（现任附属三院院长）主持的原位肝脏移植的系列研究。

3月29日，△肿瘤防治中心"华南肿瘤学国家重点实验室"成立，这是全国该领域第三个国家重点实验室，也是我校医科首个国家重点实验室。

4月13日，附属一院和生命科学学院在附属一院门诊大楼17楼学术厅举行学科建设合作协议签字仪式。李延保书记、黄达人校长出席。

4月18日，PBL医学教育改革Problem–based learning全天式专题报告会在北校区永生楼四楼讲学厅举行，汪建平副校长出席。

4月28日，中山大学光华口腔医学院·附属口腔医院东院举行东院开业一周年庆典。黄达人校长、省卫生厅廖新波副厅长、社会保障厅林应武副厅长、登士柏公司副总裁温炳耀先生、总经理阮成昌，天河区卫生局领导、学校各部处领导以及各兄弟单位的嘉宾出席。

5月31日，成立医学部（中山医学院）临床医学一系（长学制）、临床医学二系、麻醉学系、医学影像学系、康复治疗学系；原基础医学院的医学检验学系、眼科中心的眼科视光学系划归医学部（中山医学院）管理。

7月21日，卫生部蒋卓君副部长在省卫生厅姚志斌厅长、党组书记黄小玲等陪同下到我校医学部对医学的教学、科研等进行调研。黄达人校长、汪建平副校长出席调研座谈会。

8月5日，附属第一医院显微外科成功为一指尖离断的小儿进行显微镜下吻合血管的再植手术，患儿恢复顺利，术后再植指尖成活稳定。该例手术的成功完成，表明该院显微外科在断指再植方面取得进一步的突破，在国内同类专科行列中已达到领先水平。

8月31日，△附属三院在网络视频会议直播设备的基础上，成功地在视频会议设备上实现了网上手术直播，成为广东省首家利用网络技术进行手术直播的医院。

△广东省高等医学院校临床教学基地管理小组正式发文认定我校四家非直属附属医院：佛山市第一人民医院、江门市中心医院、汕头市中心医院、东莞东华医院。

11月9日，汕头市中心医院重举行"中山大学附属汕头医院"揭牌仪式。黄达人校长和汕头市市长黄志光揭牌，汕头市中心医院成为我校非直属附属医院，省卫生厅副厅长廖新波、汕头市人大常委会副主任许瑞明、副市长陈茸出席仪式。

11月10日，由新疆医科大学副校长谢富康带领的包括新疆医科大学基础医学院正副院长、中医学院副院长等一行到我校进行参观考察，颜光美副校长、汪建平副校长会见了考察团一行。

11月29—30日，△我校肿瘤防治中心主任、肿瘤医院院长曾益新教授当选中国科学院院士。

12月15日，夏丹任基础医学院党委委员、书记。芮琳任医学部（中山医学院）党委委员、书记。

12月16日，公共卫生学院在北校区外宾接待室举行公共卫生教育改革研讨会，校领导李延保书记、陈伟林副书记，徐远通副校长出席会议并讲话。

12月30日，新疆医科大学"新疆新医司法鉴定所""新疆医科大学法医研究所""中山大学——新疆医科大学法医学教学与科研合作基地"揭牌仪式在新疆医科大学举行，黄达人校长、汪建平副校长等应邀出席。黄校长为合作基地揭牌并讲话。

△2005年度国家自然科学基金评审揭晓，我校医科2005年度国家自然基金申请数（512项）、获资助项目数（74项）及资助经费数（1980万元）均创历史新高。

2006 年

1月7日，我校在小礼堂召开中层干部大会。教育部党组书记、部长周济，中共中央组织部干部三局正局级副局长夏崇源，广东省委常委、组织部部长胡泽君、广东省人民政府副省长宋海，教育部直属高校工作司司长李志军、教育部人事司副司长张兰春，广东省委组织部副部长林华景、广东省委组织部副厅级组织员万东明、广东省教育工委副书记、省教育厅党组副书记谭泽中等出席大会。中组部、教育部、广东省委、省政府有关部门的负责同志和我校全体校领导、校党委委员、纪委委员、校务委员会委员、校机关各部、处、室，各学院（实体系）、直属单位、附属单位、后勤集团、产业集团的党政正副职负责人、副处实职以上干部、各民主党派负责人等300余人参加会议。会议由黄达人校长主持。夏崇源同志宣布中共中央任命郑德涛同志为中山大学党委书记的决定。周济部长、胡泽君部长发表讲话。

2月10—12日，广东省器官移植研究中心、中山大学器官移植研究所、中山大学附属第三医院举办"羊城肝脏移植高峰论坛",吴孟超院士、黎介寿院士、郑树森院士及来自全国各地肝移植的著名学者等参加会议,广东省卫生厅姚志彬厅长、省科技厅马宪民副厅长等出席论坛。

3月28日,中山市人民医院隆重举行"中山大学附属中山医院"揭牌仪式。

江门市人民医院隆重举行"中山大学附属江门医院"揭幕仪式。该院还同时进行了"中山大学博士后流动站江门市中心医院科研基地"、"广东省低视力康复技术指导中心江门分站"的揭牌仪式。

4月4日,校党委郑德涛书记上午在汪建平副校长的陪同下,到北校区检查了医学部、医科各学院、驻校区各单位的工作。

4月5日,古巴共产党中央委员会政治局委员、卫生部部长何塞－拉蒙－巴拉盖尔一行下午访问我校眼科中心。许宁生副校长亲切会见古巴客人,广东省卫生厅廖新波副厅长等陪同古巴客人参观我校眼科中心。

4月14日,由教育学院社科系、医学人文研究发展中心主办的医学伦理学讲座在北校区开讲。来自香港大学的许志伟教授作了题为《医疗专业的使命与当代医疗服务的危机》的讲演。李萍副校长出席讲座。

5月15日,第三届医学节开幕式暨陈新滋院士访谈在北校区举行,校党委陈伟林副书记、陈汝筑副校长出席。

5月18日,设置实验室生物安全管理委员会办公室,挂靠医学科学处。

李容林任附属第五医院党委委员、书记。

5月21—23日,美国约翰霍普金斯大学医学院国际项目部主任Paul Lietman教授访问我校,许宁生副校长参加会见。

5月22日,我校"十五""211工程"建设项目验收报告会上午在小礼堂举行。参加我校"211工程"验收专家组全体成员、广东省教育厅罗远芳副厅长、财政厅韩晓进正厅级巡视员、发展与改革委员会社会发展处熊静副处长、黄达人校长、刘美南副书记、李萍副书记副校长、徐远通副校长、颜光美副校长、汪建平副校长、许家瑞副校长、许宁生副校长、梁庆寅副校长出席,学校有关部处负责人、"十五""211工程"建设项目负责人及主要成员,各院系、附属医院的领导等参加报告会。报告会由侯杰昌教授主持,李志军司长代表教育部作讲话。随后,专家组成员听取黄达人校长关于我校"十五""211工程"建设情况的报告。

6月14日,2006年医科本科教学中青年教师授课大赛暨青年教师全英授课举行总决赛,汪建平副校长出席。

6月16—20日,由中山一院耳鼻咽喉科主办,以"五新"(最新的理论、最新的技术、最新的手术方式、最新的培训方式、最新的设备)为特色的鼻内镜微创手术及慢性鼻窦炎国际研讨会在广州举行。

7月4日,廖振尔任肿瘤防治中心党委委员、书记。

7月21日,瑞典王后西尔维娅在王室成员的陪同下访问中山大学肿瘤防治中心,出席由中山大学与瑞典卡罗琳斯卡医学院共同举办的中瑞医学论坛,并参观了位于肿瘤防治中心六楼的中山大学－卡罗琳斯卡医学院肿瘤学合作实验室。国家科技部徐冠华部长、中国科学院陈竺副院长，中山大学黄达人校长、许宁生副校长与肿瘤防治中心曾益新主任等出席当天的中瑞医学论坛和王后访问活动。

7月28日，附属第一医院与广州市越秀区卫生局在越秀区政府机关大楼会议厅，签订了关于医疗卫生服务机构移交协议书。党委副书记、副校长李萍，越秀区区委书记周庆强、区长龚儿珍等出席签字仪式。黄达人校长在签字仪式上讲话。越秀区政府将包括原东山区人民医院和越秀区东片区的6个社区卫生服务中心在内的医疗机构的人、财、物整体移交给中山一院。

8月11日，中山大学疫苗研究所揭幕仪式上午在中山大学第三附属医院举行，广东省人民政府雷于蓝副省长、广东省政协副主席、省卫生厅姚志彬厅长、中山大学黄达人校长、颜光美副校长、许宁生副校长、美国宾州大学莫利诺夫副教务长、威尔森教授、省市各级领导及中山大学各学院领导共50多位中外嘉宾和中山三院职工参加揭幕仪式。新建成的中山大学疫苗研究所是由中山大学和美国宾夕法尼亚大学合作组建。是建立在广州全新的疫苗研发基地，直接隶属于中山大学，研究所的实验室设在专长于传染性疾病的中山大学附属第三医院。詹姆斯·威尔森博士任职研究所所长及中山大学的访问教授。

9月7日，2006年研究生开学典礼上午先后在我校南校区梁銶琚堂和北校区校友会堂举行，校党委书记郑德涛、校长黄达人、中国科学院院士苏锵、中国工程院院士林浩然、副书记陈伟林、副书记兼副校长李萍、副校长徐远通、汪建平、许家瑞、梁庆寅及国务院学位评议组成员、有关部处、院系领导出席。黄达人校长在开学典礼上向研究生训词。

9月8日，附属第一医院财务科升格为财务处（副处级）。

10月12日，原医学部（中山医学院）保留"医学部"名称，不再使用"中山医学院"名称；撤销原医学部（中山医学院）学生工作办公室；撤销基础医学院，以原基础医学院为主体，与原医学部（中山医学院）的临床医学一系（长学制）、临床医学二系、麻醉学系、医学影像学系、康复治疗学系、医学检验学系、眼科视光学系重组为"中山医学院"；保留麻醉学系、医学影像学系、康复治疗学系、医学检验学系、眼科视光学系与原各附属医院的挂靠关系。调整后的医学部主要履行北校区管委会的职能，负责医学科研、医院管理和医学教学宏观管理工作，协调医学各院系、各医院及学校在北校区的各延伸部门的工作；保留中共中山大学医学部委员会名称，不再使用原中共中山大学中山医学院委员会名称；撤销原中共中山大学中山医学院纪律检查委员会；撤销中共中山大学基础医学院委员会，成立中共中山大学中山医学院委员会。

任命黎孟枫为中山医学院院长（兼）。

夏丹任中山医学院党委书记。

10月16日，美国中华医学会（CMB）前主席Schwarz博士受聘为中山医学院名誉院长。

11月8日，由我校和中国协和医科大学主办的"爱心·人文·关怀·健康"——两岸四地护理学术论坛上午在怀士堂举行。中华护理学会会长黄人健等出席开幕式，汪建平副校长、广东省卫生厅党组书记、副厅长黄小玲在大会上致辞。

11月10日，公共卫生学院成立30周年。

11月11日，附属二院在大礼堂举行周寿恺教授诞辰100周年及教学思想纪念会，中华医学会会长钟南山院士、甄永苏院士、黎孟枫副校长、老领导刘希正、卢光启、卓大宏、傅祖植、陈汝筑等出席，中山医学院校友、周寿恺教授的亲属及学校有关处室领导、附属医院领导等200多人参加纪念会。

11月10—12日，庆祝中山大学中山医学院140年医学名家论坛在北校区校友会堂举行，钟南山院士、裴雪涛教授、汪忠镐院士、韩启德院士四位医学名家出席讲坛，中国工程院院士钟南山教授以"我的追求——对青年人的期望"为主题，为医学名家论坛拉开序幕。汪建平副校长代表学校致欢迎辞，卫生部副部长黄洁夫、郑德涛书记、广东省政协副主席、广东省卫生厅厅长姚志彬、颜光美副校长、黎孟枫副校长等出席。

11月12日，中山大学中山医学院140年庆典大会上午在北校区运动场隆重举行。全国人大常委会副委员长韩启德，卫生部副部长黄洁夫，广东省委副书记蔡东士，省政协副主席，省卫生厅厅长姚志彬，省人民政府副秘书长唐豪，省教育厅副厅长魏中林，中国工程院和科学院院士巴德年、王炳德、黄志强、甄永苏、汪忠镐、曾益新，校领导郑德涛、黄达人、刘美南、李萍、朱孔军、颜光美、汪建平、许宁生、梁庆寅、喻世友、黎孟枫，老领导陈伟林、陈汝筑、刘希正、卢光启、卓大宏、许发茂等出席，来自复旦大学上海医学院、四川大学华西医学中心、浙江大学医学院、华中科技大学医学院、香港大学医学院等几十所兄弟院校的领导、专家和法国、美国、加拿大等医疗卫生及医学教育方面的外宾以及海内外的校友与在校师生近4000人参加庆典大会。大会由汪建平副校长主持。黄达人校长在庆典大会上致词。广东省委副书记蔡东士，卫生部副部长黄洁夫，兄弟高校代表、吉林大学副校长李玉林，校友代表梁兆宽，教师代表陈家祺，学生代表李轶擎分别在会上发言。

中山大学举行"升旗、向孙中山先生铜像敬献花篮"仪式，纪念孙中山先生诞辰140周年。仪式同时在四个校区举行，黄达人校长、刘美南副书记、李萍副书副长、朱孔军副书记、许宁生副校长、梁庆寅副校长、喻世友副校长与我校人大代表、政协委员代表、民主党派、侨联代表、有关部处负责人和部分师生参加了南校区的纪念活动。

纪念柯麟诞辰105周年大会下午在北校区校友会堂举行。刘美南副书记、朱孔军副书记、汪建平副校长、老领导卓大宏、刘希正、卢光启、老领导、广东省柯麟基金会会长陈汝筑，中国工程院院士甄永苏，中山医学院校友、毛主席纪念堂管理局顾问徐静，澳门镜湖护士学校老校友李铁，柯麟院长长女柯小瑛等出席，大会由李萍副校长主持，郑德涛书记致词。

12月11日，美国卫生及公众服务部莱维特部长在中国卫生部副部长陈啸宏及广东省卫生厅党组书记、副厅长黄小玲的陪同下访问附属三院，观看了有关中山大学和中大与美国宾夕法尼亚大学合作建立的疫苗研究所展览并与汪建平副校长等举行会谈。随后莱维特部长来到讲学厅，与百余名医学生进行面对面交流。

12月21—22日，全校医政工作会议暨医疗资源共享启动仪式举行。七家附属医院的院长、书记及相关负责人就实现医疗资源共享达成共识，正式启动中山大学附属医院医疗资源共享工程。郑德涛书记、黄达人校长、李萍副书记副校长、汪建平副校长、许家瑞副校长出席会议并作讲话。

2007年

1月3—5日，"基因组学与进化"国际学术研讨会在我校召开，黄达人校长出席并致辞。

2月5日，广州市第六人民医院成建制移交中山大学签字仪式在市政府礼堂举行。黄达人校长与广州市政府李卓彬副市长分别代表双方在协议书上签字，广州市第六人民医院成建制移交中山大学，成为中山大学附属第六医院、中山大学附属胃肠肛门病医院。

2月27日，国家科学技术奖励大会在北京举行，我校5个项目获奖。它们分别是：中山眼科中心杨培增教授主持的《葡萄膜炎发生及慢性化机制、诊断和治疗的研究》、附属第一医院余学清教授主持的《肾小球疾病免疫发病机制及治疗干预系列研究》、吴伟康教授参与的《络病理论及其应用研究》获2006年度国家科学技术进步二等奖；陈汝筑教授参与的《神经元N受体及其失敏态的药理毒理和病理生理学特征的系列研究》获2006年度国家自然科学奖二等奖；与我校肿瘤防治中心等单位在生物医学领域科技合作的瑞典科学家恩博瑞（Ingemar Ernberg）教授获国际科学技术合作奖。

2月28日，成立中共中山大学附属第六医院委员会；成立中共中山大学附属第六医院纪律检查委员会。苗伟任附属第六医院党委书记。汪建平兼任附属第六医院院长。

3月1—3日，由中山大学附属第三医院、中山大学器官移植研究所、广东省器官移植研究中心、中华医学会外科学分会手术学学组主办的"第三届羊城肝脏移植高峰论坛暨两岸三地肝脏移植研讨会"在广州举行。副校长汪建平教授和中华医学会广东分会黄庆道会长出席。

5月28—30日，悉尼大学John Hearn副校长率领代表团一行9人访问我校，与我校签署了"共建中澳中医药研究中心谅解备忘录"。郑德涛书记、颜光美副校长会见来宾。

6月6日，中山大学附属第六医院（胃肠肛门医院）挂牌，广东省副省长雷于蓝，广东省政协副主席、省卫生厅厅长姚志彬，广州市副市长陈国，我校党委书记郑德涛，校长黄达人，副校长汪建平、喻世友、黎孟枫等出席挂牌庆典。

6月28日，由华侨陈德美女士捐赠设立的奖学金"中山医学院陈林玉成奖学金"签约仪式在北校区举行。中山大学副校长、中山医学院院长黎孟枫教授，广东省柯麟医学教育基金会理事长陈汝筑教授出席。

8月1日，以中国工程院原副院长、中国CDC病毒病预防控制所侯云德院士为组长的教育部科技司验收专家组一致同意通过中山大学"热带病防治研究"教育部重点实验室的建设验收。

9月17日，汪建平副校长代表学校前往珠海，看望和慰问在抗击珠海市流行性登革热中做出重要贡献的中山五院全体干部和医护人员。

9月26日，2006年度卫生部国际交流与合作中心、第一三共医药学奖学金颁奖大会在学校举行，我校共有60名医科学生（其中本科生40名、研究生20名）获奖。出席会议的有我校党委副书记朱孔军、卫生部国际交流与合作中心副主任邢高岩、副部长王蓓、日本第一三共株式会社执行董事长坂本正稔、部长鴫原毅、第一制药北京有限公司总经理畑信幸等。北京大学、四川大学、哈尔滨医科大学、中国医科大学的有关领导及学生代表，我校有关部门负责同志及获奖学生等近300人参加大会。

11月12—14日，由澳大利亚悉尼大学名誉校长、澳大利亚新南威尔士州总督Marie Bashir教授以及John Hearn副校长率领的代表团一行17人访问广州，郑德涛书记、黎孟枫副校长在中山楼贵宾厅会见来宾。颜光美副校长、药学院黄民院长与Hearn副校长、药学院Iqbal Ramzan院长分别代表学校和药学院签署共建"中澳中医药研究中心"的协议书。

11月19日，我校和悉尼大学合作项目"中澳中医药研究中心"举行剪彩仪式。澳大利亚新南威尔士州Morris Iemma州长及广东省科技厅李兴华厅长、广东省卫生厅黄小玲书记、澳大利亚驻广州总领事馆Sean Kelly总领事、澳大利亚驻华大使馆Quentin Stevenson Perks参赞、广东教育国际交流协会黄碧天秘书长、悉尼大学John Hearn副校长、药学院Iqbal Ramzan院长，以及我校黄达人校长、颜光美副校长及中山大学药学院的相关领导等出席剪彩仪式。

11月30日，中山大学临床医学研究5010计划项目启动仪式在北校区举行。郑德涛书记、汪建平副校长、黎孟枫副校长出席启动仪式，仪式由颜光美副校长主持。5010计划是由临床医学工作者实施的、直接回答各类临床实践问题的研究计划。

12月2日，全国最大的第三方医学独立实验室——上海达安医学检测中心在浦东新区张江高科技园区哈雷路正式开业。中心隶属于中山大学达安基因股份有限公司。检测项目覆盖临床检验医学、病理学、科研外包服务、药物临床试验四个领域。

2008年

1月13日，第四届穗港海外外科学术会议在附属第一医院举行，主题是胃肠胰腺外科、肝胆外科、整形修复外科、肿瘤外科等领域的新技术和新进展，300余位海内外的知名专家和学者参加研讨会。

2月22日，惠州市与中山大学合作项目签约、挂牌、成果移交仪式在惠州市举行。校领导郑德涛、黄达人、梁庆寅、朱孔军、颜光美、汪建平、许家瑞、许宁生、喻世友、黎孟枫，中科院院士曾益新，惠州市委书记、市人大常委会主任黄业斌、市委副书记、市长李汝求等出席仪式。仪式由惠州市委副书记陈仕其主持。汪建平副校长与惠州市政协副主席、中心人民医院刘冠贤院长代表双方签署《中山大学与惠州市中心人民医院合作建设非直属附属医院协议书》。郑德涛书记、黄达人校长、黄业斌书记、李汝求市长为"中山大学惠州校长培训中心"揭牌。

3月7日，《中华口腔医学研究杂志（电子版）》第一届编委会第一次全体会议在广州香格里拉大酒店举行。梁庆寅副书记，中国科学院院士、中山大学肿瘤防治中心主任曾益新教授，中国工程院院士、南方医科大学钟世镇教授等出席会议并发言。

4月23日，附属第一医院在该院原工字楼旧址举行手术科大楼奠基仪式。郑德涛书记、卫生部医政司副司长周军、羊城晚报报业集团社长梁国标、广东省卫生厅副厅长张寿生、广州市人大常委会副主任周庆强、广州市卫生局副局长曾其毅参加奠基仪式。

5月13日，我校第一支抗震救灾医疗队乘专机飞往四川成都支援灾区。广东省副省长雷于蓝、省政协副主席、省卫生厅厅长姚志彬、汪建平副校长等到机场送行。

5月16日，由我校附属一、二、三、五和六院的30名医护人员组成的青年医疗志愿者抗震救灾服务队，赴四川省绵竹县，开展医疗救助和疫病防治工作。共青团广东省委书记谭君铁、校党委郑德涛书记、朱孔军副书记到机场送行。

5月19日，附属第三医院抗震救灾心理救助医疗队携带大批医疗物资飞赴四川绵阳市支援。广东副省长雷于蓝、省政协副主席、卫生厅厅长姚志彬、校党委郑德涛书记、汪建平副校长等到机场送行。

5月20日，附属第一医院接收了来自四川灾区的第一批共5名伤病员。

5月21日，地震灾区伤员到达附属第三医院，黄达人校长、陈春声副校长、朱孔军副书记看望了伤病员。

5月27日，广东省卫生厅组织的新一支救灾医疗队飞赴四川，其中有我校附属第一医院、第二医院和第六医院的医护人员。省卫生厅党组书记黄小玲、汪建平副校长等到机场送行。

6月3日，我校赴川心理救助医疗队平安归来，郑德涛书记到机场迎接。

6月4日，我校第一批赴川救灾医疗队中的6位护士返回广州，至此，我校第一批救灾医疗队员全部平安归来。黄达人校长、汪建平副校长等到机场迎接。

7月3日，我校附属三院翁建平教授领导的科研团队在2型糖尿病治疗上取得重要进展。英国医学杂志《柳叶刀》（The Lancet）全文发表了该团队的最新研究成果。

7月16日，在哈尔滨召开的中华医学会核医学分会会议上，附属第二医院核医学科蒋宁一主任教授当选为中华医学会核医学分会副主任委员。

8月1日，我校各附属医院收治的地震灾区转来的137名伤病员全部康复出院、返乡。

9月1日，中国科学院第十四次院士大会期间，我校曾益新院士当选为生命科学和医学学部常务委员会副主任。

9月2日，中国合格评定国家认可委员会给中山大学生物安全三级实验室颁发实验室认可证书。该实验室成为卫生系统在华南地区获批准的第一家生物安全三级实验室。

9月23—24日，由中国科技部中国生物技术发展中心主办、我校附属第一医院承办的国家"十一五"863计划"干细胞与组织工程"重大项目研讨会在广州举行。徐安龙副校长出席并致辞。

10月13日，中山大学、中山大学孙逸仙纪念医院（即附属二院）和增城市人民政府在增城宾馆举行增城市人民医院整体移交签约仪式。黄达人校长、汪建平副校长，广东省卫生厅副厅长耿庆山，增城市委书记朱泽君、市长叶牛平等出席。增城市副市长李荣渝主持。

10月16—20日，中华医学会放射学会在重庆举行第十五次全国放射学学术大会，我校附属第一医院放射科孟俊非教授在会上被选为第十二届全国放射学会副主任委员，成为我省放射学界改革开放以来首位取得此职位的专家。

11月5日，我校"医疗信息共享工程"正式启动，8家附属医院联手，共同打造医疗信息共享平台。黄达人校长、许家瑞副校长、黎孟枫副校长、广东省卫生厅副厅长廖新波、广州市卫生局党委副书记熊远大、IBM公司大中华区政府公众事业部总裁范宇、IBM公司项目总监梅昕出席。汪建平副校长主持。

11月17日，"现代分子与结构药理学"学术研讨会在药学院学术报告厅举行。著名药理学家、美国药理学与实验治疗学学会主席、美国科学院院士、华盛顿大学西雅图分校的Joe Beavo教授，知名结构生物学家、美国维吉尼亚大学的Wladek Minor教授，知名结构生物学家、美国北卡罗林那大学教堂山分校的柯衡明教授分别作学术演讲，颜光美副校长致辞。

12月5日，华南肿瘤学国家重点实验室通过验收。科技部基础研究管理中心副主任刘燕美、副校长徐安龙出席会议。

12月11日，附属第三医院中医科被评为广东省"十一五"首批中医重点肝病专科。

12月12日，我校中山眼科中心张清炯课题组与中国科学院昆明动物研究所姚永刚课题组通过合作研究，发现特定线粒体DNA单倍型类群对Leber遗传性视神经病变发病与否有重要影响，研究结果发表在生命科学领域国际顶尖杂志《美国人类遗传学杂志》，我国学者首次在此领域顶尖杂志上发表论文。

12月31日，由教育部科学技术委员会组织评选的2008年度"中国高等学校十大科技进展"揭晓，我校附属二院宋尔卫教授主持的科研项目《MicroRNA对成瘤性乳腺癌干细胞"干性"的调控作用研究》入选。

2009年

1月10—11日，"2009年中山大学医科粤港澳青年校友迎春联谊会"在珠海校区伍舜德国际学术交流中心举行。广东省港澳办林迪夫副主任，卫生厅廖新波副厅长，我校郑德涛书记、黄达人校长、李萍副书记，中山医校友会会长、柯麟医学教育基金会陈汝筑会长等出席会议。联谊会由汪建平副校长主持。期间，还举行了广州市执信医疗科技有限公司总裁喻惠民校友向"中山大学医学教育口述史"项目捐助10万元人民币的捐赠仪式。

2月9日，中华医学基金会（China Medical Board，简称CMB）在杭州举行首届CMB杰出教授奖（Distinguished Professorship Award）颁奖仪式，我校附属二院副院长、著名乳腺外科专家宋尔卫教授获此殊荣，校党委副书记李萍、副校长黎孟枫带队出席仪式。

3月11日，卫生部与广东省人民政府共建共管我校六所附属医院签字仪式在北京钓鱼台国宾馆举行，我校附属第一医院、孙逸仙纪念医院、附属第三医院、附属眼科医院、附属肿瘤医院、附属口腔医院成为部省共建共管的医院。中共中央政治局委员、广东省委书记汪洋，卫生部副部长陈啸宏，广东省副省长雷于蓝，省政协副主席、卫生厅厅长姚志彬，省政府副秘书长李捍东，省发改委主任李妙娟，省财政厅厅长刘昆，我校党委书记郑德涛、校长黄达人等出席了签字仪式。签字仪式由卫生部党组书记张茅主持。卫生部陈竺部长和广东省黄华华省长分别代表卫生部和广东省在《中华人民共和国卫生部、广东省人民政府关于共建共管在粤卫生部管理医院的协议》上签字并分别讲话。出席签字仪式的还有卫生部办公厅、人事司、规财司、政法司、医政司、医管司、科教司负责人，广东省省委、省政府办公厅、发展改革委、财政厅等有关部门负责人及我校6所附属医院院长和医院管理处处长。

3月21日，黄达人校长下午到东校区药学院指导学院开展深入学习实践科学发展观活动。药学院党委书记及院长陪同并做了相关工作汇报。听取了工作汇报后，黄校长作了重要指示，同时与药学院领导班子一同研究各重点项目的实施工作并提出了明确的要求。

3月24日，我校2009年医政工作会议下午在南校区怀士堂举行。郑德涛书记、李萍副书记、广州市卫生局曾其毅副局长出席会议。汪建平副校长主持会议并代学校作《深入学习实践科学发展观 开创医政工作新局面》医政工作报告。会上，广东省卫生厅廖新波副厅长作了《新医改中的政府与医院》专题报告。学校医院管理委员会主任黄达人校长作了总结讲话。

3月26日，我校附属第六医院主办的广州市最大规模、最具特色的社区卫生服务中心——天河区员村街社区卫生服务中心举行挂牌开业庆典。广州市常务副市长、广州市城市社区卫生工作领导小组组长邬毅敏，广州市卫生局局长黄炯烈等120余人出席典礼。我校党委书记郑德涛等出席并讲话。

3月27—28日，附属一院召开以"科学发展、质量效益"为主题的2009年医院工作会议，医院中层以上干部和学科带头人共370多人参加了会议。校党委书记郑德涛出席并讲话。卫生部医疗服务监管司司长张宗久作《关于新医疗体制改革方案的解读报告》，大会最后表彰了2008年度医院各类先进集体和先进个人。

4月3日，中山市副市长唐颖、中山国家健康科技产业基地总监梁兆华一行6人下午到我校药学院参观考察，我校校长黄达人、药学院院长黄民等参加了座谈会。随后，唐颖副市长一行参观了药学院大楼。

4月3日，黄达人校长深入药学院指导检查深入学习实践科学发展观活动，就研究生培养与人事工作进行了调研。药学院领导、教师代表参加了调研座谈会。

4月11日，附属三院召开以"加强内涵建设，促进科学发展"为主题的2009年医院发展工作会议。郑德涛书记出席会议并听取了各分管院长的工作报告及各科室的工作汇报，了解三院深入学习实践科学发展观活动的情况。

4月11—13日，由国家级实验教学示范中心联席会发起、我校中山医学院承办的"第二届全国医学类实验教学研讨会暨国家级实验教学示范中心联席会医学组第三次会议"在北校区举行。全国60多所高校250多名代表参加了本次会议。黎孟枫副校长、医学教务处、中山医学院、设备与实验室管理处有关领导等出席会议。会上，北京大学、上海交通大学、中山大学等单位29位代表在大会上作了专题报告。会议期间，与会专家还参观了我校基础医学国家级实验教学示范中心、临床技能国家级实验教学示范中心和医学博物馆。

4月15日，新疆医科大学校长哈木拉提·吾甫尔率队访问我校。哈木拉提·吾甫尔校长一行还到我校中山医学院进行座谈交流，并参观了新落成的综合科技大楼。

4月16日，任命王深明为附属第一医院院长。

4月18日，中国国务委员刘延东应华盛顿大学校长艾默特的邀请，率领中国教育、科研和文化代表团访问位于西雅图的美国华盛顿大学。代表团成员包括教育部部长周济、科技部正部级常务副部长李学勇、国务院副秘书长项兆伦、国务院研究室副主任江小娟、外交部部长助理刘结一、中国驻美大使周文重、中国驻旧金山总领馆总领事高占生和教育部国际合作司司长张秀琴等。刘延东等着重视察了华盛顿大学—中国医学合作项目，参观了领导该项目的华盛顿大学－中国医学合作项目总监朱托夫教授实验室。中山大学—华盛顿大学转化医学研究所（华盛顿—中国医学合作项目第一个成功启动的项目），于2009年1月在我校附属第六医院成立。我校校长黄达人、副校长汪建平，美国华盛顿大学校长艾默特、朱托夫教授共同签署了两校科研与教育全面合作协议，并任命朱托夫教授为ITM第一任所长、汪建平副校长为共同所长。

4月29日，黄达人校长深入附属三院检查指导甲型H1N1流感防控工作，对附属三院甲型H1N1流感防控工作的责任意识和快速反应给予充分肯定，对下一步工作做出重要部署，并敦促医院工作人员要以积极主动的态度投入防控和救治工作，力争创造经验，提升医院应对重大传染病的能力，提高医疗救治水平和学术地位。

4月30日，北校区上午召开人感染猪流感防控工作记者会。国家传染病监测网络华南片区负责人之一、广东省防控猪流感疾控与公共卫生应急专家组组长、我校副校长黎孟枫，广东省人感染猪流感病例三家省级定点救治医院之一的中山大学附属第三医院院长陈规划，接受了新华社等14家新闻媒体记者的联合采访，回答有关疑似病例确诊、试剂研制、日常生活和工作中如何预防等方面的问题。黎孟枫副校长还介绍了我校人感染猪流感防控工作的准备情况、科研团队情况。

4月30日，北校区上午召开应对人感染猪流感防控工作会议，由广东省防控猪流感疾控与公共卫生应急专家组组长、我校副校长黎孟枫主持。会上成立了病原筛查组等7个科研工作小组，并部署了相关工作。

4月30日，廖振尔同志任中山大学肿瘤防治中心党委书记；曾益新同志任肿瘤防治中心党委副书记（兼）及肿瘤防治中心主任。

4月30日，经省委研究决定：中山大学肿瘤防治中心由正处级升格为副厅级。

5月11日，我校举行"5·12"国际护士节庆祝大会，广东省护理学会理事长张振路、我校副校长汪建平等出席活动并致词表示祝贺。大会分别向我校附属医院静脉输液护理技能大赛获奖者、校级优秀护士颁发荣誉证书，还特别制作了汶川大地震抗震救灾纪念牌，颁发给赴川抗震救灾的全体护理工作者。

5月13日，医学科学处在北校区举办了以"信号传导和疾病研究"为主题的第十二期医学学术沙龙。中山医学院黎孟枫等八位教授做学术报告。

5月16日，中国共产党中山大学附属第五医院党员大会在珠海市委党校学术报告厅召开。校党委书记郑德涛，校党委常委、组织部长李建超出席了大会，附属五院288名党员参加了大会，医院党外人士代表应邀列席。这次大会总结了医院在校党委领导下取得的各项成绩，确定了今后的发展方向和各项任务；代表们听取并审议"两委"工作报告；审议了《党费收缴使用情况的报告》；讨论通过了"两委"工作报告决议；选举产生了中国共产党中山大学附属第五医院新一届委员会、中国共产党中山大学附属第五医院新一届纪律检查委员会。

5月29—31日，"高等学校医学教学改革与优质教学资源建设研讨会"在北校区召开。黎孟枫副校长出席会议并致辞。会议围绕"医学教学改革与教材建设经验交流"、"首届高校医学教学论坛筹办事宜以及医学教学资源建设"两个主题展开了交流讨论。省教育厅、卫生厅等部门有关负责人参加了研讨会。

6月5日，中国农工民主党中山大学基层委员会成立大会下午在肿瘤防治中心举行。中国农工民主党中央副主席、广东省委员会主委、全国人大常务委员会委员、广东省人大常委会副主任王宁生，在穗的中国农工民主党省委副主委——广东省人民医院副院长王启仪、华南农业大学副校长吴鸿、广东省食品药品监督管理局副局长马光瑜、广州市人民法院副院长余明永、广东省贸易促进委员会副会长张华出席大会。校党委书记郑德涛、副书记李萍到会祝贺。

6月8日，黄达人校长上午到广东华南新药创制中心考察。广东华南新药创制中心主任、我校副校长颜光美介绍了中心的工作，并陪同黄校长参观了即将启用的办公和实验大楼。药学院、广东华南新药创制中心签订了全面合作协议。

6月8日，经研究决定，干细胞与组织工程研究中心划入中山医学院管理。

6月12日，中山大学高野盆底疾病研究中心在我校附属第六医院（附属胃肠肛门医院）挂牌成立，广州市科技局副局长叶力，日本大肠肛门病中心、高野会会长高野正博，我校副校长、附属六院院长汪建平等出席了挂牌仪式。

6月12日，中国卫生思想政治工作促进会城市医院分会常务理事会在附属二院召开。广东省卫生厅副厅长张寿生，中国卫生思想政治工作促进会副秘书长冯小健、城市医院分会会长黄厚甫等71名代表出席此次会议，会议由城市医院分会秘书长郁申华主持。郑德涛书记在会上发表讲话。

6月26日，附属一院与澳门镜湖医院在澳门举行加强友好合作协议签字仪式。附属一院院长王深明与镜湖医院慈善会副理事长冯志强代表双方签署协议书。卫生部副部长黄洁夫、医政司司长王羽、镜湖医院慈善会副主席廖泽云、我校副校长黎孟枫等出席签字仪式。

7月9日，中山大学实验动物中心（医学动物实验部）不再挂靠药学院管理。刘强代理实验动物中心主任（兼）；黄民不再兼任实验动物中心主任职务。

7月17—18日，孙逸仙纪念医院2009年中会议在清远召开，孙逸仙纪念医院领导、管理干部和特聘教授100多人参加会议。郑德涛书记出席并发表讲话，党委副书记李萍、副校长黎孟枫等出席会议。

7月20—31日，由教育部批准，我校中山医学院主办，香港大学李嘉诚医学院、香港浸会大学中医药学院以及澳门科技大学中医药学院加盟的首届粤港澳医学生暑期联合夏令营活动在粤举行。三地四校医学生共41参加了此次活动。我校副校长黎孟枫出席并发表讲话。

8月20日，东莞市社会保障局局长梁冰、副局长张亚林等一行9人专程来到我校附属六院，与院方签订了《东莞市社会保险定点医疗机构服务协议》。我校副校长、附属六院院长汪建平教授出席并主持了签约仪式。

9月6日，2008年度长江学者特聘教授、讲座教授人选名单近日公布，我校共有7位教授入选，其中特聘教授3人，分别是李宝军（光学工程）、郑利民（肿瘤免疫学）、朱菁（科学技术哲学）；讲座教授4人，分别是黄蓬（肿瘤学）、蓝田（分子遗传学）、张和平（统计学和生物信息学）、周敏（社会学）。根据教育部公布的名单，2008年度"长江学者奖励计划"共评出特聘教授135人、讲座教授109人，我校入选人数居全国高校第7位，这也是我校历年来人数最多的一次。至此，我校共有长江学者32人。

9月7日，由我校医学教务处组织召开的"第六届中国八年制医学教育峰会"预备会在广州召开，来自北京大学、复旦大学、华中科技大学、上海交通大学、四川大学、中南大学、中山大学等7所八年制临床医学专业的高等院校领导及代表出席了会议。预备会议由我校黎孟枫副校长主持，陈春声副校长代表学校致欢迎辞。

9月19—20日，医学教务处在北校区启动了医科博士生教学助理岗前培训工作。黎孟枫副校长出席会议并作《中山大学与医学教育》专题讲座。

10月10日，校党委书记郑德涛莅临附属肿瘤医院参观，对医院门诊设立了一站式便民服务中心、优化就医环境给予了充分肯定。

10月10—11日，我校与广东省药学会、华南新药创制中心、加拿大麦基尔大学在广州联合举办了首届"国际工业药学与临床药学研讨会"。中国科学院院士、我校药学院名誉院长陈新滋，我校副校长、华南新药创制中心主任颜光美，广东药学会秘书长陶剑虹分别致词。

10月23日，上海交通大学党委书记马德秀率队到我校调研并参观了我校中山医学院、生命科学学院的部分实验室，深入了解我校医学、生命科学建设的相关情况。

校长黄达人，副校长许宁生、黎孟枫、徐安龙，校长助理夏亮辉，相关职能部门负责人与来访客人进行了座谈交流。

10月25日，由国际早期肺癌行动计划（I-ELCAP）主办，我校附属五院承办的第21届国际早期肺癌筛查会议在珠海落下帷幕。珠海市副市长邓群芳、我校副校长黎孟枫出席了会议。

10月31日—11月1日，由孙逸仙纪念医院、《岭南现代临床外科》杂志社主办的首届岭南胰腺外科高峰论坛在广东佛山举行。中国工程院院士黄志强教授、中国科学院院士刘允怡教授、美国外科学院荣誉院士彭淑牖教授等300多位专家学者济济一堂进行交流探讨。会议期间，广东省抗癌协胰腺癌专业委员会成立筹备会举行，孙逸仙纪念医院被选为广东省抗癌协会胰腺癌专业委员会主任单位。

11月5日，我校法医专业实习基地《教学协作协议书》签字仪式在北校区举行。陈春声副校长代表学校与广州市公安局、东莞市公安局、佛山市公安局、中山市公安局、惠州市公安局的领导分别签署协议书，并在会上发表讲话。这标志着我校将与上述五市的公安局将加强合作，共育法医人才。

11月8日，由我校承办的"第六届中国八年制医学教育峰会"在怀士堂举行，我校校长黄达人、广东省卫生厅党组书记黄小玲、中华医学会医学教育分会会长金铮、教育部高教司农林医药处处长王启明、学校副校长陈春声等领导，来自全国29所大学的150余名医学教育专家代表出席了会议。本届峰会的主题是"八年制医学教育临床阶段的培养目标和基本要求及校际间交换生培养等"，黎孟枫副校长主持开幕式和闭幕式。

11月8—10日，由中国神经科学学会主办、我校中山医学院承办的中国神经科学学会第八届全国学术会议在广州召开。陈宜张院士、李朝义院士、吴建屏院士、杨雄里院士以及众多国内外专家学者1000余人齐聚一堂。我校副校长颜光美出席了开幕式。

11月13日，由我校医学部、广东省柯麟医学教育基金会和中山医校友会联合主办的"中山大学建校85周年校庆活动——中山大学医科校友校庆联谊晚宴"在广州举行，学校党委副书记李萍、副校长黎孟枫出席。

11月13日，中山大学流动人口卫生政策研究中心成立暨首届学术研讨会在南校区召开。CMB（China Medical Board）北京办事处主任徐东、广东省卫生厅科教处处长徐庆锋、我校副校长黎孟枫等40多名专家学者出席了会议。

11月14日，2009欧亚结直肠外科会议在广州白云国际会议中心召开。美国克利夫兰医疗中心的James M. Church，ECTA主席Dr Francis Seow-Choen，意大利《Techniques in Coloproctology》杂志主编Mario Pescatori，日本中日结直肠肛门外科协会主席Fumio Konishi，广东省卫生厅厅长姚志彬等来自欧洲、美国、澳大利亚、新加坡、日本、香港、台湾及国内专家2300余人参加了此次盛会。校党委书记郑德涛，副校长、附属第六医院院长汪建平在会上发表讲话。

11月16—18日，美国科学院院士、美国弗雷德·哈钦森癌症研究中心主任、

2001年诺贝尔生理学或医学奖得主 Leland Hartwell 教授访问我校附属第六医院，广东省常务副省长黄龙云、副省长雷宇蓝、广东省科技厅厅长李兴华、华盛顿大学终身教授朱托夫、我校校长黄达人、副校长兼附属六院院长汪建平、附属六院相关负责人等与 Leland Hartwell 教授一行在结直肠癌分子诊断方面进行了深入的交流和探讨。

11月17日，由国家外国专家局和中山大学联合主办的"中山大学诺贝尔大师系列讲坛第三讲"下午在南校区梁銶琚堂举行。美国科学院院士、2001年诺贝尔生理学或医学奖得主 Leland Hartwell 教授应邀作了题为"Revolutionizing Medicine through Molecular Diagnostics（分子诊断技术带来的医疗革命）的讲座。汪建平副校长、黎孟枫副校长出席。讲座由许宁生副校长主持。中山大学、暨南大学、广州医学院、广州中医药大学和中山大学新华学院的师生以及省市各级机关科技工作人员1000余人参加讲座。

11月22—26日，由孙逸仙纪念医院承办的第七届（广州）国际人道救援医学年会（International Association for Humanitarian Medicine，简称 IAHM）暨首届全国急救与灾难救援高峰论坛于在广州召开。王正国院士、曾益新院士、钟世镇院士、IAHM 主席 S. W. A. Gunn、卫生部医疗服务监管司评价处处长陈虎、中国卫生画报主任李亦、中央电视台著名节目主持人白岩松、广东省卫生厅副厅长廖新波、广东省红十字会副会长莫益勇、广州市卫生局局长黄炯烈、我校副校长徐安龙等嘉宾，IAHM 理事、国内外著名专家及医学同仁400多人参加了此次盛会。

11月24—26日，国家医学考试中心副主任王县成、赵源等以及国家医学考试中心专家委员会主任委员、北京大学马明信教授和山东大学孙靖中教授一行五人到我校医教处调研。

11月24日，北校区调研工作座谈会下午召开。我校副校长陈春声以及中山医学院、口腔医学院、临床技能中心、就业指导中心、医教处等相关部门其他负责人等30余人参加了座谈会。

11月25日，王县成副主任一行下午考察了医教处，并和医教处领导、医科督导组专家教授以及各附属医院内、外、妇、儿科的专家教授进行了座谈。

11月25日—12月2日，首届中山医学院学术节在北校区举行。省政协副主席、省卫生厅厅长姚志彬，我校黄达人校长、曾益新院士、颜光美副校长、黎孟枫副校长等出席了本次学术节。

11月27日，由附属第一医院与美国加利福尼亚医院创伤中心合作建设的中美创伤研究培训中心下午举行了揭幕挂牌仪式，标志着该中心正式成立。

11月27—29日，由孙逸仙纪念医院主办的第二届逸仙心血管病论坛在广州举行。广东省卫生厅副厅长耿庆山、我校副校长黎孟枫、中华医学会起搏与心电生理分会主任委员王方正、候任主任委员张澍出席，来自全国各地的400多名心血管专家学者参加了会议。

11月28日，附属一院黄埔院区迎来建设10周年庆典。广东省副省长雷于蓝发来贺信。卫生部医政司副司长赵明钢、广东省卫生厅副厅长廖新波、我校党委副书记朱孔军、广州市人大常委会副主任周庆强、广州市政协副主席林生珠、黄埔区区委书记陈小钢等出席庆典。

12月7—9日，孙逸仙纪念医院第十次党员代表大会召开。校党委书记郑德涛、副书记李萍等出席会议。孙逸仙纪念医院党委书记王景峰、院长沈慧勇担任执行主席。最后，会议选举产生了新一届的党委会和纪律检查委员会。在新一届党委会第一次会议上，王景峰当选为党委书记。

12月9日，学校郑德涛书记等一行5人前往香港探望80多岁高龄的中山医香港校友会创会会长刘永生医生。当晚，郑德涛书记一行还与香港的医科校友代表见面，共叙一堂。郑德涛书记介绍了学校的发展近况，与校友们共商学校发展大计。

12月10日，肿瘤防治中心对口帮扶4省8家地市级医院签字仪式于上午举行。这标志着肿瘤防治中心成为第一家响应广东省政府加强基层医疗卫生队伍建设号召的三级甲等医院。广东省政协副主席、卫生厅厅长姚志彬，肿瘤防治中心主任曾益新院士以及受帮扶医院的负责人出席仪式。

12月22日，雷于蓝副省长，省政协副主席、省卫生厅厅长姚志彬，省卫生厅办公室主任吴圣明副巡视员、科教处徐庆锋处长，省办公厅综合二处何慧华副调研员一行于上午到中山医学院考察调研。我校副校长、中山医学院院长黎孟枫等陪同考察。考察结束后双方召开了汇报座谈会。

12月22日，我校主办的《家庭医生》杂志在"第四届中国期刊创新年会暨新中国60年有影响力期刊及期刊人颁奖大会"中获"新中国60年有影响力的期刊"荣誉称号。

12月25日，"中山大学逸仙泉红十字会基金"于上午在东校区启动。校党委副书记、该基金会会长朱孔军等参加了启动仪式。朱孔军副书记在仪式上发表讲话。

2010年

1月6—8日，中共中山大学附属第一医院第二次代表大会召开，广东省教育纪工委陈韩晓书记，广东省委组织部干部五处林伟光副处长，校党委郑德涛书记、李萍副书记出席大会。广东省委教育纪工委陈韩晓书记，校党委郑德涛书记、李萍副书记先后发表讲话。

1月13日，校党委郑德涛书记到附属三院看望病中的彭文伟老校长。

1月28日，中山大学血液病研究所通过中山大学医科学术委员会论证并获学校批准，正式成立。中山大学血液病研究所延承梁锦华教授早期创立的中山医科大学血液病研究室，以中山大学附属第三医院为依托单位，联合中山大学附属第一医院、附属第二医院、附属第五医院、肿瘤防治中心、中山医学院及中山大学达安基因股份有限公司等单位，由梁锦华教授、罗绍凯教授出任名誉所长，刘强教授、李娟教授出任所长，林东军、尹松梅、昌跃、黄慧强及侯丽君等5位教授出任副所长。

1月29日，附属一院百年院庆典启动仪式暨2010年迎春联欢会在北校区举行。校党委书记郑德涛、副校长汪建平参加活动并致辞祝贺。

2月4日，附属肿瘤医院ICU举行广东省"青年文明号"挂牌仪式。

3月5日，中山大学附属第六医院医务志愿工作部成立，并举行"志愿服务进医院，携手医患献爱心"的服务日主题活动。广东省卫生厅副厅长耿庆山，我校党委副书记李萍、副校长汪建平出席活动。

3月5日，广东省卫生厅副厅长廖新波带队，率孙逸仙纪念医院、附属肿瘤医院、省人民医院等16家大型三级医院负责人，到南宁市与广西16家受援医院签订对口支援协议书。

3月5—6日，孙逸仙纪念医院召开2010年度中层干部会议，总结2009年工作，并规划2010年的工作思路。校党委郑德涛书记出席会议。

3月16日，以杨雄里院士为组长的验收专家组对中山眼科中心眼科学国家重点实验室进行实地考察，并一致同意通过对中山眼科中心眼科学国家重点实验室建设任务的验收。徐安龙副校长出席验收的相关活动。

3月26日，孙逸仙纪念医院举行南院区病房综合楼奠基典礼，校党委书记郑德涛参加奠基典礼。

3月26—28日，附属一院2010年工作会议、第八届教职工代表大会暨第十五次工会会员代表大会第五次会议召开。黄达人校长、徐安龙副校长出席会议。

3月26—28日，附属第三医院以"科学发展，和谐奋进"为主题，召开2010年医院发展工作会议。黄达人校长、汪建平副校长参加会议。

4月2日，中山大学血液病研究所（简称血研所）成立大会暨首期逸仙血液论坛在北校区举行。广东省科技厅、广州市科技局、我校各附属医院的相关负责同志出席大会。江苏省血液研究所所长阮长耿院士、我校徐安龙副校长为大会发去贺信。

4月2—3日，肿瘤防治中心在东莞召开2010年学科发展研讨会，会议主题为"精细学科管理，完善学科布局"。20个临床医技科室汇报本科室学科建设的现状、取得的成绩以及存在的问题，并接受校内外评审专家的点评。校党委书记郑德涛、副书记李萍、副校长黎孟枫担任校内评审专家。

4月14日，青海省玉树地震发生后，我校组建的第一批医疗队中的8名医护人员参与广东省卫生厅组织的"广东省赴青海抗震救灾医疗队"，从广州白云机场飞赴灾区，进行救援工作。广东省副省长雷于蓝，省卫生厅党组书记黄小玲，我校副校长汪建平前往机场为医疗队送行。

4月24日，庆祝中山医美东校友会成立15周年晚宴在纽约举行。李萍副书记在晚宴上代表学校对中山医美东校友会成立15周年表示祝贺，并向校友们介绍学校近期的发展情况。

4月26—28日，李萍副书记一行赴哈佛大学医学院、麻省州立大学进行访问交流，拜访Cancer Cell杂志社、岭南基金会，并参加纽约、波士顿和多伦多校友会召集的多场校友聚会。李萍副书记一行还在多伦多接受星岛日报社副总编、多伦多A1中文电台"都市热线"节目主持人木然校友的专题直播采访。

5月7日，中共中山大学附属第二医院委员会更名为中共中山大学孙逸仙纪念医院委员会。

5月13日，医学教务处在北校区校友会堂组织召开2006级医学生实习动员大会，陈春声副校长出席会议并讲话。

5月19日，我校副校长、"长江学者"特聘教授黎孟枫应邀在孙逸仙纪念医院作《转化医学研究的现状与未来》的学术报告。

5月21日，以我校公共卫生学院为主持单位、院长凌文华教授为负责人的"十一五"国家科技重大专项"广东省艾滋病、病毒性肝炎社区综合防治研究"启动推进会在北校区召开。卫生部国家传染病防治重大专项实施管理办公室吴沛新处长、广东省人民政府副秘书长李捍东、广东省卫生厅副厅长黄飞、我校副校长黎孟枫、徐安龙出席会议。

5月22日，第六届中国肿瘤学术大会在上海召开。期间，第三届淋巴瘤专业委员会换届选举大会举行。我校附属肿瘤医院姜文奇教授当选为中国抗癌协会第三届淋巴瘤专业委员会主任委员。我校附属肿瘤医院的黄慧强教授当选为常务委员，林桐榆教授、夏云飞教授等当选为委员。

5月28日，中山大学达安基因股份有限公司（以下简称"达安基因"）新产品——甲型H1N1流感病毒核酸检测试剂盒（PCR-荧光探针法）（编号2010GRE01001）入选2010国家重点新产品计划。

5月30日，国家重大新药创制科技专项检查评估组对肿瘤防治中心承担的重大新药创制科技专项"创新药物研究开发技术平台建设"进行现场检查评估。广东省科技厅副厅长钟小平、我校副校长徐安龙陪同考察。

6月11日，孙逸仙纪念医院党务干部培训在广州南沙举行。校党委书记郑德涛、副书记李萍出席并作报告。

6月13日，广东省2010年高等学校珠江学者岗位计划设岗学科和受聘人员名单于近日公布，我校6个学科通过珠江学者岗位设置，6位教授获聘为广东省高等学校珠江学者特聘教授。他们是金融学学科李仲飞教授、卫生毒理学学科陈雯教授、肿瘤学学科马骏教授、眼科学学科卓业鸿教授、概率统计学学科郭先平教授、高分子化学与物理学学科孟跃中教授。

6月23日，附属三院召开2010年宣传思想工作会议。校党委书记李萍副出席并讲话。

6月25日，附属一院庆贺陈国锐教授从医从教56周年。校党委书记郑德涛、副书记李萍、副校长汪建平出席庆祝活动。

7月6日，卫生部党组书记张茅同志到我校肿瘤防治中心调研考察。广东省副省长雷于蓝，广东省政协副主席、卫生厅厅长姚志彬，我校党委书记郑德涛陪同考察。

7月24日，由我校附属第三医院主办的"IIT研究启动会"在广州举行，徐安龙副校长出席开幕式。

8月4—5日，医学教务处、中山医学院召开2010年中山大学临床模拟教学工作会议暨临床技能中心工作总结会，黎孟枫副校长出席会议。

8月5日，附属一院召开党委中心组学习座谈会，校党委常务副书记梁庆寅在会上作中心发言。

8月18日，中山大学附属第一医院与惠州大亚湾经济技术开发区管委会举行合作签约仪式。黄达人校长、汪建平副校长出席签字仪式。

△中山大学接教育部教任〔2011〕59号、教党任〔2011〕75号通知：任命汪建平、许家瑞为中山大学常务副校长（正厅级）。

9月8—12日，由中华医学会介入放射学分会主办，中山大学介入放射学研究所、中山大学附属第三医院、广东省人民医院、暨南大学附属第一医院和南方医科大学南方医院承办的《当代医学—中国介入放射学》杂志和《中华放射学》杂志协办的第九届中国介入放射学学术大会（9th Scientific Meeting of Chinese Society of Interventional Radiology, 2010 CSIR）在广州白云国际会议中心召开。广东省卫生厅耿庆山副厅长、我校徐安龙副校长在大会上致辞。

9月14日，校党委郑德涛书记带领组织部和人事处部门负责人等一行4人到肿瘤防治中心，就人才队伍建设工作进行专题调研。

9月16日，任命肖海鹏为医学教务处处长。

9月21日，中山大学"逸仙学者"讲座教授聘任仪式在南校区举行。生命科学学院屈良鹄教授、中文系吴承学教授、地理科学与规划学院黎夏教授、中山医学院吴长有教授、哲学系倪梁康教授受聘为"逸仙学者"讲座教授。黄达人校长为受聘教授颁授聘书并发表讲话，梁庆寅常务副书记、黎孟枫副校长、保继刚校长助理出席仪式，聘任仪式由梁庆寅常务副书记主持。

10月9日，以"百年医魂，薪火相传"为主题的中山大学附属一院百年院庆庆典活动举行。

10月14日，澳门镜湖医院院长交接仪式在澳门举行。我校医学部副主任、中山医学院教授王庭槐接任该院院长。全国政协副主席、镜湖慈善会永远主席何厚铧，我校副校长陈春声出席交接仪式。

10月23日，中国科协组织人事部部长李森、副巡视员刘红跃等一行5人，在广东省科协党组书记梁明、人事部部长冯日光的陪同下，到我校肿瘤防治中心慰问中国科协"七大"代表曾益新院士，并进行工作调研。

10月29日，中山大学孙逸仙纪念医院举行院史馆揭幕仪式。校党委副书记李萍出席仪式并致辞。

10月30日，中山大学孙逸仙纪念医院175周年庆典在广州白天鹅国际会议厅举行。广东省副省长雷于蓝，中共广东省委副秘书长陈山地，卫生部规财司副司长刘殿奎，广东省卫生厅副厅长廖新波，梅州市市长朱泽君，中华医学会前任会长钟南山院士，我校郑德涛书记、黄达人校长、校梁庆寅常务副书记、李萍副书记、许家瑞副校长出席庆典活动。

11月3日，中山眼科中心45周年庆典举行，校党委书记郑德涛、副书记李萍、副校长黎孟枫出席庆典活动。

11月11日，撤销原中山医科大学国家医学教育发展中心。

11月13—14日，由教育部和广州市人民政府共同主办的"亚洲大学校长论坛"在广州东方宾馆举行。黄达人校长在论坛上作主题发言，并与韩国高丽大学、建国大学和科威特海湾科技大学签署合作协议。

11月17日，广州市副市长贡儿珍、卫生局局长黄炯烈、亚组委医疗卫生部部长张立等市委、亚组委领导到广东工业大学板球场慰问我校附属三院亚运场馆医疗队的工作人员。

11月26日，中国科学技术信息研究所公布"2009年中国百种杰出学术期刊"，肿瘤防治中心主办的《癌症》杂志（Chinese Journal of Cancer，CJC）名列其中。

11月30日，我校热带病防治研究教育部重点实验室在2010年度生命科学领域教育部重点实验室评估中获评为"优秀类实验室"。

12月22日，中山大学肿瘤防治中心2010年对口帮扶总结会议召开。广东省卫生厅副厅长耿庆山、我校副校长汪建平出席对口帮扶总结座谈会。

12月27—30日，由卫生部医管司组织的大型医院巡察组莅临我校检查指导，开展第一阶段巡查工作。19位专家分两个组检查我校六所附属医院，分别是：附属一院、孙逸仙纪念医院、附属三院、眼科医院、肿瘤医院和口腔医院，汪建平副校长代表学校接待巡察组的领导和专家。

12月28日，附属第五医院第二届教职工代表大会暨工会会员代表大会第一次会议开幕。

2011年

1月8日，广东省医师协会介入医师分会举行换届改选会议。附属第三医院副院长单鸿教授当选为介入医师分会第二届委员会主任委员。

1月10日，学校肿瘤防治中心西大楼奠基仪式举行。广东省人大常委会副主任钟阳胜、副省长雷于蓝、校长许宁生出席。

2月15日，医学继续教育中心举行"医学大讲堂——广东省医学前沿巡回讲演"首批特约专家聘请仪式，黎孟枫副校长出席。

2月16—17日肿瘤防治中心第一次党代会召开。校党委书记郑德涛、常务副书记、纪委书记梁庆寅出席。

2月22日，附属口腔医院举行珠江新城口腔医疗门诊部开业庆典。校党委书记郑德涛，中共广州市委宣传部部长王晓玲，中共广东省卫生厅书记陈元胜出席。

3月1日，光华口腔医学院承办"广东省口腔医学会成立十周年庆典"。许宁生校长致辞。

3月4—5日，孙逸仙纪念医院2011年中层干部会议召开。校长许宁生、党委副书记李萍出席。

3月12日，中山大学香港医科校友春茗暨中山医科大学香港校友会第八届理事就职典礼在香港举行。校党委书记郑德涛、副书记李萍，副校长黎孟枫出席。

3月15日，广东省科技厅叶景图副厅长一行到中山医学院考察人类病毒学创新团队建设情况。副校长黎孟枫出席。

3月15日，附属第一医院肿瘤科在院本部正式挂牌成立。

3月15日，肿瘤防治中心刘强教授领导的研究团队发现鼻咽癌血清标志物，该项研究成果发表在国际著名杂志《临床肿瘤学杂志》上。

3月25—27日，附属第一医院2011年工作会议、第八届教职工代表大会暨第十五次工会代表大会第六次会议召开。校党委书记郑德涛出席。

3月25—27日，附属第六医院召开第二届教职工代表大会第一次会议暨2011年医院工作会议。校党委书记郑德涛，副校长、附属六院院长汪建平出席。

3月30日，附属第一医院小儿心脏外科（心外二科）正式挂牌成立。

3月31日，孙逸仙纪念医院乳腺肿瘤医学部暨树华乳腺癌研究中心在孙逸仙纪念医院南院区揭牌。校长许宁生、校党委副书记李萍出席。

3月31日，学校和番禺区政府举行《番禺区与中山大学孙逸仙纪念医院合作建设三级甲等综合医院的框架协议》签约仪式。校长许宁生、副校长汪建平出席。

4月1—3日，附属第三医院2011年发展工作会议召开。许宁生校长出席。

4月28日，附属第一医院余学清教授、中山眼科中心刘奕志教授、肿瘤防治中心马骏教授3位教授获"卫生部有突出贡献中青年专家"称号。

5月13—15日，中山医学院代表队获第二届全国高等医学院校大学生临床技能大赛总决赛特等奖。

5月17—18日，附属第一医院首届"专科护理暨患者安全"国际会议在附属一院召开。

5月21—22日，附属肿瘤防治中心主办的"第二届广州国际肿瘤学会议"在广州白云国际会议中心举行。校长许宁生致辞。

5月26日，学校与Arizona州立大学共建结直肠肿瘤生物特征研究所合作意向签署仪式在广州举行。诺贝尔医学、生理奖获得者Leland Harrison Hartwell教授与汪建平副校长在意向书上签字。许宁生校长出席。

6月2日，学校附属医院有11个专业的14个专科被评为"国家临床重点专科建设项目"，位居全国高校前列。

6月10日，肿瘤防治中心在北校区校友礼堂举行"党徽照医心 医者颂党恩"为主题的纪念建党90周年系列活动之一——"纪念建党90周年暨2010年度表彰大会"。校党委书记郑德涛出席。

6月11日，光华口腔医学院凌均棨教授当选为中华口腔医学会牙体牙髓病学专业委员会候任主任委员。

6月13日，科技部公布生物科学领域和医学科学领域国家重点实验室评估结果，有害生物控制与资源利用国家重点实验室、华南肿瘤学国家重点实验室和眼科学国家重点实验室评估结果为良好。

6月14日，学校与深圳市住院医师规范化培训合作协议签署仪式在深圳市举行。我校汪建平副校长出席。

6月17日，附属第五医院组织开展"创先争优促发展，植下红枫寄深情"党员捐赠植树活动。校党委书记郑德涛出席。

6月17日，中山大学附属第五医院举行庆祝签约建院10周年系列活动。校党委书记郑德涛出席。

6月23日，附属肿瘤医院曾益新院士受聘为国务院首届医改专家咨询委员会副主委。

6月24日，香港青年外科医生学会访问团一行到附属第一医院访问交流。黎孟枫副校长接待来宾。

6月29日，附属第三医院举行庆祝建党90周年大会。校党委书记郑德涛出席。

7月23—24日，校党委朱孔军副书记率暑期"三下乡"健康直通车博士服务团在阳江主要县镇开展免费白内障手术治疗、下乡义诊送药活动。

7月25日，肿瘤防治中心召开"先诊疗，后结算"项目全面上线启动仪式。卫生部部长陈竺，副省长雷于蓝，校党委书记郑德涛出席。

8月3日，深圳市委托住院医师规范化培训入培仪式在北校区举行。汪建平副校长出席。

8月19—21日，研究生院和眼科学国家重点实验室主办的第二届全国眼科学研究生论坛在广州三寓宾馆举行。

8月20日，中意结直肠肛门外科学术研讨会暨第六期TST痔的微创治疗学习班在附属第六医院召开。汪建平副校长致辞。

9月1—3日，孙逸仙纪念医院骨外科、广东省医学会承办的第十届全国脊柱脊髓学术会议在广州召开。

9月8日，附属第三医院以"医德至上济苍生，博积精勤四十年"为主题在萝岗会议中心举行40周年院庆。校党委书记郑德涛致辞。校党委副书记李萍、副校长汪建平、副校长许家瑞出席。

9月8日，中山大学附属第三医院岭南医院正式启用。卫生部副部长黄洁夫、我校党委书记郑德涛等共同主持开启仪式。

9月9日，医学教务处组织召开医科教师节座谈会。校党委书记郑德涛，副校长黎孟枫、陈春声出席。

9月29日，附属口腔医院·附属第六医院共建光华口腔医学院中六临床基地签约仪式在广州举行。常务副校长汪建平出席。

10月21日，"2010年度卫生部国际交流与合作中心·第一三共医药学奖学金"颁奖大会在南校区举行，来自北京大学、中国医科大学、四川大学、哈尔滨医科大学以及我校的代表参加了大会。校党委副书记朱孔军出席颁奖仪式。

10月27日，公共卫生学院与中山市疾病预防控制中心战略合作签字仪式暨中山大学公共卫生学院中山研究院揭牌仪式在中山市疾病预防控制中心举行。广东省卫生厅厅长姚志彬，校党委书记郑德涛、副校长颜光美出席。

11月5日，肿瘤防治中心为老院长、肿瘤内科创始人管忠震教授举行从医从教60周年暨80岁华诞庆祝活动。常务副校长汪建平、副校长黎孟枫出席。

11月10日，卫生部副部长刘谦携科技部、广东省科技厅、广东省卫生厅领导一行到肿瘤防治中心考查中心新药临床评价研究技术平台的建设情况。常务副校长汪建平接待。

11月12日，中山大学医科创建145周年庆典晚会在北校区举行。校党委书记郑德涛、校长许宁生出席。汪建平常务副校长主持。

11月12日，纪念柯麟院长诞辰110周年座谈会在北校区举行。校党委书记郑德涛、副校长黎孟枫出席。校党委李萍副书记主持。

11月12日，法医鉴定中心举行"国家级司法鉴定机构"揭牌仪式。霍宪丹局长、国家司法鉴定科学技术研究所沈敏所长、广东省司法厅陈伟雄厅长、黎孟枫副校长为牌匾揭幕。

11月13日，第三届中山大学医科粤港澳中青年校友联谊会在顺德举行。黎孟枫副校长出席。

11月14日，附属第五医院举行"大医精诚赋"、"家园"文化墙揭幕仪式。珠海市副市长邓群芳，颜光美副校长出席。

11月14日，珠海市传染病综合防治楼落户附属五院。珠海市副市长邓群芳，副校长颜光美出席奠基仪式。

11月20—23日，Baylor医学院国际交流合作负责人Bobby Kapur一行到访学校。黎孟枫副校长，陈春声副校长会见来宾，双方签署"Baylor医学院与中山大学备忘录"。

11月25—26日，2011年中-法肿瘤学研讨会在肿瘤防治中心举行。广州领事馆总领事Bruno Bisson、副校长魏明海出席。

11月28日，中山大学医学标本馆启用仪式在北校区举行。我国著名解剖学家钟世镇院士、颜光美副校长、黎孟枫副校长出席。

12月6日，中山大学与非直属附属医院《医教研合作协议书》续签仪式在北校区举行。校常务副校长汪建平出席。

12月8—9日，尼泊尔医学会代表团DR. Dev Narayan Shah一行到访学校，了解中国招收MBBS留学生大学的相关情况。颜光美副校长会见来宾。

12月20日，学校第二批支援加纳医疗队赴加纳执行为期两年的医疗任务。陈春声副校长送行。

2012年

1月5日，附属六院医疗综合大楼封顶仪式举行，校常务副校长、附属六院院长汪建平教授与院领导班子等出席仪式。

1月11日，附属一院2012年迎春联欢会在北校区校友会堂举行，校党委郑德涛书记等参加联欢会。

1月12日，我校许宁生校长到附属一院调研慰问、调研。

1月13日，郑德涛书记来到珠海校区、附属五院开展调研慰问工作。

1月17日，党委朱孔军副书记专程到附属五院亲切慰问正在一线岗位辛勤工作的医务人员，并送上新春祝福。

1月17日，新春佳节来临之际，中山大学黎孟枫副校长携校医管处相关人员到附属三院看望彭文伟教授及其夫人侯慧存教授。

1月20日，任命刘奕志为中山眼科中心主任；任命刘奕志为眼科医院院长（兼）；任命何明光为防盲治盲办公室主任；任命张清炯为眼科研究所所长；余敏斌同志任中山眼科中心党委书记。

2月7日，我校附属第三医院翁建平教授带领的科研人员发现了组蛋白/非组蛋白去乙酰化酶SIRT1（沉默调节因子1）在非酒精性脂肪肝和血管新生中的新机制，突出了表观遗传学在代谢相关性疾病中的重要地位，其相关结果均发表在美国最老牌、权威的内分泌学杂志Endocrinology（5年平均影响因子5.103）。

2月10—11日，中山大学附属肿瘤医院放疗科放射治疗中心开业2周年庆典暨全国放射治疗新技术研讨会成功召开，广东省卫生厅耿庆山副厅长、中山大学汪建平常务副校长出席庆典并致辞。

2月24日，我校医学继续教育中心承办的国家人力资源和社会保障部"专业技术人才知识更新工程高级研修班项目——医院管理高级研修班"举行开班典礼，我校副校长黎孟枫出席典礼并致辞。

3月27日，广东省委、省政府在广东大厦召开广东省科学技术奖励大会暨全省科技工作会议。中国科学院院士、我校肿瘤防治中心主任、肿瘤医院院长曾益新荣获2011年度广东省科学技术奖突出贡献奖。

4月5日，任命黎孟枫兼任医学部主任。

4月6日，中山大学光华口腔医学院与美国伊利诺伊大学牙学院举行本科生交换项目启动仪式，校党委常务副书记、副校长陈春声出席仪式并讲话。

4月7—8日，中山大学附属第三医院2012年医院发展工作会议在清远圆满召开，此次医院发展工作会议以"凝心聚力，共谋发展"为主题，中山大学党委李萍副书记、医科处梁丹处长、医管处韩玲处长应邀出席会议。

4月22日，华南肿瘤学国家重点实验室学术委员会会议在佛山三水召开，学术委员会主任强伯勤院士，学术委员会委员丁健院士、程京院士、曾益新院士等出席会议。我校黎孟枫副校长和肿瘤防治中心马骏副院长致欢迎词。

4月26日，厦门大学医学院刘祖国院长会同研究生院、教务处、人事处、科技处、医学院、公共卫生学院、药学院等相关部门负责人一行来我校参观考察我校医学教育及管理等相关工作。我校副校长、医学部主任、中山医学院院长黎孟枫教授与相关部门负责人等在北校区外宾接待室与厦门大学一行进行座谈。

5月4日，中山大学、复旦大学、中国医学科学院肿瘤学研究协同创新中心建设研讨会在我校肿瘤防治中心召开，许宁生校长到会发言，汪建平常务副校长、徐安龙副校长应邀出席。

5月15日，肿瘤防治中心肝胆外科元云飞教授团队、实验研究部康铁邦教授研究团队共同合作，洪健博士（第一作者）、胡开顺博士（共同第一作者）等经过多年努力得出研究结果并作为论著（Chk1 Targets Spleen Tyrosine Kinase（L）for Proteolysis in Hepatocellular Carcinoma）发表在《Journal of Clinical Investigation，JCI》 （IF：14.15）。

5月16日，肿瘤防治中心康铁邦教授研究团队，与中山大学附一院沈靖南教授、王晋教授团队一起合作的研究结果作为论著（Glycogen Synthase Kinase-3β，NF-κB Signaling，and tumorigenesis of Human Osteosarcoma）发表在《Journal of the National Cancer Institute，JNCI》（IF：14.79）。

5月20日，中山大学附属第三医院内分泌代谢病学科许海霞医生作为第一作者之一完成的"Notch 信号通路调控巨噬细胞极化机制"相关研究取得突破性进展，论著已被 Nature Immunology（影响因子25.668）接受，并于网络在线发表。

5月25日，第七届中国八年制医学教育峰会在浙江大学顺利召开，我校颜光美副校长等参加会议。

5月29日，宁夏医科大学张建中副校长一行来到我校北校区考察，我校黎孟枫副校长会见客人。

6月6日，我校附属第六医院建院48周年暨挂牌5周年庆典仪式在该院新启用的医疗大楼前举行，我校郑德涛书记，常务副校长、附属六院院长汪建平等祝贺附属第六医院挂牌五周年，并正式启动"医疗大楼启用仪式"，掀开附属六院第二个"五年发展"大幕。

6月6日，任命凌春贤同志为教育学院党委委员、书记；任命卢贇凯为中山眼科中心主任办公室主任；任命梁小玲为中山眼科中心监察室主任；任命黄小珍为中山眼科中心科教处处长；任命卓业鸿为中山眼科中心医务处处长；任命陈春声为中山大学国家保密学院院长（兼）。

6月19—20日，"中山大学——约翰霍普金斯大学医学院临床研究与转化医学研讨会"在南、北校区分别召开，许宁生校长、黎孟枫副校长、魏明海副校长出席会议。

6月25日，泰国公共卫生部疾病控制司 Dr. Porntep Siriwanarangsun 司长率代表团来访我校，颜光美副校长会见来宾一行。

6月29日，中国首例通过植入前遗传学诊断（Preimplantation genetic diagnosis，简称PGD）技术诞生的β-地中海贫血结合白细胞抗原系统（HLA）配型单胎，标志着"治疗性试管婴儿技术"在我国获得成功。

7月5日，海南省人民政府——中山大学医疗卫生合作签约仪式在我校举行，我校校长许宁生及相关学科专家教授代表等出席仪式。仪式由我校常务副校长汪建平主持。

7月7日，我校医学部、中山医校友会主办的第四届中山大学医科粤港澳中青年校友联谊会在深圳举行，校党委副书记、校友总会常务副会长李萍出席并发言。

7月9日，我校在北校区召开"卫生人才智力扶持山区计划"支医人员欢送座谈会，校常务副校长汪建平等参加欢送会。

7月10日，附属六院邀请黄达人老校长为该院2012年新入职的员工和医务志愿者等300人做题为"中大文化与志愿者精神"的辅导讲座。讲座由汪建平常务副校长、院长主持。

7月18日，任命陈春声为逸仙学院院长（兼）；任命陈敏为逸仙学院执行院长；任命谢文为护理学院院长；任命兰平为附属第六医院院长；任命李文军为移动信息工程学院院长（兼）。

7月18日，成立中山大学逸仙学院。主要职能为：协调管理全校本科教育各类拔尖创新人才和卓越人才培养计划，推动深化本科教育教学改革。

7月20—26日，中山大学校友总会联合中山大学附属第三医院、青海省苏曼竹巴慈善基金会前往青海玉树地区开展慈善义诊活动。校党委副书记李萍等人奔赴玉树州结古镇、囊谦县人民医院、大毛庄乡等地开展义诊活动。

8月3—4日，孙逸仙纪念医院召开2012年医疗及学科建设工作会议，我校党委郑德涛书记、黎孟枫副校长出席。

8月6日，校党委书记郑德涛到中大惠亚医院考察建设情况，惠州市副市长刘冠贤，大亚湾区委书记侯经能等陪同考察。

8月15日，由我校肿瘤防治中心、复旦大学肿瘤医院、中国医学科学院肿瘤医院联合创建的"中国四种常见恶性肿瘤个体化防治协同创新中心"合作协议签字仪式举行，我校徐安龙副校长出席签约仪式。

8月26日，眼科学国家重点实验室在广州召开了第二届学术委员会第一次会议，我校徐安龙副校长出席会议并致辞。

9月5日，郑德涛书记前往我校附属六院慰问正在此治疗的化工学院苏锵院士。

9月6—7日，中山大学主办的2012年中国"国际强直性脊柱炎研讨会"在广州举行，我校副校长徐安龙出席并在开幕式上致辞。

9月14日，校党委郑德涛书记到北校区视察，在医学部等部门负责人的陪同下，实地检查了办公楼周边整治工程等情况。

9月14日，郑德涛书记一行来到北校区护理学院一楼新教工餐厅调研，并要求学校后勤为广大教工提供更贴心的服务。

9月21日，1998年诺贝尔生理医学奖获得者、"伟哥之父"斐里德·穆拉德博士作题为"一氧化氮与健康养生"的讲座在梁銶琚堂举行，我校颜光美副校长出席讲坛活动并致欢迎辞。

9月21—22日，由医学教务处主办的"医学教育'新思想、新理念、新方法'"（第九期）临床教学师资培训在东莞举行，校党委常务副书记、副校长陈春声参加培训并致辞。

9月27日，我校附属第三医院耳鼻咽喉——头颈外科医生杨钦泰和李鹏合作撰写的"A Laryngeal Fluke"通过"简明扼要的文字、精彩纷呈的图片、高清新奇的视频"在《新英格兰杂志》（影响因子：53.48）上展示全世界第一例寄生在喉部活体肝吸虫。

10月10日，美国约翰霍普金斯大学（Johns Hopkins University）布隆博格公共卫生学院（Johns Hopkins Bloomberg School of Public Health）前院长 Alfred Sommer 教授来访我校，我校黎孟枫副校长会见客人。

10月12日，肿瘤防治中心护理部升格为副处级。

10月18—19日，"中山大学附属第一医院与美国德州大学西南医学中心学术研讨会"在附属一院召开，我校校长许宁生、副校长颜光美出席研讨会开幕式。

10月20日，我校主办的广东转化医学国际论坛在南校区怀士堂举行，许宁生校长、徐安龙副校长在梁銶琚堂贵宾厅会见论坛嘉宾。

11月14日，许宁生校长会见了我校"新型靶向抗癌药物研发"广东省引进创新科研团队负责人、美国斯坦福大学 Roger D. Kornberg（科恩伯格）教授等人，黎孟枫副校长、徐安龙副校长及学校相关职能部门负责人陪同会见。

11月19—20日，我校与英国伯明翰大学和格拉斯哥大学联合举办的"中英三校医学合作研讨会"在北校区举行，颜光美副校长代表我校接见来宾。黎孟枫副校长到会并作报告。

11月21日，逸仙学院在怀士堂举行了2011级"基础学科拔尖学生培养实验班"开班典礼，校党委常务副书记副校长、逸仙学院院长陈春声教授出席典礼。

11月23—25日，由中国卫生思想政治工作促进会医学教育分会主办、中山大学医学部承办的2012年中国卫生思想工作促进会医学教育分会年会在广州召开，校党委郑德涛书记出席开幕式并致辞。

11月30日，在校党委郑德涛书记、卫生厅廖新波副厅长等陪同下，广东省副省长林少春到我校肿瘤防治中心、附属第一医院考察调研，并与我校各附属医院相关负责人举行座谈。

12月3—6日，第四届中山医学院学术节在北校区举行，校党委郑德涛书记、黎孟枫副校长、杨雄里院士、侯凡凡院士等出席学术节。

12月13—15日，由美国中华医学基金会（CMB）北京办公室主任徐东博士，华盛顿大学 Judith Wasserheit 教授等组成的 CMB 全球卫生专家代表团访问我校，并在北校区举行全球公共卫生专题讲座。黎孟枫副校长在讲座上致欢迎辞。

12月18日，由教育部科学技术委员会组织评选的2012年度"中国高等学校十大科技进展"在京揭晓，我校肿瘤防治中心马骏教授主持的"鼻咽癌放化综合治疗及个体化治疗基础的研究"研究成果成功入选，该项目是今年广东省唯一入选"中国高等学校十大科技进展"的项目。

12月19日，广东省口腔医学重点实验室第一届学术委员会在广州举行第一次全体会议。我校徐安龙副校长等到会祝贺，我校许宁生校长会见全体委员。

12月22日，受海南省人民政府委托，分别由我校中山眼科中心委托运营管理的中山大学中山眼科中心海南眼科医院和我校附属第一医院技术扶持的海南省耳鼻咽喉头颈外科医院的开业庆典仪式在海南省海口市隆重举行，我校许宁生校长、汪建平常务副校长、李萍副书记出席活动。

2013 年

1月9—11日，由我校医学教务处主办、临床技能中心、网络与信息技术中心、中山医学院协办的2012学年中山大学临床教师教学技能大赛、第六届实习生临床技能大赛暨2012学年中山大学临床教学基地会议在北校区顺利举行。许宁生校长，汪建平常务副校长，陈春声常务副书记、副校长，黎孟枫副校长一起观摩比赛。

2月17日，联合国粮农组织/国际原子能机构（FAO/IAEA）联合司梁劬司长在广州市卫生局局长黄炯烈的陪同下访问中山大学中山医学院，黎孟枫副校长，魏明海副校长等接待客人并进行会谈。

2月26日，新疆医科大学哈木拉提·吾甫尔校长一行来访我校。郑德涛书记与来宾进行会晤，并签署《新疆医科大学与中山大学联合培养学生（七年制）项目协议书》。

3月1日，药学院十周年庆典在东校区举行。我校副校长黎孟枫出席并致辞。

3月4日，校党委李萍副书记等前往孙逸仙纪念医院慰问勇救落水者英雄、医院保安队副队长路志辉同志。

3月4日，我校及附属医院同位于美国巴尔的摩市的约翰·霍普金斯大学、约翰·霍普金斯医学国际部，在北校区共同签订合作协议。约翰·霍普金斯大学医学院科研副院长Daniel E. Ford，我校黎孟枫副校长、魏明海副校长、医科各有关单位负责人等出席并见证签约仪式。

3月12—13日，我校在南校区、北校区分别为年满九十、八十、七十周岁的246位离退休教职工举办祝寿会。校党委书记郑德涛、副书记李萍分别参加北校区和南校区的老寿星祝寿会。

3月12日，附属六院直肠癌联合诊治中心正式启动，我校常务副校长、中心首席专家汪建平教授出席启动仪式并致辞。

3月15日，加拿大英属哥伦比亚大学（University of British Columbia，以下简称UBC）副校长兼医学院院长Gavin Stuart率领该校医学代表团一行5人来访我校。黎孟枫副校长在中山医学院会见来宾。

3月15—16日，肿瘤防治中心在三水召开学科发展与医疗工作会议。黎孟枫副校长、颜光美副校长等领导出席会议。

18日，我校毕业后医学教育委员会扩大会议在北校区召开，汪建平常务副校长、黎孟枫副校长出席会议。

3月21—22日，英国格拉斯哥大学校长Anton Muscatelli教授率领代表团一行四人来访我校。我校颜光美副校长在北校区外宾接待室会见代表团一行。

3月22日，2012年度"广东十大新闻人物"颁奖晚会在广东电视台举行，肿瘤防治中心主任曾益新院士荣获2012年度"广东十大新闻人物"。

3月28日，《中国家庭医生》杂志在我校怀士堂举办创刊30周年庆典。校党委副书记朱孔军、宣传部部长丘国新等近150人出席活动。

4月1日，比利时驻广州总领事馆Johan D'Halleweyn（达乐文）总领事，比利时鲁汶大学医学院药理学 Walter LUYTEN 教授，比利时驻广州总领事馆法兰德斯大区驻穗商务总监张韬先生，前任商务领事、鲁汶大学校友 Koen DE RIDDER（孔之昂）先生等一行来访我校。我校颜光美副校长等在北校区贵宾接待室会见代表团一行。

4月3日，我校医院工作会议在北校区召开。校长许宁生、国家卫生与计划生育委员会医疗服务监管司司长张宗久、广东省卫生厅副厅长廖新波、广州市卫生局副局长唐小平出席会议。会议由汪建平常务副校长主持。

4月21日，美国约翰霍普金斯大学医学院（Johns Hopkins University School of Medicine，简称 JHM）医学部的副主席 Adrian Dobs 教授率代表团一行七人来访我校，在北校区同我校专家们举行了签约以来的第一次"中山大学－美国约翰霍普金斯大学医学院战略研讨会"。黎孟枫副校长出席研讨会。

4月22日，中山眼科中心余敏斌教授和李劲嵘讲师与加拿大 McGill 大学和新西兰 Auckland 大学合作的研究结果《Dichoptic training enables the adult amblyopic brain to learn》以短篇论著的形式发表于权威的生物类杂志 Cell 子刊《Current Biology》（过去五年的平均影响因子为 10.81）。

5月2日，医科处组织召开"医科协同创新中心建设推进会"。黎孟枫副校长、曾益新院士出席会议并发表讲话。

5月7日，在美国西雅图举办的眼科和视觉研究学会（简称 ARVO）年会期间，大会宣布会议程序委员会（AMPC）委员投票选举结果，我校中山眼科中心张清炯教授当选，是该委员会近三十年来首位当选的国内学者。

5月11日，纪念中山大学护理教育创办100周年系列活动启动仪式暨庆祝国际护士节大型义诊活动在越秀区英雄广场举行，汪建平常务副校长出席启动仪式并讲话。

5月11日，我校副校长、中山医学院院长黎孟枫与孔敬大学医学院院长 Dr. Pisake Lumbiganon 正式签署《学术交流与合作协议书》。

6月6日，广东省红十字角膜捐献中心挂牌仪式在中山眼科中心举行。常务副校长汪建平出席挂牌仪式。

6月7日，中山大学荣获全国高等医学院校大学生临床技能竞赛总决赛"三连冠"表彰大会在北校区顺利召开。我校常务副书记、副校长陈春声出席会议并发表讲话。

6月20日，附属三院与肇庆市肇庆新区管委会、中山大学合作共建中山大学附属第三医院肇庆医院签约仪式在肇庆新区管委会举行。校党委书记郑德涛出席仪式。

7月5日，由我校党委常务副书记、副校长陈春声，副书记朱孔军带队的2013年"笃行基层路·共筑中国梦"暑期"三下乡"综合服务团队赴连州市种田村，开展医疗义诊、家电维修、文艺汇演和社会调查等服务实践活动。

7月7日，"两岸医家"——首届海峡两岸医学生联合夏令营开营仪式在广州举行。营员出发时，我校黎孟枫副校长特意前来送行。

7月8日，我校常务副书记、副校长陈春声到中大惠亚医院开展调研。

7月22—25日，附属三院举办庆祝建党92周年新党章知识竞赛。校党委李萍副书记，观看比赛。

7月23日，广东省科学技术协会第八次全省代表大会在广东科学馆召开，对第三届"南粤科技创新优秀学术论文"获奖者进行表彰。我校肿瘤防治中心鼻咽科麦海强教授研究团队2011年在肿瘤学领域国际顶级刊物《J Natl Cancer Inst》上发表的研究论文 Concurrent chemoradiotherapy vs radiotherapy alone in stage II nasopharyngeal carcinoma: phase III randomized trial（同期放化疗对比单纯放疗治疗II期鼻咽癌的III期随机临床试验）荣获第三届南粤科技创新优秀学术论文一等奖。省委书记胡春华，中国科学技术协会常务副主席申维辰，省长朱小丹，省人大常委会主任黄龙云，省委副书记朱明国等领导为获奖者颁奖。

7月26日上午，省人大副主任、省总工会主席黄业斌率领省总工会班子成员，我校党委书记郑德涛率领中山大学劳模代表李宝健、富明慧、张天托、邓子德、李初俊、刁冬梅等一行，来到惠亚医院开展群众路线教育实践活动考察。

8月5日，由中国生理学会主办，我校生理学国家精品课程、实验生理科学国家教学团队及广东省生理学会承办的"2013中国生理学会生理机能实验技术培训班"在我校开班。我校黎孟枫副校长出席开班仪式并作讲话。

8月12日，云南省临沧凤庆县县委常委、县纪委书记张红伟，我校监察处副处长、挂职凤庆县人民政府副县长郑哲，凤庆县卫生局局长杨语发，凤庆县扶贫办主任徐志坤等一行5人到我校访问。校党委书记郑德涛会见来访客人。

8月12日，泰国公共卫生部疾病控制司Dr. Porntep Siriwanarangsun司长率代表团一行九人来访我校。魏明海副校长会见来宾。

8月17日，我校先后在北校区、南校区、东校区、珠海校区举行2013年开学典礼。典礼由陈春声常务副书记、副校长主持，汪建平常务副校长，朱孔军副书记、副校长分别领誓。校领导许宁生、颜光美、国亚萍、朱熹平出席开学典礼。

8月25日，肿瘤防治协同创新中心建设推进研讨会在我校肿瘤防治中心召开。我校校长许宁生院士、曾益新院士、黎孟枫副校长出席本次研讨会。

8月31日—9月1日，我校附属第六医院与附属第一医院再次共同承办第三届中美胃肠疾病高峰论坛——聚焦炎症性肠病多学科联合诊治。常务副校长汪建平教授任大会执行主席。

9月6日，中山大学-约翰霍普金斯大学合作项目宣讲会在北校区召开，黎孟枫副校长出席并作讲话。

9月17日，中山大学附属天河医院签约仪式在天河区政府大院举行。常务副校长汪建平教授签订协议，颜光美副校长、黎孟枫副校长与会。

10月11日，我校附属医院财务负责人座谈会在南校区中山楼召开。李善民副校长主持会议。

10月14日，2013年广州市全科医生骨干培训开学典礼在我校北校区举行，我校陈春声常务副书记、副校长出席典礼。

11月5日，在校党委副书记李萍的带领下，由我校各二级单位党政领导、统一战线医疗专家以及扶贫工作联络人组成的150多人大队伍赴连州市保安镇种田村开展了对接帮扶活动。

11月8日，梁伯强教授、秦光煜教授铜像揭幕仪式在我校北校区举行。黎孟枫副校长出席仪式。

11月9日，中山大学中山眼科中心成立30周年校友座谈会暨校友会成立大会在广州举行，校党委副书记李萍出席会议并讲话。

11月12日，中山大学惠亚医院正式开业。校党委书记郑德涛出席开业仪式。

11月21日，中山大学2013年医科本科教学中青年教师普通话授课大赛暨青年教师全英授课大赛分别在北校区新教学楼举办。黎孟枫副校长出席开幕式并讲话。

11月27—29日，学校分别在南校区怀士堂、北校区外宾接待室召开了人文社会科学院系、理工科院系、医科学院和附属医院等三场专题工作讨论会，许宁生校长，陈春声常务副书记、副校长，魏明海副校长，黎孟枫副校长，朱熹平副校长与会。

12月2—5日，第五届中山医学院学术节在北校区举行。副校长黎孟枫教授参加开幕式。

12月7日，中山大学附属揭阳医院签约暨揭牌仪式在揭阳顺利举行，党委常务副书记、副校长陈春声参加揭牌仪式。

12月10日，校常务副校长汪建平一行到从化生物医药产业园进行考察访问。

12月26日，悦康药业－中山大学药物研究开发产学研基地签约、揭牌仪式及成立庆典在广州开发区举行，我校颜光美副校长出席活动。

12月31日，中山大学、中山大学孙逸仙纪念医院和花都区人民政府举行《广州市花都区人民政府、中山大学、中山大学孙逸仙纪念医院合作建设综合性三级甲等医院框架协议书》签约仪式。我校许宁生、常务副校长汪建平出席签约仪式。

12月31日，我校第二批援加纳医疗专家圆满完成两年援外医疗任务凯旋。汪建平常务副校长机场迎接。

2014年

1月6日"健康广东—基层医疗服务能力提升计划"梅州项目总结大会暨医疗设备捐赠仪式在梅州市举行。我校原校长黄达人，我校常务副校长汪建平，梅州市市长谭君铁、副市长陈丽霞出席了会议并致辞。

1月14日，广东省糖尿病防治重点实验室第一届学术委员会第一次会议在中山大学附属第三医院成功召开。广东省科技厅副厅长张明，我校副校长黎孟枫，中国工程院院士钟南山教授，中国科学院院士、华大基因董事长杨焕明教授等出席了此次会议。

1月16—17日，我校第8届临床教师教学技能大赛、2013学年实习医生临床技能大赛暨2013学年中山大学临床教学基地会议顺利举行。我校副校长黎孟枫在开幕式上致辞。

1月18日，中山大学孙逸仙纪念医院首次召开硕士生导师培训会议。会议由该院副院长严励教授主持，我校校长助理朱利斌等出席了会议。

1月20日，2013年广东省中西医结合学会核医学专业委员会在我校附属第三医院举行学术交流会。

1月28日，春节前夕，学校常务副校长汪建平，党委副书记国亚萍在医学部相关工作人员的陪同下，专程到中山大学孙逸仙纪念医院、中山大学附属第三医院慰问了为抗击非典而英勇献身的范信德、邓练贤等烈士家属。

2月15日，我校牵头2项广州市健康医疗协同创新重大专项正式启动。

2月17—18日，英国伯明翰大学（University of Birmingham）干细胞生物学Jonathan Frampton教授，肝脏移植中心主任Darius Mirza教授，公共卫生学KK Cheng教授和国际合作办公室贾俊英博士一行4人来访我校附属第三医院（以下简称"附属三院"），双方签订了合作备忘录，并就如何启动和推进两院校间的合作进行了深入探讨和商议。附属三院党委书记兼副院长杨扬教授、院长助理吴斌教授及相关科室的负责人出席了会谈。

2月18日，许宁生校长及学校相关部门负责人赴中山眼科中心慰问教职员工，并就科研、学科建设及人才培养等相关工作开展调研。

2月20日，我校附属第一医院转化医学研究中心邓宇斌教授课题组利用合成外包脂肪壳的纳米粒子对急性胰腺炎诊断及观察的相关研究成果发表于最近一期Biomaterials杂志。该杂志是国际生物材料领域的著名期刊。

2月26日，中山大学附属第三医院、中山大学、梅州市梅县区人民政府合作共建的中山大学粤东医院签约仪式在梅县区举行。三方正式签订协议，新医院命名为"中山大学粤东医院"并全权委托附属第三医院经营管理。梅州市委书记朱泽君，省卫计委副巡视员温伟群，中山大学常务副校长汪建平等参加了签约仪式。

2月28日，华南地区首个以医务志愿服务为主题的常设博士团——"中山大学附属第六医院博士志愿者服务团"正式揭牌成立。

3月2日，中山大学肿瘤医学协同创新中心学术委员会会议召开。我校副校长黎孟枫，学术委员会主任王晓东院士，学术委员会成员曾益新院士、姚开泰院士、孔祥复院士、刘允怡院士、周宏灏院士、魏于全院士、于金明院士、陈德章教授、马骏教授，以及协同单位的领导、肿瘤医学协同创新中心PI（Principal Investigator）等共25人出席了会议

3月3—4日美国范德堡大学（Vanderbilt University）和卫斯理安学院（Wesleyan College）代表团来访我校。颜光美副校长在中山楼贵宾厅接见了代表团。

3月4日，中山大学选派医疗护理专家赴昆明参加暴力恐怖事件医疗救援工作。

3月10日，孙逸仙纪念医院2014年中层干部会议在南校区召开。会议全面总结了2013年工作，部署2014年重点工作。校党委李萍副书记应邀出席。

3月17日，美国斯坦福大学医学院结构生物系主任Joseph Puglisi教授及ElisabettaViani助理教授来访我校。许宁生校长在中山楼贵宾厅与Joseph Puglisi教授进行了亲切会面。朱熹平副校长、国际合作与交流处凌文华处长等陪同出席了会见。

3月21—22日，中山大学附属第六医院（后面简称附属六院）召开2014年医院工作会议。我校党委书记郑德涛列席了此次会议，肯定了附属六院过去一年的成绩，并对其今后的发展提出了鼓励与期望。

3月25—26日，合作项目小组举办"学术型医学中心"研讨会，黎孟枫副校长出席开幕式

3月29日，我校附属第一医院召开2014年医院工作会议及"双代会"。我校党委书记郑德涛，校长助理、研究生院副院长马骏，研究生院副院长龙波应邀出席会议并讲话。

4月2日，厦门市与我校战略合作座谈签约仪式在我校北校区成功举行。福建省委常委、厦门市委书记王蒙徽，厦门市委常委、市委秘书长臧杰斌，厦门市政府副市长黄强、国桂荣等一行莅临我校，签订战略合作框架协议。我校党委书记郑德涛、常务副校长汪建平出席签约仪式。签约仪式由我校校长助理、科技发展研究院常务副院长夏亮辉主持。

4月2日，根据科技部日前公布的2013年创新人才推进计划入选名单，我校三位教师入选科技部2013年创新人才推进计划，同时学校也被入选为人才培养示范基地，入选名单分别为："中青年科技创新领军人才"生命科学学院贺雄雷教授、肿瘤防治中心谢丹教授、"重点领域创新团队"肿瘤防治中心马骏教授，"创新人才培养示范基地"中山大学。

4月8日，我校落实广州市健康医疗协同创新重大专项研讨会暨首批项目启动报告会在北校区举行。我校校长许宁生、副校长黎孟枫等共40余人参加了会议。会议由黎孟枫副校长主持。

4月9日军事医学科学院副院长徐卸古率代表团来访我校。我校副校长颜光美会见了代表团一行，校长助理夏亮辉等陪同出席会谈。

4月9日，学工系统在北校区举行了"如何做好学生学业辅导"的专题研讨会。颜光美副校长、学生工作职能部门领导、各院系学生工作主管领导和院系辅导员代表参加了研讨会。

5月8日，"践行最美青春梦，激发行业正能量"——广东青年五四奖章获得者先进事迹宣讲会在中山大学附属第一医院举行。省卫计委党组书记骆文智，团省委副书记、省青联副主席陈宏宇，我校党委副书记、纪委书记国亚萍出席活动并讲话。

5月13—15日，"中德肿瘤、病毒和免疫研讨会"在我校北校区顺利举行。我校副校长兼中山医学院院长黎孟枫教授致欢迎词。

5月20日，广东高等教育"四重"建设出成效，中山大学若干学科领域原始创新学术影响力进入国内前五。

5月24日，第五届全国高等医学院校大学生临床技能竞赛总决赛开幕式在南校区梁銶琚堂举行。我校校长许宁生，党委常务副书记、副校长、竞赛总指挥陈春声，副校长黎孟枫等嘉宾出席了开幕式。

5月24日教育部高等教育司司长张大良，我校校长许宁生，常务副书记、副校

长、竞赛总指挥陈春声等考察了第五届全国高等医学院校大学生临床技能总决赛现场。

5月25日，第五届全国高等医学院校大学生临床技能竞赛总决赛在我校南校区圆满落幕。中山大学参赛队获得特等奖，我校参赛队连续四年以总分第一的成绩创下了"四连冠"。

5月27日，中山大学－约翰霍普金斯大学（SYSU－JHU）合作项目2014年（即第二批）赴美学者动员会在我校北校区成功举办。我校副校长兼医学部主任黎孟枫等出席了动员会。

6月6日，国家卫生计生委副主任、党组副书记、国务院医改办主任孙志刚到我校附属医院调研，我校党委书记郑德涛陪同。

6月8日，美国德克萨斯州华裔医学高级学者访问团来访我校。黎孟枫副校长与代表团亲切会面。

6月25日，下午，中山眼科中心召开纪念建党93周年座谈会。我校副校长、中心党委书记余敏斌等共20余人参加了此次会议。会议由余敏斌主持。

7月1日，附属第三医院召开庆祝中国共产党建党93周年大会。学校党委副书记李萍等250多人出席了会议。

7月1日，由中国、俄罗斯的近百所医科大学参与的"中俄医科大学联盟"在哈尔滨宣布成立。我校副校长黎孟枫出席仪式并在校长论坛上演讲。

7月2—5日，由我校副校长颜光美带队的2014年"笃行基层路·共筑中国梦"暑期"三下乡"综合服务队逾80人赴连州市种田村等多个村庄，开展医疗义诊、家电维修、文艺汇演等服务。

7月11日，第二届"两岸医家"海峡两岸医学生联合夏令营在广州开营。我校副校长、中山医学院院长黎孟枫教授，医学部党委、中山医学院党委书记夏丹，学生处副处长陈昌龄，国际合作与交流处副处长黄瑞敏，中山医学院副院长陈琼珠出席开营仪式。

7月16日，"健康广东——基层医疗服务能力提升计划"清远项目调研筹备工作拉开帷幕。我校原校长黄达人，广东省卫生计生委巡视员廖新波，广东省合生珠江教育发展基金会秘书长王争放，我校常务副校长汪建平、副书记李萍、副校长余敏斌等进行了实地调研并出席了项目研讨会。

7月29—31日，中山眼科中心2014年全国优秀大学生夏令营顺利举行，我校副校长、中山眼科中心党委书记余敏斌分别从医教研防等方面介绍了眼科中心发展历程。

8月13日，由我校社会学与人类学学院主办的两岸人文医学研讨会在我校北校区召开。我校副校长、中山医学院院长黎孟枫会见了台湾人文医学代表团

8月20日，我校颜光美教授课题组在神经科学领域国际期刊《Journal of Neuroscience》发表关于内源性小分子胆甾烷三醇具有神经元保护作用的最新研究，该研究胡海燕、周越涵、冷田东为共同第一作者。

8月23日，我校副校长余敏斌带队赴连州开展医疗帮扶调研工作。

8月27日，我校与百色市政府战略合作框架协议暨中山大学—右江民族医学院、百色学院对口支援和合作办学协议签字仪式在百色举行。百色市委书记、市人大常委会主任彭晓春，我校校长许宁生在仪式上分别致辞。

8月28日（美国当地时间8月26日上午）中山大学与美国卡内基梅隆大学合作倡议脑研究计划，并签署了相关框架协议。我校副校长黎孟枫等150多人出席了会议。

8月30日，我校与约翰霍普金斯大学签订第二期合作备忘录，携手打造全国首家教育部立项建设的国际联合实验室。许宁生校长在南校区中山楼贵宾厅会见了约翰霍普金斯大学常务副校长、医学院院长、约翰霍普金斯医学部CEO Paul B. Rothman教授代表团一行，黎孟枫副校长、余敏斌副校长等陪同出席会见。

9月12日，第15届"国际腹膜透析协会"全体理事大会上，我校附属第一医院余学清教授被推举为国际腹膜透析协会（ISPD）会员委员会（membership committee）主席，这是中国内地学者在该学术组织首次执掌该职位，同时，也为进一步确立附属第一医院在国际腹膜透析界的影响奠定坚实的基础。

9月27—29日，学校组织中山眼科中心专家团队在连州市人民医院举行"关爱视觉．燃点光明"眼疾义诊活动。9月28日，校党委副书记李萍还带队看望手术患者，并代表学校向连州市人民医院捐赠眼科检查仪器。

10月4日，校党委书记郑德涛赴东校区了解校区防蚊、灭蚊工作情况，看望隔离学生；之后又到附属第一医院和附属第三医院看望医务人员，了解医院收治登革热病人情况，并于10月5日上午在北校区主持召开了登革热防控工作会议。副校长余敏斌针对登革热防控工作对各附属医院提出以下几点要求。

10月7日，我校中山医学院颜光美教授课题组在国际期刊 Proceedings of the National Academy of Sciences of the United States of America 上发表了天然甲病毒M1具有选择性抗肿瘤作用的最新研究。

10月10日，厦门市与中山大学首批合作项目签约暨中山大学肿瘤防治中心厦门中心揭牌、"双主任"聘任仪式在厦门市举行。我校党委常务副书记、副校长陈春声，肿瘤防治中心常务副主任马骏等出席仪式。

10月13日，我校中山医学院颜光美教授课题组于2014年10月7日在国际期刊 Proceedings of the National Academy of Sciences of the United States of America 上发表了天然甲病毒M1具有选择性抗肿瘤作用的最新研究。

10月24日，珠海市感染病综合防治楼建设竣工落成仪式在我校附属第五医院举行。院长助理夏瑾瑜等出席了仪式。

10月25日，以埃博拉病毒流行与防控为主题的学术研讨活动在北校区科技综合楼博学厅举行。我校副校长黎孟枫教授等作为讨论嘉宾出席。

11月8日，我校与广州市妇女儿童医疗中心在广州市妇女儿童医疗中心召开非直属附属医院建设研讨会。会议期间，校院双方签署了"医、教、研合作协议"，并为"中山大学附属广州妇女儿童医院"揭牌。我校常务副书记、副校长陈春声等与会。

11月10日，由医学部、中山医校友会、广东省柯麟医学教育基金会主办的庆祝孙中山先生创办中山大学90周年医科校友联谊活动在北校区举行。校党委书记郑德涛等共70余人出席会议。会后，校友们举行简单午宴，副校长黎孟枫出席并致辞。

11月10日，中山大学与美国克利夫兰医院共建的"国际远程病理会诊中心"在我校附属第六医院举行揭牌仪式。我校常务副校长汪建平等共同为中心揭牌。

11月11日，2006年诺贝尔化学奖得主、美国国家科学院与美国艺术与科学院两院院士Roger Kornberg（罗杰·科恩伯格）做客中山大学90周年校庆系列活动之"逸仙名家论坛"，在北校区科技楼博学厅做了题为"Basic Science: Back to the Future"的学术讲座。讲座由我校副校长黎孟枫主持。

11月20日，澳门镜湖护理学院尹一桥院长一行5人来访我校。李萍副书记在中山楼贵宾厅会见来宾。

11月26日，我校2014年医科本科教学中青年教师普通话授课大赛暨青年教师全英授课大赛在北校区顺利举行。校党委常务副书记、副校长陈春声等出席开幕式。

11月26—29日，副校长魏明海带队，赴新疆喀什地区第一人民医院、新疆医科大学慰问我校援疆干部。

12月1—4日，第六届中山医学院学术节在北校区举行。副校长、中山医学院院长黎孟枫致开幕词，副校长颜光美等出席

12月5日，由我校举办的2015届高校毕业生医学医药类就业供需见面会在北校区举行。我校副校长颜光美等到场指导工作。

12月27日，由医学教务处主办，中山医学院、网络与信息技术中心、北校区学术部协办的中山大学2014年医学本科生实验（实习）技能大赛在北校区体育馆顺利进行。我校副校长、医学部主任、中山医学院院长黎孟枫出席开幕式并致辞。

12月28日，重庆市卫生和计划生育委员会引进高层次医学人才暨2015届医学专业毕业生招聘会在我校北校区体育馆举行。我校副校长颜光美出席招聘会开幕式并讲话。

12月30日，我校多家附属医院跻身"中国医院科技影响力榜单"，眼科中心与肿瘤防治中心居学科排行榜榜首。

主要参考文献

[1] 李经纬,程之范. 中国医学百科全书——医学史 [M]. 上海:上海科学技术出版社,1987.

[2] 朱潮. 中外医学教育史 [M]. 上海:上海医科大学出版社,1988.

[3] 嘉惠霖,琼斯. 博济医院百年 [M]. 沈正邦,译. 广州:广东人民出版社,2009.

[4] 鲍静静. 近代中国的盲人特殊教育——以广州明心瞽目院为例 [J]. 广西社会科学,2007.

[5] Ming Sam School for the Blind [Z]. 广东省档案馆藏,档号:92-1-430.

[6] 曹思彬,林维熊,张至. 广州近百年教育史料 [Z]. 广州:广东人民出版社,1983.

[7] 嘉惠霖,琼斯. 博济医院百年 [M]. 沈正邦,译. 广州:广东人民出版社,2009.

[8] 美德:纪夏葛医校创始事迹. 见:中山文献馆藏. 夏葛医科大学三十周年纪念录.

[9] 陈国钦. 夏葛医科大学与中国近代西医教育的发端 [J]. 教育评论,2002,(6).

[10] 夏葛医学院. 学校史略. 见:夏葛医学院章程附柔济药剂学校章程(1931—1932),1934.

[11] 夏葛医科大学. 夏葛医科大学三十周年纪念录 [M]. 1929.

[12] 柔济医院. 柔济医院史略(第43卷)[M]. 广州市档案馆,1947.

[13] Annual Report (1905) The Medical Missionary Society in China, Canton China Chinareport Publication Society, 1905.

[14] 中国人民政治协商会广东省广州市委员会文史资料研究会编. 广州文史资料:第28辑 [M]. 广州:广东人民出版社,1982年.

[15] 中国人民政治协商会广东省广州市委员会文史资料研究会编. 广州文史资料:第26辑 [M]. 广州:广东人民出版社,1982年.

[16] 刘小斌,陈沛坚. 广东近代的西医教育 [J]. 中华医史杂志,1986,3(16).

[17] 广东省地方史志办编. 广东省志·卫生志 [M]. 广州:广东人民出版社,2003.

[18] 广州市政协和文史资料委员会. 广州文史资料存稿选编10. 北京:中国文史出

版社，2008年.

[19] 郑浩华. 郑豪——光华百年史料集. 广州：中山大学出版社，2008.

[20] Bowers J Z. Western Medicine in a Chinese Palace：Peking Union Medical College，1917—1951 [M]. Philadelphia：The Josiah Macy, Jr. Foundation，1972.

[21] 何达志. 名门望族 梁培基家族 妙手制药成巨富 实业救国终苍凉 [N]. 南方都市报，2009年2月2日.

[22] 鞠冉. 梁培基与"发冷丸"的故事 [J]. 首都医药，2008，(11).

[23] 林天宏. 中国西医教育先驱. 梁培基. 愿为医学坐牢 [N]. 中国青年报，2009年06月24日.

[24] 甄志亚. 中国医学史 [M]. 北京：人民卫生出版社，1991.

[25] 王尊旺. 嘉约翰与西医传入中国 [J]. 中华医史志，2003，(02).

[26] 金干. 西方医学教育的传入发展及历史经验（上）[J]. 中国高等医学教育，1992.

[27] 陈雁，张在兴. 西医教育在近代中国的确立 [J]. 西北医学教育，2008.

[28] 刘泽生，刘泽恩. 嘉惠霖和博济医院 [J]. 中华医史杂志，2004，34（1）.

[29] 李志刚. 基督教早期在华传教史 [M]. 台北：台湾商务印书馆，1985.

[30] 吴义雄. 在宗教与世俗之间——基督教新教传教士在华南沿海的早期活动研究 [M]. 广州：广东教育出版社，2000.

[31] 刘泽生. 哈巴在广州 [J]. 广东史志，2002.

[32] 郝平. 无奈的结句——司徒雷登与中国 [M]. 北京：北京大学出版社，2002.

[33] 黄菊艳. 近代广东教育与岭南大学 [M]. 香港：商务印书馆，1995.

[34] Canton Hospital. Annual Report of the Canton Hospital and the South China Medical College (for the year 1909) [M]. Canton (China)：Press of China Baptist Publication Society, 1910.

[35] 话说老协和编委会. 部分外国人名译名对照见：话说老协和（附录）[M]. 北京：中国文史出版社，1987.

[36] 阮仁泽，高振农. 上海宗教史 [M]. 上海：上海人民出版社.

[37] 陆明. 上海近代西医教育概述 [J]. 中华医史杂志，1991.

[38] Canton Hospital. Annual Report of the Canton Hospital and the SouthChina Medical College (for the year 1915) [M]. Canton (China)：Press of China Bapt ist Publication Society, 1916.

[39] 广州市地方志编纂委员会. 广州市志（十九卷：人物志）[M]. 广州：广州出版社，1996.

[40] 石川光昭. 医学史话 [M]. 沐绍良（译）. 上海：商务印书馆，1937.

[41] 毛守白. 中国人体寄生虫文献提要 [M]. 北京：人民卫生出版社，1990.

[42] Canton Hospital. Annual Report of the Canton Hospital and the South China Medical College (for the year 1913) [M]. Canton (China)：Press of China Baptist Publi-

cation Society，1914．

[43] 叶农．新教传教士与西医术的引进初探——中国丛报．资料析［J］．广东史志，2002．

[44] Willam W. Cadbury, Mary H. Jones. At the point of lancet——100 years of Canton Hospital（1835—1935）［M］．Shanghai：Kelly & Walsh，Limited，1935．

[45] 赵春晨，雷雨田，何大进．基督教与近代岭南文化［M］．上海：上海人民出版社，2002．

[46] 李瑞明．岭南大学［M］．香港：岭南（大学）筹募发展委员会，1997．

[47] Chinese Medical Association. The Chinese Medical Directory（1949）［M］．Shanghai：Chinese Medical Association，1949．

[48] 董佛颐．广州城坊志［M］．广州：广东人民出版社，1994．

[49] 王吉民、伍连德．Histor of Chinese Medicine［M］．天津：天津印刷局，1932．

[50] 国家教育委员会．中国名校［M］．北京：外文出版社，1995．

[51] 许崇清．私立岭南大学孙逸仙博士医学院一览．私立岭南大学，1938．

[52] 刘善龄．西洋风——西洋发明在中国［M］．上海：上海古籍出版社出版，1999．

[53] 远德玉．自然科学发展概述［M］．沈阳：辽宁人民出版社，1991．

[54] JOHN Z. BOWERS, M. D. Western Medicine In A Chinese Palace. TiosakMacy, Tr. Foundation，1972．

[55] 广州市文史研究馆．珠水遗珠［M］．广州：广州出版社，1998．

[56] 广州市荔湾区地方志编纂委员会办公室．西关地名掌故［M］．广州：广东省地图出版社，1997．

[57] 高时良．中国教会学校史［M］．长沙：湖南教育出版社，1994．

[58] 尚明轩．孙中山传［M］．北京：北京出版社，1979年3月第1版，1981年第2版，1981年第2次印刷。

[59] 方汉奇．中国近代报刊史［M］．太原：山西教育出版社，1981年6月第1版，1994年7月第5次印刷。

[60] 复翟理斯函//佚名（编）．总理遗墨（影印本）．

[61] 冯自由．孙总理信奉耶教之经过：美国喜嘉理牧师关于孙总理信教之追述［M］//革命逸史：第2集．北京：新星出版社出版，2009．

[62] 沈渭滨．孙中山与辛亥革命［M］．上海：上海人民出版社出版，1993．

[63] 刘国强．试析近代广州教会医院的特点［J］．广州大学学报（社会科学版），2003，（03）．

[64] 何小莲．西医东传：晚清医疗制度变革的人文意义［J］．史林，2002，（04）．

[65] 梁碧莹．"医学传教"与近代广州西医业的兴起［J］．中山大学学报（社会科学版），1999，（05）．

[66] 孙希磊．基督教与中国近代医学教育［J］．首都师范大学学报（社会科学版），

2008年增刊.

[67] 刘泽生. 广州南华医学堂[J]. 广东史志视窗, 2008, (02).
[68] 余前春. 西方医学史[M]. 北京: 人民卫生出版社, 2009: 5.
[69] 吴枢, 张慧湘. 近代广东的西医传播和西医教育[J]. 广州医学院学报, 1996 (06).
[70] 王芳. 嘉约翰与晚清西方医学在广州的传播[D]. 广州: 中山大学, 2006.
[71] 马伯英. 中国医学文化史(下卷)[M]. 上海: 上海人民出版社, 2010.
[72] 陈雁. 近代中国西医教育的几种发展模式[J]. 高等教育研究, 2008, (1).
[73] Huard. P. Medical education in south–east Asia (excluding Japan)[A]. In O'malley. C. D..
[74] The History of medical education: an international symposium held February 5–9, 1968[C]. Berkeley: University of California Press, 1970.
[75] 中山纪念博济医院九十九周年年报(民国二十三年七月). 中山大学医学档案馆藏, 中山医科大学1992年归档26卷1号.
[76] 私立岭南大学附属博济医院一百周年年报(1934—1935). 中山大学医学档案馆藏, 中山医科大学1992年归档17卷6号.
[77] 中山大学附属第一医院院史编委会. 中山大学附属第一医院院史: 1910—2010[M]. 天津: 天津古籍出版社, 2010.
[78] 广州市政协和文史资料委员会. 广州文史资料选编: 21辑[M]. 广州: 广东人民出版社, 1980.
[79] 金曾澄. 中山纪念博济医院概况(民国二十三年三月), 中山大学医学档案馆藏, 中山医科大学1992年归档25卷5号.
[80] 董少新. 形神之间——早期西洋医学入华史稿[M]. 上海: 上海古籍出版社, 2012.
[81] 中山大学档案馆藏. 2-1948—1952(岭大医).
[82] 孙逸仙博士医学院一览. 中山大学档案馆藏, 1938.10.
[83] 广东省政协文史资料委员会, 中山医科大学. 医林群英[M]. 广州: 广东人民出版社, 1996.
[84] 广东公医布千汇记. 1918年.
[85] 广东公医校院第八九周年布告.
[86] 广东公医告汇记. 1918年4月.
[87] 广东公医学校院五周年大事记.
[88] 广东公医校院第八九周年布告.
[89] 广东公医学校院五周年大事记.
[90] 广州民国日报, 1925年6月30日.
[91] 国立中山大学现状(1935). 广州: 国立中山大学出版部, 1935.
[92] 国立中山大学日报, 1931年1月27日.

[93] 广州民国日报,1926年4月15日.

[94] 国立中山大学日报,1931年1月27日.

[95] 国立中山大学开学纪念册.广州:国立中山大学出版部,1927.

[96] 国立中山大学现状(1937年),广州:国立中山大学出版部,1937.

[97] 国立中山大学日报,1934年9月26日.

[98] 萧冠英.一年来校务概要(稿抄本).1938年7月7日.

[99] 国立中山大学日报,1939年9月25日.

[100] 国立中山大学医学院.中山大学1950年行政档案第3卷.

[101] 国立中山大学日报,1933年6月29日—7月27日.

[102] 国立中山大学法规集(1930年).广州:国立中山大学出版部,1930.

[103] 广东省地方志——卫生志.

[104] 广东公医学校五周大事记.

[105] 广东省档案馆 20-1-4 中大现状.

[106] 广州市地方志 老中大的故事.

[107] 中山大学档案馆 中山大学1950年行政档案第三卷.

[108] 中山大学北校区医学档案室:国立中山大学第一医院概况.

[109] 中山大学北校区医学档案室:华南医学院第一医院简况.

[110] 国立中山大学.国立中山大学现状[M].广州:国立中山大学出版部,1935.

[111] 邝贺龄.医坛花絮集.

[112] 中山大学北校区医学档案室:提高临床医学教学的意见.

[113] 国立中山大学医学院.

[114] 世界沧桑150年[M].北京:社会科学文献出版社,2004.

[115] 李敏昌.中国近、现代史日历百科辞典[M].北京:海洋出版社,1991.

[116] 美国夏威夷档案馆:SUN YAT-SEN in HAWAI'I: ACTIVITIES AND SUPPORTERS.

[117] San Francisco Chroniclf,1904年8月8日.

[118] 中山大学北校区医学档案室:光华46卷:民国二十四年《私立广东光华医学院概况》.

[119] 广东光华医学院95周年志庆(纪念册).

[120] 赵璞珊.陈垣先生和近代医学[J].北京师范大学学报,1983(06).

[121] 牛润珍.陈垣学术思想评传[M].北京:北京图书馆出版社,1999.

[122] 晋阳学刊编辑部.陈智超"陈垣传略"[M]//中国现代社会科学家传略:第一辑.太原:山西人民出版社,1982.

[123] 牟润孙.励耘书屋问学回忆[M]//励耘书屋问学记.上海:三联书店,1982.

[124] 张耀荣.广东高等教育发展史[M].广州:广东高等教育出版社,2002.

[125] 广东光华医学院90周年志庆(纪念册).

[126] 中山大学北校区医学档案室:光华1卷.

[127] 中山大学北校区医学档案室:光华14卷"函送我院保送进修人员调查表".

[128] 中山大学北校区医学档案室:光华14卷"中央卫生部卫医教学257号函".

[129] 中山大学北校区医学档案室:光华12卷"光华52—53学年教学总结".

[130] 中山大学北校区医学档案室:光华5卷.

[131] 中山大学北校区医学档案室:光华15卷:"1954年1月5日基建规划任务书".

[132] 中山大学北校区医学档案室:院办第2卷.

[133] 刘大年. 抗日战争时代[M]. 北京:中央文献出版社,1996.

[134] 广东省政协文史资料委员会. 医林群英[M]. 广州:广东人民出版社,1996.

[135] 中山大学北校区医学档案室:光华3卷.

[136] 蒋永敬. 华侨开国革命史料[M]. 台北:正中书局,1977.

[137] 广东光华医学院95周年志庆(纪念册).

[138] 甄志亚. 中国医学史[M]. 北京:人民卫生出版社,1991.

[139] 邓铁涛. 中医近代史[M]. 广州:广东高等出版社,1999.

[140] 孙培青. 中国教育史[M]. 上海:华东师范大学出版社,2000.

[141] 刘国柱. 中国医学史话[M]. 北京:北京科技出版社,1994.

[142] 李葆定,冯彩章. 柯麟传略[M]. 北京:人民卫生出版社,1988.

[143] 中国卫生年鉴编委会. 中国卫生年鉴(1985)[M]. 北京:人民卫生出版社,1985.

[144] 中国卫生年鉴编委会. 中国卫生年鉴(1986)[M]. 北京:人民卫生出版社,1986.

[145] 中国卫生年鉴编委会. 中国卫生年鉴(1987)[M]. 北京:人民卫生出版社,1988.

[146] 中国卫生年鉴编委会. 中国卫生年鉴(1989)[M]. 北京:人民卫生出版社,1989.

[147] 中华人民共和国教育部高等教育司. 普通高等学校本科专业目录和专业介绍[M]. 北京:高等教育出版社,1989.

[148] 中国卫生年鉴编委会. 中国卫生年鉴(1990)[M]. 北京:人民卫生出版社,1991.

[149] 中国卫生年鉴编委会. 中国卫生年鉴(1991)[M]. 北京:人民卫生出版社,1991.

[150] 中国卫生年鉴编委会. 中国卫生年鉴(1992)[M]. 北京:人民卫生出版社,1992.

[151] 中国卫生年鉴编委会．中国卫生年鉴（1993）[M]．北京：人民卫生出版社，1993．

[152] 中国卫生年鉴编委会．中国卫生年鉴（1994）[M]．北京：人民卫生出版社，1994．

[153] 中国卫生年鉴编委会．中国卫生年鉴（1995）[M]．北京：人民卫生出版社，1995．

[154] 中国卫生年鉴编委会．中国卫生年鉴（1996）[M]．北京：人民卫生出版社，1996．

[155] 中国卫生年鉴编委会．中国卫生年鉴（1997）[M]．北京：人民卫生出版社，1997．

[156] 中国卫生年鉴编委会．中国卫生年鉴（1998）[M]．北京：人民卫生出版社，1998．

[157] 李修宏，周鹤鸣．广东高校十年教学改革与研究（1979—1989）[M]．广州：广东高等教育出版社，1990．

[158] 邱飚曾．广东高等医学教育改革探索（1977—1999）[M]．广州：广州出版社，1999．

[159] 中山大学校长办公室．中山大学年鉴（2001年）．广州：中山大学出版社，2001．

[160] 中山大学校长办公室．中山大学年鉴（2002年）．广州：中山大学出版社，2002．

[161] 中山大学校长办公室．中山大学年鉴（2003年）．广州：中山大学出版社，2003．

[162] 中山大学校长办公室．中山大学年鉴（2004年）．广州：中山大学出版社，2004．

[163] 中山大学校长办公室．中山大学年鉴（2005年）．广州：中山大学出版社，2005．

[164] 中山大学校长办公室．中山大学年鉴（2006年）．广州：中山大学出版社，2006．

[165] 中山大学校长办公室．中山大学年鉴（2006年）．广州：中山大学出版社，2007．

[166] 中山大学校长办公室．中山大学年鉴（2008年）．广州：中山大学出版社，2008．

[167] 中山大学校长办公室．中山大学年鉴（2009年）．广州：中山大学出版社，2009．

[168] 中山大学校长办公室．中山大学年鉴（2010年）．广州：中山大学出版社，2010．

[169] 中山大学校长办公室. 中山大学年鉴（2011 年）. 广州：中山大学出版社，2011.

[170] 中山大学校长办公室. 中山大学年鉴（2012 年）. 广州：中山大学出版社，2012.

[171] 中山大学校长办公室. 中山大学年鉴（2013 年）. 广州：中山大学出版社，2013.

[172] 中山大学校长办公室. 中山大学年鉴（2014 年）. 广州：中山大学出版社，2014.

后　　记

　　本书参考《中山大学医科教育史》的部分内容。书中反映中山大学医科历史的源流、沿革、变迁，其中的历史过程跨越中山大学医科逾 180 年与医校式教育 150 年的进程，与中国近代西医从开端到发展的过程相重合，历经中国近代至今一轮接一轮急剧社会嬗变、时代变迁、政治运动，政治环境、经济结构、文化形态在不断转折中。所以，书中引述的中山大学医科在不同历史时期记述其状况的史料，有着各个时期特有的表达方式乃至文风用语，为使本书更完整准确地反映历史，书中保留了一些不同时期特有的表达方式及用语。学校主体在不同历史背景、社会环境、政治条件下，在治校中表现出来的一些政治观点与思想特征，被保留于书中，以便更客观地呈现当时医科的概貌。

　　囿于资料不足、笔者水平有限，本书定有错漏不足，祈盼专家学者及读者指正。